Vorwort

Lassen Sie sich nichts aufschwatzen!

Böse Zungen pflegen zu sagen: Gewisse Finanzinstrumente hat man erst dann wirklich verstanden, wenn man mit ihnen Geld verloren hat.

Der sarkastische Spruch hat einen ernsten Hintergrund: Die Finanzindustrie wirft ständig neue Produkte auf den Markt, um an das Geld der Anlegerinnen und Anleger zu kommen. Doch viele Neuerungen sind nur für die Banken und Versicherungen ein Gewinn.

Dieser Ratgeber soll Sie vor unliebsamen Erfahrungen schützen. Er zeigt, dass viele neue Anlageinstrumente selten etwas bringen. Und er hilft Ihnen, den tückischen Renditeverlockungen von Finanzberatern zu widerstehen.

In der Welt der Geldanlagen gibt es keine absolute Sicherheit. Aber eine grösstmögliche. Sie erfahren deshalb, welche Anlagen am sichersten und welche riskanter sind. Zwar kann man höhere Renditen nur erzielen, indem man grössere Wagnisse eingeht. Doch auch wer mutiger ist und sein Geld offensiver anlegen will, kann unnötige Risiken vermeiden.

Das A und O des Erfolgs ist eine auf die eigenen Bedürfnisse abgestimmte Anlagestrategie. In diesem Buch steht, wie Sie Chancen und Risiken gegeneinander abwägen, wie Sie langfristig planen und teure Fehler vermeiden. Und wie wichtig es ist, sich bei Geldentscheiden nicht von Angst und Gier leiten zu lassen.

In der Regel empfehlen Banken, Versicherungen und private Vermögensverwalter jene Produkte, an denen sie am meisten verdienen. Doch aus Anlegersicht sind tiefe Kosten der einfachste Weg, um die Rendite zu steigern. Deshalb erfahren Sie auch, wie Sie das erreichen.

Wenn Sie diesen Ratgeber gelesen haben, können Sie Ihrem Kundenberater informiert gegenübertreten – und Sie werden nicht über den Tisch gezogen.

Inhalt

1 Die passende Anlagestrategie

Rendite oder Sicherheit: Ein Zielkonflikt

Anlegerinnen und Anleger sollten ihre Bedürfnisse und Ziele genau kennen. Daraus leitet sich die Anlagestrategie ab. Sie ist das A und O für den Anlageerfolg. Dabei gilt es, das Risiko angemessen zu dosieren, Fehler möglichst zu vermeiden und Fallen zu umgehen.

Banken bringen regelmässig neue Produkte auf den Markt und machen ihren Kundinnen und Kunden verlockende Anlagevorschläge. So werden sie dazu verleitet, mal hier, mal da etwas zu kaufen. Die Folge: Viele investieren ohne klares Konzept – und ihre Wertschriftendepots sind häufig recht zufällig zusammengesetzt. So kommt es auch, dass die Portfolios nicht der Risikobereitschaft und dem zeitlichen Horizont der Anleger entsprechen.

Es gibt auch Leute, die auf viel Bargeld sitzen, von dem sie wissen, dass sie es noch lange nicht brauchen werden. Solche Sparer könnten theoretisch das Geld in Anlagen mit höherem Risiko stecken. Aber ihnen ist ein ruhiger Schlaf wichtiger als eine hohe Rendite. Deshalb sollten sich diese Leute von Kundenberatern keine schwankungsanfälligen Hochrisiko-Obligationen oder Aktien aufschwatzen lassen.

Umgekehrt gibt es Anleger, die aus den Börseneinbrüchen der Vergangenheit klare Schlussfolgerungen gezogen haben. Sie haben gesehen: Das Leben ist jeweils immer weitergegangen. Mit guten Gründen nehmen sie an, dass die Märkte sich in Zukunft nach Krisen ebenfalls wieder erholen werden. Falls sie über genügend Geld, Geduld und Nerven verfügen, kann es für sie sinnvoll sein, in Anlagen zu investieren, die zwar ein höheres Risiko, aber auch höhere Ertragschancen mit sich bringen.

Wichtige Kriterien für eine erfolgreiche Anlagestrategie

Eine erfolgreiche Geldanlage erfordert ein systematisches Vorgehen. Anlegerinnen und Anleger sollten also zunächst eine Auslegeordnung machen und sich fragen:

- Was ist mir wichtig?
- Welche Bedürfnisse und Ziele habe ich?
- Wie viel Geld kann ich entbehren und anlegen?
- Wann brauche ich es wieder – vielleicht um Wohneigentum zu kaufen, die Ausbildung der Kinder zu finanzieren oder um mich vorzeitig pensionieren zu lassen?
- Benötige ich laufende Erträge aus dem angelegten Vermögen?
- Wie viel Risiko will und kann ich eingehen?

Wenn die Bedürfnisse und Ziele feststehen, kommt die nächste entscheidende Frage:

- Welche konkreten Geldanlagen passen am besten zu meiner persönlichen Situation?

Das Wichtigste, das es hier zu beachten gilt: Risiko und Ertrag sind die zwei Seiten einer Medaille. Höhere mögliche Gewinne gehen einher mit höheren Risiken. Wer nur geringe Risiken eingehen will, muss tiefere Erträge in Kauf nehmen. Wer mehr Rendite anstrebt, muss mehr riskieren. Ein höheres Risiko bedeutet aber nicht zwangsläufig, dass die Gefahr unwiederbringlicher Verluste gross ist. Man muss jedoch fähig sein, ausgeprägte Wertschwankungen durchzustehen. Mit anderen Worten: Man muss Rückschläge und Buchverluste aushalten und unter Umständen viele Jahre warten können, bis sich die Anlagen erholt haben.

Meist empfiehlt sich ein Mix verschiedener Anlageklassen

Meist zerbrechen sich Anleger vor allem darüber den Kopf, welche Titel sie zu welchem Zeitpunkt kaufen sollen. Bei dieser Auswahl ist jedoch immer eine Menge Glück oder Pech im Spiel.

Längerfristig hängt die Rendite eines Wertschriftenportfolios aber in erster Linie von der Anlagestrategie ab. Das heisst: von der Aufteilung des Geldes auf die verschiedenen Anlageklassen, zum Beispiel auf Obligationen, Aktien und Immobilien (siehe Kasten auf der nächsten Seite). Diese Weichenstellungen sind entscheidend.

Meist empfiehlt sich eine Mischung aus verschiedenen Anlageklassen – etwa aus einer Klasse, die geringeren Wertschwankungen unterliegt, und einer zweiten, die dafür mehr Rendite verspricht. Je nach Anlegerprofil kann eine vorsichtige, eine mutigere oder gar eine aggressive Anlagestrategie gewählt werden, was sich dann in der Gewichtung der einzelnen Anlageklassen niederschlägt.

IN DIESEM KAPITEL

STICHWORT

Die verschiedenen Anlageklassen

Die Welt der Anlagen wird in diverse Bereiche unterteilt. Fachleute sprechen von Anlageklassen oder Anlagekategorien. Die wichtigsten sind:

- Flüssige Mittel (kurzfristig in Bargeld verwandelbare Anlagen wie beispielsweise Guthaben auf Bankkonten)
- Festgelder, Termingelder, Kassenobligationen
- Obligationen und andere festverzinsliche Wertpapiere
- Aktien
- Wohneigentum, Immobilienfonds
- Rohstoffe und Edelmetalle
- Guthaben beziehungsweise Wertschriften innerhalb der steuerbegünstigten 3. Säule.

Die einzelnen Anlageklassen lassen sich weiter auffächern. Beispiele:

- Bei Obligationen kann man zwischen Staats- und Unternehmensobligationen, Franken- und Fremdwährungsobligationen wählen sowie zwischen Obligationen mit kurzer, solchen mit mittlerer und anderen mit langer Laufzeit.
- Aktien kann man – je nach Art und Sitz der Firma – bestimmten Branchen, Ländern, Regionen oder Kontinenten zuordnen.
- Immobilienkategorien sind: Wohnungen, Büros, Shoppingcenter, Gewerbeliegenschaften.

Soll man überhaupt in Aktien investieren?

Aktien erlitten von Herbst 2007 bis Frühling 2009 einen empfindlichen Einbruch. Weltweit wurde während der damaligen Finanzkrise mehr als die Hälfte aller Aktienwerte vernichtet.

Danach erholten sich die Börsen zwar wieder, doch in der dann einsetzenden Eurokrise fielen die Aktienkurse im Durchschnitt nochmals um mehr als einen Drittel. Seither sagen sich viele verunsicherte Anleger: nie wieder Aktien!

Die Skepsis ist verständlich und entspricht der menschlichen Natur: Wer sich einmal an einer heissen Herdplatte die Finger verbrannt hat, wird künftig bestimmt besser aufpassen, um solche Schmerzen zu vermeiden. Der an der Universität Zürich lehrende Finanzprofessor Thorsten Hens erklärt: «Ein finanzieller Verlust wird in den gleichen Zellen im Gehirn verarbeitet wie ein Schmerz des Körpers.»

Dennoch gibt es gute Gründe dafür, dass mit Aktien noch immer mehr Geld zu verdienen ist als mit Obligationen. Von 1926 bis 2022 warfen Schweizer Aktien im Durchschnitt eine Rendite von 5,6 Prozent pro Jahr ab, Obligationen rentierten mit 2,0 Prozent. Dies nach Abzug der Teuerung. In der gleichen Zeit erzielten US-amerikanische Aktien und Obligationen ähnliche Renditen.

Natürlich darf man diese Werte nicht einfach in die Zukunft übertragen. Vielleicht fallen sie künftig tiefer aus. Aber grundsätzlich ist es schwer vorstellbar, dass die Zukunft völlig anders aussehen wird als die Erfahrungswerte seit 1926 – also aus 97 Jahren – mit einem Weltkrieg und diversen schweren Wirtschaftskrisen.

Viele Schweizer Pensionskassen setzen ebenfalls weiterhin auf Aktien – wie etwa die Sammelstiftung Profond, deren Anlagechef, Andreas Häberli, sagt: «Wir verfolgen eine klare Strategie mit einem bewusst hohen Aktienanteil von rund 50 Prozent im Portfolio. Die Vergangenheit und unsere Erfahrung der letzten Jahrzehnte zeigen, dass Aktien unter allen Anlageklassen langfristig die grösste Wertsteigerung erfahren.»

Den Vermögenszuwachs mit Aktien «erleiden»

Der bekannte Finanzexperte Erwin W. Heri sagt selbst nach dem Crash von 2008 noch: «Ein risikofähiger Anleger wird – über eine lange Periode von zehn Jahren und mehr – wegen seiner aggressiveren Strategie mit beispielsweise mehr Aktien einen höheren Vermögenszuwachs erzielen als ein konservativer Anleger. Er muss dies aber im wahrsten Sinn des Wortes erleiden, weil sein Vermögen höheren Schwankungen unterliegt.»

Es braucht also bei Aktien besonders starke Nerven. Das gilt auch bei anderen Anlagen mit grossen Schwankungen, etwa bei Rohstoffen und Edelmetallen. Obligationenkurse machen übrigens ebenfalls ein Auf und Ab durch – wenn auch viel weniger ausgeprägt (siehe Seite 80 ff.).

Fachleute sprechen in diesem Zusammenhang von Volatilität (siehe Kasten rechts). Aktien, Rohstoffe und Edelmetalle haben eine hohe Volatilität. Obligationen sind auch volatil, aber in geringerem Ausmass.

Voraussetzung für ein Engagement in schwankungsreiche (volatile) Anlageklassen ist stets, dass der Anleger das Geld nicht sofort für den Lebensunterhalt braucht. Sonst besteht das Risiko, dass er die Wertpapiere genau dann verkaufen muss, wenn ihre Kurse wieder einmal im Keller sind – und er verliert so unter Umständen viel Geld.

Renditesuchende Anleger brauchen Zeit und Nerven

Wer in Anlagen mit grösseren Wertschwankungen investiert, muss Rückschläge auch emotional verkraften und aussitzen können. Denn Finanzmärkte neigen zu Übertreibungen und Blasenbildungen – und übertriebene Spekulationsblasen platzen früher oder später. Das heisst: Rückschläge an den Börsen wird es immer geben.

Der deutsche Wirtschaftstheoretiker Michael C. Burda schreibt: «Finanzblasen und die daraus resultierenden Krisen sind stets ein kollektiver Verlust der Vernunft und

STICHWORT

Volatilität

Die Preise und Kurse von Geldanlagen schwanken. Sie sind volatil, wie die Fachleute sagen. Eine hohe Volatilität ist gleichbedeutend mit einem grossen Schwankungsbereich.

Nicht nur Aktien, Immobilien, Rohstoffe und Edelmetalle sind volatil. Auch Obligationen, Zinsen oder Währungen machen ein Auf und Ab durch.

Die Erfahrung zeigt: Anlagen, die nur wenig schwanken, werfen auf die Länge auch am wenigsten Rendite ab. Umgekehrt gilt: Schwankungsreiche Anlagen haben das grössere Renditepotenzial.

Liquidität, Rendite und Risiko im Spannungsdreieck

Die elementaren Eckwerte einer Anlagestrategie sind 1. Liquidität, 2. Rendite und 3. Risiko:

- **Liquidität** ist das, was man jederzeit ohne Verlust flüssig machen kann.
- Die **Rendite** setzt sich zusammen aus den Ausschüttungen (Zinsen, Dividenden) und allfälligen Kursgewinnen bzw. Kursverlusten. Kursgewinne erhöhen die Rendite über die Ausschüttungen hinaus. Kursverluste hingegen «fressen» einen Teil oder sogar die ganzen Ausschüttungen. Sind die Kursverluste grösser als die Ausschüttungen, resultiert eine negative Rendite. Oft ist statt von Rendite auch von Ertrag, Gesamtertrag oder Wertentwicklung die Rede.

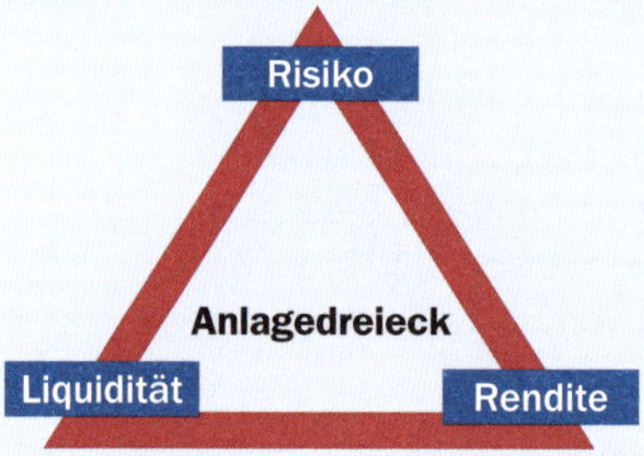

- **Risiko** bedeutet, dass der Wert einer Geldanlage schwanken kann – also zunehmen, aber auch abnehmen. Die Kernfrage lautet dabei: Wie viel Risiko will ich eingehen?

Wichtig: Hohe Renditechancen bei kleinem Risiko – das gibt es nicht. Der Traum jedes Anlegers ist natürlich höchste Rendite bei geringstem Risiko und maximaler Liquidität.

Das kann es zwar vorübergehend geben – etwa wenn viele Anlegerinnen und Anleger sichere Bundesobligationen kaufen und so deren Kurse in die Höhe treiben. Doch es sind Ausnahmesituationen. Grundsätzlich gilt: Wer eine höhere Rendite anstrebt, muss höhere Risiken in Kauf nehmen.

Eine andere Grundregel lautet: Eine schnelle Verfügbarkeit (Liquidität) geht im Normalfall nicht mit einer attraktiven Rendite einher. Im Spannungsdreieck «Liquidität – Rendite – Risiko» sollten Anleger stets ein Verhältnis einhalten, das den persönlichen Zielen und Neigungen am besten entspricht.

eine Anhäufung von Übermut bei ansonsten vernünftigen Menschen».

Manche Anleger haben genau wegen dieser möglichen Rückschläge einen grossen – oft allzu grossen – Respekt vor schwankungsreichen Anlageklassen. Als Folge davon lassen sie das Geld auf Sparkonten liegen oder kaufen Kassenobligationen. Das hat jedoch seine Nachteile. Auf diese Weise schaut häufig keine angemessene Rendite heraus – vor allem, wenn man noch die Geldentwertung und die Besteuerung berücksichtigt.

Eines ist klar: Wer gleich in Panik gerät, wenn seine Positionen ins Minus fallen, sollte tatsächlich keine Aktien kaufen oder andere schwankungsreiche Investments tätigen.

Jedoch sollte man sich von den Kapriolen der Finanzmärkte auch nicht ins Bockshorn jagen lassen.

Anleger, die wissen, wie die Finanzmärkte ticken, können eine unnötig grosse Risikoscheu getrost ablegen.

Zentral ist: Die für jedermann richtige Anlagestrategie gibt es nicht. Jeder Anleger sollte das Geld individuell nach seinen Bedürfnissen und Möglichkeiten investieren.

So legen Sie Ihre Anlagestrategie fest

Als Anleger müssen Sie zuerst die Summe bestimmen, die Sie investieren können. Denn das ist nicht die gesamte Summe, über die Sie verfügen. Sie brauchen auch Flüssiges, auf das Sie bei Bedarf jederzeit zurückgreifen können.

Denken Sie daran: Nicht alle Auslagen lassen sich mit dem laufenden Einkommen decken. Dabei geht es vor allem um grössere Anschaffungen wie ein neues Auto, aber auch um Unerwartetes, zum Beispiel Gesundheitskosten. Das Geld für solche Bedürfnisse sollte stets kurzfristig auf Bankkonten greifbar sein.

Die drei wichtigsten Kriterien der Geldanlage

Vermögen, das nicht in flüssigen Mitteln gehalten werden muss, ist im Prinzip frei investierbar. Aber wie? Dies sind die drei wichtigsten Kriterien, die beim Entscheid zu beachten sind:

■ **Zeithorizont:** Für wie lange können Sie Ihr Geld anlegen? Möchten Sie kurzfristig Rücklagen für eine Ausbildung bilden – um selber beruflich aufzusteigen oder für die Kinder? Steht in den nächsten Jahren ein Hauskauf an? Oder sind Reserven im Hinblick auf eine Pensionierung erwünscht? Je nachdem ist der Zeithorizont auf wenige Jahre beschränkt oder beträgt gar mehrere Jahrzehnte.

Der Anlagehorizont spielt also eine entscheidende Rolle. Wer sein Geld nur wenige Jahre liegen lassen kann, darf nur in Anlagen investieren, die keine oder nur minimale Wertschwankungen aufweisen.

Umgekehrt gilt: Je länger der Anlagehorizont ist, desto mehr relativieren sich Wertschwankungen, auch heftige. Es kommt zwar auf den Finanzmärkten immer wieder zu Krisen und Einbrüchen. Doch die grossen Anlageklassen Obligationen, Aktien und Immobilien haben sich noch immer erholt und langfristig positive Renditen abgeworfen – manchmal früher, manchmal später. Es gibt kaum plausible Gründe, wieso das in Zukunft anders sein sollte. Wer einen langen Anlagehorizont hat, darf deshalb auch in schwankungsanfällige Anlagen wie Aktien investieren.

■ **Wie hoch soll das Risiko sein?** Genauso wichtig ist die Frage: Wie hohe Verluste können Sie verkraften? Zu unterscheiden ist dabei zwischen Risikobereitschaft und Risikofähigkeit:

Die **Risikobereitschaft** sagt aus, in welchem Mass jemand psychologisch bereit ist, Wertschwankungen zu akzeptieren. Es gibt Leute, die überhaupt keine Verluste ris-

TIPP

Schätzen Sie Ihren Risikoappetit richtig ein!

Die Risikobereitschaft der Anlegerinnen und Anleger ist nicht konstant. In guten Zeiten, wenn es auf den Finanzmärkten aufwärtsgeht, steigt oft auch der Risikoappetit. Und wenn die Börsen ins Bodenlose zu stürzen scheinen, sinkt er gegen null.

Beispiel: In guten Zeiten neigen konservative Anleger dazu, ein mittleres Risiko einzugehen – überschätzen aber gleichzeitig ihre Fähigkeit, in Krisen Verluste auszusitzen. Auch wenn es sich bei solchen Rückschlägen nur um Buchverluste handelt, die bei genügend Geduld wieder aufgeholt werden können, tut ein Minus von 10 Prozent weh. Und 20 Prozent machen den meisten Anlegern schwer zu schaffen. Viele werfen dann das Handtuch und steigen in einem ungünstigen Moment aus, also zu schlechten Kursen.

Versuchen Sie deshalb, bei der Einschätzung Ihrer Risikobereitschaft gegenzusteuern. Zügeln Sie in Boom-Phasen Ihren Risikoappetit. Seien Sie dafür mutiger, wenn an den Börsen Weltuntergangsstimmung herrscht.

kieren wollen, selbst wenn diese nur vorübergehend sind. Für sie kommen nur Bankkonten, Festgelder, Kassenobligationen und dergleichen in Frage.

Ihnen gegenüber stehen Menschen mit grossem Risikoappetit. Sie sagen sich: Ich halte kurz- und mittelfristig sogar grössere Einbussen aus, wenn ich im Gegenzug die Chance erhalte, langfristig einen hohen Ertrag zu erzielen.

Die **Risikofähigkeit** sagt aus, bis zu welchem Grad Wertschwankungen im Portefeuille effektiv verkraftbar sind – natürlich abhängig von der finanziellen Situation und von den Zielen. Wer zum Beispiel plant, in drei Jahren ein Haus zu kaufen, sollte seine Ersparnisse nicht in Aktien halten. Denn falls die Aktienkurse zum Kaufzeitpunkt im Keller sein sollten, würde weniger Geld für den Hauskauf zur Verfügung stehen als geplant. Die Risikofähigkeit ist in diesem Fall also eingeschränkt.

■ **Wie gross soll das Sicherheitspolster sein?** Auch wer flüssiges Geld (Liquidität) für unerwartete Auslagen bereits reserviert hat, sagt sich vielleicht: Ich möchte nicht den ganzen Rest investieren, sondern will immer ein grösseres Reservepolster haben. In einem solchen Fall werden dann zum Beispiel von 500 000 an sich investierbaren Franken nur 300 000 Franken angelegt, und der Rest wird parkiert – auf Bankkonten, in kurzfristigen Festgeldern oder in anderen Anlagen ohne Wertschwankungen.

Verteilung des Geldes auf die verschiedenen Anlageklassen

Stehen Bedürfnisse und Ziele, Zeithorizont, Risikobereitschaft und Risikofähigkeit fest, erfolgt der nächste Schritt. Das ist die Verteilung des Geldes auf die einzelnen Anlageklassen. Fachleute nennen dies **Asset Allocation**. Doch eine solche Verteilung ist nicht etwa Experten vorbehalten. Auch «normale» Sparer machen oft, viel-

Fortsetzung auf Seite 14

Mögliche Verteilung auf die zwei wichtigsten Anlageklassen: Anlagedauer und Risikobereitschaft sind entscheidend

			Aufteilung Obligationen bzw. Aktien im Detail			
Erforderliche Mindest-anlagedauer	Anteil **Obligationen** im Depot	Anteil **Aktien** im Depot	**Obligationen** in Franken	**Obligationen** in Fremd-währungen[1]	**Aktien** Schweiz	**Aktien** Ausland
3 Jahre	**100 %**	**0 %**	**50 %**	**50 %**	-	-
4 Jahre	**80 %**	**20 %**	**40 %**	**40 %**	**4 %**	**16 %**
5 Jahre	**60 %**	**40 %**	**30 %**	**30 %**	**8 %**	**32 %**
7 Jahre	**40 %**	**60 %**	**20 %**	**20 %**	**12 %**	**48 %**
8 Jahre	**20 %**	**80 %**	**10 %**	**10 %**	**16 %**	**64 %**
10 Jahre	**0 %**	**100 %**	-	-	**20 %**	**80 %**

1 Anlagen mit sogenannter Währungsabsicherung (siehe Seite 89) QUELLE: AVADIS VERMÖGENSBILDUNG SICAV

Lesebeispiel: Bei einer Mindestanlagedauer von 7 Jahren kann man 40 Prozent der gesamten Anlage in Obligationen halten sowie 60 Prozent in Aktien. Innerhalb der beiden Anlageklassen ist folgende Aufteilung denkbar: 20 % Franken-Obligationen und 20 % Fremdwährungs-Obligationen sowie 12 % Schweizer Aktien und 48 % ausländische Aktien.

Obligationen und Aktien sind die wichtigsten Elemente für ein Wertschriftenportefeuille. Wie gross die Anteile dieser Bausteine am gesamten Portefeuille sein sollen, hängt vom einzelnen Anleger ab.

Die in der Tabelle aufgeführte Mindestanlagedauer ist mit Vorbehalt zu betrachten. Sie garantiert nicht, dass sich ein Anlageerfolg innerhalb des angegebenen Zeitraums einstellt. Es kann viel mehr Geduld vonnöten sein. Dies gilt auch für die reine Obligationenstrategie – vor allem dann, wenn man die Geldentwertung berücksichtigt. Die in der Tabelle gezeigten prozentualen Anteile sind nur Empfehlungen. Das betrifft die Mindestanlagedauer und die konkrete Aufteilung des Geldes innerhalb der beiden Anlageklassen Obligationen und Aktien.

Es gibt für eine solche Aufteilung der Anlagekassen keine absolute Wahrheit. Christoph Sax, Anlagechef des VZ Vermögenszentrums, sagt: «Solche Projektionen haben immer eine Unschärfe und sind bis zu einem gewissen Grad eine Glaubensfrage.» Entsprechend unterschiedlich fallen die Empfehlungen aus, die Banken und Vermögensverwalter abgeben.

Jeder muss selbst entscheiden: Will ich nur Frankenanleihen oder auch Fremdwährungsobligationen? Wie hoch sollen bei den Aktien die Anteile der Schweizer und der ausländischen Titel sein? Ist es ratsam, das Fremdwährungsrisiko abzusichern, also Aufwertungen und Abwertungen zu neutralisieren (Seite 89 und 149)?

Tipp zur Mindestanlagedauer

Seien Sie skeptisch bei optimistischen Empfehlungen. Gehen Sie eher von einer zu langen als einer zu kurzen Mindestanlagedauer aus. Obligationen schwanken zwar klar weniger als Aktien (oder Immobilien, Rohstoffe und Gold). Deshalb macht es Sinn, dass defensive, risikoscheue Anleger stärker auf Obligationen setzen als wagemutige Investoren. Doch Obligationen brauchen ebenfalls Zeit – manchmal ist ein Anlagehorizont von drei Jahren zu kurz.

Fortsetzung von Seite 12

leicht sogar unbewusst, eine Asset Allocation.

Wer nebst flüssigen Mitteln Kassenobligationen oder Obligationen hält, ist im Grunde schon in zwei Anlageklassen engagiert (weil flüssige Mittel dann auch als Anlageklasse gelten, siehe Kasten Seite 8). Kommt noch ein Guthaben der 3. Säule dazu oder Wohneigentum bzw. Immobilien, sind das bereits mehrere Anlageklassen.

Grenzt man die Betrachtung auf eigentliche Finanzanlagen ein, also auf das, was im Wertschriftendepot liegt, stellen Obligationen und Aktien die Kernelemente dar – sei es in Form von Einzeltiteln oder in Form von Anlagefonds. In den Wertschriftenportefeuilles sind sie die klassischen Anlagen für den Vermögensaufbau.

Mischung aus Aktien und Oblis: Langfristig eine gute Wahl

Es kann durchaus sinnvoll sein, ein Wertschriftenportefeuille nur aus Obligationen und Aktien zu bilden. Diese Lösung bietet sich vor allem bei kleinen Anlagesummen an, ist jedoch auch bei grösseren Wertschriftendepots vertretbar. Die Erfahrung zeigt, dass sich ein Vermögen mit einem Mix von Obligationen und Aktien langfristig gut vermehren lässt.

Wie gross die jeweiligen Anteile sein sollen, hängt vom Anleger ab. Die Standardempfehlung der Finanzbranche lautet: Je kürzer die zur Verfügung stehende Investitionszeit ist, umso mehr Geld sollte auf Obligationen entfallen. Und je mehr zeitlichen Spielraum ein Anleger ausschöpfen kann, desto höher darf die Aktienquote sein. Die Tabelle der Avadis Vermögensverwaltung im Kasten auf der vorhergehenden Seite zeigt dies beispielhaft.

Jede Bank und jeder seriöse Geldverwalter bzw. -berater gibt diesbezüglich im Detail andere Empfehlungen ab. Doch meist ist das Grundmuster dasselbe: viele Obligationen bei kurzem Anlagehorizont – viele Aktien bei langem Anlagehorizont. Das basiert auf den Erfahrungen der letzten zwei bis drei Jahrzehnte. Schweizer Obligationen waren in diesem Zeitraum ein sicherer Renditelieferant, während Aktien – ob in- oder ausländische – extreme Boom- und Crashphasen durchliefen. Manch ein Aktieninvestor, der 2007 in Aktien einstieg, musste bis zum Sommer 2015 warten, bis er seine Verluste wettgemacht hatte.

Obligationen brauchen oft einen sehr langen Schnauf

Doch schaut man weiter zurück, zeigt sich ein differenzierteres Bild: Obligationen, zumindest solche in Schweizer Franken, schwanken zwar viel weniger stark als Aktien. Das macht sie für Anleger weniger riskant. Es gab aber schon Zeiten, in denen Obligationen ihren Besitzern mehr Geduld abverlangten als Aktien (siehe Seite 98 ff.). Anders gesagt: Man braucht unter Umständen mit Obligationen einen längeren Anlagehorizont als mit Aktien.

Fazit: Die Mindestanlagedauer, die Banken, Fondsgesellschaften und andere Geldverwalter und -berater empfehlen, ist mit Vorbehalt zu betrachten. Sie bedeutet nicht, dass nach ihrem Ablauf immer eine schöne Rendite zu Buche schlägt. Finanzanlagen verhalten sich nicht wie ein mechanisches Räderwerk. Allgemein gilt: Je mehr Zeit Anleger ihrer gut gestreuten Investition geben können, umso geringer ist die Gefahr, dass sie die Anlagen mit Verlust verkaufen müssen.

Ergänzende Anlageklassen zur Beimischung

Wie gesagt: Obligationen und Aktien stellen – nebst Guthaben der 3. Säule und Wohneigentum – die Hauptelemente beim Vermögensaufbau dar. Sie lassen sich jedoch durch weitere Bausteine ergänzen:

- **Immobilien.** Sogenannnte Renditeobjekte liegen wegen des hohen Kaufpreises für die meisten Anleger ausserhalb ihrer Reichweite, gemeint sind zum Beispiel vermietete Mehrfamilienhäuser. Mit Immobilienfonds kann man aber leicht in Wohn- und Geschäftsliegenschaften investieren (siehe Seite 135 ff.).

- **Rohstoffe** und **Edelmetalle.** Sie sind als Anlagen umstritten, vor allem Nahrungsmittel wie Weizen und Mais. Die Preise von Kupfer und Nickel schwanken stark, je nach Wirtschaftsgang. Dagegen gilt Gold als wertbeständig in unsicheren Zeiten (Seite 197 ff.).

Der Einsatz verschiedener Anlageklassen soll das Risiko streuen. Dahinter steht eine wichtige Forderung, die populär ausgedrückt so lautet: nicht alles auf eine Karte setzen! Läuft eine Anlageklasse schlecht, schneidet oft eine andere gut ab. So entwickelt sich ein Wertschriftenportefeuille ausgeglichener.

Sehr wichtiger Grundsatz fürs Depot: Streuen Sie das Risiko

Sobald die Strategie und die Verteilung auf die Anlageklassen definiert sind, geht es an die Umsetzung. Auch hier, also beim Kaufentscheid, lautet die Regel Nummer eins: Risiko möglichst klein halten – und das heisst, das Geld streuen, sprich: auf unterschiedliche Anlagen aufteilen. Das Fachwort dazu lautet Diversifikation.

Schlecht ist es etwa, wenn in einem Depot die Anlageklasse Obligationen nur gerade aus zwei, drei Titeln in Schweizer Franken und einer Position in australischen oder neuseeländischen Dollar besteht. Ebenfalls ungünstig ist es, wenn die Anlageklasse Aktien einzig durch einige wenige Schweizer Unternehmen vertreten ist.

Gemäss einer Untersuchung des VZ Vermögenszentrums aus dem Jahr 2023 sind Schweizer Portfolios immer schlechter diversifiziert: Die durchschnittliche Zahl der einzelnen Positionen in einem Anlagedepot hat seit 2010 von 27 auf 19 abgenommen.

Fortsetzung auf Seite 17

Diversifizieren – eine der wichtigsten Grundregeln

Wer weiss schon, welche Märkte sich künftig wie entwickeln. Und welche Branchen sich als dauerhaft zukunftsträchtig erweisen. Auch Profis haben da ihre Mühe. Deshalb gilt es, seine Anlagen zu diversifizieren, also das Risiko breit zu streuen. Wer das tut, befolgt eine wichtige Grundregel, die im Volksmund lautet: «Lege nicht alle Eier in den gleichen Korb.» So vermeidet man Klumpenrisiken.

Die Verteilung der Anlagesumme auf verschiedene Anlageklassen ist der erste Schritt der Diversifikation.

Der zweite: die Verteilung des Geldes innerhalb jeder Anlageklasse auf verschiedenste Einzeltitel. Man kauft also Obligationen von diversen Schuldnern oder Aktien von mehreren Unternehmen.

Auch die internationale Streuung gehört zur Diversifikation. Oft entwickeln sich die nationalen oder regionalen Märkte nicht parallel, sondern in gegenläufige Richtungen. Daraus folgt der Grundsatz: Wer Aktien von Firmen aus mehreren Ländern bzw. Regionen kauft, kann einen negativen Verlauf in einem Land eventuell durch die positive Entwicklung in einem anderen Land wettmachen. Eine starke Diversifikation stellt sich ein, wenn man in Anlagen investiert, deren Kurse sich möglichst unabhängig voneinander oder sogar gegenläufig entwickeln.

Schliesslich kann mit den gleichen Überlegungen auch eine Diversifikation nach Branchen angezeigt sein. Wer z. B. Aktien einer Goldmine kauft, Obligationen eines Goldförderunternehmens hält und seine Reserven erst noch als Goldbarren bei einer Hausbank liegen hat, hat zwar verschiedene Anlagekategorien gemischt, von einem diversifizierten Portfolio kann man dennoch nicht sprechen.

Zugegeben: Diversifikation funktioniert nicht immer wie gewünscht. Das Jahr 2022 mit starkem Inflationsanstieg und Zinserhöhungen hat gezeigt, dass Aktien und Obligationen, die sich häufig in verschiedene Richtungen entwickeln, plötzlich fast synchron bachab gingen. Was in der Theorie als gegenläufig galt und Risiken im Portefeuille minimieren sollte, führte gleichermassen zu Verlusten.

Trotzdem bleibt das Prinzip der Diversifikation auch in Zukunft eine solide Basis für die Geldanlage. Und manch ein Anleger wird sich damit trösten, dass dieses Prinzip in der letzten Bankenkrise wenigstens noch Schlimmeres verhindert hat. So legten etwa Bundesobligationen stark zu, weil sie als sicherer Hafen galten.

Bei Anlagefonds ist die Verteilung auf verschiedenste Einzeltitel meist inbegriffen. Mit Anteilen an verschiedenen Anlagefonds – es gibt sie für unzählige Kategorien – können Kleinanleger das Risiko sehr breit abstützen. Mehr dazu im Kapitel 5.

Noch zwei Ergänzungen zur Diversifikation:

- Die Bankenkrise von 2008 hat das Emittentenrisiko aufs Tapet gebracht. Die Gefahr, dass Herausgeber von Finanzprodukten, die keinen Einlegerschutz geniessen, Konkurs machen können. Diese Produkte sind zur Streuung des Risikos meist ungeeignet (siehe Seite 182).
- Auch Banken können in Konkurs gehen. Die Credit Suisse erlitt 2023 einen massiven Vertrauensverlust bei der Kundschaft und musste von der UBS übernommen werden.

Diversifizieren heisst also auch, grosse Spargeldbeträge auf verschiedene Banken zu verteilen. Mehr zum Einlegerschutz der Schweizer Banken ab Seite 60.

Fortsetzung von Seite 15

Deshalb sollte in jeder Anlageklasse das Geld auf ein breites Spektrum von Einzeltiteln verteilt sein:

- Bei Obligationen bedeutet dies zum Beispiel eine Mischung von guten bis sehr guten Schuldnern und zeitlich gestaffelten Fälligkeiten.
- Bei Aktien geht es grundsätzlich darum, die verschiedensten Branchen zu berücksichtigen. Zudem sollte man nicht nur auf Aktien von Schweizer Unternehmen setzen, sondern das Risiko auch geografisch verteilen – auf USA/Nordamerika, Europa, Asien und eventuell Schwellenländer.

Eine Konzentration auf wenige Titel kann zwar unter Umständen die Renditechancen erhöhen. Damit einher geht aber immer auch ein erhöhtes Risiko. Man sollte sich bewusst sein: Je spezieller eine Anlage ist, umso höher ist auch ihr Risiko im Vergleich zum betreffenden Gesamtmarkt. Beispiel Aktien: Die Aktien von Firmen mit geringem Börsenwert, sogenannte Small Caps, unterliegen stärkeren Kursschwankungen als der gesamte Aktienmarkt, der zusätzlich aus grossen und mittleren Firmen besteht.

Tipp: Geben Sie Anlagen den Vorzug, die ein breites Marktspektrum widerspiegeln. Am leichtesten ist dies mit Anlagefonds zu bewerkstelligen (siehe Kapitel 5).

Wer diese Grundsätze befolgt, schafft gute Voraussetzungen für eine erfolgreiche Geldanlage. Anlegerinnen und Anleger, die ein pflegeleichtes Depot möchten, sind damit gut bedient.

Der 80/20-Mix bringt ein wenig Spass ins Depot

Andere Investoren finden dies langweilig. Sie wollen auch Spass haben, suchen die Herausforderung und den Nervenkitzel. Sie wollen selber Akzente setzen. Und sie sind bereit, die dafür notwendige Zeit aufzubringen, sich Informationen zu beschaffen und sich auf dem Laufenden zu halten. So Wagemutige setzen dann auf den einen oder anderen Einzeltitel, oder vielleicht haben es ihnen kleine Unternehmen oder spezielle Themen wie Nachhaltigkeit angetan. Der Möglichkeiten gibt es viele.

Doch eben: Einzeltitel, ganz bestimmte Segmente, Nischenprodukte und exotische Anlagen bergen im Vergleich zu den breiten Anlagemärkten grundsätzlich höhere Risiken. Damit diese nicht aus dem Ruder laufen, bietet sich ein 80/20-Mix an: Dabei wird der grössere Teil des Portfolios – nämlich 80 Prozent – gemäss den bewährten Prinzipien verwaltet. Die restlichen 20 Prozent dienen dazu, als Beimischung spezielle Wagnisse einzugehen. Geht die Rechnung auf, verschafft dies dem Anleger eine besondere Freude und Genugtuung. Andernfalls hält sich der Schaden in Grenzen.

Fortsetzung auf Seite 20

Aktienanteil 25 Prozent: Mögliche Weiterentwicklung

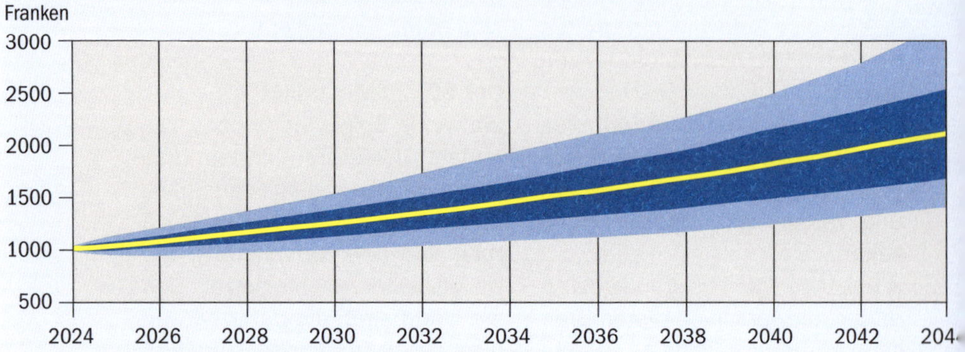

Aktienanteil 75 Prozent: Mögliche Weiterentwicklung

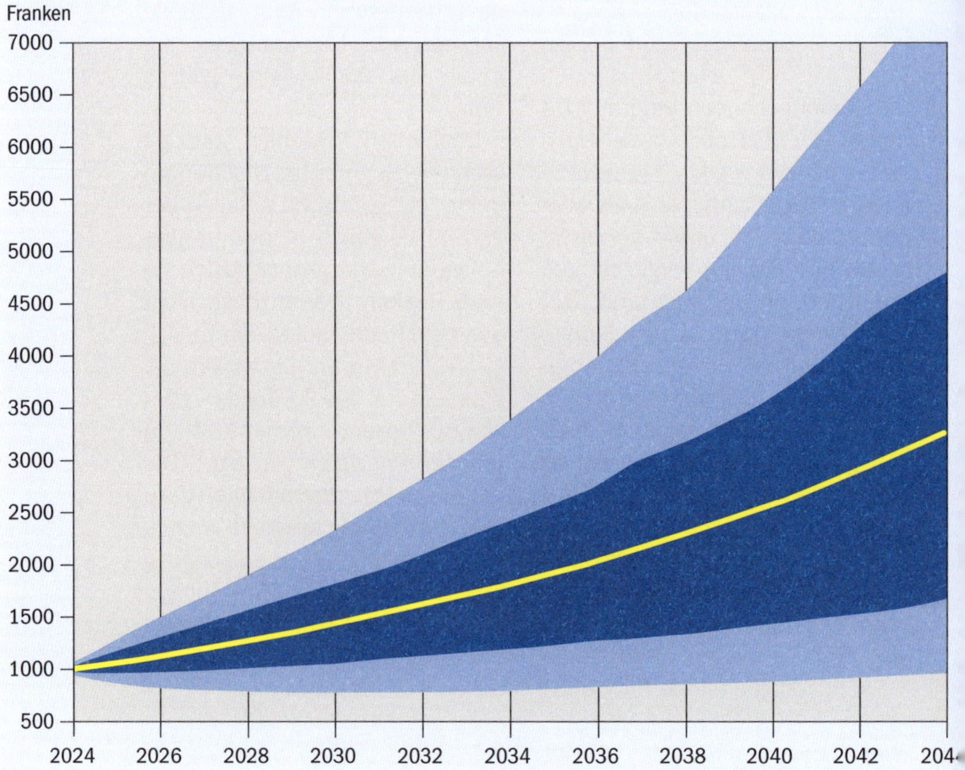

Je grösser die Renditechancen, desto höher die Risiken

Wer Geld anlegt, möchte wissen, welche Rendite herausschauen wird. Leider kann dies niemand vorhersagen. Was aber zu erwarten ist: Je höher die Aktienquote des Portefeuilles, desto grösser sind auch die Chancen auf eine bessere Rendite. Nur: Umso grösser sind auch die Risiken. Der Wert des Depots kann nach der Investition sogar sinken, und es kann lange dauern, bis dieser Wertverlust wieder wettgemacht ist.

Die Grafiken links illustrieren dies:

Oben sehen Sie die erwartete Vermögensentwicklung für ein Portefeuille mit einem Aktienanteil von 25 Prozent, unten für einen Anlagenmix mit 75 Prozent Aktien. Die hellblaue Fläche zeigt, innerhalb welcher Bandbreite sich das Portfolio mit einer Wahrscheinlichkeit von 95 Prozent entwickeln könnte.

Lesebeispiel (Grafik oben): Am 1. Januar 2023 werden 1000 Franken investiert. Und zwar so aufgeteilt: 25 Prozent Schweizer und ausländische Aktien, 63 Prozent Obligationen in Franken, 7 Prozent Schweizer Immobilienfonds, dazu noch etwas Rohstoffe und liquide Mittel.

Zehn Jahre später, also Anfang 2033, liegt der Wert dieser Investition mit 95-prozentiger Wahrscheinlichkeit zwischen rund 1070 und 1920 Franken.

Lesebeispiel für Grafik mit Aktienanteil 75 Prozent: Hier werden zum gleichen Zeitpunkt ebenfalls 1000 Franken investiert. Doch davon fliessen 75 Prozent in in- und ausländische Aktien, 13 Prozent in Obligationen, der Rest in Immobilienfonds, Rohstoffe und liquide Mittel.

Zehn Jahre später liegt der Wert mit 95-prozentiger Wahrscheinlichkeit zwischen rund 770 und 3430 Franken. Bei dieser Anlagedauer sind die Verlustrisiken also nicht zu unterschätzen. Die Investition könnte sogar noch nach zwanzig Jahren im Minus liegen.

Die Grafiken basieren auf Erfahrungswerten aus der Vergangenheit. Die Zukunft kann völlig anders aussehen. Die Grafiken stellen also keine sichere Prognose dar.

Diese Linie zeigt die durchschnittliche Vermögensentwicklung des betreffenden Portfolios. Banken und andere Geldverwalter streichen sie oft gross heraus. Doch Achtung: Das ist nur eine von vielen Möglichkeiten.

Mit einer Wahrscheinlichkeit von 68 Prozent entwickelt sich das betreffende Portfolio innerhalb der Bandbreite, die hier als dunkelblaue Fläche dargestellt ist.

Mit einer Wahrscheinlichkeit von 95 Prozent entwickelt sich das betreffende Portfolio innerhalb der Bandbreite, die hier als hellblaue Fläche zu sehen ist.

QUELLE: VZ VERMÖGENSZENTRUM

Fortsetzung von Seite 17

Diversifikation bewirkt keine Wunder

Eine gute Durchmischung im Portefeuille reduziert zwar die Risiken, beseitigt sie aber nicht. Auch die am besten durchdachte Anlagestrategie ist mit Unsicherheiten behaftet. Die Finanzmärkte warten immer wieder mit Unvorhergesehenem auf. Bei jeder Investition gibt es einen gewissen Streubereich bezüglich Rendite und Risiko. Dies führen die zwei Grafiken auf Seite 18 unten eindrücklich vor Augen. Sie zeigen, wie sich eine am 1. Januar 2023 getätigte Investition von 1000 Franken über die Jahre entwickeln könnte.

Die zentralen Erkenntnisse daraus:

- Je höher die Aktienquote, umso höher sind die Renditechancen. Umso grösser ist aber auch der Streubereich, sprich: das Risiko, dargestellt durch die dunkelblaue bzw. hellblaue Fläche.
- Auch mit einer tiefen Aktienquote ist man nicht vor Verlustperioden gefeit. Diese können viele Jahre dauern.
- Die Verlustrisiken nehmen mit zunehmender Anlagedauer ab.
- Wenn sich die Werte in der hellblauen Fläche mit einer 95-prozentiken Wahrscheinlichkeit entwickeln, wie dargestellt, so heisst das: Es bleibt ein Restrisiko von 5 Prozent. Es ist also möglich, dass die Wertentwicklung noch besser wird. Doch sie kann auch noch schlechter ausfallen.

Kosten schmälern die Rendite

Bei der Geldanlage spielen die Kosten eine wichtige Rolle. Sie können die Rendite empfindlich schmälern. Denn für den Anleger zählt nur, was unter dem Strich übrig bleibt – also die Nettorendite.

Je höher die Kosten sind, umso kleiner ist die Nettorendite. Und umso länger müssen die Anleger warten, bis sie mit ihrem Einsatz auf einen grünen Zweig kommen.

Es passiert sehr oft, dass die Bank, die Versicherungsgesellschaft oder der private Vermögensverwalter Jahr für Jahr erkleckliche Gebühren einsteckt, während der Anleger kein Geld verdient oder sogar mit Verlust wieder aussteigen muss.

Die Kosten (Gebühren, Honorare, Kommissionen) fressen in sehr vielen Fällen jährlich 1,5 bis 2 Prozent der Geldanlage weg. Depotchecks decken manchmal sogar Kosten von 2,5 und mehr Prozent pro Jahr auf. Wie Anleger die Kosten minimieren können, steht in den Kapiteln 5, 7 und 9.

Alles selber machen oder einen Berater einspannen?

Bei der Umsetzung der persönlichen Anlagestrategie ist die Frage zu beantworten: Soll ich meine Geldangelegenheiten völlig allein regeln? Oder soll ich Beratung bei der Bank holen? Oder alles gegen ein Honorar einem Vermögensverwalter anvertrauen? Details dazu lesen Sie in Kapitel 9.

Fortsetzung auf Seite 23

Die sieben häufigsten Anlegerfehler

Fehler 1: Mangelhafte Planung und unrealistische Erwartungen
Jede erfolgversprechende Anlagestrategie sollte von zwei Grundfragen ausgehen: Was will ich? Was kann ich? Es hat keinen Sinn, Risiken einzugehen, die man sich finanziell oder emotional nicht leisten kann. Allzu oft träumen Anleger von unrealistischen Renditen. Ein jährlicher Vermögenszuwachs von mehr als 10 Prozent ergibt sich höchstens dank viel Glück, nicht als Folge von Anlageentscheiden.

Fehler 2: Selbstüberschätzung und Kontrollillusion
Anleger überschätzen sich häufig, wie Studien belegen. Sie glauben fälschlicherweise, sie hätten die Risiken total unter Kontrolle. Sie kaufen zu risikoreiche Titel und streuen die Anlagerisiken zu wenig breit. Es gilt vor allem, auf Vielfalt zu achten. Ein Aktiendepot zum Beispiel sollte Wertpapiere aus verschiedenen Branchen, Sektoren und Regionen enthalten.

Fehler 3: Hektisches Kaufen und Verkaufen
Den idealen Zeitpunkt für Kauf und Verkauf von Wertpapieren gibt es nicht. Daher ist es falsch, bei Kurseinbrüchen gute Papiere oder Fonds überhastet abzustossen und damit von der gewählten Strategie abzurücken. Häufiges Kaufen und Verkaufen kostet zudem Gebühren und schmälert die Rendite zusätzlich. Vermeiden Sie also kurzfristiges Handeln.

Fehler 4: Fehlinvestionen aussitzen
Wer gibt schon gern zu, eine Niete gekauft zu haben? Viele Anleger haben in zweifelhafte Titel oder in schlechte Anlagefonds investiert. Dann sitzen sie Verluste lieber aus. Besser fährt, wer schlecht laufende Papiere und Fonds gründlich hinterfragt. Warum serbeln sie? Weil sie keine guten Investitionen (mehr) sind? Oder liegt das Problem anderswo? Vielleicht sind einfach die Märkte wieder mal im Abschwung. Gibt es überzeugende Anhaltspunkte dafür, dass sie in Zukunft (wieder) glänzen? Im Zweifelsfall: Positionen abstossen. Ganz schlecht ist es, Einbussen mit Zukäufen desselben Titels auszugleichen in der vagen Hoffnung, sie würden sich erholen. Oder andere hohe Risiken einzugehen, um die Verluste wettzumachen.

Fehler 5: Vertrauen in den schönen Schein
Viele kaufen Aktien bekannter Firmen. So kaufen Schweizer am liebsten Aktien von Schweizer Grossunternehmen. Zudem hören viele auf Kollegen und Werbesprüche. Grundsätzlich gilt: mehr auf Fakten und Zahlen achten und diversifizieren.

Fehler 6: Mangel an Geduld
Geldanlagen, die Schwankungen ausgesetzt sind, gleichen einem Marathon und nicht einem Sprint. Wer zum Beispiel hälftig auf Aktien und Obligationen setzt, sollte am besten Schnauf für mindestens zehn Jahre haben (siehe Kasten auf Seite 13).

Fehler 7: Keine Kontrolle
Geld sollte man nicht mit zittrigen, sondern mit festen Händen anlegen. Ein ständiges Hin und Her schadet nur. Trotzdem: Ab und zu sollte man die Anlagestrategie hinterfragen. Bin ich von den richtigen Voraussetzungen ausgegangen? Entspricht die Strategie noch meiner Lebenssituation? Spätestens wenn sich diese ändert, ist es Zeit für einen gründlichen Check-up. So etwa vor der Pensionierung oder vor der Scheidung, vor einer grösseren Erbschaft oder vor einem Immobilienkauf.

Warum emotionale Anleger die typischen Fehler machen

An den Märkten und Börsen herrschen zwar gewisse Gesetzmässigkeiten – aber eine ebenso entscheidende Kraft ist das Wirken der Investoren. Und diese handeln nicht immer rational oder «wirtschaftlich», sondern lassen sich sehr oft und zu stark von Emotionen leiten. Sie werden dann von der Euphorie oder von einem Boom angesteckt oder verfallen umgekehrt in Panik, wenn eine Spekulationsblase platzt.

Das verstärkt die jeweilige Auf- oder Abwärtsbewegung der Märkte zusätzlich. Das Ganze führt dazu, dass emotionale Anleger unüberlegte Verkäufe tätigen, die erst noch zu spät erfolgen, und dafür wieder einsteigen, wenn es wiederum zu spät ist, weil der Zug längst abgefahren ist.

Das zeigt diese Darstellung. Sie beruht auf den Erkenntnissen der Verhaltensökonomie (Behavioural Finance). Sie wendet die Erkenntnisse der Verhaltenswissenschaften auf den Finanzbereich an. Die zwei wichtigsten:

- **Selbstüberschätzung:** Viele Anleger glauben, sie hätten alles unter Kontrolle und wüssten genau, was wann zu kaufen und zu verkaufen sei.

- Gleichzeitig sind Anleger **Opfer des Herdentriebs.** Sie kaufen, wenn an den Märkten Eu-

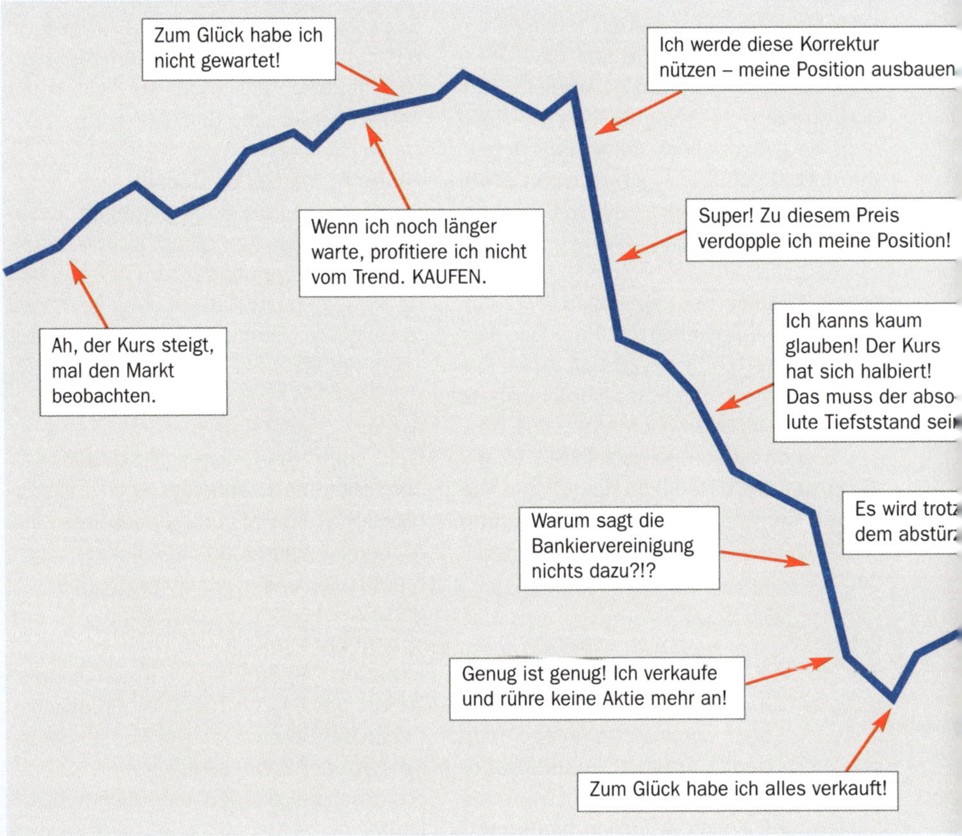

phorie herrscht und die Preise hoch sind. Und sie verkaufen bei Tiefpreisen, wenn alle Trübsal blasen.

Der Tipp daraus ist klar: Machen Sie es besser als die typischen emotionalen Investoren. Legen Sie für sich eine langfristige Anlagestrategie aufgrund Ihres Risikoprofils fest und bleiben Sie ihr treu.

Ganz wichtig: Auch Bankanalysten, Kundenberater und Vermögensverwalter werden oft vom Herdentrieb erfasst und überschätzen sich teilweise selbst.

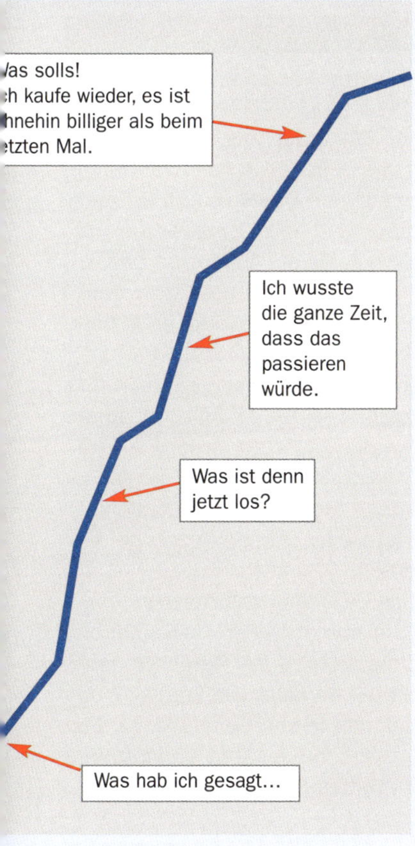

QUELLE: BEHAVIOURAL FINANCE SOLUTIONS GMBH, ZÜRICH

Fortsetzung von Seite 20

Vermeiden Sie Anlagefehler, und geraten Sie nicht in Panik!
Wer eine gut durchdachte Strategie einmal umgesetzt hat, sollte anschliessend möglichst wenig daran ändern. Anleger sollten sich nicht von den Kapriolen der Finanzmärkte ins Bockshorn jagen lassen. Die wirtschaftliche Wetterlage ändert ständig. Es wäre aber falsch, darauf immer mit einem Strategiewechsel zu reagieren.

Banken und Vermögensverwalter raten ihren Kunden in solchen Fällen häufig zu taktischen Umschichtungen. So empfehlen sie zum Beispiel eine vorübergehende Unter- oder Übergewichtung des Aktienanteils. Oder sie schlagen vor, bei Obligationen die Laufzeiten zu kürzen oder zu verlängern.

Doch meist dienen solche Ratschläge nicht dem Kundeninteresse. Denn jede Umschichtung spült den Kreditinstituten Geld in Form von Gebühren in die Kasse. Anders ausgedrückt: Wer sein Portfolio zu häufig umschichtet, erreicht nichts ausser hohen Spesen. Zudem ist die Gefahr gross, dass man eine Umschichtung zu spät vornimmt – etwa dann, wenn die Börsen seit einiger Zeit schlecht laufen und man empfindliche Verluste erlitten hat. Meist steigt man anschliessend zu spät wieder in Aktien ein und verpasst damit die Aufwärtsbewegung. Das hat auch viel mit Börsenpsychologie zu tun (siehe Kasten links). Finanzprofessor Martin Weber von der Universität Mannheim (D) hat es laut «Handelsblatt» so ausgedrückt: «Wenn die Anleger irgendwo hören, dass der Goldpreis steigt oder Schwellenländer Potenzial haben, ist es meist viel zu spät.» Und er warnt: «Wer mit dem Strom schwimmt, setzt häufig auf das falsche Pferd und zahlt dafür nur Gebühren.»

Gerade bei heftigen Tauchern an den Märkten sollte man sich nicht zu Panikreaktionen hinreissen lassen. Halten Sie also auch in schwierigen Zeiten an Ihrer Anlagestrategie fest. Das ist keine leichte Sache. Denn es ist normal, dass man sich als Anleger Sorgen macht, wenn an den Börsen derartige Turbulenzen herrschen wie zum Beispiel im Jahr 2008.

Die gewählte Strategie nicht dauernd ändern!

Aber: Das heisst nicht, dass man blindlings an einer einmal gewählten Anlagestrategie festhalten muss. Man soll sie ruhig von Zeit zu Zeit hinterfragen.

Eine Abkehr von der ursprünglich gewählten Anlagestrategie ist

STICHWORT

Rebalancing

Die Zusammensetzung eines Wertschriftenportefeuilles ändert sich ständig. Denn die Anteilsklassen, die sich überdurchschnittlich gut entwickeln, vergrössern ihren Wertanteil, während bei anderen Anteilen dadurch automatisch das Gegenteil eintritt. Anleger sollten deshalb korrigierend eingreifen, wenn die Anteile zu stark von der ursprünglich geplanten Verteilung auf die Anlageklassen abweichen. Im Fachjargon heisst dieser Vorgang Rebalancing.

Zu oft sollte man dies aber nicht machen. Denn jeder Eingriff verursacht Kosten. Am besten ist es, man handelt nach im Voraus bestimmten Grundsätzen: Man legt also fest, bei welchen Schwellen man aktiv werden will. So lässt man sich nicht von der gerade vorherrschenden Marktstimmung zu unbedachten Schritten verleiten.

Ein Beispiel zeigt, wie man vorgehen kann: Ein Anleger verfolgt eine Strategie mit 40 Prozent Aktien und 60 Prozent Obligationen. Ein- oder zweimal im Jahr schaut er das Depot an. Ist der Wertanteil der Aktien auf eine Quote von 50 Prozent oder darüber gestiegen, setzt er sie mit gezielten Verkäufen auf 40 Prozent zurück. Ist der Anteil der Aktien auf 30 Prozent oder darunter gefallen, kauft er Aktien dazu.

Solche Anpassungen sorgen auch für eine antizyklische Geldanlage: In einer Hausse werden teuer gewordene Aktien verkauft, und in einer Baisse werden günstig gewordene Titel dazugekauft. Leider machen viele Anleger in der Praxis genau das Gegenteil.

Allerdings: Je kleiner das Wertschriftendepot ist, umso mehr fallen die Gebühren für das Umschichten ins Gewicht – und das drückt die Rendite. Die Lösung sind hier Mischfonds (siehe Seite 140 f.). Es gibt sie in verschiedensten Varianten – mit tiefen, mittleren oder hohen Aktienquoten.

RISIKOSTUFEN: BANKENSPRACHE UND WIRKLICHKEIT

	«Defensiv», auch «werterhaltend»	**«Ausgewogen»,** auch «moderat»	**«Dynamisch»,** auch «wachstumsorientiert»
Aktien / Obligationen	25 % / 75 %	50 % / 50 %	75 % / 25 %
Risikoklasse gemäss Banken	**Mässig**	**Mittel**	**Erhöht**
Effektives Risiko	**Erhöht**	**Hoch**	**Sehr hoch**

etwa dann ratsam, wenn sich die persönliche Situation geändert hat – zum Beispiel nach einer Heirat oder einer Scheidung, beim Einkommen oder bei der Pensionierung. Oder: Wenn sich in einer Anlageklasse offensichtlich eine Blase gebildet hat, spricht nichts dagegen, die Notbremse zu ziehen.

Zwei Beispiele: Im Jahr 2000 entsprachen die Kurse vieler Aktien dem 30-fachen Jahresgewinn oder mehr des entsprechenden Unternehmens. Und in der zweiten Hälfte des Jahres 2020 stiegen die Aktienkurse deutlich stärker als die Unternehmensgewinne.

In so extremen Situationen kann es nicht falsch sein, die Aktienquote aus Vorsicht zu senken – beispielsweise von vorher festgelegten 40 auf 20 Prozent. Und das dadurch frei gewordene Geld vorläufig auf Sparkonten zu parkieren, sprich: die Liquidität zu erhöhen.

Im Allgemeinen aber gilt: gelassen bleiben, an der Strategie so wenig wie möglich herumdoktern. So hat man langfristig die besten Aussichten, zu den Gewinnern zu gehören.

Die ursprüngliche Verteilung im Auge behalten

Nicht zu verwechseln mit einer Veränderung der Anlagestrategie ist der Eingriff in das Portefeuille, wenn die ursprüngliche Aufteilung nicht mehr stimmt. Denn die Anteile der einzelnen Anlageklassen am gesamten Depot driften mit der Zeit auseinander.

Deshalb ist es angezeigt, sie gelegentlich auf ihre festgelegten Zielquoten zurückzuführen. Fachleute nennen das Rebalancing (siehe Kasten links). Eine Zusammenstellung der häufigsten Anlagefehler finden Sie auf Seite 21.

Was Banken «defensiv» nennen, ist ziemlich riskant

Zur Anlagestrategie gehört auch, die Sprache der Banken und Finanzberater zu kennen. Wenn nämlich Banker von «defensiv»,

Fortsetzung auf Seite 28

TIPPS

Neun goldene Regeln für Privatanleger

1. Lassen Sie Skepsis walten

Bleiben Sie immer skeptisch. Banken, Versicherungsgesellschaften und Vermögensverwalter verfolgen oft nur ihre eigenen Interessen. Bringen Sie deshalb deren Versprechen und Ratschlägen ein gesundes Misstrauen entgegen.

Die ganze Finanzindustrie hat ein sehr direktes materielles Interesse daran, die Zukunft rosig aussehen zu lassen. Würden Banken, Finanzberater und Vermögensverwalter dies nicht tun, würden viele Leute weniger oder überhaupt keine Finanzprodukte mehr kaufen – und die Finanzindustrie hätte deutlich weniger Einnahmen.

2. Haben Sie keine Angst vor «dummen» Fragen

Informieren Sie sich möglichst unabhängig, und bilden Sie sich Ihre eigene Meinung. Das geht am besten, wenn Sie nicht nur auf eine Stimme hören, sondern sich mit verschiedenen Standpunkten und Ansichten auseinandersetzen. Holen Sie immer mehrere Offerten und Produktvorschläge ein.

Stellen Sie den Fachleuten viele Fragen, auch scheinbar naive. Warum wird Ihnen nun gerade dieser oder jener Vorschlag gemacht? Wie funktioniert das Produkt? Welche Nachteile hat es? Was kann dabei schiefgehen?

Wichtig: Kaufen Sie nur Finanzprodukte, die Sie verstehen.

3. Glauben Sie nicht an Superrenditen

Anleger sollten immer stutzig werden, wenn der Bankberater oder Vermögensverwalter nur von Erfolgen, schönen Renditen und sicheren Investments redet.

Die Finanzmärkte sind voller Überraschungen und Unwägbarkeiten. Meiden Sie Vertreter der Finanzbranche, die so tun, als hätten sie Patentrezepte. Berater, Vermögensverwalter und Fondsmanager, die zu ihren Fehlern stehen, die offen sagen, dass eine Investition auch einen negativen Ausgang nehmen kann, verdienen viel eher Ihr Vertrauen als solche, die scheinbar alles im Griff haben.

4. Legen Sie sich eine kluge Anlagestrategie zurecht

Erarbeiten Sie die Anlagestrategie sorgfältig. Sie sollte ganz auf Sie persönlich zugeschnitten sein: auf Ihren Zeithorizont sowie auf Ihre Risikobereitschaft und Risikofähigkeit. Halten Sie danach durch Hochs und Tiefs eisern daran fest. Lassen Sie sich nicht vom Herdentrieb anstecken – weder in einer Zeit, wenn gerade überbordender Optimismus herrscht, noch dann, wenn alle Trübsal blasen.

Das bedeutet auch: die Anteile der verschiedenen Anlageklassen ab und zu auf ihre Zielgrössen (Rebalancing) zurückführen (siehe Stichwort Seite 24).

5. Diversifizieren Sie Ihre Anlagen

Eine grosse Gefahr sind Klumpenrisiken. Ein Klumpenrisiko hat man zum Beispiel, wenn man nur auf wenige, vertraute Aktien setzt – etwa auf Titel von Schweizer Grossfirmen. Zwar sind das oft bewährte Werte, aber auch sie können abstürzen. Eine solche enge Auswahl reicht also nicht aus, um genügend diversifiziert zu sein.

Ebenfalls nicht ratsam ist es, einzig seine Lieblingsbranche zu berücksichtigen, etwa Alternativenergien oder Gold. Auch wer Anlagen nur in einem einzigen Land tätigt, handelt sich ein Klumpenrisiko ein.

Am besten streut man das Geld mittels Anlagefonds, die eine oder mehrere Anlageklassen mit einem breiten Spektrum an Titeln widerspiegeln.

Für Anleger mit Heimwährung Schweizer Franken stehen hier im Vordergrund: Franken-Obligationen von guten bis sehr guten Schuldnern, Schweizer Aktien, Schweizer Immobilienfonds sowie Aktien der grossen ausländischen Anlagegebiete Europa, Nordamerika und eventuell Schwellenländer.

6. Warten Sie nicht ab

Angehenden Anlegern stellt sich die Frage, ob alles auf einmal oder gestaffelt investiert werden soll. Theoretisch kann man bei einem gestaffelten Einstieg einen vorteilhaften Durchschnittskurs erzielen, sofern die Aktienkurse sinken. Erkenntnisse aus der Verhaltensökonomie (Behavioral Finance) zeigen jedoch, dass die Wahrscheinlichkeit gross ist, dass die Staffelung bei sinkenden Aktienkursen nicht umgesetzt wird.

Aus langfristiger Sicht spielt der Einstiegszeitpunkt eine untergeordnete Rolle. Wichtiger ist, dass man überhaupt investiert ist. Auch das Warten auf einen vermeintlich sinnvollen Einstiegszeitpunkt lohnt sich in der Regel nicht. Kommt es zu einer Korrektur, wird häufig eine Stabilisierung abgewartet. Doch bis eine solche erkennbar ist, «verschenken» abwartende Anleger vielfach die Tage mit den höchsten Kursgewinnen.

Der durchschnittliche US-Aktieninvestor erzielte von 2002 bis 2021 eine Rendite von rund 4 Prozent pro Jahr. Die gesamte Börse legte aber um jährlich 10 Prozent zu.

7. Kaufen Sie keine neuen oder exotischen Produkte

Bewährte, wirklich gute Finanzprodukte sind eher selten. Neue Produkte werden in der Regel nicht lanciert, weil sie für Anleger nützlich sind, sondern weil Neues zieht – genau gleich wie in der Mode. Warten Sie deshalb erst einmal ab. Es gibt Produkte, die schneiden nur in Boom-Phasen gut ab. Andere nur in Baissen, wenn es also an den Börsen stark abwärtsgeht.

Ein Produkt hat sich erst bewährt, wenn es über einen ganzen Finanzzyklus hinweg gut abgeschnitten hat, also im Auf- und im Abschwung. Um das zu sehen, braucht es manchmal sieben, manchmal zehn oder noch mehr Jahre.

8. Spekulieren Sie nicht

Es gibt Zeiten, die den Anlegerinnen und Anlegern fast Jahr für Jahr hohe Renditen bescheren. Doch in der Regel ist der Vermögensaufbau eine langfristige Angelegenheit. Spekulieren Sie nicht auf einen schnellen Gewinn, sondern investieren Sie mit einer Langfristperspektive.

Wie im Casino gibt es auch an der Börse Zocker. Haben diese einmal Glück gehabt, fordern sie die Glücksgöttin erneut heraus. So etwas kann nur in einem Desaster enden. Das gilt vor allem für jene «Spieler», die Kredite aufnehmen oder die Hypothek ihres Eigenheims erhöhen, um mit diesen Mitteln auf Pump Aktien zu kaufen.

9. Achten Sie auf niedrige Kosten

Für Anleger zählt, was von der Bruttorendite nach Abzug aller Kosten schliesslich übrig bleibt – die Nettorendite.

Viele Wertschriftendepots haben offene und versteckte Kosten von 2 Prozent und mehr. Da verdienen die Banken und anderen Geldverwalter oft mehr als die Anleger. Versuchen Sie, die Kosten auf 1,2 Prozent oder darunter zu drücken. Das ist möglich (Details in den Kapiteln 5 und 7).

Fortsetzung von Seite 25

«ausgewogen» oder «wachstumsorientiert» sprechen, verstehen Normalmenschen darunter oft etwas völlig anderes (siehe Grafik Seite 25). Wie zum Beispiel der Anleger, der kein Risiko eingehen wollte und deshalb einen Strategiefonds mit dem Anlageprofil «defensiv» erwarb. Sein investiertes Vermögen schrumpfte 2022 um 17,4 Prozent. Was der Anleger nicht beachtet hatte: Was als Strategie für Anleger angepriesen wurde, die nur geringe Kursrisiken eingehen wollen, kann einen Aktienanteil von bis zu 30 Prozent enthalten.

«Für einen Anleger, der sein investiertes Geld bald wieder braucht und nicht darauf verzichten kann, ist ein Aktienanteil von 30 Prozent überhaupt nicht ‹defensiv›», sagte Professor Manuel Ammann, ehemaliger Direktor des Schweizerischen Instituts für Banken und Finanzen und heutiger Rektor der Universität St. Gallen, der Zeitschrift «K-Geld».

Das Beispiel zeigt in aller Deutlichkeit: Verschiedene Banken führen Anlagestrategien für Kunden mit einem Viertel Aktien und mehr noch unter dem Begriff «defensiv». Mit der normalen Wahrnehmung hat dies jedoch wenig zu tun: Der Duden definiert «defensiv» als «auf Sicherheit bedacht».

Misstrauen Sie dem Marketing

Ein anderes Beispiel für missverständliche Marketingbegriffe der Finanzinstitute: der Strategiefonds BFI Systematic in der Kategorie «ausgewogen» der Versicherung Baloise. Was der Laie als ausgewogenes Verhältnis zwischen Chancen und Risiken interpretiert, ist in Tat und Wahrheit eine risikoreiche Anlagestrategie mit rund 50 Prozent Aktienanteil. Das Vermögen schrumpfte im Corona-Crash 2020 um 18 Prozent.
Oder: «Einkommen» heisst bei der Berner Kantonalbank ein Anteil an Aktien und alternativen Anlagen (Rohstoffe, Hedgefonds, Derivate usw.) von über 30 Prozent. Vermögensverlust für die Anleger von September 2021 bis September 2022 von über 15 Prozent.

Tipp: Misstrauen Sie dem Marketingschwindel der Banken. Wer höhere Erträge wünscht, als das Sparkonto hergibt, geht Risiken ein. Vermeintlich «moderate» Anlageziele von 4 bis 6 Prozent pro Jahr bergen bereits ein grosses Schwankungsrisiko. Wertverluste von 20 Prozent und mehr sind nicht auszuschliessen.

Bei Einzeltiteln kann es auch zu einem Totalverlust kommen, wie beispielsweise der Untergang der Swissair vor Augen führte.

Ein weiteres Beispiel für die blumige und tückische Marketingsprache der Banken sehen Sie im Kasten rechts.

Im Alter muss die Anlagestrategie oft angepasst werden

Bei Erreichen des Pensionierungsalters fällt der Lohn weg. Dass aber über 65-Jährige auch dann noch über ein genügendes Einkommen verfügen – dafür sorgen primär die AHV und die Pensionskasse. Beide Sozialversicherungen sollen zusammen mindestens 60 Prozent des zuletzt bezogenen Jahreslohns sichern.

Wer zusätzlich über freies Vermögen verfügt, steht vor der Frage, wie es anzulegen ist: Gleich wie

«Kapitalerhalt» versprochen – und doch viel Geld verloren

Ein Ehepaar vertraute einer Raiffeisenbank 203100 Franken an. Auf dem Höhepunkt der Bankenkrise von 2008 verlor das Paar die Nerven, verkaufte die Anlage wieder und erhielt nur noch 170 800 Franken. So kam es zu einem Verlust von rund 32000 Franken.

Gemäss Werbeunterlagen und Verkaufsprospekten hätte ein solcher Verlust gar nicht eintreten dürfen. Denn das Ehepaar kaufte ein «Pension Portfolio», das sich vor allem an Rentner richtet. Und so funktioniert es: Die Bank nimmt das Geld entgegen, legt es an und zahlt dem Anleger regelmässig eine bestimmte Summe aus – bis das Geld komplett aufgebraucht ist.

In der Mitgliederzeitung von Raiffeisen wurde das Produkt in den höchsten Tönen gelobt. Da war von «attraktiven Renditechancen» die Rede, und das Portfolio biete ein «hohes Mass an Sicherheit». Zudem komme bei diesem Produkt die «Multi Asset Class»-Anlagestrategie zur Anwendung, die «auch in schwierigen Marktphasen den Erhalt des Kapitals und positive Renditen ermöglichen» solle. In ihrem Kundenmagazin erweckte Raiffeisen auch den Eindruck, der Ertrag aus dem Portfolio sei ähnlich stabil wie die garantierte und feste Auszahlung der Pensionskassenrente.

Es kam anders. Nach der Lancierung im Juli 2007 verlor das Portfolio wegen der Bankenkrise rund 20 Prozent an Wert. Der Grund lag vor allem darin, dass die Anlagestrategie nicht so auf Sicherheit angelegt war, wie es die Beteuerungen von Raiffeisen nahegelegt hatten: Rund 15 Prozent des Geldes steckten in Aktien, weitere 20 in einem riskanten Dach-Hedgefonds mit hohen Gebühren für die Anleger.

Dazu kamen weitere hohe Kosten. Gleich zu Beginn gingen auf einen Schlag 3000 Franken für Gebühren, Fonds- und Abwicklungskosten weg. Dazu verlangte Raiffeisen eine jährliche Gebühr von 1 Prozent auf die gesamte Anlagesumme.

Verkaufte also Raiffeisen einem risikoscheuen älteren Paar auf aggressive Weise ein ungeeignetes und riskantes Produkt ohne genügende Risikoaufklärung? Diesen Vorwurf wies Raiffeisen zurück. Die Aussagen in den Verkaufsunterlagen und Produktbeschreibungen dürften «nicht fokussiert» betrachtet werden. Zudem sei dort auch von Wertschwankungsreserven die Rede. Es hätten intensive Kundengespräche stattgefunden. Man habe den Kunden die langfristige Funktionsweise der Anlage aufgezeigt und sie «umfassend und bedürfnisgerecht» aufgeklärt. Das Geschäft sei korrekt abgewickelt worden, die Kundenberaterin habe sich viel Zeit genommen.

Eine schriftliche und klare Risikoaufklärung findet sich erst am Schluss des dreiseitigen Auftragsformulars, das die Kunden unterschrieben hatten. Dort steht: «Kurse können sowohl steigen als auch fallen.» Und: «Das Risiko von Wertschwankungen der getätigten Anlage liegt vollumfänglich beim Auftraggeber.»

TIPP

Achtung: Berater wollen an Ihr Altersgeld!

Viele Seniorinnen und Senioren haben viel Geld. Das macht sie attraktiv für Banken und andere Vermögensverwalter, die ihnen ihre Produkte verkaufen wollen. Doch ein Teil dieser Angebote hat einen zu hohen Anteil riskanter Anlagen oder ist teuer und eignet sich nicht für Senioren.

Besonders aufpassen müssen angehende Rentner auch bei Beratern, die ihnen mit Nachdruck raten, das Pensionskassengeld bar zu beziehen – unter anderem mit dem Argument, die staatliche Altersvorsorge sei nicht mehr sicher. Diese Berater wollen nur das Geld verwalten und daran verdienen oder Produkte an den Mann bringen und dafür eine Verkaufsprovision kassieren.

bisher? Oder muss die Anlagestrategie angepasst werden?

Der Entscheid hängt zunächst davon ab, ob das Vermögen für den laufenden Lebensunterhalt gebraucht wird. Es gibt Pensionäre, die gut mit ihren regelmässigen Renten von AHV und Pensionskasse auskommen. Sie müssen ihr Vermögen nicht anzapfen.

Damit haben diese Rentner – falls sie bei guter Gesundheit sind – weiterhin einen langen Anlagehorizont. Sie können mit ihrer Geldanlage im Prinzip weiterfahren wie bisher. Falls sie einen hohen Aktienanteil im Depot haben und mit den Wertschwankungen gut zurande kommen, gibt es für sie keinen zwingenden Grund für eine Veränderung.

Die Erfahrung zeigt allerdings: Ältere Menschen werden meist vorsichtiger, defensiver. Und viele möchten dereinst das Vermögen ungeschmälert den Kindern vererben. Die Folge: Selbst wenn sie es selber nicht brauchen, ziehen sie nun risikoärmere Geldanlagen vor.

Bei vielen Rentnern ist eine Anpassung der Anlagestrategie aus rein finanzieller Sicht nötig. Sei es, weil sie nicht auf Rosen gebettet sind und das Vermögen nach und nach «verzehren» müssen. Oder sei es, weil sie sich noch etwas Aussergewöhnliches leisten wollen: zum Beispiel ein neues Haus, vielleicht im Ausland, oder luxuriöse Reisen.

Der Anlagehorizont von solchen Rentnerinnen und Rentnern wird kürzer. Falls sie bisher in Aktien und anderen Anlagen mit grossen Schwankungen investiert waren, sollten sie ihre Strategie überdenken – und zwar nicht erst im letzten Moment, sondern schon, wenn die Pensionierung erst langsam näherrückt.

Es gibt verschiedene Konzepte, wie die Geldanlagen neu zu bündeln sind. Vier davon kommen hier zur Sprache:

■ **1. Sparkonto.** Der ehemalige Wirtschaftsprofessor Walter Wittmann schrieb einmal: «Senioren dürfen ruhig altmodisch auf das bewährte Sparheft und andere festverzinsliche Anlagen in der Heimwährung setzen.» Das Sparheft gibts kaum noch, für Sparkonten gilt jedoch das Gleiche.

Fortsetzung auf Seite 32

TIPPS

Vorsicht vor unseriösen Vermögensverwaltern

Die Zeitschrift «Saldo» berichtete über die Swiss Future Invest AG in Basel (Ausgabe 1/2018). Die Verantwortlichen hatten einem Malermeister eine Vermögensverwaltung angeboten, das Geld entgegengenommen – und fast alles verloren. Der Verlust wäre zu verhindern gewesen, wenn der Maler folgende Tipps beachtet hätte:

■ **Skepsis statt Vertrauen.** Bei Investitionen sind Skepsis und hartnäckiges Fragenstellen oberstes Gebot. Der Maler unterzeichnete einen 19-seitigen Vermögensverwaltungsvertrag, obwohl er die Fachbegriffe darin nicht verstand. Besonders fies: Der Maler hatte gar kein Geld. So überredete ihn der Vermögensverwalter zum Verkauf von 2 Kilo Gold. Obwohl diese Rücklage für die Weiterbildung seines Sohns vorgesehen war, willigte der Maler ein. Er verkaufte seine Reserven, angetrieben von der Gier, mehr aus dem Geld zu machen. Das ist stets ein Fehler.

■ **Schriftliche Unterlagen verlangen.** Oft überweisen Opfer Geld an eine Firma, obwohl sie keine Unterlagen dazu haben, was mit dem Geld geschehen wird. Auch der Maler merkte viel zu spät, dass die Swiss Future Invest sein Geld in hochriskante Derivatgeschäfte verschob, sogenannte Differenzkontrakte (CFD = Contracts for Difference). In solchen Fällen ist es wichtig, Dokumente über das Investment zu verlangen. Zeigt man sie unabhängigen Fachleuten und verlangt eine Zweitmeinung, wird schnell klar, ob die Sache zum Himmel stinkt oder einigermassen seriös ist. Viele Opfer haben zu Hause nicht einmal Kopien der Verträge, die sie unterzeichneten.

■ **Anlage verstehen.** Im Grundsatz sollten Kleinanleger nur Geldgeschäfte tätigen, deren Mechanismus sie verstehen. Doch der Maler wusste nicht, dass CFD reine Wetten auf Kursveränderungen sind. Die Swiss Future Invest schloss pro Tag bis zu 30 solche Wetten auf den Kurs des deutschen Aktienindex (DAX) ab. Der Maler sagte, er sei nicht über die Risiken aufgeklärt worden. Er glaubte den Beteuerungen, das Geld sei «bis zu 80 Prozent» in Aktien angelegt und die Rendite besser als bei der Bank. Tatsächlich kaufte der Vermögensverwalter keine einzige Aktie.

■ **Diversifizieren.** Der Maler vertraute sein ganzes Erspartes der Swiss Future Invest an. Ein solches Vorgehen ist falsch. Vielmehr sollte man das Risiko streuen.

■ **Kosten beachten.** Bei jeder Transaktion kassierte der Vermögensverwalter eine Provision von bis zu 40 Euro. Zudem wurden die Differenzkontrakte auf den Dax in Euro gehandelt. Der Maler hatte aber nur ein Franken-Konto. Bei jedem Geschäft erlitt er deshalb einen Wechselkursverlust.

■ **Auf Rückzahlung bestehen.** Als der Malermeister dahinterkam, wollte er das übrig gebliebene Geld zurück. Er hörte Ausreden, dass das Geschäft bald wieder besser laufen sollte. Dieses Vorgehen ist typisch für unseriöse Finanzverwalter.

■ **Zeitdruck vermeiden.** Lassen Sie sich bei Geldanlagen und anderen wichtigen Geschäften nicht unter Druck setzen. Verlangen Sie immer Bedenkzeit, wenn man Ihnen Unterlagen zum Unterschreiben gibt.

Pleite mit ASE. Pech hatten auch Kunden der ASE-Vermögensverwaltung in Frick AG. Sie stellte Anlegern teilweise über 10 Prozent Jahresrendite mit Währungsgeschäften in Aussicht. Rund 500 Investoren verloren Geld in zweistelliger Millionenhöhe.

Fortsetzung von Seite 30

■ **2. Entnahmeplan.** Eine andere Möglichkeit sind Auszahlungs- bzw. Entnahmepläne. Sie starten mit einem Anfangskapital von beispielsweise 250 000 Franken. Dann erfolgt eine periodische – meist monatliche – Auszahlung (siehe Kasten auf Seite 42).

Zur Wahl stehen Produkte unterschiedlicher Risikostufen – also mit unterschiedlichen Anlagestrategien für das Geld, das noch im Topf ist. Wer auf das Geld wirklich angewiesen ist, geht am besten auf Nummer sicher.

Darüber hinaus sollte sich der Anleger ein Bild über die gewünschte Auszahlungsdauer machen: Wie hoch sind die Ratenzahlungen anzusetzen, damit das Geld genügend lange reicht? Das hängt auch von der Rendite ab, die das Finanzinstitut auf dem verbleibenden Geld in Aussicht stellt. Banken und Vermögensverwalter setzen diese meist zu hoch an.

Für die Berechnung sollte man unbedingt von einer defensiven Renditeannahme ausgehen. Mitentscheidend sind wiederum die Kosten: Senioren sollten nur Produkte wählen, deren Gesamtkosten unter 1,2 Prozent liegen (mehr zu den Kosten in Kapitel 7).

■ **3. Kapitalverzehr** mit einer Topflösung. Bei einem Anfangskapital von z. B. 300 000 Franken kann diese Lösung so aussehen:

In einen ersten Topf legt man 100 000 Franken. Sie werden auf Sparkonten, in Festgelder und Kassenobligationen investiert. Während der ersten zehn Jahre entnimmt man jeweils 10 000 Franken pro Jahr.

Das Geld aus einem zweiten Topf, ebenfalls 100 000 Franken, fliesst in Obligationen. Diese Anleihen sind zur Auszahlung in den Jahren 11 bis 20 vorgesehen.

Der dritte Topf mit dem restlichen Geld ist für Aktien und die Jahre 21 bis 30 reserviert – wobei man die Bezüge je nach Verlauf der Finanzmärkte zeitlich nach hinten oder nach vorne verschieben beziehungsweise erhöhen oder senken kann.

■ **4. Leibrente.** Die klassische Lösung ist die Variante mit der Leibrente (Details ab Seite 39; dort werden auch die Produkte kritisch beleuchtet, die anstelle der Leibrente angeboten werden).

Frühzeitige Finanzplanung im Hinblick auf die Pensionierung

Das Überdenken der Anlagestrategie ist nicht das Einzige, was bei der Planung des Alters zu tun ist. Wenn es um Finanzen geht, müssen angehende Pensionäre schon früher weitere wichtige Weichen stellen und Entscheide treffen. Diese sind hier kurz erwähnt:

■ **Überprüfen der Vorsorgesituation**

Kann ich mit der vollen AHV rechnen? Wie hoch wird meine Pensionskassenrente mutmasslich sein? Wie sieht mein Budget für die Zeit nach der Pensionierung aus? Reichen meine Einkünfte zur Deckung dieses Budgets? Habe ich meine Ehefrau oder den Partner finanziell gut abgesichert für den Fall, dass mir etwas passiert? Soll ich die Hypothek schrittweise zurückzahlen?

Alles Wichtige zu dieser Thematik finden Sie im K-Tipp-Ratgeber **Pensionierung richtig planen.** Bestellen Sie das Buch auf www.ktipp.ch → Shop oder über Tel. 044 253 90 90. Auch die Zeitschrift «K-Geld» informiert regelmässig über diesen Fragenkomplex.

■ Flexibles Rentenalter

Kann ich mir eine Frühpensionierung mit der entsprechenden Kürzung der Rente leisten? Welche weiteren finanziellen Konsequenzen hätte das? Kann ich mich noch bei der Pensionskasse einkaufen?

Alle Tipps zu diesem Themenkreis finden Sie im Saldo-Ratgeber **Gut vorsorgen: Pensionskasse, AHV und 3. Säule.** Bestellmöglichkeit: siehe oben.

■ Pensionskassengeld bar beziehen oder als Rente?

Ist das Rentenalter erreicht, kann das Altersgeld entweder als Kapital auf einmal bezogen werden (falls die Pensionskasse das zulässt) oder als regelmässige Rente oder als Mix davon. Alle Möglichkeiten haben ihre Vor- und Nachteile.

Die Auszahlung des Kapitals bedingt, dass das Geld gewinnbringend angelegt und mit Disziplin ausgegeben wird. Mit dem Kapitalbezug verfallen zudem alle weiteren Pensionskassenansprüche unwiderruflich. Wer knapp dran ist, also über keine erklecklichen finanziellen Reserven verfügt, sollte die sichere Rente wählen.

Sparen mit der Versicherung? Nein, danke

Wenn es um die Vorsorge und ums Anlegen von Geldern geht, treten auch die Versicherungsgesellschaften gern mit ihren Angeboten auf den Plan. Hier ist Skepsis angebracht, denn diese Produkte sind für den Versicherten teuer. Zudem sind sie unflexibel, weil die Angebote in der Regel mit einer festen, langen Vertragsdauer und Zahlungsverpflichtung verbunden sind. Bei veränderten Lebensumständen kann sich das als sehr nachteilige Fessel erweisen.

Einziger echter Vorteil ist die Prämienbefreiung bei Erwerbsunfähigkeit. Sie lässt sich aber leicht anders erreichen (Details Seite 35).

Diese Versicherungsprodukte werden recht aggressiv verkauft – vor allem von freien Maklern, die beim Verkauf hohe Provisionen kassieren. Diese Provisionen zahlt letzten Endes der Kunde. Ob das Produkt einem Kundenbedürfnis entspricht, ist vielen Verkäufern egal. Um diese Produkte geht es im Einzelnen:

■ Kapitalbildende Lebensversicherung

Diese Lebensversicherung verbindet den Sparprozess mit der finanziellen Absicherung der Risiken Tod und manchmal Invalidität. Sie wird oft auch Vorsorgepolice, Sparversicherung oder gemischte Versicherung genannt. Der grössere Teil der fest abgemachten Prämie geht in den Spartopf, ein happiger Teil der Prämie geht aber für die Kosten weg.

Die Gelder im Spartopf ergeben das sogenannte Erlebensfallkapital, sofern der Kunde regelmässig einzahlt. Es wird ausgezahlt, wenn der Versicherungsnehmer den Ablauf des Vertrags «erlebt». Das Erlebensfallkapital setzt sich einerseits zusammen aus einem garantierten Teil, der auf einer festen Verzinsung beruht. Dazu kommen Überschüsse, die beim Abschluss grosszügig in Aussicht gestellt werden, aber nicht garantiert sind. Stirbt der Versicherungsnehmer vor Ablauf der Vertragsdauer, erhalten die Begünstigten ein im Voraus bestimmtes Todesfallkapital. Viele Versicherte haben damit eine Versicherungskomponente, die oft gar nicht nötig ist.

Nebst einem Todesfallrisikoschutz können Interessierte in die gemischte Lebensversicherung eine Erwerbsunfähigkeitsrente ein-

Depotanalyse: Die häufigsten Fehler in Schweizer Depots

Das VZ Vermögenszentrum überprüft regelmässig Anlagedepots von Schweizer Investoren und stellt oft folgende Anlegerfehler fest:

- **Zu hohe Risiken.** Viele Anleger gehen zu hohe Risiken ein im Verhältnis zu ihrer Risikotoleranz. Der Anteil von Aktien und alternativen Anlagen ist in vielen Depots zu hoch (siehe Kapitel 6).
- **Zu geringe Diversifikation.** Praktisch alle untersuchten Wertschriftendepots sind zu wenig diversifiziert. Sie enthalten Klumpenrisiken – zu hohe Anteile einzelner Titel, Branchen oder Märkte. Solche Depots können in Krisen stark an Wert verlieren. Die wichtigsten Tipps zum Diversifizieren stehen auf Seite 16 und in Kapitel 4.
- **Falsche Strategie.** Die Rendite eines Wertschriftendepots hängt zu etwa 70 Prozent davon ab, wie das Vermögen auf die verschiedenen Anlageklassen aufgeteilt ist. Viele Anleger konzentrieren sich jedoch vor allem auf die Suche nach Erfolg versprechenden Titeln.
- **Schlechte Produkte.** Allzu oft empfehlen Bankberater nur die hauseigenen Produkte, obwohl es bessere gäbe. So verdienen sie mehr als mit Fremdprodukten.

  Tipp: Wählen Sie einen Anlageberater oder Vermögensverwalter, der Ihr Portfolio unvoreingenommen zusammenstellt. Was immer er Ihnen empfiehlt: Verlangen Sie den Nachweis, dass dieses Produkt besser ist als Konkurrenzprodukte.
- **Emotionale Entscheide.** Viele Anleger kaufen und verkaufen Wertschriften aus einem Bauchgefühl heraus, das sich oft als falsch herausstellt.
- **Obligationen.** Mangelnde Diversifikation. Viele Anleger investieren in wenige Einzeltitel, die dazu noch alle aus der gleichen Branche stammen – wie zum Beispiel Banken. Oft sind die Obligationen auch zeitlich schlecht gestaffelt und verfallen fast gleichzeitig.
- **Hohe Gebühren.** Viele Anleger vernachlässigen die Kosten, weil sie die Gebührenstruktur der Bank nicht kennen. Ein Wechsel der Depotbank kann sich lohnen.

bauen. Diese Rente sichert auch ein vereinbartes Ersatzeinkommen bei Invalidität.

Ein Viertel der Prämie geht für die Kosten weg

Bei der klassischen gemischten Lebensversicherung ist die Prämienbefreiung bei Erwerbsunfähigkeit meist mitversichert: Wird der Versicherungsnehmer invalid, zahlt die Gesellschaft die Prämien weiter. Das ist zwar ein echter Vorteil, aber die Nachteile solcher Policen überwiegen dennoch.

Zur Deckung dieser Risiken zieht die Gesellschaft einen Teil der einbezahlten Prämie ab. Auch happige Abzüge für die Kosten muss der Sparer tragen. Im Durchschnitt geht bei einer klassischen Sparversicherung ein Viertel der Prämie zur Deckung von Risiko und Kosten weg. Es geht also nicht die gesamte einbezahlte Prämie in den Sparteil.

Die gemischte Versicherung hat zudem einen grossen Nachteil: Der Kunde lässt sich auf einen langjährigen Vertrag mit Zahlungsverpflichtung ein. Wer frühzeitig aussteigt – aus welchen Gründen auch immer –, verliert in den ersten Jahren die ganze oder einen grossen Teil der einbezahlten Prämiensumme. Das können Tausende von Franken sein. Auch ein späterer Ausstieg ist meist mit Verlust verbunden. In keiner anderen Versicherungsart wirken sich Fehler so gravierend für den Versicherten aus. Dies gilt auch, wenn man die Versicherung in die prämienfreie Variante umwandelt.

Die Prämienbefreiung bei Erwerbsunfähigkeit

Die Sparversicherung mit Jahresprämien hat einen attraktiven Vorteil: die Prämienbefreiung bei Erwerbsunfähigkeit, die wie erwähnt meist inbegriffen ist. Prämienbefreiung heisst: Sollte die versicherte Person wegen Krankheit oder Unfall erwerbsunfähig werden und nichts mehr verdienen können, muss sie für die Sparversicherung keine Prämien mehr zahlen. Dies nach einer gewissen Wartefrist, in der Regel drei Monaten. Die versprochene Geldsumme, das Erlebensfallkapital, erhält die versicherte Person bei Vertragsablauf trotzdem, weil nun die Versicherungsgesellschaft die Prämienzahlung übernimmt.

Das Sparziel ist also garantiert, ebenso die Auszahlung der Todesfallsumme bei vorzeitigem Tod vor Erreichen des Vertragsendes.

Tipp: Wenn schon eine Sparversicherung, dann nur mit Prämienbefreiung bei Erwerbsunfähigkeit. Sonst ist die Sparversicherung fragwürdig, weil das Sparziel bei Invalidität ja nicht garantiert ist.

Auch wichtig: Man kann auf anderem Weg das gleiche Ziel erreichen. Wer bei der Bank spart und dazu separat eine Todesfallrisikoversicherung mit abnehmendem Kapital sowie eine Invalidenrente als «Ersatz» für die Prämienbefreiung abschliesst, erzielt denselben Effekt – und fährt so erst noch günstiger.

Fazit: Der bessere Weg ist das getrennte Vorgehen: sparen bei der Bank, sich versichern bei der

Versicherung. Der unabhängige Finanzberater Markus Glauser von Glauser + Partner in Bern sagt: «Wir empfehlen gemischte Lebensversicherungen dieser Art nie – erst recht nicht für Junge. Gute Gründe, diese Produkte einzusetzen, gibt es nur für den Vertrieb. Es existiert nach wie vor kein überzeugender Grund, den Spar- und den Risikoteil in einem Produkt zu kombinieren. Die Nachteile überwiegen klar. Die treibende Kraft hinter dem Abschluss ist der Produktvertrieb – das würde sonst niemand kaufen.»

■ Fondsgebundene Lebensversicherung (Fondspolice)

Die Fondspolice funktioniert im Prinzip gleich wie die kapitalbildende Lebensversicherung. Einziger wichtiger Unterschied: Das Spargeld wird nicht mit einem festen Satz verzinst, sondern an der Börse investiert. Für den Anleger kommt also ein Börsenrisiko dazu. Und es ist sehr wohl möglich, dass der am Schluss ausbezahlte Betrag kleiner ist als die Summe der Einzahlungen.

Wichtig: Verkäufer preisen Fondspolicen häufig als reines Sparprodukt an. Doch das ist falsch: Eine Fondspolice ist eine Lebensversicherung – mit allen geschilderten Nachteilen.

Fondspolicen werden wegen der hohen Verkaufsprovisionen oft von Mitarbeitern schneeballähnlich organisierter Strukturvertriebe verkauft. Diese Mitarbeiter sind in der Regel nicht oder nur ungenügend ausgebildet, bieten oft keine Beratung und haben nur ein einziges Produkt im Angebot. Und sie verkaufen vor allem im Freundes- und Bekanntenkreis. Zudem versuchen sie aus Eigennutz, ihre Opfer ebenfalls zum Verkaufen zu animieren, indem sie ihnen unrealistische Verdienstchancen in Aussicht stellen.

In der Vergangenheit hat sich gezeigt, dass die Verkäufer die Renditechancen der Fondspolicen häufig zu optimistisch geschildert und die Risiken von Börsenverlusten eher verschwiegen haben.

Seit einiger Zeit werden auch Fondspolicen mit Garantie angeboten, das heisst mit vollem oder partiellem Schutz vor Börsenverlusten. Doch diese Absicherung ist teuer. Sie geht zulasten der Rendite. Über die Kosten werden die Kunden in der Regel nicht aufgeklärt.

Tipp: Wer regelmässig Geld auf die Seite legen und auch von allfälligen Kurssteigerungen der Börsen profitieren möchte, sollte bei einer Bank einen Fondssparplan abschliessen (siehe Seite 161 ff.).

■ Sparversicherung mit Börsenbeteiligung

Die gleichen Vorbehalte (hohe Kosten, mangelnde Flexibilität usw.) sind auch bei der neusten Generation von Sparversicherungen angebracht. Diese sind eine Art Mix zwischen der klassischen kapitalbildenden Versicherung mit garantiertem Zins und der Fondspolice. Konkret: Im Vertrag wird zwar ein minimaler Zins garantiert, doch die Gesellschaft verspricht noch einen

«Indexbonus». Das heisst: Kunden erhalten zusätzlich Geld, wenn sich ein bestimmter Börsenindex – zum Beispiel der SMI – positiv entwickelt.

■ Konventionelle Einmaleinlage

Im Prinzip gehört die Einmaleinlage ebenfalls zu den Sparversicherungen. Bei dieser Form zahlt der Kunde die Prämie nicht jährlich, sondern vollständig im Voraus ein. Der Versicherungsteil der Einmaleinlage besteht darin, dass die Erben ein garantiertes Todesfallkapital erhalten, falls der Versicherte vor Vertragsablauf stirbt.

Die Höhe des Todesfallkapitals entspricht gleichzeitig dem, was der Prämienzahler nach Ablauf der Versicherung garantiert ausbezahlt erhalten würde – ohne die allfälligen Überschüsse. Diese liegen völlig im Ermessen der Gesellschaft.

Werden Spargelder bei Versicherungsgesellschaften angelegt, ist dieses Geld relativ sicher (siehe Kasten auf Seite 61). Die Renditen von Einmaleinlagen sind allerdings sehr bescheiden.

Achtung: Es gibt immer wieder skrupellose Versicherungsvermittler und -agenten, die ihren Kunden raten, für den Kauf einer Einmaleinlage einen Kredit aufzunehmen oder die Hypothek zu erhöhen. Machen Sie das auf keinen Fall!

Tipps: Schliessen Sie auch keine Lebensversicherungen in Fremdwährungen ab. Und lassen Sie die Hände von sogenannten Secondhandpolicen. Diese sind in Grossbritannien frei handelbar. Stirbt der ursprünglich Versicherte früher als erwartet, machen die Anleger einen Gewinn. Doch hohe Kosten und das Währungsrisiko können solche Policen zu einem Minusgeschäft machen.

■ Fondsgebundene Einmaleinlage

Nebst der klassischen Einmaleinlage mit konventioneller Verzinsung gibt es fondsgebundene Varianten. Hier erlebten schon viele Sparer eine böse Überraschung: Die effektiv realisierten Gewinne

TIPP

Steuern sparen? Das allein rechtfertigt keinen Abschluss!

Vor allem Versicherungsberater empfehlen Einmaleinlagepolicen und Leibrenten oft mit dem Steuerargument: So könne man kräftig Steuern sparen.

Doch da ist Vorsicht am Platz: Leibrentenauszahlungen sind zwar tatsächlich «nur» zu 40 Prozent steuerpflichtig. Das ist aber viel mehr, als es den Eindruck macht. Denn die Prämien dafür stammen normalerweise aus dem eigenen Vermögen und wurden früher bereits einmal als Einkommen versteuert. Solche Leibrenten führen also oft zu einer doppelten Besteuerung statt zu einer Steuereinsparung.

Kapitalversicherungen aus Einmaleinlagen sind ebenfalls nur unter eng definierten Bedingungen steuerfrei: Wenn der Kapitalbezug frühestens mit Alter 60 erfolgt, die Police eine Laufzeit von mindestens fünf Jahren hatte und der Versicherungsabschluss vor Alter 66 erfolgte.

Fazit: Insbesondere in Tiefzinsphasen ist die Rendite so schlecht, dass sich diese Vorsorgeformen trotz ihren Steuervorteilen finanziell kaum lohnen.

entsprachen in keiner Art und Weise dem, was man ihnen beim Abschluss vorgaukelte.

Ein konkretes Beispiel: 2005 kaufte ein junger Mann (22) eine «fondsgebundene Lebensversicherung» der Skandia Leben AG. Er verpflichtete sich, während 38 Jahren Prämien einzuzahlen. Bis Ende 2017 zahlte er 51 418 Franken ein. Doch zu diesem Zeitpunkt waren seine Fondsanteile nur gerade 39 913 Franken wert. Allein in den ersten zehn Jahren zog Skandia von den eingezahlten Prämien 11 132 Franken für Abschluss-, Verwaltungs- und Inkassokosten ab.

TIPP

Die Internettipps gegen Gaunertricks

Sagt Ihnen die Nigeria-Connection etwas, oder wissen Sie, wie ein Kreditvermittlungsbetrug oder ein Schenkkreis funktioniert? Das Schweizer Internetportal www.stoppbetrug.ch gibt Auskunft über häufige und raffinierte Betrugsmethoden.

Auf ähnliche Betrügereien wie Vorschussbetrug oder Phishing macht www.melani.admin.ch aufmerksam (→ Aktuelle Gefahren). Dort erfahren Sie zum Beispiel das Neuste zu Phishing.

Hilfreich ist es auch, zu wissen, mit wem man es zu tun hat. Bei der Finma, der Eidgenössischen Finanzmarktaufsicht (www.finma.ch), finden Sie Listen mit den bewilligten Instituten und kollektiven Kapitalanlagen. Dort wird auch vor unbewilligten Gesellschaften und Personen gewarnt.

Besondere Vorsicht ist am Platz, wenn ein unbekannter Anrufer oder E-Mail-Schreiber mit dem vermeintlich heissen Tipp auf der Liste der unbewilligten Institute figuriert oder bereits Gegenstand einer Untersuchung ist.

Diese Listen, auch andere unseriöse Angebote, finden Sie auf www.ktipp.ch → Service → Warnlisten → Finanzangebote, vor denen die Behörden warnen.

Hervorragende Informationen bieten Goldman, Morgenstern & Partners auf www.gomopa.io. Die Site ist allerdings sehr stark auf Deutschland ausgerichtet. Sie informiert topaktuell über kleine und grosse Ganoven aller Art. Deren Tricks werden im Finanzforum ausgiebig diskutiert. Den vollen Zugang zu den Infos gibt es allerdings nur gegen eine Gebühr.

Wer sich gegen Flops an der Börse wappnen möchte, findet eine wahre Flut von Informationen in den verschiedensten Börsenforen. In der Schweiz sind das beispielsweise die Diskussionsforen www.cash.ch und forum.finanzrudel.ch.

Über die internationale Spekulantenszene informieren unter anderem die Onlineforen von www.onvista.de und www.ariva.de. Doch Vorsicht: Solche Börsenforen sind oft Tummelplatz undurchsichtiger Figuren, die unvorsichtige Anleger mit «todsicheren Tipps» zu vermeintlichen Schnäppchen verleiten wollen. Der versprochene Gewinn fliesst dann meist in die eigenen Taschen.

Immer ein guter Tipp sind die Suchmaschinen im Internet. Wer zum Beispiel auf www.google.ch den Markennamen eines bestimmten Geldangebots oder die Namen der Initianten eingibt, erhält oft einschlägige Warnungen, falls die Sache zum Himmel stinkt.

Der Anleger wurde Opfer eines Mechanismus, den er beim Abschluss des Vertrags nicht durchschauen konnte und auf den er nicht hingewiesen worden war. Kann man aus einer ungünstigen Police aussteigen? Ja, aber nur mit Verlust. Der unabhängige Fachmann Bruno Dönni aus Lachen SZ sagt: «Angesichts der hohen Kosten und der unsicheren Ertragslage ist es für viele betroffene Kunden wohl am besten, die Fondspolice zu kündigen und den Rückkaufswert zu verlangen. Motto: Lieber ein Ende mit Schrecken als ein Schrecken ohne Ende.»

Hohe Risikoprämien und schlechte Fonds

Skandia schloss für den 22-Jährigen eine hohe Todesfallsumme von 150 000 Franken ab. Dieses Geld wäre im Todesfall an seine Erben gegangen. Für junge Menschen ist ein solcher Schutz sinnlos, weil sie in der Regel keine Unterstützungspflichten haben. Für diese unnötige Risikoversicherung zahlte der Mann in den ersten zehn Jahren 2398 Franken.

Zudem verlor der Fonds an Wert, statt wie vorausgesagt zu rentieren. In der Offerte war damals von «7 % Fondswachstum» die Rede. Nur in einer Fussnote stand, das sei eine Annahme und keine Garantie.

Im September 2018 meldeten sich bei der Zeitschrift «K-Geld» rund ein Dutzend verunsicherter Skandia-Kunden, die eine solche Police besitzen. Denn Skandia hatte ihnen geschrieben, die angelegten Sparguthaben müssten jetzt in andere Fonds umgeschichtet werden. Wer das nicht wolle, müsse sich melden.

Bis dahin waren die Spargelder mehrheitlich in einem sogenannten Garantiefonds mit Höchststandgarantie angelegt. Das bedeutet, dass Policeninhaber bei Vertragsablauf den höchsten Fondswert ausbezahlt erhalten, den der Fonds während der Laufzeit je erreicht hatte. Um diese Garantie einzuhalten, kann der Fonds in der aktuellen Tiefzinsphase nur in kurzfristige Obligationen und Geldmarktpapiere investieren. So ist keine Wertsteigerung mehr möglich. Im Gegenteil: Weil die hohen Kosten weiterhin anfallen, vermindert sich das Fondsguthaben ständig. Das sei ein «unhaltbarer Zustand», schrieb sogar Skandia.

Als Alternative schlug Skandia Mischfonds mit höheren Aktienanteilen vor, was ein höheres Anlagerisiko bedeutete, zumal es sich um junge Fonds handelte, die sich noch nicht bewährt hatten.

Lebenslang garantiert: Die Leibrente

Leibrenten werden ebenfalls von Versicherungsgesellschaften angeboten: Hier steht aber nicht der Sparprozess im Vordergrund, sondern der Verzehr des angesparten Geldes nach der Pensionierung. Leibrenten funktionieren so: Der Kunde gibt der Versicherung sein angespartes Geld und erhält dafür regelmässig eine bestimmte

Fortsetzung auf Seite 41

CHECKLISTE

Der richtige Abschluss einer privaten Leibrente

- Die Leibrente ist vor allem für Leute geeignet, die auf Sicherheit bedacht sind und ihr Erspartes so einsetzen wollen, dass sie im Alter eine lebenslang garantierte Rente haben – und zwar so, dass sie sich nicht um ihr Geld kümmern müssen.

- Holen Sie mehrere Offerten ein.

- Je später Sie die Rente kaufen und je später Sie den Zeitpunkt für den ersten Rentenbezug ansetzen, desto höher fällt die Leibrente aus. Sie können also nach der Pensionierung Ihr Erspartes selber verwalten, wenn Sie sich das zutrauen, und die Leibrente erst dann kaufen, wenn Sie spüren, dass Ihre geistige Fitness nachlässt.

- Offerten für Leibrenten enthalten zwei Zahlen: eine garantierte Jahresrente und eine Jahresrente inklusive Überschuss, der vom Geschäftsgang der Gesellschaft abhängig ist.

  Die Rente inklusive Überschüsse ist jeweils um rund 10 bis 20 Prozent höher – aber der Überschuss ist nicht garantiert. Lassen Sie sich deshalb nicht von hohen Überschüssen blenden!

  Achten Sie beim Abschluss im Gegenteil vor allem auf die Höhe der garantierten Rente, sofern Sie auf dieses Einkommen unbedingt angewiesen sind und den Gürtel im Falle von Überschusskürzungen erheblich enger schnallen müssten. Kürzungen sind gang und gäbe, einige Gesellschaften haben die Überschüsse sogar bis auf null gekürzt.

- Bei einigen Gesellschaften können Sie die Leibrente mit konstanter, fallender oder steigender Rentenhöhe wählen – je nach Ihrem Bedürfnis.

- Die Zeitschrift «K-Geld» hat schon mehrmals darauf hingewiesen, dass sich Leibrenten finanziell eher nicht lohnen. Sie bieten zwar ein lebenslanges, sicheres Einkommen und sind bequem, weil man sich nicht um das Anlegen der Ersparnisse kümmern muss. Sie sind aber steuerlich nachteilig, weil 40 Prozent der Rente als Einkommen zu versteuern sind. Wer sein Kapital steueroptimiert anlegt und selber verbraucht, fährt unter dem Strich meist besser als mit einer Leibrente. Leibrenten lohnen sich also nur für Leute, die sehr alt werden.

- Es lohnt sich nicht, Pensionskassenkapital in eine Leibrente zu investieren. Wer es bar bezieht und mit diesem Geld eine Leibrente kauft, macht einen Fehler: Einerseits zahlt man zweimal Steuern, und andererseits ist die jährliche Leibrente tiefer als die Rente der Pensionskasse (schlechterer Umwandlungssatz).

  Viele Policenverkäufer empfehlen, man solle sich das Pensionskassenkapital bar auszahlen lassen und damit eine Leibrente abschliessen. Vorteile bringt diese Variante aber höchstens der Witwe, denn ihr bleibt mit einer Leibrente mit Rückgewähr mehr Geld, als wenn das Kapital in der Pensionskasse geblieben wäre.

  Lassen Sie sich also von den Argumenten der Policenverkäufer nicht blenden – denn sie lockt – wie bereits andernorts in diesem Buch erwähnt – nur eine hohe Verkaufsprovision. Am besten lassen Sie sich vor dem Bezug des Pensionskassengelds von einer neutralen Stelle beraten.

Fortsetzung von Seite 39

Summe ausbezahlt – und zwar lebenslang.

Die Versicherung übernimmt damit das finanzielle Langlebigkeitsrisiko, weil sie auch dann noch zahlen muss, wenn die versicherte Person zum Beispiel 100 Jahre alt wird. Umgekehrt profitiert sie, wenn die Person schon bald nach Abschluss stirbt.

Die wichtigsten Tipps zur Leibrente stehen im Kasten links.

Es gibt Leibrenten mit und ohne Rückgewähr

Rückgewähr bedeutet: Stirbt die versicherte Person, die eine laufende Leibrente bezieht, geht das Restkapital – falls es noch nicht gänzlich aufgebraucht ist – an die begünstigten Erben. Das ist der Fall, wenn die Leibrente «mit Rückgewähr» abgeschlossen ist.

Als Anhaltspunkt gilt dabei: Schliesst eine 65-jährige Person eine sofort beginnende Leibrente ab, ist der Topf bei der Versicherung ungefähr mit Alter 82 bis 90 leer. Danach gibt es keine Rückgewähr mehr.

Schliesst hingegen eine Einzelperson für sich allein «ohne Rückgewähr» ab, ist die Rente zwar um rund 10 bis 18 Prozent höher (je nach Gesellschaft), aber das vollständige Restkapital fällt bei ihrem Tod an die Versicherung – selbst wenn diese Person schon ein Jahr nach Vertragsabschluss sterben sollte. Und die Nachkommen erhalten von dieser Investition nichts zurück.

Mehr Details zur Leibrente und alles Wichtige zu den in diesem Kapitel angesprochenen Versicherungslösungen stehen im K-Tipp-Ratgeber **So sind Sie richtig versichert.** Sie können das Buch über Tel. 044 253 90 70 bestellen oder auf www.ktipp.ch → Shop.

Alternativen zur klassischen Leibrente stehen im Kasten auf der nächsten Seite.

Die 3. Säule: Ein solides Fundament für das Alter

Neben AHV (1. Säule) und Pensionskasse (2. Säule) gibt es die freiwillige Vorsorge, die 3. Säule. Sie hat einen stark geregelten Teil: die gebundene Selbstvorsorge, auch Säule 3a genannt.

Einzahlungen in die Säule 3a sind ein gutes Investment – aus drei Gründen:

- Sparerinnen und Sparer erhalten auf 3a-Konten einen Vorzugszins. Die aktuellen Zinsen können Sie auf der Website von «K-Geld» nachschauen: www.kgeld.ch → Service → Aktuelle Zinsen.
- Die Säule 3a spart Steuern: Man kann den einbezahlten Betrag in der Steuererklärung vom steuerbaren Einkommen abziehen. Das Geld, das in der gebundenen Vorsorge liegt, ist zudem vermögenssteuerfrei.

  Beim späteren Bezug wird zwar eine Steuer fällig, aber zu einem relativ niedrigen Sondersatz.
- Die Säule 3a ist ein langfristiges Sparinstrument. Das Geld ist «gebunden» und steht dem Sparer im Prinzip frühestens fünf Jahre vor Erreichen des AHV-Alters zur

TIPP

Alternativen zur Leibrente: Mit Vorsicht zu geniessen

Die klassische Leibrente mit garantierter lebenslanger Auszahlung (mit oder ohne Rückgewähr, siehe ab Seite 39) läuft nicht mehr so gut, die Verkäufe sind eingebrochen. Deshalb propagiert die Versicherungswirtschaft zwei Alternativen dazu:

- **Die temporäre Leibrente** gibt es ebenfalls mit oder ohne Rückgewähr, sie ist aber auf eine festgelegte Dauer – z. B. auf 20 Jahre – beschränkt. Die Einzahlung erfolgt in der Regel ebenfalls mit einer Einmalprämienzahlung.

  Natürlich sind die ausbezahlten Jahresrenten so höher als bei der klassischen Leibrente – doch das ist tückisch, weil zum Beispiel nach 20 Jahren gar nichts mehr kommt. Davon ist also eher abzuraten, denn mit einer sicheren Vorsorge fürs hohe Alter hat das nichts mehr zu tun.

- Beim **Auszahlungsplan** sind die jährlichen Auszahlungen ebenfalls nur für eine vertraglich fixierte Dauer garantiert. Der Anspruch auf das Kapital im Todesfall verfällt nicht, wenn der Begünstigte stirbt, sondern er geht an die Erben. Hier locken die Versicherungsgesellschaften aber mit Überschüssen, die betragsmässig deutlich über die garantierte Auszahlung hinausgehen. Diese Überschüsse sind von der Börsenlage abhängig. In der Vergangenheit wurden jedoch die so in Aussicht gestellten Überschüsse regelmässig nicht eingehalten.

  Die Zeitschrift «K-Geld» berichtete im Herbst 2018, dass ein Leser 200 000 Franken in den «Champion Timeplan» von Swiss Life investiert hatte. Der Auszahlungsplan brachte eine magere Jahresrendite von 0,31 Prozent, was Swiss Life selbst für «nicht ausserordentlich hoch» hielt.

  Ein Auszahlungsplan von einer Versicherungsgesellschaft hat aber einen steuerlichen Vorteil: Anders als die Leibrente, die zu 40 Prozent als Einkommen zu versteuern ist, sind beim Auszahlungsplan nur die Erträge auf der eingesetzten Summe als Einkommen zu versteuern. Auch fällt im Gegensatz zur Leibrente keine Stempelsteuer an.

Verfügung. Diese Grundregel kennt lediglich drei Ausnahmen: Frühere Bezüge sind möglich für den Kauf von Wohneigentum, bei der Aufnahme einer selbständigen Erwerbstätigkeit oder beim Wegzug ins Ausland.

Das sind die Einzahlungslimiten der Säule 3a

In die steuerlich begünstigte Säule 3a können Sparfreudige wie folgt einzahlen:

- Erwerbstätige mit Pensionskasse dürfen maximal 7056 Franken einzahlen (Stand 2024). Das gilt auch für Selbständige mit einer Pensionskasse.
- Für Selbständigerwerbende und Angestellte, die wegen eines geringen Verdienstes keiner Pensionskasse angeschlossen sind, liegt das Maximum bei 20 Prozent des jährlichen Nettoerwerbseinkommens, höchstens aber bei 35 280 Franken (Stand 2024).

Voraussetzung für die Einzahlungen ist stets eine Erwerbstätigkeit. Wer kein Einkommen aus Erwerbstätigkeit hat, kann auch nichts davon abziehen. Eine Einzahlung in die 3. Säule wäre für Nichterwerbstätige sogar ein schlechtes Geschäft: Sie müssten das Geld beim Bezug versteuern, ohne dass sie bei der Einzahlung einen Steuervorteil hatten. Das betrifft insbesondere Hausfrauen und Hausmänner sowie Invalide.

Ein paar wichtige Tipps zum Einzahlen in die 3. Säule

- Sparen Sie bei der Bank und nicht bei der Versicherung (siehe Details auf Seite 33 ff.).
- Zahlen Sie nach Möglichkeit früh im Jahr ein. So profitieren Sie länger vom Vorzugszins.
- Neben dem reinen Kontosparen mit konventioneller Verzinsung gibt es die Variante Wertschriftensparen. Das Geld wird dann vor allem in Obligationen und Aktien investiert. Es stehen unterschiedliche Aktienquoten zur Auswahl, von null bis über 97 Prozent.

Wertschriftenkonten rentieren auf Dauer besser als Zinskonten. Doch hier ist das Geld dem Auf und Ab der Börsen ausgesetzt. Beim Wertschriftensparen gibt es also keine Zinsgarantie. Floppt die Börse, droht sogar ein Minus in der Wertentwicklung. Die Erholung kann dann viele Jahre dauern. Nur wer einen langen Schnauf hat, sollte auf diese Lösung setzen – und zudem kostengünstige, sogenannt passive Indexfonds wählen (Details auf Seite 142 ff.).

Jüngere Leute, die ihr 3a-Geld in absehbarer Zeit für den Kauf von Wohneigentum einsetzen möchten, tun gut daran, die Kontovariante zu wählen. Das Gleiche gilt für ältere Sparer ab rund 55 Jahren, falls Sie dereinst auf das Geld angewiesen sind.

- Beim Banksparen sind die Einzahlungen in die Säule 3a freiwillig. Niemand ist verpflichtet, der Bank immer den gleichen Betrag zu zahlen. Wer zwischendurch ein oder auch mehrere Jahre aussetzt, erleidet dadurch keine besonderen Nachteile.

Achtung: Dies trifft nicht zu, wenn eine 3a-Police bei einer Versicherung abgeschlossen wird. Diese Policen sind wegen ihrer mangelnden Flexibilität unbedingt zu meiden (siehe Seite 33 ff.).

Die Steuerprogression bei der Auszahlung

Auch wenn die Steuer bei der Auszahlung der Sparsumme einschliesslich Zinsen bzw. Kapitalgewinne vergleichsweise milde ist – sie unterliegt doch der Progression. Es empfiehlt sich deshalb, mehrere 3a-Konten zu eröffnen. So kann man das Geld später gestaffelt über mehrere Jahre beziehen und die Progression brechen.

Die Steuer bei der Auszahlung ist von Kanton zu Kanton unterschiedlich hoch.

2

Konto, Kassenobligationen, Festgeld

Geld sicher parkieren: So klappt es

Für Notfälle und ungeplante Ausgaben braucht es eine Barreserve auf einem Konto. Solche Konten, Kassenobligationen und Festgelder eignen sich auch, wenn risikoscheue Anleger ihr Geld in einem sicheren Hafen haben möchten.

Die Bankenkrise von 2008 hat viele Anleger so sehr verunsichert, dass sie von Aktien, Aktienfonds und selbst von Obligationen genug haben. Die Aktienbörsen haben sich zwar in der Zwischenzeit erholt. Doch die hohen Schulden vieler Staaten und die Probleme des Euro bleiben eine ständige Gefahr für das Finanzsystem.

Da stellt sich die Frage: Gibt es noch einen Ort, wo ich mein Geld sicher unterbringen kann? Und wie umgehe ich Spesenfallen? Auf welche Restriktionen muss ich achtgeben? Kann ich so viel Zins herausholen, dass noch eine Rendite übrig bleibt – selbst wenn die Geldentwertung anziehen sollte?

Aktien, Obligationen, Immobilien, Edelmetalle – die Preise all dieser Anlagen sind Schwankungen unterworfen. Wer sie heute kauft, weiss nicht, wie viel sie morgen wert sind.

Anders verhält es sich bei Lohn- und Sparkonten, Kassenobligationen und Festgeldern. Der grosse Vorteil dieser Parkier- und Anlagemöglichkeiten: Man weiss bei ihnen immer, was man nominell zugut hat. Dieses Kapitel behandelt diese Geldanlagen ohne Wertschwankungen (die allerdings der Inflation unterworfen sind).

Grundregeln und Probleme beim Parkieren von Geldern

Beachten Sie ein paar wichtige allgemeine Grundsätze:

- **Liquidität.** Jeder Anleger sollte eine Liquiditätsreserve halten – Geld also, das jederzeit ohne lange Kündigungsfrist verfügbar ist – zum Beispiel für überraschend hohe Zahnarztkosten, ein neues Auto oder für eine längere Reise.

SPARZINSEN UND TEUERUNG IM LANGJÄHRIGEN VERGLEICH

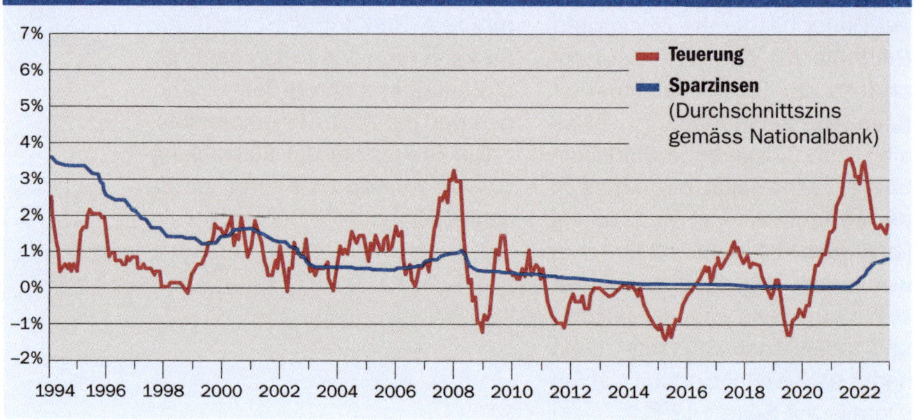

QUELLE: SCHWEIZERISCHE NATIONALBANK/BUNDESAMT FÜR STATISTIK

Dabei gilt im Grundsatz: Je schneller das Geld verfügbar ist, desto weniger Zins wirft es ab. Beim klassischen Lohnkonto zeigt sich das besonders deutlich. Ein guter Mix für die Liquidität könnte also ein Lohnkonto sein, von dem regelmässig ein bestimmter Betrag auf ein besser verzinstes Sparkonto geht – das aber zum Beispiel pro Jahr nur sechs Gratisbezüge zulässt.

Tipp: Behalten Sie stets die Spesen und allfällige Kündigungsfristen im Auge. Und halten Sie die Rückzugslimiten ein, sonst wird es teuer.

■ **Unter die Matratze?** Wer sein Geld unter der Matratze oder sonstwo im Haus versteckt, ist schlecht beraten. Das erhöht das Diebstahlrisiko, und Geldwerte sind in der Hausratversicherung im Prinzip nicht versichert (ausser im Tresor, siehe Seite 49).

Auf einem Bankkonto sind Barreserven nicht nur sicherer, sie bringen in Form von Zinsen je nach Konto etwas ein. Sicher sind auch gebührenpflichtige Bankschliessfächer – nur wirft das Geld dort nie einen Zins ab.

■ **Inflation.** Die Geldentwertung spielt beim Parkieren von Geldern ein wichtige Rolle. Es kann durchaus sein, dass die Teuerung die magere Zinsausbeute glatt wegfrisst oder sogar ins Minus kehrt (siehe Grafik auf der Seite links).

■ **Risiko.** Auch bei kurzfristigen Geldanlagen gilt der Grundsatz, dass höhere Renditen mit einem höheren Risiko erkauft werden müssen. Der Einlegerschutz ist nicht unbegrenzt (siehe Seite 60 ff.). Wer grösstmögliche Sicherheit will, muss mit seinem Geld zu einer Kantonalbank mit Staatsgarantie gehen. Doch diese zahlen meist tiefere Zinsen.

Auch «Parkierer» sollten also daran denken, dass sie nicht immer belohnt werden, wenn sie ein grösseres Risiko eingehen.

■ **Anlagedauer.** Je länger das Geld gebunden bleibt, desto höher fällt

IN DIESEM KAPITEL

in der Regel der Zins aus. Das lässt sich deutlich an den Sätzen für Kassenobligationen und Festgelder ablesen: Die jeweils längste Laufzeit kann je nach Bank durchaus drei- oder viermal so viel Zins einbringen wie die kürzeste.

■ **Verfügbarkeit.** Oft gilt: Je höher der Zins ist, desto schwieriger ist es für den Anleger, sein Geld wieder abzuziehen. Wer für eine längere Zeit nicht auf sein Geld zugreifen muss, kann also von einem höheren Zins profitieren. Das zeigt sich jeweils, wenn Banken für Spargelder mit attraktiven Zinsen werben. Meist sind die Rückzugsmöglichkeiten stark eingeschränkt und zusätzlich mit einer Kündigungsfrist versehen.

Mehr noch: Wenn Anleger ihr Geld aus solchen Anlagen mit at-

TIPP

Lohnkonto: Gebühren sparen und Fallen umgehen

■ Überlegen Sie, welche Dienstleistungen Sie brauchen. Klären Sie dann, wie viel diese bei der Bank Ihrer Wahl kosten.

■ Vorsicht: Häufig fehlen Hinweise auf Gebühren – etwa wenn die Bank Portokosten, die sie der Post zahlen muss, weiterbelastet. Fragen Sie deshalb, ob die Bank jede Transaktion einzeln per Post vermeldet. Denn das kann ins Geld gehen.

■ Ziehen Sie auch Angebote kleinerer Banken in Betracht. Sie haben oft günstigere Konditionen. Lassen Sie sich aber nicht vom Slogan «spesenfrei» blenden. Es gibt kein Konto, das tatsächlich spesenfrei ist.

■ Nehmen Sie die Kosten für Zahlungsaufträge unter die Lupe. Die meisten Banken verlangen eine Gebühr pro Zahlungsauftrag. Andere Banken hingegen belasten pro Einzahlungsschein.

■ Auch Zahlungseingänge können Kosten verursachen.

■ Brauchbare Informationen über die anfallenden Gebühren geben die Gebührenrechner auf den Internetseiten etlicher Banken. Dort können Sie Ihre Bedürfnisse eingeben, der Rechner spuckt dann die entsprechenden Kosten aus (eventuell aber ohne Porti).

■ Lassen Sie nicht unnötig grosse Summen auf dem Lohnkonto liegen. Andere Konten bieten mehr Zins.

■ Werfen Sie Zahlungsaufträge direkt in den Briefeinwurf der Bank. Das spart Porto und ist sicherer: So riskieren Sie nicht, dass Diebe die Zahlungsaufträge aus dem Postbriefkasten fischen und ändern.

■ Meiden Sie bankfremde Bancomaten. Bezüge können 2 Franken oder mehr kosten.

■ Die Bewirtschaftung des Kontos über das Internet senkt die Gebühren deutlich. Aber falls Sie E-Banking verwenden: Halten Sie sich genau an die Sicherheitsvorschriften Ihrer Bank. Und geben Sie nie Ihre Zugangsdaten (Code usw.) Leuten bekannt, die Sie per E-Mail dazu auffordern; das ist das sogenannte Phishing.

■ Vermeiden Sie, dass Ihr Konto ins Minus gerät. Die sonst anfallenden Straf- bzw. Kreditzinsen (Sollzinsen) sind hoch.

■ Trauen Sie keinen Unbekannten, die Ihnen hohe Verdienstchancen in Aussicht stellen und Sie auffordern, Ihr Bankkonto für Geldtransfers zur Verfügung zu stellen. Das sind Betrüger, die Sie zu Handlungen verleiten wollen, die strafbar sind.

traktiveren Zinsen trotzdem vorzeitig zurückhaben wollen, werden sie mit einem Zinsverlust oder gar mit einem «Strafabzug» belegt.

Das Lohnkonto

Das Lohnkonto (oft auch Privatkonto, Salärkonto, Gehaltskonto, Kontokorrentkonto, Universalkonto oder Zahlkonto genannt) ist die unattraktivste Möglichkeit, viel Geld zu parkieren. Der Zinssatz ist so tief wie sonst fast nirgends. Dafür sind die Rückzugsmöglichkeiten gut – das Geld ist praktisch jederzeit voll verfügbar.

Über das Privatkonto wird der Zahlungsverkehr abgewickelt – auch online übers Internet.

Maestro- und Postfinance-Karten für den Barbezug oder für das bargeldlose Bezahlen laufen ebenfalls über das Privatkonto.

Vergessen Sie nicht: Wenn Sie ein Lohnkonto haben und auch die Dienstleistungen nutzen, kann es durchaus sein, dass die Spesen weit höher ausfallen als der mickrige Zins, den Sie auf dem Konto erhalten. Unter dem Strich bleiben also oft rote Zahlen. Erst recht, wenn man auch die Inflation und die Steuern berücksichtigt.

Das sind die einzelnen Gebührenposten, die beim Lohnkonto anfallen können:

- Grundgebühr und Kosten für Zahlungseingänge
- Spesen und Porti für Zahlungsaufträge und Zahlungen mit Lastschriftverfahren (LSV)
- Spesen für Daueraufträge
- Gebühren für die Einzahlungsscheine
- Kosten für Bargeldbezüge
- Gebühr für Maestro-Karte bzw. Postcard und Kreditkarte
- Gebühren und Porti für Kontoauszüge
- Sollzins bei Überziehung
- Gebühren für Überweisungen ins Ausland.

Ein Gebührenvergleich der Zeitschrift «Saldo» vom März 2016 ergab, dass Grossbanken die Kunden am meisten schröpfen – vor allem dann, wenn der Kunde einen niedrigen Kontostand hat. Bei den meisten Banken kann man die Gebühren deutlich senken, wenn man die Bankgeschäfte nicht per Post, sondern mit Internetbanking erledigt. Günstig ist jeweils die Postfinance.

Beachten Sie zum Lohnkonto/Privatkonto auch die Tipps im Kasten links.

Das Sparkonto

Sparkonten sind ideal als Reservepolster und als Geldanlage für Leute, die sich nicht länger als ein, zwei Jahre binden möchten.

Mit Sparkonten sind aber auch Anleger gut bedient, die durchaus einen längeren Zeithorizont haben, aber keine Wertschwankungen in Kauf nehmen wollen. Zudem profitieren alle Formen des Banksparens vom Einlegerschutz der Schweizer Banken (Details auf Seite 60 ff.).

Die Gelder auf einem Spar- oder Anlagekonto verzinsen die Banken besser als auf dem Privat- bzw. Lohnkonto. Dafür sind die Möglichkeiten für kurzfristige Rückzüge im

Vergleich zum Privatkonto eingeschränkt. Und in der Regel sind ab dem Sparkonto keine oder nur wenige Überweisungen und Daueraufträge möglich – oder es fallen zusätzliche Gebühren an.

Die Zinsen von Sparkonten übersteigen jene der Privatkonten, sie sind aber auch nicht berauschend. Es hat in der Vergangenheit schon Jahre gegeben, in denen die Sparzinsen nicht ausreichten, um die Teuerung auszugleichen. Fachleute sprechen in einem solchen Fall von negativen Realzinsen. So gab es in der Periode 2003 bis 2023

FRAGE

Soll ich mit meinem Geld nach Deutschland gehen?

«Der Zins auf Bankkonten in Deutschland ist höher als in der Schweiz. Soll ich mein Geld dort anlegen?»

Deutsche Tagesgeld- und Festgeldkonten werfen je nach Bank und Laufzeit rund 0,5 bis 1 Prozentpunkt mehr ab als Schweizer Konten und Kassenobligationen – und zwar bei einem mindestens so guten Einlegerschutz wie in der Schweiz. Trotzdem sollten Sparer, die das Geld nicht für künftige Ausgaben in Euro einsetzen, sondern zurückholen möchten, unbedingt weitere Aspekte beachten:

■ **Geldwechsel:** Wegen der Spanne zwischen Ankaufs- und Verkaufskurs entsteht ein Verlust. Dessen Höhe hängt von der Bank ab und von der Summe, die man wechselt. Bei Beträgen bis 50 000 Franken können es leicht 2,5 Prozent sein, bis 250 000 Franken liegen 1,5 Prozent im Rahmen. Durch den Geldwechsel geht meist der Zinsvorteil von ein bis zwei Jahren verloren.

Wer plant, das Geld später in der Euro-Zone auszugeben, muss es nicht mehr zurück in Schweizer Franken wechseln. Der Wechselkursverlust entfällt. Aber Achtung: In der Euro-Zone ist die Teuerung höher als in der Schweiz. Gut möglich, dass der bessere Zins von der höheren Inflation weggefressen wird.

■ **Steuern:** Wenn der Zins höher ist, fällt auch die Einkommenssteuer höher aus. Bei einer mittleren Schweizer Steuerbelastung muss der Anleger etwa einen Viertel des Zinsvorteils an den Staat abliefern.

■ **Wechselkurs:** Seit dem April 2018 gab der Kurs des Euro zum Franken stetig nach. Eine höhere Inflation und wirtschaftliche Unsicherheiten in der Euro-Zone führten zum Rückgang des Euro von Fr. 1.20 auf rund Fr. 0.93. Je nach Kauf- und Verkaufszeitpunkt konnte man in den letzten Jahren mehr als 23 Prozent verlieren. Währungs- gewinne sind zwar steuerfrei, Währungsverluste lassen sich aber auch nicht von der Steuer absetzen.

In den kommenden Jahren sind noch höhere Schwankungen nicht auszuschliessen – nach oben, aber auch nach unten.

Euro-Konten sind also mit Unwägbarkeiten verbunden. Wer «fremdgeht», verliert den grössten Vorteil, den Bankkonten in Franken haben: Man weiss auf Schweizer Konten genau, was man zugut hat.

für Kontosparer mehr schlechte als gute Jahre.

Sollte die Teuerung in Zukunft wieder deutlich ansteigen, werden zwar auch die Sparzinsen nach oben gehen. Gut möglich aber, dass sie zuweilen wieder hinter der Teuerung zurückbleiben – vor allem jene der knausrigen Banken. Berücksichtigt man zusätzlich die Steuern, droht längerfristig ein schleichender Geldverlust.

Umso mehr lohnt es sich, die Zinsen zu vergleichen und allenfalls zu einem Institut zu wechseln, das einen höheren Zins bietet.

TIPP

Tresor oder Bankschliessfach: Viel sicherer als daheim

In der normalen Hausratversicherung ist Bargeld zu Hause bei Einbruchdiebstahl nur mit 3000 bis 5000 Franken versichert.

Wer höhere Bargeldwerte versichern will, benötigt eine prämienpflichtige Zusatzversicherung für Geldwerte. Und die Versicherer verlangen einen Safe, der bestimmte Sicherheitsvorschriften erfüllt.

Beim Safe unterscheidet zum Beispiel die Mobiliar folgende Kategorien:

- In Kassenschränken mit einem Gewicht von mehr als 100 Kilo oder in eingemauerten Wandtresoren kann Bargeld bis maximal 25 000 Franken versichert werden.
- Bei Kassenschränken mit einem Gewicht von mehr als 300 Kilo ist Bargeld bis maximal 50 000 Franken versichert.
- Bei Geldwerten über 50 000 Franken wird von Fall zu Fall entschieden.

Die versicherten Beträge beziehen sich auf Bargeld und weitere Geldwerte wie Aktien oder Flugtickets.

Tipp: Kaufen Sie – wenn schon – nur einen Safe, der nach Euronorm (EN) zertifiziert ist. Dabei sind zwei Zertifikate entscheidend: das VdS-Siegel, das für einen bestandenen Aufbruchtest steht, sowie das ECB-S-Zertifikat, das ein Qualitätsprodukt nach europäischen Vorgaben kennzeichnet.

Hat ein Tresor beide Zertifikate, ist die Versicherungsdeckung in der Regel gewährleistet. Fragen Sie aber vorher sicherheitshalber Ihre Versicherung. Ein guter Privattresor kostet – inklusive Innenausstattung, Transport und Montage – 4000 bis 10 000 Franken.

Dennoch: Bewahren Sie möglichst wenig Bargeld und andere Geldwerte zu Hause auf. Wenn Sie das Geld trotzdem physisch halten möchten, ist ein Schliessfach im Tresor der Bank der sicherste Ort. Es bringt zwar keinen Zins. Es hat aber den Vorteil, dass der Inhalt bei einem Konkurs der Bank auf keinen Fall verloren ist, weil er nicht in die Konkursmasse fällt.

Die Banken in der Schweiz bieten Schliessfächer in den verschiedensten Grössen an. Bei praktisch allen Banken muss man Kundin oder Kunde sein, um ein Schliessfach mieten zu können.

Die Miete für ein Jahr hängt von der Grösse des Schliessfachs ab. Bei der Berner Kantonalbank z. B. kostet ein Schrankfach mit einem Volumen von 5,4 Litern 75 Franken pro Jahr. Wie bei einer Wohnung wirkt sich zudem der Standort auf die Höhe der Miete aus. An der Zürcher Bahnhofstrasse kostet ein kleines Fach (3,5 Liter) der Zürcher Kantonalbank 97 Franken (Stand Februar 2024).

TIPP

Sparkonto: Zinsen vergleichen – und Restriktionen beachten

- Die Zinsen variieren stark von Bank zu Bank. Es lohnt sich, die Angebote von Zeit zu Zeit zu vergleichen und gegebenenfalls das Spargeld zu zügeln. Die aktuellen Zinsen finden Sie auf www.ktipp.ch → Service → Zinsvergleiche.
- Dabei gilt es, die Seriosität besonders günstiger Zinsofferten zu überprüfen. Es gibt immer wieder neue Anbieter, die hohe Zinsen in Aussicht stellen. Oft sind das befristete Lockvogelzinsen, die schon bald nicht mehr gelten.

  Noch schlimmer erging es Sparern, die 2008 auf das attraktive Angebot der Kaupthing-Bank eingingen: Die Schweizer Niederlassung machte Pleite, Kunden mussten über den Einlegerschutz entschädigt werden.
- Nicht selten erhalten Sie die höchsten Zinsen nur bei einer Bewirtschaftung des Kontos über das Internet (Onlinebanking).
- Oft gibt es auch für Neugelder einen besseren Zins, dann also, wenn Kunden Extra-Einzahlungen machen oder ein neues Konto eröffnen.
- Achten Sie bei überdurchschnittlichen Zinsangeboten auf die Restriktionen (Rückzugsmöglichkeiten, Kündigungsfristen usw.) und auf die Nachteile, die Ihnen entstehen, wenn Sie diese erschwerten Bedingungen nicht einhalten.
- Wenn Sie die Kündigungsfrist für den Rückzug einer grösseren Summe nicht einhalten, kostet Sie das Strafzins (oft Diskont genannt).
- Das Überschreiten der Bezugslimiten kostet ebenfalls eine «Strafe».
- Nutzen Sie möglichst die Sonderkonditionen für Jugendliche, Studenten oder Senioren. Beachten Sie aber die geltenden Restriktionen. Achtung: Es kommt auch vor, dass ein solches Konto bloss eine Marketingfalle ist und gar weniger Zins abwirft als ein normales Sparkonto.
- Versuchen Sie, mit Ihrem Konto nie ins Minus zu kommen. Die sonst anfallenden Straf- bzw. Kreditzinsen (Sollzinsen) sind sehr hoch.

Eine Übersicht über die aktuellen Zinsen für Sparkonten finden Sie auf www.ktipp.ch → Service → Zinsvergleiche.

Wer zu viel Geld bringt, erhält weniger Zins

Achten Sie bei Sparkonten auf diese Details:

- **Spesen.** Die Banken arbeiten nicht gratis, sondern verlangen teilweise happige Spesen. Diese springen oft nicht sofort ins Auge. So verlangen viele Banken beispielsweise nichts für die Eröffnung eines Kontos, erheben aber eine Aufwandsentschädigung für dessen Auflösung.

  Lesen Sie ab und zu das Spesenreglement, damit Sie sehen, wo die Gebührenfallen lauern. Prüfen Sie auch die Möglichkeiten, die Ihnen Ihre Bank bietet, um Spesen zu sparen – zum Beispiel durch den Verzicht auf regelmässige schriftliche Eingangs- oder Belastungsanzeigen. Auch bei Sparkonten lässt sich mit der Verwaltung über das Internet Geld sparen.

- **Höchstbetrag und Zinslimite.** Etliche Banken kennen beim Sparkonto Höchstbeträge. Das heisst: Sie verzinsen Spargelder zum üblichen Satz nur bis zu einer Obergrenze. Liegt mehr Geld auf dem Konto, bestrafen diese Geldinstitute Anleger auf dem «überschüssigen» Teil mit schlechteren Zinsen oder mit gar keinem Zins.

  Dabei gilt, dass Sonderkonten, etwa für Jugendliche oder Senio-

TIPP

Achtung: Depositenkassen sind keine «richtigen» Banken

«Coop bietet ihren Mitgliedern eine gewinnbringende Anlagealternative an»: So wirbt der Grossverteiler für seine Depositenkasse und weiter: «Kundinnen und Kunden der Coop Depositenkasse profitieren von den gewinnbringenden Zinsen auf Kassenobligationen und den Depositenkonten sowie von den attraktiven Tageskursen beim Fremdwährungswechsel. Die Konto- und Depotführung sowie auch der Geldwechsel sind allesamt spesenfrei.»

Den Kunden winken bei der Depositenkasse tatsächlich Konditionen, die im Vergleich durchaus attraktiv sind. Doch die Coop Depositenkasse hat einen entscheidenden Mangel: Sie ist «nur» eine Betriebskasse. Betriebskassen unterstehen nicht dem Bankengesetz, unterliegen also nicht der Kontrolle der Finanzmarktaufsicht und verfügen nicht über den Einlegerschutz der Schweizer Banken. Hier hapert es also bei der Sicherheit.

Für Hans Geiger, ehemaliger Professor am Bankeninstitut der Uni Zürich, «gehören Betriebskassen verboten». Er sagt: «Das zentrale Ziel des Bankengesetzes ist es, den Einleger zu schützen. Genau dieser Schutz fehlt bei den Betriebskassen.» Nach der Zahlungsunfähigkeit der Swissair wäre die fehlende Sicherheit vielen damaligen Angestellten der Airline beinahe zum Verhängnis geworden. Um ein Haar hätten sie neben der Stelle auch noch ihre Ersparnisse bei der Swissair-Betriebskasse verloren – wären nicht im letzten Moment Bund und Banken eingesprungen, und zwar mit Steuer- und Spargeldern der Allgemeinheit. Die Swissair-Betriebskasse war mit einer Bilanzsumme von gut 200 Millionen Franken noch ein kleiner Fisch. Bei der Coop Depositenkasse sind rund 2 Milliarden Franken angelegt.

Übrigens: Die Coop Depositenkasse steht im Gegensatz zu anderen Betriebskassen nicht nur den Angestellten offen, sondern auch allen Genossenschaftern. Die Verantwortlichen betonen, dass «in den von uns überblickbaren Jahren kein Anleger zu Schaden gekommen» sei und die Genossenschaft Coop für sämtliche Einlagen mit ihrem gesamten Vermögen hafte.

In der Schweiz gibt es noch rund 40 Betriebssparkassen mit ungesicherten Einlagen von total mehreren Milliarden Franken. Die Angestellten gehen hier ein Klumpenrisiko ein. Macht die Firma Pleite, verlieren sie nicht nur den Job, sondern auch ihr Erspartes. Auch etliche Wohnbaugenossenschaften haben eigene Depositenkassen und verfügen nicht über den bankenrechtlichen Einleger-

ren, tiefere Obergrenzen haben als normale Konten. Für übliche Sparkonten liegt die Obergrenze oft bei einer halben Million Franken, sofern es überhaupt eine Limite gibt.

- **Kündigungsfrist und Rückzugslimite.** Unterschiede gibt es auch in Bezug darauf, wann der Sparer seiner Bank einen grösseren Rückzug spätestens mitteilen muss. Bei vielen Banken ist ein freier Geldbezug nur bis 10 000 Franken monatlich möglich. Wer mehr benötigt, muss dies seiner Bank im Voraus mitteilen – und zwar mit einer Kündigungsfrist von meist drei Monaten. Geht es um einen sehr grossen Betrag (oft ab 100 000 Franken), müssen die Sparer dies je nach Geldinstitut bis zu 12 Monate vorankündigen.

Als Faustregel gilt, dass die Banken umso höhere Zinsen bezahlen, je strenger die Rückzugsbedingungen sind. Vergleichen lohnt sich also.

- **Mehr Zins auf Spezial-Sparkonten.** Viele Geldinstitute führen neben den normalen Sparkonten Spezialkonten, die oft etwas besser verzinst sind. So gibt es beispielsweise bei fast jeder Bank Sparkonten für Jugendliche, Studenten und bei vielen auch für Senioren. Dazu kommen die Spezialangebote für bestimmte Kundengruppen wie etwa die Aktionäre der Bank oder Neukunden – oder für Sparer, die ihren Anlagebetrag jedes Jahr um eine festgelegte Summe aufstocken.

TIPP

Achten Sie auf das richtige Auszahlungskonto

In der Regel überweisen die Banken das Geld abgelaufener Kassenobligationen, Termin- oder Festgelder automatisch auf das dazugehörende Depotkonto oder Basiskonto. Bei der WIR-Bank zum Beispiel haben Kunden mit Festgeldern ein Transaktionskonto.

Erfolgt die Rückzahlung auf ein Kontokorrentkonto, kann der Kunde frei und ohne zeitliche Einschränkung über das frei gewordene Geld verfügen. Bei einem WIR-Sparkonto sind fällig gewordene Festgelder innerhalb von 10 Tagen ohne Betragskündigung zu beziehen. Lässt der Kunde diese Frist verstreichen, greift die übliche Rückzugsbeschränkung des Anlagekontos: Kündigungsfrei sind dann nur noch Beträge bis 25 000 Franken pro Kalenderhalbjahr.

Anlegerinnen und Anleger müssen also wissen: Wer sein Geld in solche Anlagen investiert, sollte sich bereits beim Kauf überlegen, was nach Ablauf der Anlagefrist damit passiert.

Falls das Ursprungskonto ein Sparkonto mit Restriktionen bzw. bestimmten Bezugsfristen ist, kann der Inhaber nur noch begrenzt über das Geld verfügen – um es zum Beispiel zu einer anderen Bank zu transferieren. Zieht man das Geld trotzdem ab, wird ein Strafzins fällig, oft Diskont genannt.

Wer nach Ablauf oder Verkauf seiner Anlage mit seinem Geld sofort wieder arbeiten will, tut also gut daran, ein Basiskonto ohne Einschränkung zu nutzen – also etwa ein Lohn-, Privat- beziehungsweise ein Kontokorrentkonto. Oder er beachtet das Zeitfenster, wie es zum Beispiel beim Anlagekonto der WIR-Bank gilt.

Lohn-, Privat- und Kontokorrentkonten werfen auch die tiefsten Zinsen ab. Eine rasche Wiederanlage oder ein schneller Transfer auf ein besser verzinstes Konto ist dann zu empfehlen, wenn man das Geld nicht braucht.

Im Zweifelsfall sollten Anleger der Bank schriftlich mitteilen, dass sie die Rückzahlung auf ein anderes Konto als das Ursprungskonto wünschen. Im Schreiben sollte eine schriftliche Bestätigung durch die Bank verlangt werden, dass sie auf den Wunsch eingeht.

Allerdings sind hier die Möglichkeiten für Geldbezüge stärker eingeschränkt als bei normalen Sparkonten. Dazu kommen häufig tiefere Höchstbeträge für diese Konten. Und oft gibt es den besseren Zins nur, wenn Rückzüge völlig ausbleiben oder der Jahressaldo wächst.

Kassenobligationen: Mal Mauerblümchen, mal Kassenschlager

Kassenobligationen sind rechtlich betrachtet Darlehen an eine Bank. Sie haben eine Laufzeit von meistens zwei bis acht, manchmal zehn Jahren. Der Zins wird zum Voraus festgelegt und bleibt während der ganzen Laufzeit unverändert.

Falls die Bank schon am Tag nach dem Kauf tiefere oder höhere Sätze anbietet, ändert sich der abgemachte Zinssatz für Anleger, die vorher gezeichnet haben, nicht. Und: je länger die Laufzeit, desto höher ist der Zins, den die Banken bei Neuabschlüssen offerieren.

Kassenobligationen werden nur von Banken und teilweise von Depositenkassen herausgegeben, müssen also auch dort gekauft werden. In der Regel sind sie auch bei der betreffenden Bank deponiert, können also nicht zu einer anderen Bank gezügelt werden.

Kleine Stückelung bei Kassenobligationen

Das sind die Vorteile der Kassenobligationen:

- Bei Kassenobligationen kommt der Einlegerschutz der Banken bzw. die Staatsgarantie zum Tragen (Details auf Seite 60 ff.). Sie sind deshalb gleich sicher wie Bankkonten, werfen jedoch in der Regel einen höheren Zins ab.
- Am Ende der Laufzeit zahlt die Bank – wie bei allen Darlehen – den ganzen Betrag zu 100 Prozent zurück. Mit Kassenobligationen hat man damit auch eine passable Möglichkeit, Geld eine Zeitlang zu parkieren, ohne den Wertschwankungen der Börsen ausgesetzt zu sein.
- Die Mindestanlagesumme (Stückelung) liegt meist bei 1000 Franken, in Ausnahmefällen bei 5000 Franken. Sie ist also relativ klein. Grössere Beträge anzulegen, ist möglich. Die Erhöhung erfolgt meist in 1000er-Schritten.
- Der Anleger kann unter den angebotenen Anlagedauern frei wählen.
- Kaufkosten werden in der Regel nicht fällig. Bei der Rückzahlung fallen keine Abgaben an.

Null Prozent Verzinsung – wenn es der Bank passt

Das sind die Nachteile der Kassenobligationen:

- Die Laufzeit ist fix, das Geld ist also für mehrere Jahre gebunden. Damit sind Kassenobligationen ungeeignet für Anleger, die darauf angewiesen sind, ihr Geld kurzfristig abziehen zu können (siehe Kasten auf der nächsten Seite).
- Bei der Zinsgestaltung sind die Sparer stark der Willkür der Banken ausgesetzt. Die Zinssätze zeigen, ob die einzelne Bank an neuen Kundengeldern interessiert ist oder nicht. Falls ja, ist der Zins

FRAGE

Kann ich meine Kassenobligation vorzeitig zurückgeben?

«Ich habe eine achtjährige Kassenobligation über 30 000 Franken, die erst 2027 abläuft. Jetzt brauche ich dringend Bargeld. Nimmt die Bank meine Kassenobligation zurück?»

Im Prinzip ja, aber es könnte teuer werden. Kassenobligationen werden nicht an der Börse gehandelt, es gibt also dafür keinen Markt.

Einige Banken sind aber generell, andere nur in Ausnahmefällen bereit, Kassenobligationen vorzeitig zurückzunehmen. Sie halten sich dann in der Regel schadlos, indem sie den «Aussteigern» einen Abzug machen und Gebühren bzw. Rücknahmekommissionen verlangen. Man erhält also nicht 100 Prozent der Einlage zurück.

Der Abzug hängt von der Restlaufzeit ab und davon, ob sich das Zinsniveau in der Zwischenzeit verändert hat. Billiger oder gar gratis wird der Ausstieg, wenn die Zinsen inzwischen gesunken sind.

Je nach Bank ist auch eine Belehnung möglich. Sehr kulante Banken zahlen Kassenobligationen bei triftigen Gründen (zum Beispiel Erbteilung) ohne Gebühren und sonstige Abzüge zurück.

tendenziell höher. Schwimmt die Bank hingegen im Geld und weiss selber nicht mehr, wohin damit, bietet sie nur einen Magerzins.

Die Postfinance zum Beispiel offeriert für Kassenobligationen aller Laufzeiten gar nur nur zwischen 0,75 und 0,8 Zins (Stand Februar 2024).

■ Für den Kauf und das Halten von Kassenobligationen muss der Anleger mit seiner Bank eine Kontobeziehung haben – für die Gutschrift des jährlichen Zinses und für die Rückzahlung der Anlagesumme. Zudem ist ein Wertschriftendepot für das Lagern nötig. Beides kann Gebühren kosten.

Es gibt etliche Banken, die für die Aufbewahrung der Kassenobligation nichts verlangen. Andere verlangen einen bestimmten Promillesatz als Depotgebühr, mindestens aber 15, 25 oder 50 Franken – je nach Bank.

Es empfiehlt sich, vor dem Abschluss nach den Depotkosten zu fragen.

Die Zinsentwicklung kann ein Segen oder ein Fluch sein

Dass der Zins auf Kassenobligationen während der ganzen Laufzeit unverändert bleibt, kann je nach Zinsentwicklung ein Vor- oder ein Nachteil sein: Kauft ein Anleger bei tiefem Zinsniveau eine Kassenobligation und ziehen die Zinsen anschliessend an, profitiert er davon nicht. Er bleibt auf seinem mickrigen Ertrag sitzen.

Investiert er hingegen bei hohem Zinsniveau in eine Kassenobligation, kann er sich bis zum Ende der Laufzeit über den attraktiven Zinsertrag freuen – auch wenn die Zinsen in der Zwischenzeit sinken.

Tipp: Kaufen Sie bei extrem tiefen Zinssätzen keine Kassenobligationen mit Laufzeiten über fünf Jahren.

Die Zinszahlungen erfolgen fast immer einmal pro Jahr

Die offerierten Zinsen für Kassenobligationen variieren stark von Bank zu Bank. Es lohnt sich, die Zinsen zu vergleichen. Die aktuellen Zinsen für Kassenobligationen werden laufend in der Zeitschrift «K-Geld» veröffentlicht und unter www.ktipp.ch → Service → Zinsvergleiche.

Die Zinszahlungen erfolgen meistens jährlich. Doch es gibt Banken, die Modelle mit einer einmaligen Auszahlung am Ende der Laufzeit anbieten. Bei der Auszahlung wird jeweils die Verrechnungssteuer abgezogen.

Übrigens: Bei Sparkonten wird die Verrechnungssteuer erst ab einem Jahresertrag von 200 Franken pro Konto abgezogen, bei Kassenobligationen gibt es keine solche Freigrenze.

Tipp: Achten Sie darauf, dass Sie für die Rückzahlung von Kassenobligationen ein Konto ohne Rückzugsfesseln haben (siehe Kasten auf Seite 52).

Wer die Kassenobligation vorzeitig zurückgeben will, muss mit Strafabzügen rechnen (siehe Kasten auf der Seite links).

Und noch ein wichtiger Tipp: Lassen Sie sich keine anderen Bankprodukte aufschwatzen, wenn Sie bei Ihrer Bank vorsprechen und eine Kassenobligation zeichnen wollen.

Credit-Suisse-Kunden erwischte es besonders schlimm

Es kommt immer wieder vor, dass sehr sicherheitsbewusste und risikoscheue Anleger, die eine Kassenobligation (oder auch Festgeld) wünschen, von Bankberatern bedrängt werden, andere Anlagen zu tätigen – zum Beispiel Fondsanteile zu kaufen, die bedeutend risikoreicher sind.

Da sollten Sie skeptisch bleiben und den Beteuerungen der Berater punkto Sicherheit und Renditechancen misstrauen. In der Regel verkaufen Berater solche Produkte nur, weil die Bank und der Berater dadurch mehr ver-

Unterschiede zwischen Kassenobligationen und Termingeld[1]

	Kassenobligation	Termingeld
Form	Wertpapier, aber ohne physische Ausfertigung	Konto
Zusätzliches Bankkonto nötig?	Ja	Ja
Wertschriftendepot nötig?	Ja	Nein, Termingeld ist kein Wertpapier
Depotgebühr	In der Regel keine	Keine
Sonstige Spesen	In der Regel keine	In der Regel keine
Eidg. Emissionsabgabe	Nein	Nein
Zins	In der Regel ist der Zins bei beiden gleich	
Belehnbar?	Ja	Ja
Aufteilung und Übertrag bei Erbschaft oder Schenkung	Möglich	Möglich
Einlegerschutz	Wie beim Sparkonto	Wie beim Sparkonto

1 Am Beispiel der Raiffeisenbanken

dienen. Allfällige Verluste bei den Anlagen bleiben aber beim Kunden hängen.

Ganz besonders schlimm erwischte es solche auf Sicherheit bedachte Sparer, denen gewisse Banken sogenannte «kapitalgeschützte» Produkte der amerikanischen Bank Lehman Brothers verkauft hatten. Dieses Bankhaus hat dann Konkurs gemacht, und viele Sparer haben ihr Geld wegen des Emittentenrisikos weitgehend verloren (siehe Seite 182 und 189).

Termingeld

Termingeld ist ein Oberbegriff für Gelder, die für eine festgesetzte Zeitspanne gebunden sind und auf einen bestimmten Termin wieder frei werden. Dazu gehören auch Kassenobligationen in ihrer traditionellen Wertpapierform.

Einige Banken bieten mittlerweile gar keine normalen Kassenobligationen mehr an, sondern nur noch nicht verbriefte Termingelder – also eine Art Kassenobligation in Kontoform.

DIE ZINSEN IM LANGFRISTIGEN VERGLEICH

Die Grafik zeigt, wie sich die Zinslandschaft seit 1988 bewegt hat (Durchschnittswerte, soweit Daten verfügbar)

QUELLE: SNB

Andere wie die Raiffeisenbanken lassen den Kunden die Wahl zwischen beiden Anlageformen. Der Unterschied liegt vor allem darin, dass die nicht verbrieften Termingelder kein Wertschriftendepot brauchen und somit keine Depotgebühren verursachen. Sie sind aber ebenfalls an ein Bankkonto gebunden – für Einzahlung, Zinsen und Rückzahlung. Der Kasten auf Seite 55 listet am Beispiel der Raiffeisenbanken die Gemeinsamkeiten und Unterschiede der beiden Anlageformen auf.

Es gibt auch Banken, die von Kassenobligationen in Kontraktform sprechen. Es handelt sich dabei ebenfalls nicht um übliche Kassenobligationen, sondern um Geldanlagen, die keine Aufbewahrung im Wertschriftendepot benötigen.

Treuhandgelder für grosse Beträge

Einige Banken, auch Kantonalbanken, bieten sogenannte Treuhandgeld-Anlagen an. Unterschieden wird dabei zwischen Festgeld und Callgeld.

- Bei **Festgeldanlagen** ist – der Name sagt es – alles fest: Ein fester Anlagebetrag wird mit fester Laufzeit zu einem festen Zins und ohne Rückzugsmöglichkeiten investiert. In der Regel muss die Anlagesumme mindestens 100 000 Franken betragen. Die Laufzeit ist frei wählbar zwischen 1 und 12 Monaten.
- **Callgeld** weist keine Laufzeit auf, die Anlage erfolgt auf Abruf («to call»). Die Kündigungsfrist beträgt meist 48 Stunden. Die Verzinsung ist variabel und ändert sich mit den Marktaussichten. Für Callgelder sind je nach Institut Mindestbeträge von 250 000 bis 500 000 Franken gefordert.

Die Banken investieren das Geld treuhänderisch, aber auf Rechnung und Gefahr des Kunden bei ausgewählten Anlagebanken im Ausland. Anleger müssen sich also bewusst sein, dass sie mit Treuhandanlagen das Gegenparteirisiko der ausländischen Bank tragen. Vermittelt also etwa eine Kantonalbank eine Treuhandanlage, geniesst diese Investition keine Staatsgarantie.

Für den Vermittlerdienst verlangen Banken eine Treuhandkommission. Sie beläuft sich z. B. bei der Luzerner Kantonalbank je nach Anlagebetrag auf 0,25 bis 0,5 Prozent pro Jahr. Für Callgelder verlangt diese Bank zusätzlich pro Monat eine fixe Gebühr von 150 Franken.

Festgeld

Wären nur die Kosten und Spesen massgebend, würden Anleger mit Festgeld gut fahren. Denn der Staat verlangt hier keine Emissionsabgabe, und die Banken kassieren weder bei der Zeichnung noch bei der Rückzahlung irgendwelche Gebühren oder Kommissionen.

Auch das Aufbewahren von Festgeld durch die Bank ist für den Kunden gratis. Denn es fallen keine Depotgebühren an, weil es kein Papier aufzubewahren gilt. Festgelder werden nur als Anlagevertrag (Kontrakt) bzw. als Konto geführt. Voraussetzung ist aber eine Kontobeziehung mit der betreffenden Bank.

Auch die kurzen Laufzeiten – üblicherweise zwischen einem und zwölf Monaten – kann man als Vorteil betrachten. Das Geld ist also schnell wieder verfügbar.

Doch diese Vorteile verblassen angesichts der meist mickrigen

Zinsen. In Tiefzinsphasen kann es sogar sein, dass die Banken null Prozent Zins geben (bzw. gar keine Festgelder mehr abschliessen).

Grund: Wenn zum Beispiel Kantonalbanken in Kundengeldern schwimmen, weil viele Investoren angesichts einer Finanzmarktkrise den sicheren Hafen der Staatsbanken ansteuern, sehen diese Institute keinen Grund, mit guten Zinsen noch mehr Gelder anzulocken.

Die aktuellen Zinsen für Festgelder finden Sie unter www.ktipp.ch → Service → Zinsvergleiche.

Nachteilig für Kleinanleger ist auch die Einstiegshürde: Festgelder sind meist erst ab 100 000 Franken erhältlich. Diese Parkiermöglichkeit ist also eher für Unternehmen geeignet.

Tipp: Fragen Sie Ihre Bank, ob sie Ihnen bei der Mindestsumme entgegenkommt. Das ist in Einzelfällen durchaus möglich.

FRAGE

Bankenkonkurs: Wird Spargeld mit der Hypothek verrechnet?

«Guthaben auf Bankkonten sind bei einem Konkurs der Bank bis zum Betrag von 100 000 Franken geschützt. Gilt dies auch für den Fall, dass ein Kunde bei der gleichen Bank eine Hypothekarschuld hat? Oder findet dann eine Verrechnung statt?»

Eine solche Lösung wäre im Sinne der Kunden. Und sie entspricht dem Gesetz: Eine gegenseitige Verrechnung von Guthaben und Schulden ist möglich (Art. 120 Obligationenrecht).

Doch viele Banken möchten die gesetzliche Regelung in den Verträgen aushebeln. Denn sie haben in den Geschäftsbedingungen für Hypotheken das sogenannte Verrechnungsverbot, das genau diese Verrechnung nicht zulässt. Das ist nur im Interesse der Banken. Anders ausgedrückt: Ginge die Bank pleite, würde die Hypothekarschuld des Kunden in der gleichen Höhe weiterbestehen, während Sparguthaben dieses Kunden nur bis maximal 100 000 Franken geschützt wären.

Allerdings dürfte die Klausel ungültig sein. Bankenrechtsspezialist Dieter Zobl, emeritierter Professor der Uni Zürich, sagt, dass nach überwiegender Ansicht der Rechtsgelehrten der Verrechnungsverzicht der Kunden im Konkurs der Bank «unbeachtlich» sei.

Um ganz sicherzugehen, deshalb dieser Tipp: Wer eine neue Hypothek abschliesst, sollte die Klausel mit dem Verrechnungsverbot streichen. Viele Banken akzeptieren das.

Es kann sogar sein, dass eine Bank bereit ist, den Verrechnungsverzicht aus bereits bestehenden Verträgen zu streichen, sofern der Kunde das ausdrücklich wünscht.

Eine Ausnahme bildet hier die WIR-Bank. Sie nimmt Festgeld ab einer Mindesteinlage von 5000 Franken entgegen. Die möglichen Fristen erstrecken sich von drei Monaten bis zu zehn Jahren. Das Festgeld selber ist gebührenfrei. Der Anleger muss aber ein Kontokorrent- oder ein Sparkonto bei der WIR-Bank haben, damit er ein Festgeld anlegen kann.

Festgeld: Grosskunden erhalten bessere Konditionen

Wie bei den Kassenobligationen ist auch der Festgeldzinssatz während der festgelegten Laufzeit fix: Der Anleger profitiert also nicht von steigenden Zinsen, trägt aber auch nicht das Risiko eines Zinsrückgangs.

Allgemein gilt: Je höher der Betrag ist, der in Festgeld angelegt werden soll, desto mehr Zinsen zahlen die Banken. Grosskunden erhalten bessere Konditionen als weniger betuchte Kunden.

Tipp: Sie können über den Zins verhandeln. Vielleicht schaut eine etwas höhere Entschädigung heraus, beispielsweise weil Sie ein guter Kunde sind.

Ebenfalls höhere Zinsen gibt es für Festgelder in Fremdwährung. Anleger sollten bei dieser Anlageform jedoch sehr genau darauf achten, ob ihnen weitere Kosten für die Kontoführung oder für eine Verlängerung des Festgelds entstehen.

Höher verzinst werden beispielsweise Festgelder in Euro. Wenn der Euro dann noch steigt, profitiert der Anleger doppelt. Doch Kosten beim Geldwechsel und höhere Steuern als Folge der höheren Zinsen zehren am Ertrag.

Kommt dazu: Die Entwicklung von Wechselkursen ist schwierig zu prognostizieren. Je nach Einstiegszeitpunkt kann es auch zu einem Währungsverlust kommen. Ob unter dem Strich jeweils ein Mehrertrag bleibt, ist unsicher (siehe dazu auch den Kasten auf Seite 48).

Vorzeitige Rückzüge kosten Geld

Auch Festgelder unterstehen dem Einlegerschutz der Banken (bis zum Betrag von 100 000 Franken, siehe Seite 60 ff.) bzw. der vollen Staatsgarantie der Kantonalbanken.

Rückzüge sind während der Laufzeit grundsätzlich nicht möglich, und es findet auch kein entsprechender Handel statt. Wie Kassenobligationen müssen auch Festgelder im Prinzip bis zum Verfalltag gehalten werden.

In Ausnahmefällen lassen die Banken aber mit sich reden, etwa bei einem Todesfall oder für einen Liegenschaftskauf. Eine solche vorzeitige Rückgabe hat aber in der Regel Abzüge zur Folge – wie bei den Kassenobligationen (siehe Kasten auf Seite 54). Sehr kulante Banken zahlen das Festgeld bei triftigen Gründen auch ohne Abzüge zurück.

Achten Sie auch beim Festgeld darauf, dass Sie ein Basiskonto (Verbindungskonto) ohne Rückzugsbeschränkungen haben (siehe Kasten auf Seite 52).

TIPP

«Eidgenossen» und Pfandbriefe

Der Einlegerschutz ist auf maximal 100 000 Franken pro Kunde und Bank begrenzt. Zudem reicht die vorgesehene Gesamtsumme von 6 Milliarden Franken unter Umständen nicht einmal, um bis zu diesem Betrag alle Kleinsparer in einem Konkursfall zu entschädigen.

Wer eine höhere Sicherheit will, muss sein Geld zu einer Kantonalbank mit Staatsgarantie bringen. Eine andere Möglichkeit: Bundesobligationen kaufen, sogenannte «Eidgenossen». Sie zählen zu den weltweit sichersten Anlagen überhaupt.

Wer eine sehr hohe Sicherheit sucht, ist auch mit Pfandbriefen gut bedient. Bei diesen Anlagen handelt es sich aber um Anleihen, sie sind deshalb bei den Informationen zu den Obligationen beschrieben (Kapitel 3).

Der Einlegerschutz der Schweizer Banken bis 100 000 Franken

Sollte eine in der Schweiz zugelassene Bank pleitegehen, sind die Spargelder gefährdet. Dann greifen die folgenden Schutzmechanismen für die Sparerinnen und Sparer:

- Die Einlagen sind bis zum Betrag von 100 000 Franken pro Kunde und Bank privilegiert, weil sie in die zweite Konkursklasse eingeteilt sind. Das heisst: Sie werden zwar vor der grossen Masse der normalen Forderungen der dritten Klasse befriedigt, aber erst nach den Pfandgläubigern, Angestellten und Sozialversicherungen, die im ersten Rang eingeteilt sind. Pfandgläubiger sind zum Beispiel Banken, die eine Hypothek vergeben und dafür ein Grundpfand am Grundstück haben.

  Es ist gut möglich, dass nach Befriedigung der Gläubiger in der ersten Konkursklasse wenig oder nichts mehr übrigbleibt für die weiteren Gläubiger.
- Aber: Wird eine Bank in der Schweiz zahlungsunfähig, müssen die anderen Banken einspringen. Der Verein «Einlagensicherung der Schweizer Banken und Effektenhändler» sorgt dafür, dass Sparerinnen und Sparer ihre Guthaben bis maximal 100 000 Franken innerhalb eines Monats ausbezahlt erhalten.
- Beim Einlegerschutz müssen alle in der Schweiz zugelassenen Banken mitmachen, denn alle unterstehen derselben Gesetzgebung und derselben Aufsicht, egal ob Grossbank, Raiffeisenbanken, Migros-Bank, WIR-Bank, Cembra Money Bank, Regionalbank oder ausländische Privatbank.

Die Liste der zugelassenen Banken finden Sie im Internet auf www.esisuisse.ch → Mitglieder.

Der Einlegerschutz gilt pro Person und Bank

- Der Schutz bezieht sich auf Lohn-, Privat-, Spar-, Anlage-, Deposit- und Kontokorrentkonten, die auf den Namen des Sparers bzw. der Sparerin lauten. Der Schutz gilt auch für Kassenobligationen, die im Namen des Anlegers bei der Bank hinterlegt sind, sowie für Fest- und Termingelder.

Fortsetzung auf Seite 62

FRAGE

Wie sicher ist mein Spargeld bei der Versicherung?

«Zu den Themen Einlagensicherung und Staatsgarantie kann man viel lesen. Doch wie sicher sind meine Spareinlagen bei einer Versicherung?»

Sie sprechen von der kapitalbildenden Lebensversicherung, auch gemischte Versicherung oder Sparversicherung genannt. Diese enthält auch einen Sparanteil (Details siehe Seite 33 ff.).

Diese Spargelder unterliegen nicht der Einlagensicherung der Banken, sind aber trotzdem sehr gut geschützt. Denn die Lebensversicherer müssen strenge Vorschriften und Anlagerichtlinien beachten. Und sie werden von der Eidgenössischen Finanzmarktaufsicht Finma überwacht.

Die Ansprüche der Versicherten müssen jederzeit und vollumfänglich durch das sogenannte gebundene Vermögen gedeckt sein. Im Konkursfall hätten die Versicherten einen privilegierten Anspruch – vor allen anderen Gläubigern. Das entspricht faktisch einem 100-prozentigen Schutz – und zwar ohne Limite nach oben.

Zudem könnte die Finma im Konkursfall anordnen, dass die Policen der betroffenen Gesellschaft von einer anderen Gesellschaft übernommen werden. So würden sie unverändert weiterlaufen.

Die hohe Sicherheit der Lebensversicherungspolicen wird von den Verkäufern gern ins Feld geführt, um Sparer von den Banken wegzulocken. Dabei werden auch Überschüsse in Aussicht gestellt, die nicht garantiert sind. Diese können später auch viel kleiner oder sogar ganz ausfallen (mehr zum Thema in Kapitel 9).

Tipp: Rechnen Sie immer nur mit den von der Gesellschaft garantierten Beträgen. Und bedenken Sie, dass Sparen über die Versicherung teuer und oft mit langfristigen Knebelverträgen verbunden ist. So gesehen fahren Sie meist besser, wenn Sie bei der Versicherung nur nach Bedarf Risiken wie Tod und Invalidität abdecken.

Etwas ganz anderes als gemischte Lebensversicherungen sind diesbezüglich Fondspolicen, bei denen der Sparteil der Prämien in Anlagefonds fliesst. Bei ihnen ist zu unterscheiden zwischen:

- **Fondspolicen ohne Kapitalschutz.** Die Fondsanteile sind Sondervermögen und gehören dem Versicherten. Aber: Sie unterliegen den üblichen Wertschwankungen, die sich an den Börsen ergeben. Und die können gross sein. Zudem drücken teilweise happige Gebühren auf die Rendite.
- **Fondspolicen mit Kapitalgarantie.** Auch hier sind die Fondsanteile Sondervermögen. Die «Kapitalgarantie» ist aber nicht zu verwechseln mit der Einlagensicherung der Banken für ihre Konten. Die Kapitalgarantie bezieht sich auf den Wert der Fondsanteile. Sie soll die Sparer vor Werteinbrüchen schützen (siehe Kasten auf Seite 152). Die Kapitalgarantie ist aber nicht gratis, sondern geht wie andere Gebühren zulasten der Rendite.

Fondspolicen mit Kapitalgarantie haben unter Umständen weitere Nachteile: etwa den, dass der Kapitalschutz erst am Ende der Policenlaufzeit gilt und nicht, wenn der Anleger vorzeitig aussteigen will. Oder dass der Schutz nicht 100-prozentig ist, also nicht alle getätigten Einzahlungen garantiert. Zudem ist der so definierte Kapitalschutz immer nur so gut wie der Garantiegeber. Dieser kann während der Laufzeit der Police in eine finanzielle Schieflage geraten. Manchmal treten bei Fondspolicen Banken im Ausland als Garantiegeber auf.

Fortsetzung von Seite 60

- Der Einlegerschutz gilt pro Kunde bzw. Kundin einer Bank und nicht pro Konto. Wer mehrere Konten hat, erhält maximal 100 000 Franken. Dies gilt auch für den Fall, dass ein Sparer Konten auf mehrere Filialen derselben Bank verteilt.

So sind Freizügigkeits und Säule-3a-Gelder geschützt

Wer arbeitslos wird, muss in der Regel aus der Pensionskasse austreten. Das Gleiche gilt für Arbeitnehmer, die freiwillig eine Auszeit nehmen – etwa um sich eine Weile nur noch den Kindern zu widmen, zu reisen oder sich weiterzubilden. Ihnen allen gibt die Pensionskasse das angesparte Geld mit. Das ist die sogenannte Freizügigkeitsleistung.

Die Empfänger dürfen das Geld kaum je bar beziehen, sondern müssen es auf einem Freizügigkeitskonto deponieren. Solche Gelder auf Freizügigkeitskonten fallen nicht unter die Einlagesicherung der Banken, ebenso wenig Gelder auf Konten der 3. Säule. Aber: Freizügigkeits- und Säule-3a-Gelder werden bei eigens dafür eingerichteten Stiftungen deponiert. Sie wiederum legen das Geld – sofern der Kunde die Kontolösung wählt – bei einer Bank an. Dazu hält das Gesetz fest: Sollte die Bank, bei der die Stiftung das Geld deponiert hat, Konkurs gehen, hat die Stiftung und damit der Kunde ein Konkursprivileg: Die Säule-3a- und Freizügigkeitsgelder sind in der zweiten Gläubigerklasse eingeteilt. Dies gilt aber nur bis zum Betrag von 100 000 Franken.

Hat ein Kunde bei der gleichen Bank sowohl Freizügigkeitsgeld als auch 3a-Gelder in Kontoform angelegt, gilt das Konkursprivileg für beide Produkte zusammen.

Wichtig: Normale Sparkonten bei der gleichen Bank werden separat behandelt. Hätte ein Kunde nebst Freizügigkeits- und 3a-Geldern ein normales Sparkonto direkt bei der konkursiten Bank, könnte er dafür zusätzlich noch von der Einlagensicherung der Banken profitieren.

Ein allfälliger Konkurs der Stiftung selber würde nach dem normalen Konkursverfahren gemäss Gesetz durchgeführt.

Andere Regeln beim Wertschriftensparen. Sind aber Freizügigkeits- und 3a-Gelder in Wertschriften angelegt, gelten diese Vorsorgegelder als Sondervermögen und fallen nicht in die Konkursmasse der Bank.

Für Gelder der Säule 3a kann man das Wertschriftensparen durchaus in Betracht ziehen. Für Freizügigkeitsgelder ist das hingegen nicht empfehlenswert. Wer nämlich eine neue Stelle antritt, muss das Freizügigkeitsgeld in die neue Pensionskasse überweisen lassen. Solche Gelder haben somit nur selten einen langen Anlagehorizont, wie es ihn für Börseninvestments braucht. Sind die Börsen in einem Loch, müsste man die Titel vielleicht zu einem ungünstigen Zeitpunkt verkaufen und würde viel Geld verlieren. Diese Lösung wird nur von provisionsgesteuerten Beratern empfohlen.

Tipp: Wer ruhig schlafen möchte, deponiert Freizügigkeitsleistung wie auch Gelder der 3. Säule bei Instituten mit voller Staatsgarantie (siehe Seite 65 f.). Vor allem bei Freizügigkeitsgeldern ist das wichtig, denn sie können durchaus die Höhe von z. B. 500 000 Franken erreichen.

■ Ehepaare mit einem gemeinsamen Konto erhalten die 100 000 Franken je separat. Auch Kinder gelten als Einzelkunden.

■ Die 219 Raiffeisenbanken sind keine Filialen einer Bankengruppe, sondern selbständige Genossenschaften. Deshalb gilt der Einlegerschutz von 100 000 Franken pro Genossenschaft und pro Kunde. Wer beispielsweise je ein Konto bei der Raiffeisenbank Adligenswil-Udligenswil-Meggen LU und bei der Raiffeisenbank Horw LU hat, geniesst den Einlegerschutz doppelt.

Ausnahme: In Basel, Bern, St. Gallen, Thalwil, Winterthur und Zürich führt die Dachgenossenschaft der Raiffeisenbanken Niederlassungen. Diese sind nicht selbständig. Hat ein Bankkunde oder eine Bankkundin bei mehreren solchen Niederlassungen Konten, ist der Einlegerschutz auf insgesamt 100 000 Franken beschränkt. Allerdings haben die Raiffeisenbanken untereinander eine gegenseitige Beistandspflicht für den Krisenfall.

Einlagensicherung: Obergrenze reicht nur für eine kleine Bank

■ Das Problem der Einlagensicherung ist allerdings, dass die maximale Obergrenze für die Auszahlungen bei 6 Milliarden Franken liegt. Die gesamten zu schützenden Einlagen im Schweizer Bankensystem belaufen sich aber auf über 400 Milliarden Franken. Die 6 Milliarden genügen also höchstens für eine kleinere oder mittlere Bank.

Professor Niklaus Blattner, ehemaliger Direktor der Schweizerischen Nationalbank, hielt in der «Neuen Zürcher Zeitung» fest: «Die 2011 von den Banken auf 6 Milliarden Franken erhöhte Obergrenze reicht weder zur Abdeckung der gesicherten Forderungen der Gläubiger gegenüber einer Grossbank aus noch gegenüber mehreren, gleichzeitig zahlungsunfähigen mittleren oder vielen kleinen Banken.»

Im Klartext heisst das: Auch wenn Anleger nicht mehr als 100 000 Franken bei einer Bank liegen haben und somit Anrecht auf volle Entschädigung hätten, kann es durchaus passieren, dass sie zu Schaden kommen. Jede Bank muss zwar die Einlagen zu 125 Prozent mit Vermögen in der Schweiz unterlegen. Trotzdem ist die Einlagensicherung keine Vollkaskopolice.

Wer sich bestmöglich wappnen möchte, wählt eine Kantonalbank mit Staatsgarantie (Details dazu auf Seite 65 f.).

Sonderschutz für Wertschriften und Depotinhalte

■ Aktien, Obligationen und andere Wertschriften von Drittunternehmen, die ein Anleger in einem Wertschriftendepot der konkursiten Bank gelagert hat, sind Eigentum des Bankkunden und werden von der Bank nur treuhänderisch verwaltet. Sie fallen also nicht in die Konkursmasse und sind deshalb vor einem Bankenkonkurs geschützt – auch ohne Einlagesicherung.

Ethikbanken: Der Ausweg für enttäuschte Grossbankkunden

In der Schweiz gibt es alternative Banken, die ihren Kunden Sinn- statt Gewinnmaximierung bieten: Dazu gehören die Alternative Bank Schweiz (ABS) in Olten SO und die Freie Gemeinschaftsbank in Basel.

Beides sind «richtige» Banken, die der Finanzmarktaufsicht Finma unterstehen und auch über den Einlegerschutz der Schweizer Banken verfügen.

Die 1990 durch Hilfswerke und Bankenkritiker gegründete Alternative Bank Schweiz gewährt günstige Förderkredite für Projekte aus den Bereichen erneuerbare Energien, biologische Landwirtschaft, für gemeinnützigen Wohnungsbau oder für soziale Projekte. Solche Kredite mit Vorzugszins kann die Bank nur deswegen anbieten, weil sie die Spargelder der Kunden tiefer verzinst als die «normalen» Banken.

2015 löste die Einführung von Negativzinsen für Privatkunden durch die ABS ein grosses Medienecho aus. Die ABS war die erste Bank in der Schweiz, die diesen Schritt wagte. Inzwischen liegen die Zinsen für ein Sparkonto wieder bei 0,5 Prozent (Stand 2024). Ein Bonussystem für Angestellte kennt sie nicht. Die maximale Lohnspanne ist gemäss Statuten festgeschrieben: Das Verhältnis zwischen dem höchsten und dem tiefsten Lohn darf nicht mehr als 1:5 betragen.

Aufgrund des Kundenansturms hat die ABS sogar Luxusprobleme: Sie findet nicht genügend Möglichkeiten, Neugelder nach den eigenen strengen Auswahlkriterien anzulegen. Sie ist gezwungen, Kapital bei der Raiffeisengruppe und bei Kantonalbanken zu parkieren. Der Marktanteil der ABS beträgt in der Schweiz unter 1 Prozent.

Konkurrenz aus Kreisen der Steiner-Anhänger. Ebenfalls im Geschäft mit dem guten Gewissen ist die Freie Gemeinschaftsbank in Basel. Das seit 30 Jahren existierende Finanzinstitut orientiert sich an der Lehre Rudolf Steiners, also an der Anthroposophie. Gemessen an den Kundeneinlagen, den Ausleihungen und den Beschäftigten, ist die genossenschaftlich organisierte Bank deutlich kleiner als die ABS.

Allerdings: Jedes Wertschriftendepot hat ein, manchmal sogar mehrere dazugehörende Bankkonten. Diese Konten wären von einem Konkurs der Depotbank betroffen, fallen aber unter die Einlagensicherung.

- Nicht in die Konkursmasse fallen alle Wertgegenstände und -papiere, die sich in einem Banksafe befinden. Sie bleiben im persönlichen Besitz und liegen bei der Bank lediglich zur Aufbewahrung.

Anlagefonds gelten als Sondervermögen

Einen besonderen Schutz geniessen die in der Schweiz zugelassenen Anlagefonds. Dazu gehören auch Indexfonds (siehe Seite 142 ff.): Sie gelten als Sondervermögen, die von einem Bankenkonkurs nicht betroffen wären. Die entsprechenden Anteile gehören dem Kunden und fallen nicht in die Konkursmasse der Depotbank.

Ausnahme: Fonds können einen Teil ihres Vermögens auf Bankkonten parkieren. Diese wären von einem Konkurs betroffen.

- **Strukturierte Produkte,** die von einer konkursiten Bank ausgegeben wurden, geniessen keinen besonderen Schutz, weil sie im Grunde Darlehen sind, die der Kunde der Bank gegeben hat.

Rechtlich gesehen handelt es sich um Ansprüche gegenüber der Bank, die wie Optionen, Warrants oder sonstige Derivate von der Bank ausgegeben werden und für die sie auch alleine haftet. Im Konkursfall besteht also die Gefahr eines Totalverlusts.

Eine Ausnahme bilden pfandbesicherte strukturierte Produkte mit der Fachbezeichnung «Cosi». Bei ihnen vermindert das hinterlegte Pfand das Verlustrisiko im Falle eines Bankrotts. Es schaltet das Risiko aber nicht ganz aus. Und erst ein kleiner Teil der strukturierten Produkte ist durch ein Pfand gesichert.

Kommt dazu: Dieser Schutz drückt die Rendite etwa um ein halbes Prozent pro Jahr. Dabei lasten meist ohnehin schon hohe Kosten auf den strukturierten Produkten.

- Weitere Infos zum Thema Einlegerschutz finden Sie im Internet auf www.esisuisse.ch.
- Der geschilderte Einlegerschutz gilt nicht bei Betriebs- und Baugenossenschaftskassen (siehe Kasten auf Seite 51).
- Was für Freizügigkeitsgelder und Sparguthaben der 3. Säule gilt, steht im Kasten auf Seite 62.
- Wie Spargelder bei Versicherungen abgesichert sind, steht auf Seite 61.

Die Staatsgarantie

Ob Säule-3a- und Freizügigkeitskonten oder ganz normale Bankkonten: Den bestmöglichen Schutz haben Sparer bei Kantonalbanken mit Staatsgarantie. Die meisten Kantonalbanken verfügen über eine volle Staatsgarantie – mit drei Ausnahmen: Die Berner Kantonalbank und die Banque Cantonale Vaudoise haben überhaupt keine Staatsgarantie mehr, die Banque Cantonale de Genève nur noch eine beschränkte.

Das «Gesetz über die Zürcher Kantonalbank» hält in Paragraf 6 fest: «Der Staat haftet für alle Verbindlichkeiten der Bank, soweit ihre eigenen Mittel nicht ausreichen.» Im Konkursfall sind also 100 Prozent der Kundengelder inklusive 3a- und Freizügigkeitsgelder aller Sparerinnen und Sparer gesichert. Das betrifft auch Kassen- und gewöhnliche Obligationen, die die Zürcher Kantonalbank (ZKB) selber ausgegeben hat, sowie ihre Festgelder.

Im schlimmsten Fall würde also der Staat für die Verbindlichkeiten der Bank haften. Damit bliebe der Schaden an allen Steuerzahlern des Kantons Zürich hängen – auch wenn diese nicht Kunden der ZKB waren.

Wertgegenstände im Banksafe: Von Bankenpleite nicht tangiert

Von der Staatsgarantie ausgenommen sind spezielle Obligationen, die sogenannten Tier-1-Anleihen, die dem Eigenkapital der Bank zugerechnet werden.

Ebenfalls nicht unter die Staatsgarantie fallen die von der ZKB ausgegebenen Anlagefonds. Aber das macht nichts: Fonds gelten sowieso als Sondervermögen und wären von einer allfälligen Bankenpleite gar nicht berührt (siehe Seite 64).

Das Gleiche gilt für Wertschriften, die in einem Depot bei der ZKB bzw. bei einer anderen Kantonalbank mit Staatsgarantie lagern. Sie gehören dem Kunden und werden ihm im Konkursfall sofort herausgegeben.

Nicht tangiert sind auch Wertgegenstände, die sich in einem Kantonalbanksafe befinden. Auch darüber kann der Kunde im Insolvenzfall der Bank frei verfügen.

Postfinance: Keine unlimitierte Garantie des Bundes mehr

Die Postfinance wurde Mitte 2013 in eine Aktiengesellschaft umgewandelt.

Seither sind die Postkonten in erster Linie durch das Eigenkapital der Postfinance AG gesichert. Sollte dieses im Fall einer Krise nicht ausreichen, kommt die branchenübliche Einlagensicherung bis zu maximal 100 000 Franken pro Kunde zum Tragen. Seit Herbst 2018 haftet der Bund nicht mehr für die Einlagen.

Und noch etwas: Die zeitlich limitierte Garantie des Bundes gilt nicht für Säule-3a-Konten bei der Postfinance. Denn diese Gelder landen bei einer Vorsorgestiftung der UBS. Die zeitlich limitierte Garantie greift auch nicht bei den Freizügigkeitskonten, welche die Postfinance anbietet. Diese Gelder laufen über die Freizügigkeitsstiftung Rendita.

Säule-3a- und Freizügigkeitsgelder in Kontoform fallen ganz allgemein auch nicht unter die bankenrechtliche Einlagensicherung, also auch jene der Postfinance nicht. Diese Gelder geniessen aber über die jeweiligen Stiftungen ein Konkursprivileg (Details im Kasten auf Seite 62).

Der Schritt ins Ausland ist ein Wagnis

Wer bei seiner Schweizer Bank ein Euro-Konto hat, bekommt darauf kaum noch Zins, manchmal aber etwas mehr als auf seinem normalen Privat- oder Sparkonto in Franken. Allerdings sind die von Schweizer Banken angebotenen Zinsen für Euro-Konten immer noch tief im Vergleich zum europäischen Zinsniveau.

Anlegern steht es frei, ihr Geld zu einer deutschen oder österreichischen Bank zu zügeln. Aber lohnt sich der Schritt ins Ausland tatsächlich? Es kommt darauf an, ob man ein Privatkonto oder ein Sparkonto will:

- Die Eröffnung eines **Euro-Privatkontos** ist angezeigt, wenn man ein Konto für Zahlungen, Barbezüge und Bankkarten braucht – analog einem Schweizer Privat- oder Lohnkonto. Für ein solches Privatkonto sind zumindest einige deutsche Internetbanken sehr attraktiv. Sie verlangen deutlich tiefere Gebühren als Schweizer Finanzinstitute. In einem Vergleich der Zeitschrift «K-Geld» (4/2013) schnitten die Deutsche Kreditbank (DKB) und die Comdirect Bank am besten ab.

- Mit einem **Euro-Sparkonto** könnte man eine Geldanlage tätigen wie auf einem Schweizer Sparkonto – doch das lohnt sich übers Ganze betrachtet kaum. Schon beim Geldwechsel machen Anleger Verluste. Zudem zahlen sie höhere Steuern und gehen ein Währungsrisiko ein. Diese Nachteile können den Zinsvorteil teilweise oder ganz zunichte machen (siehe auch den Kasten auf Seite 48).

Ob Privat- oder Sparkonto – die Anleger müssen ein Formular ausfüllen und eine beglaubigte Kopie des Passes oder der Identitätskarte vorlegen.

3

Das Einmaleins der Obligationen

Je höher der Zins, desto mehr Risiko

Obligationen werfen einen regelmässigen Zinsertrag ab, und der ist meist höher als beim Sparkonto. Doch Obligationen unterliegen Wertschwankungen. Das spielt eine Rolle, wenn man sie vor Ablauf kaufen oder verkaufen will. Mit einer guten Auswahl können Anleger ihre Rendite optimieren und die Verlustgefahr in Grenzen halten.

Herausgeber von Obligationen sind Staaten, Kantone, Gemeinden, internationale Organisationen sowie Unternehmen. Sie werden gegenüber den Käufern der Obligationen zu Schuldnern.

Obligationen sind also Darlehen. Die Herausgeber heissen in der Fachsprache Emittenten. Obligationen nennt man auch Anleihen, und die Halter von Obligationen sind Obligationäre. Baut ein Staat zum Beispiel Schulen oder Autobahnen, kann er zur Finanzierung einen Kredit aufnehmen und sich so verschulden – etwa über die Ausgabe von Obligationen. Im Fall der Eidgenossenschaft werden solche Papiere Bundesobligationen oder populärer «Eidgenossen» genannt (siehe Kasten Seite 74).

Unternehmen nehmen Kredite auf und emittieren dazu Anleihen, wenn sie zum Beispiel neue Maschinen oder eine andere Firma kaufen wollen. Das tun sie, wenn sie die Finanzierung – aus welchen Gründen auch immer – nicht mit eigenem Geld oder über einen Bankkredit oder mittels Erhöhung des Aktienkapitals bewerkstelligen möchten.

Wer eine Anleihe kauft, gibt dem Herausgeber für eine bestimmte Laufzeit ein Darlehen und erhält dafür einen festen, regelmässigen Zins. Gleichzeit hofft der Geldgeber, dass der Herausgeber (Emittent) in der Zwischenzeit nicht in Zahlungsnöte gerät, seinen Zinsverpflichtungen nachkommt und das geliehene Geld nach Ablauf der vereinbarten Dauer zurückzahlt.

Obligationen – manchmal kurz Oblis genannt – kann man anlässlich der Herausgabe erwerben und dann bis zum Ende der Laufzeit halten. Sie bieten aber auch eine hohe Flexibilität. Sie lassen sich während ihrer Laufzeit kaufen und verkaufen. Details dazu stehen auf Seite 80 ff.

Nicht zu verwechseln mit «normalen» Obligationen sind Kassenobligationen. Sie sind nicht frei handelbar (siehe Seite 53 ff.).

Wer eine Anleihe eines Unternehmens erwirbt, wird nicht wie

STICHWORT

Obligation, Anleihe

Obligation, Anleihe, Rentenpapier, Bond – damit ist immer das gleiche festverzinsliche Wertpapier gemeint. In diesem Ratgeber werden in erster Linie die Begriffe Obligation und Anleihe verwendet. Es handelt sich dabei um nichts anderes als Darlehen.

In Deutschland ist in diesem Zusammenhang immer von Renten oder Rentenpapieren die Rede.

der Aktionär zum Miteigentümer, sondern zum Gläubiger. Im Konkursfall geniesst der Gläubiger gegenüber dem Aktionär eine Vorzugsstellung: Falls aus der Konkursmasse etwas zum Verteilen übrigbleibt, erhalten auch die Obligationäre Geld – allerdings erst, nachdem zum Beispiel die offenen Lohnforderungen und AHV-Beiträge bezahlt wurden. Obligationäre sind Drittklass-Gläubiger.

Obligationäre können ihr investiertes Geld verlieren

Käufer von Obligationen können also bei einem Konkurs des emittierenden Unternehmens einen Teil ihrer Forderung verlieren oder sogar ganz leer ausgehen. Das gilt selbst bei Staatsobligationen. Denn auch Staaten können zahlungsunfähig werden, wie das Beispiel von Argentinien zeigt (siehe Seite 71).

Die entscheidenden Eckwerte der Obligationen

Die wichtigsten Charakteristiken von Obligationen sind der Nennwert, der Zins, die Kreditwürdigkeit des Herausgebers sowie die Laufzeit.

Oft verläuft der Kauf einer Obligation so: Der Anleger zeichnet eine Obligation per Laufzeitbeginn über seine Hausbank. Der Käufer übergibt damit dem **Herausgeber (Emittenten)** einen bestimmten Betrag – den Ausgabepreis. Er ist in der Regel gleich hoch wie der Nennwert der Anleihe oder liegt ein bisschen darüber oder darunter. Der Nennwert gibt den Betrag

IN DIESEM KAPITEL

TIPP

Vorsicht bei vorzeitig kündbaren Anleihen

Obligationen haben in der Regel eine feste Laufzeit. Die Emittenten können sich aber im Prospekt das Recht vorbehalten, die Obligation vorzeitig zu kündigen. Das verschafft ihnen einen grossen Vorteil: Steigen nach der Emission die Zinsen, lässt der Obli-Herausgeber sein Papier bis zum ordentlichen Verfall laufen. In diesem Fall hat er sich ja relativ günstig Geld beschafft. Sinken hingegen die Zinsen, kann er die Obligation kündigen und eine neue mit tieferem Zinscoupon herausgeben.

Was für den Emittenten ein bedeutender Vorteil ist, stellt für Anleger eine empfindliche Benachteiligung dar: Sind die Zinsen gesunken, können die Anleger nach der vorzeitigen Kündigung ihr Geld beim gleichen oder einem ähnlichen Emittenten nur noch zu schlechteren Konditionen anlegen.

Ein Emittent, der sich via den Prospekt das Recht auf eine vorzeitige Kündigung herausnimmt, sollte die Anleger im Prinzip mit einem Renditeaufschlag entschädigen. Laien sind allerdings kaum in der Lage, anhand von Vergleichen mit anderen Anleihen zu beurteilen, ob die angebotene Rendite fair ist oder nicht. Deshalb sollten Laien unkündbaren Anleihen den Vorzug geben.

Über die Kündigungsbedingungen gibt der Wertpapierprospekt Auskunft.

an, den der Emittent am Ende der Laufzeit zurückzahlen muss. Er bleibt bei den meisten Obligationen bis zur Endfälligkeit unverändert.

Während der Laufzeit erhält der Obligationär jedes Jahr einen fixen Zins, auch Zinscoupon oder Coupon genannt. Dieser wird meist in Prozent des Nennwerts berechnet. Die Zinseinnahmen unterstehen der Einkommenssteuer.

Der Ausdruck Zinscoupon rührt aus der Zeit, als Obligationen noch in Papierform ausgestellt und vom Obligationär zu Hause aufbewahrt wurden. Solche Obligationen hatten für jedes Jahr einen Papierabschnitt (Coupon), den der Anleger abschneiden und der Bank vorlegen musste, um dafür seinen Zins zu kassieren.

Am Ende der Laufzeit bzw. per Verfall erhält der Obligationär den Nennwert zurück.

Es gibt jedoch auch Obligationen, die der Herausgeber vorzeitig zurückzahlen darf – ein für Anleger nachteiliges Recht (siehe Kasten links).

Drei Faktoren beeinflussen die Höhe des Zinses

Die Entschädigung für den Obligationär, meist ein fixer Zins, hängt von mehreren Faktoren ab: von der Kreditwürdigkeit des Emittenten, von der Laufzeit der Obligation und vom allgemeinen Zinsniveau.

- **Kreditwürdigkeit/Bonität**

Die Kreditwürdigkeit entspricht der Fähigkeit des Herausgebers von Obligationen, seine Zahlungsverpflichtungen zu erfüllen. Und zwar sowohl hinsichtlich der Zinsen als auch bezüglich der Rückzahlung des Nennwerts am Ende der Laufzeit. Die Kreditwürdigkeit wird auch Bonität genannt.

Über die Kreditwürdigkeit gibt oft ein Rating Auskunft. Sie wird in erster Linie aus der Ertragskraft des Emittenten und aufgrund der gebotenen Sicherheiten geschätzt. Ein Unternehmen, das reichlich und langfristig stabile Gewinne erwirtschaftet, hat eine grosse Ertragskraft, folglich auch eine hohe Kreditwürdigkeit und ein gutes Rating.

Sind genügend Sicherheiten vorhanden, zeugt das ebenfalls von einer hohen Kreditwürdigkeit. Bei einem Unternehmen können zum Beispiel die Immobilien oder der Maschinenpark als Sicherheiten dienen.

Detaillierte Ausführungen zum Thema Rating finden Sie auf Seite 75 ff. Die beste Note lautet AAA oder Aaa, die schlechteste ist D. Diese Einstufungen stammen von spezialisierten Ratingagenturen und von Banken.

Stabile Schuldner müssen weniger Zins zahlen

Die Kreditwürdigkeit des Emittenten hat einen entscheidenden Einfluss auf die Zinshöhe. Emittenten mit guter Bonität – also stabile Schuldner – können es sich leisten, weniger Zins zu offerieren.

Anders sieht es hingegen bei Anleihen aus, deren Emittenten eine eher geringe oder gar sehr geringe Kreditwürdigkeit haben: Je schlechter die Bonität, umso höher ist der Zins, denn sonst würden diese Emittenten nicht zu Geld kommen. Die Obligationen der Schuldner mit sehr schlechter Bonität werden Hochzinsanleihen, High Yield Bonds oder Junk-Bonds (Schrottanleihen) genannt.

Die Referenzgrösse ist immer der Zins einer sicheren, praktisch risikolosen Staatsanleihe. Wenn er zum Beispiel bei 1 Prozent liegt und ein Obligationenherausgeber 4 Prozent bietet, stellt die Differenz von 3 Prozentpunkten den Risikoaufschlag dar.

In wirtschaftlich guten Zeiten verkleinern sich die Risikoaufschläge. Wenn aber Wirtschaft und Finanzmärkte in Turbulenzen geraten, nehmen die Zinsunterschiede zwischen risikolosen und weniger sicheren Obligationen zu.

Tipp: Lassen Sie sich in wirtschaftlich guten Zeiten nicht einlullen. Wer in einer solchen Phase Obligationen von weniger sicheren Schuldnern kauft, erhält oft nur eine ungenügende Entschädigung für das eingegangene Risiko.

Je mehr Zins lockt, desto höher ist das Risiko

Ein überdurchschnittlicher Zins sollte für Anleger ein Warnzeichen sein. Das Risiko von Zahlungsausfällen ist nicht zu unterschätzen!

Argentinien zum Beispiel meldete 2002 Zahlungsunfähigkeit an. Das Land machte anschliessend eine Umtauschofferte für die ausstehenden Obligationen. Die meisten Obligationäre nahmen das Angebot an, was für sie einen Verlust von 60 Prozent nach sich zog. Einige Investoren schlugen die Offerte aus. Im Februar 2016 wurden ihre offenen Forderungen immerhin in der Höhe von 75 Prozent getilgt.

Jedoch sollten sich Anleger von einer hohen Kreditwürdigkeit und vergleichsweise tiefen Zinsen nicht zu sehr in Sicherheit wiegen.

Denn die Bonität ist immer nur eine Momentaufnahme. Ein Staat oder ein Unternehmen kann unerwartet in wirtschaftliche Schwierigkeiten und damit in Zahlungsnöte geraten – und dann ist die hohe Kreditwürdigkeit schnell dahin.

■ **Laufzeit**

Die Laufzeiten von Obligationen sind – wie bei allen Darlehen – meistens befristet. Grundsätzlich gilt: Je länger Geld ausgeliehen wird, desto unsicherer ist, ob der Emittent alle Jahreszinsen zahlen und die ganze Schuld am Schluss tilgen kann.

Deshalb sind Zinsen bei langfristigen Obligationen meist höher als bei kurzfristigen. Langfristige Obligationen bringen aber stärkere Kursverluste, wenn die Zinsen steigen.

Fachleute unterscheiden zwischen kurz-, mittel- und langfristigen Obligationen:

- Die kurzfristigen Obligationen haben in der Regel eine Laufzeit zwischen 1 und 3 Jahren.
- Anleihen mit einer Laufzeit von 3 bis 7 Jahren sind mittelfristige Obligationen.
- Danach wird von Langläufern gesprochen. Eine Laufzeit von 10 Jahren ist weit verbreitet, es gibt sogar 30-jährige Obligationen.

Nicht alle Fachleute wenden allerdings die gleiche Abgrenzung an. Für Laufzeiten ab drei Jahren wird gelegentlich der Sammelbegriff «langfristige Obligationen» verwendet. Alles unter einem Jahr wird meist als Geldmarktpapier bezeichnet (siehe Kapitel 2).

■ **Allgemeines Zinsniveau**

Obligationen stehen in Konkurrenz zu anderen Anlagen, zum Beispiel zu Sparkonten und Kassenobligationen. Wenn das allgemeine Zinsniveau tief ist, können es sich die Emittenten leisten, ihre neu aufgelegten Obligationen mit einem tiefen Zins auszustatten.

Anders bei hohem Zinsniveau: Dann müssen auch die Herausgeber neuer Obligationen eine hohe Verzinsung bieten.

Vergleicht man verschiedene Länder und Wirtschaftsräume, sieht man sofort, dass ihre Zinsen unterschiedlich hoch sind. Die Schweiz hat traditionell eines der weltweit tiefsten Zinsniveaus. Dies hängt eng damit zusammen, dass die Schweiz seit langem eine der weltweit tiefsten Inflationsraten hat. Zudem pflegt sie eine solide Finanzpolitik mit einer im internationalen Vergleich eher kleinen Staatsverschuldung.

Folge: Wer sein Geld in Franken anlegt, geht ein relativ tiefes Risiko ein. Entsprechend tiefer sind auch die Zinsen auf Bankkonten und Obligationen. Oft zieht es Schweizer Investoren deshalb zu ausländischen Obligationen, die in einer Währung mit höheren Zinsen ausgegeben werden. Dabei ist der Investor jedoch dem Währungsrisiko ausgesetzt.

Ob Euro, Dollar, Pfund oder sogar Währungen von Schwellen-

Fortsetzung auf Seite 74

Schweizer Pfandbriefe: Geldanlage fast ohne Risiko

Der Pfandbrief ist ein festverzinsliches, obligationenähnliches Wertpapier. Es dient den Banken zur Refinanzierung des Hypothekargeschäfts. Schweizer Pfandbriefe sind jederzeit durch real existierende Grund- oder Faustpfandforderungen gedeckt. Sie gelten als mündelsicher, das heisst, ein Beistand darf das Geld seines Mündels in solche Papiere anlegen. Zudem ist in der Schweiz die Ausgabe von Pfandbriefen stark eingeschränkt.

Nur zwei Institute sind zur Ausgabe berechtigt: die Pfandbriefzentrale der schweizerischen Kantonalbanken und die Pfandbriefbank schweizerischer Hypothekarinstitute. Pfandbriefe sind sicher. Alle Titel haben die beste Bonitätsnote AAA/Aaa.

Die schweizerischen Hypothekenobligationen sind gesetzlich besser reglementiert und abgesichert als die Pfandbriefe in den meisten anderen Ländern, z. B. den USA. Schweizer Pfandbriefe rentieren leicht besser als Bundesobligationen. Im Vergleich zu anderen Anleihen liegt der Zins aber als Folge der hohen Sicherheit tiefer. Die Laufzeiten liegen zwischen einem Jahr und mehreren Jahrzehnten. Die Stückelung beträgt 5000 Franken.

Wer Pfandbriefe kaufen will, hat im Prinzip zwei Möglichkeiten: Beteiligung an einer Neuemission oder Kauf an der Börse.

- **Kauf bei einer Neuemission:** Die Pfandbriefbank emittiert normalerweise einmal pro Monat. Die Pfandbriefzentrale veröffentlicht einen Kalender der geplanten Emissionszeitpunkte für das ganze Jahr. Bei der Emission gelten Einheitspreise – jeder Anleger zahlt denselben Preis. Die Beteiligung an einer Neuemission hat zwei Vorteile: Der Anleger spart die Stempelsteuer auf dem Kaufbetrag. Und es gibt keine Spanne zwischen dem Kauf- und Verkaufskurs wie beim Börsenhandel. Nachteile: Die Konditionen der geplanten Emission – Coupon, Laufzeit usw. – sind ähnlich wie bei den Bundesobligationen nur sehr kurzfristig verfügbar. Zudem erhält der Kunde nicht in jedem Fall die gewünschte Zuteilung. Ist der Pfandbrief sehr begehrt, geht der Interessent vielleicht sogar leer aus.
- **Kauf über die Börse:** Das läuft ungefähr gleich ab wie bei Obligationen (siehe Seite 91). Der Vorteil liegt darin, dass der Anleger in Ruhe den passenden Pfandbrief auswählen kann, vor allem was die Laufzeit betrifft. Dafür fällt die Stempelgebühr von zurzeit 0,075 Prozent an. Zudem liegt der Kaufkurs (der sogenannte Briefkurs) höher als der Verkaufskurs (Geldkurs). Der Unterschied kann weniger als 0,1 Prozent ausmachen, in Einzelfällen auch mehr als 1 Prozent.

So oder so zahlt der Kunde eine Courtage – die Gebühr für die Abwicklung des Auftrags. Sie variiert nicht nur von Bank zu Bank, sondern hängt auch von der Auftragssumme ab. Die Valiant-Bank z. B. macht einen Unterschied, ob es sich um eine Neuemission oder um einen Börsenkauf handelt. Beim Kauf via E-Banking verlangt sie für 20 000 Franken eine Courtage von 0,56 Prozent. Bei kleineren Beträgen beträgt die Minimalcourtage 70 Franken.

Für die Verwahrung des Pfandbriefs im Wertschriftendepot zahlen Valiant-Kunden mit dem Vertrag «Execution Only» 0,3 Prozent pro Jahr oder mindestens 100 Franken (Stand Februar 2024). Infos über Pfandbriefe: www.pfandbriefzentrale.ch und www.pfandbriefbank.ch. Dort finden Sie auch die Auflistung der laufenden Anleihen mit Zinssatz, Laufzeit und Börsenkurs. Ergänzend dazu: www.six-group.com →Menu →Marktdaten → Anleihen →Anleihen-Explorer.

«Eidgenossen»: Sichere Anlage in unsicheren Zeiten

Ein beliebtes Anlageinstrument sind Bundesobligationen – oder «Eidgenossen», wie sie oft genannt werden.

Ihre Laufzeiten liegen zwischen 1 und 50 Jahren. In den vergangenen zwei Jahrzehnten legte die Eidgenossenschaft mehrheitlich 8- bis 15-jährige Anleihen auf. Der Zins ist jeweils über die ganze Laufzeit fix.

Bundesobligationen sind an der Börse kotiert, es findet ein täglicher Handel statt. Bei Ablauf der Obligation zahlt die Eidgenossenschaft die geschuldete Summe vollumfänglich zurück.

Der «Drang» zum sicheren Hafen. Der Zins ist vergleichsweise tief, weil Schweizer Bundesobligationen eine sehr sichere Anlage sind. Ein Verlust kann praktisch ausgeschlossen werden, da der Staat – sprich: der Steuerzahler – für die Obligationen geradesteht. Es ist in der über 150-jährigen Geschichte der Bundesobligationen noch nie zu Zahlungsausfällen gekommen.

Gerade in Zeiten grosser Unsicherheit an den Finanzmärkten stürzen sich viele Anleger in den sicheren Hafen der Eidgenossen. Das Resultat: Die Rendite ist im Vergleich zu anderen Obligationen noch tiefer.

Die Eidgenössische Finanzverwaltung veröffentlicht den Emissionskalender für Bundesoblis unter www.efv.admin.ch → Themen → Mittelbeschaffung).

Die Emission findet in Form einer Auktion statt. Daran dürfen nur qualifizierte Bieter teilnehmen, vor allem Banken und Effektenhändler. Private Anleger können sich nur indirekt über ihre Bank an der Auktion beteiligen. Allerdings gibt die Finanzverwaltung erst einen Tag vor der Auktion bekannt, welche Anleihe sie auflegt.

Da alle Bundesobligationen an der Börse kotiert sind und ein intensiver Handel stattfindet, ist es für Anleger praktischer, sie wie andere Wertpapiere an der Börse zu erwerben. Dafür erheben die Banken eine Courtage (Handelsgebühr).

Es ist zwar nicht auszuschliessen, dass diese Courtage je nach Tarifstruktur höher ausfällt als bei einer indirekten Teilnahme an der Auktion über die Bank. Doch dafür können die Anleger bequem eine für sie passende Laufzeit auswählen. Im Februar 2024 etwa standen 23 börsenkotierte Bundesoblis verschiedenster Laufzeiten zur Wahl. Der Nennwert beträgt 1000 Franken oder ein Vielfaches davon.

Über den aktuell zu erwartenden Gesamtertrag einer bestimmten Anleihe gibt die Rückzahlungsrendite Auskunft (siehe Seite 86). Anleger können sie auf der Website der Schweizer Börse nachschauen (www.six-group.com → Menu → Marktdaten → Anleihen → Anleihen-Explorer → nach «Schweizerische Eidgenossenschaft» suchen).

Fortsetzung von Seite 72

ländern – sie verlieren langfristig gegenüber dem Schweizer Franken oft an Wert. Dies ist vor allem auf die höhere Inflation in diesen Währungsräumen zurückzuführen. Für Schweizer Anleger machen die Währungsverluste den Vorteil der höheren Zinsen oft zunichte (siehe auch Kasten auf Seite 89).

Wie negativ sich das Währungsrisiko auswirken kann, erfuhren diejenigen Käuferinnen und Käufer, die 2012 festverzinsliche Papiere in australischen Dollars (AUD) kauften.

Der Reinfall mit dem australischen Dollar

Die Coupons von 4,5 bis 5 Prozent waren attraktiv. Damals kostete der australische Dollar rund 1 Franken. Inzwischen ist der Kurs auf 57 Rappen gesunken. Wer jetzt die Nerven verliert und die Obligation vorzeitig verkauft, macht einen Währungsverlust von über 40 Prozent.

Dies zeigt: Auch Währungen von wirtschaftlich starken Ländern schwanken gegenüber dem Franken massiv. Zudem verlieren sie mit der Zeit kontinuierlich an Wert. Wie Australien ist auch Norwegen ein rohstoffreiches Land. Anfang 2013 genügten 6 norwegische Kronen, um 1 Franken zu kaufen. Im Sommer 2023 brauchte es rund 12 Kronen – das ist ein Wertverlust von etwa 50 Prozent.

Was Anleger über Ratings wissen müssen

Die grossen Ratingagenturen Standard & Poor's, Moody's und Fitch stehen in der Kritik. Massive Fehleinschätzungen und Korruption dieser mächtigen Notengeber gelten als eine der Ursachen der Finanzmarktkrise von 2008. Ihnen wird vor allem vorgeworfen, dass sie die Risiken gewisser Kreditprodukte unterschätzt und zu spät mit Neubewertungen reagiert hatten.

So wurde die US-Investmentbank Lehman Brothers noch am 12. September 2008 mit einer A-Note beurteilt. Drei Tage später war die Bank zahlungsunfähig. Im

TIPP

Ratings können die eigene Recherche nicht ersetzen

Nicht nur die grossen und bekannten Ratingagenturen Standard & Poor's, Moody's und Fitch erstellen Ratings. Auch Banken wie die Zürcher Kantonalbank (ZKB) bewerten die Kreditwürdigkeit von Obligationenherausgebern (siehe Tabelle auf der nächsten Seite). Anleger sollten möglichst auch diese Ratings in ihre Entscheide einbeziehen – wobei auch bei diesen Vorsicht angebracht ist.

Die ZKB veröffentlicht jedes Jahr ihren «Swiss Rating Guide, Inlandschuldner auf dem Schweizer Kapitalmarkt» mit einer Bonitätseinstufung von rund 180 Schweizer Banken, Firmen und Kantonen. Auch solche bankeigenen Ratings sind mit Vorsicht zu geniessen: Problematisch ist es, wenn zum Beispiel die Bank mit dem zu bewertenden Emittenten enge Geschäftsbeziehungen unterhält. Und besonders heikel wird es, wenn Banken andere Banken benoten müssen.

Daher sollte nebst dem Einbezug von Ratings immer eine Eigenrecherche erfolgen. Wer eine Obligation kaufen will oder im Depot hält, sollte sich mit der Lektüre von Zeitungen und Zeitschriften über den Schuldner auf dem Laufenden halten. Auch im Internet finden sich viele Informationen dazu.

Grundsätzlich gilt aber: Jede Recherche auf eigene Faust benötigt Zeit, Interesse und Fachwissen. Und selbst die aktuellsten und vertrauenswürdigsten Informationen können Anleger nicht immer vor Verlusten bewahren. Das beste Mittel zur Risikominimierung ist immer noch die Diversifikation: die Verteilung der Anlagesumme auf viele Einzeltitel.

Fokus stand hier vor allem die fragwürdige Verpackung von teilweise faulen Hypotheken in scheinbar attraktiven Wertpapieren. Hier hätten die Ratingagenturen komplett versagt, sagen Kritiker, weil sie auch denjenigen verschachtelten Finanzprodukten sehr gute Noten gaben, die im Grunde auf faulen Hypotheken beruhten.

Ratingagenturen werden in der Regel von den Unternehmen bezahlt, die sie bewerten. Zudem agieren sie oft als Berater der bewerteten Firmen. Und Banken, die Ratings vergeben, tätigen nicht selten lukrative Geschäfte mit den beurteilten Unternehmen.

Die Vermischung von Bezahlung, Beratung und Prüfung der Kreditwürdigkeit ihrer Kunden ist denn auch der grösste Interessenkonflikt, dem Ratingherausgeber ausgesetzt sind.

Ein scharfer Kritiker der Ratingagenturen war der bekannte

So lesen Sie die Noten der Ratingagenturen

Die grossen und bekannten Ratingagenturen Moody's, Standard & Poor's (S&P) und Fitch ermitteln für Investoren laufend die Kreditwürdigkeit von Herausgebern von Obligationen. Diesen Emittenten verteilen sie entsprechende Noten, sogenannte Ratings. Auch einzelne Banken bewerten die Bonität von Unternehmen. So gibt zum Beispiel die Zürcher Kantonalbank (ZKB) Ratings für etliche Schweizer Firmen ab, die von den grossen internationalen Agenturen nicht verfolgt werden.

Die Ratings sind in einen Buchstabencode verpackt. S&P und Fitch haben identische Einteilungen. Moody's weicht davon leicht ab.

Risikokategorie	S&P	Emittenten (Beispiel
Höchste Qualität, zuverlässige Schuldner	AAA	Microsoft
Gute Schuldner, aber längerfristig schwerer einzuschätzen	AA+	Apple
	AA	Belgien
	AA–	Novartis
Entwicklung der Konjunktur und Branche ist zu beachten	A+	Nestlé
	A	UBS
	A–	Polen
Mittlere Güte, mangelnder Schutz bei Auftreten von Schwierigkeiten	BBB+	Volkswagen (VW)
	BBB	Peru
	BBB–	Clariant
Sehr abhängig von Konjunkturlage und Branche	BB+	Freeport-McMoRan
	BB	Thyssen Krupp
	BB–	United Airlines
Hochspekulativ, grosses Ausfallrisiko bei Verschlechterung der Lage	B+	Albanien
	B	Togo
	B–	El Salvador
Geringste Bonität, zum Teil Zahlungsstörungen	CCC+ bis C	Argentinien
Zahlungsverzug oder Bankrott	D	Libanon

Schweizer Wirtschaftsprofessor Walter Wittmann: «Je mehr ein Unternehmen zahlt, desto besser fällt das Rating aus.»

Seit 2013 gelten in der EU diesbezüglich etwas strengere Regeln. Anleger haben die Möglichkeit erhalten, Ratingagenturen wie Standard & Poor's und Moody's für schwere Fehler bei Bewertungen haftbar zu machen. Sie können vor Gericht auf Schadenersatz für Verluste als Folge von absichtlichen oder grobfahrlässigen Fehlbeurteilungen klagen. Das problematische Bezahlmodell besteht aber weiter.

Es gibt auch Ratingfirmen, die sich nicht von den bewerteten Unternehmen bezahlen lassen – wie beispielsweise die in Zürich ansässige Independent Credit View. Sie finanziert sich über die Anlegerinnen und Anleger, die bereit sind, für diese Dienstleistung zu bezahlen. Doch dazu sind nur

Die ZKB hält sich an die Abstufung von S&P bzw. Fitch.

Für Schuldner ist es wichtig, ein gutes Rating zu erhalten. Denn im Grundsatz gilt klar: Je besser ihr Buchstaben-Rating ausfällt, umso weniger Zins müssen Schuldner den Gläubigern zahlen.

Die Übersicht zeigt die Notenskalen der drei grossen Ratingagenturen und eine Reihe von Beispielen für die aktuellen Einstufungen von Firmen und Ländern (Stand Februar 2024). In der Spalte «Emittenten» sehen Sie also, wie die betreffende Agentur einzelne Firmen bzw. Länder einteilt.

Moody's	Emittenten (Beispiele)	Fitch	Emittenten (Beispiele)
Aaa	Schweiz	AAA	Kanton Zürich
Aa1	St. Galler Kantonalbank	AA+	USA
Aa2	Roche	AA	Vereinigte Arabische Emirate
Aa3	Siemens	AA–	Amazon
A1	Meta Platforms (Facebook)	A+	Saudi Aramco
A2	BMW	A	Rio Tinto
A3	Schneider Electric	A–	Swiss Life
Baa1	Glencore	BBB+	Anglo American
Baa2	Boeing	BBB	Holcim
Baa3	Lufthansa	BBB–	Anglogold Ashanti
Ba1	Renault	BB+	Kolumbien
Ba2	Brasilien	BB	Georgien
Ba3	Senegal	BB–	Südafrika
B1	Costa Rica	B+	Jamaika
B2	Kambodscha	B	Mongolei
B3	Türkei	B–	Angola
Caa1 bis Ca	Ukraine	CCC+ bis C	Tunesien
C	Venezuela	D	Sambia
			Stand: Februar 2024

QUELLEN: S&P, MOODY'S, FITCH

finanzkräftige Investoren wie Pensionskassen in der Lage. Privatanleger haben keinen Zugriff auf die im Vergleich zu den grossen Agenturen oft viel kritischeren Einschätzungen.

Die Benotungen der Agenturen sind oft nicht sehr aktuell

Grundsätzlich fussen Ratings auf Analysen von Geschäftsberichten und auf Gesprächen mit Unternehmensvertretern. Sie berücksichtigen auch die allgemeine Verfassung der jeweiligen Branche. Doch Ratings sind oft nicht aktuell. Sie hinken zum Teil hinter der Entwicklung der finanziellen Situation her – sowohl bei Staaten als auch bei Firmen. Im Klartext: Es kann passieren, dass die Ratings zu spät an die verschlechterte Kreditwürdigkeit angepasst werden.

Interessenten können die Bewertungen der grossen Ratingagenturen nach einer Registrie-

Die Wahrscheinlichkeit von Zahlungsausfällen

Die Bewertungen der Ratingagenturen (von AAA bis D) geben Auskunft über die Kreditwürdigkeit der Herausgeber von Obligationen. Aber was genau bedeuten die einzelnen Noten aus der Sicht eines Anlegers, der sein Geld in eine Obligation steckt? Wie hoch ist die Wahrscheinlichkeit, dass der Herausgeber der Obligation seinen Verpflichtungen nicht nachkommt? Die Ratingagentur Standard & Poor's führt darüber eine Statistik. Sie zeigt die Ausfallraten im langjährigen Durchschnitt (siehe unten).

Zwei Lesebeispiele:

- Die Wahrscheinlichkeit, dass ein mit AAA bewerteter Schuldner innerhalb von zwei Jahren seine Zahlungspflicht nicht erfüllt, ist null. Auf 5 oder 10 Jahre hinaus kann es zwar zu Ausfällen kommen, doch die Wahrscheinlichkeit ist mit 0,3 bzw. 0,7 Prozent immer noch sehr gering.
- Bei einem B-Schuldner ist die Ausfallwahrscheinlichkeit bei einem Zeithorizont von 10 Jahren mit 22,7 Prozent hingegen schon recht hoch.

Die Zahlen basieren auf einem Durchschnitt von mehr als 40 Jahren. In Zeiten von Finanz- und Wirtschaftskrisen steigen die Werte an, bei guter Konjunktur sinken sie unter den langjährigen Durchschnitt. Die Zahlen sind nicht als sichere Prognose, sondern als gute Anhaltspunkte zu verstehen.

	Ausfallwahrscheinlichkeit nach x Jahren				
Rating	**1 Jahr**	**2 Jahre**	**5 Jahre**	**10 Jahre**	**15 Jahre**
AAA	0	0	0,3	0,7	0,9
AA	0	0,1	0,3	0,7	0,9
A	0,1	0,1	0,4	1,1	1,7
BBB	0,1	0,4	1,4	3,0	4,2
BB	0,6	1,8	6,0	10,9	13,7
B	3,1	7,2	16,1	22,7	26,0
CCC/C	25,7	35,4	45,6	49,7	51,6

Angaben in Prozent

QUELLEN: STANDARD & POOR'S, DURCHSCHNITT DER JAHRE 1981 BIS 2022

rung auf deren Websites kostenlos abrufen:

- www.standardandpoors.com
- www.moodys.com
- www.fitchratings.com

Dieselben Noten sind meist auch auf den Websites der Emittenten selber zu finden. Die Einstufungen stehen zudem in den Emissionsprospekten der Obligationen.

Tipp: Bonitätseinstufungen können sich ändern, erkundigen Sie sich jeweils nach dem aktuellsten Stand.

STICHWORT

Investment-Grade

Die Finanzbranche teilt die Obligationen in zwei Hauptgruppen ein:

- Die eine Gruppe umfasst Obligationen von sehr guten Schuldnern bis hinunter zu einer mittelmässigen Kreditwürdigkeit. Für sie verwendet man den Begriff Investment-Grade.

  Zu dieser Gruppe gehören die Ratings AAA bis BBB – in der Skala von Standard & Poor's und Fitch. Bei Moody's erstreckt sie sich von Aaa bis Baa3.
- Anleihen mit einer schlechteren Bewertung werden mit Begriffen wie spekulativ, Sub-Investmentgrade und Junk-Bonds (Schrottanleihen) betitelt. Das noch beste Rating dieser Gruppe lautet BB+ bei Standard & Poor's und Fitch, bei Moody's Ba1.

Nicht alle Beteiligten handhaben diese Trennlinie gleich. Die Zürcher Kantonalbank (ZKB) geht strenger vor. Sie macht den Schnitt schon unter der Bewertung A–: Alle Ratings, die mit B anfangen, sind für die ZKB schon nicht mehr Investment-Grade.

Einige Grossanleger wie Versicherungen dürfen nur Investment-Grade-Anleihen kaufen.

Ausgabepreis muss nicht dem Nennwert entsprechen

Um die Entschädigung für Anleger zu steuern, kann der Emittent mit dem Ausgabepreis spielen.

Ein Beispiel: Das Unternehmen A gibt eine 5-jährige Obligation mit einem Nennwert von 30 000 Franken und einem jährlichen Coupon von 2 Prozent auf den Markt. Obligationär B zahlt dem Unternehmen A 30 000 Franken und erhält dafür 5 Jahre lang jedes Jahr eine Zinszahlung von 600 Franken (2 Prozent von 30 000 Franken Nennwert). Am Ende der Laufzeit zahlt ihm die Firma A den Nennwert von 30 000 Franken zurück.

Gesamthaft hat Obligationär B vom Unternehmen A eine Entschädigung von 3000 Franken erhalten (5 × 600 Franken).

Anders das Unternehmen B: Es gibt ebenfalls eine 5-jährige Obligation mit einem Nennwert von 30 000 Franken und einem Coupon von 2 Prozent heraus. Aber es ist als Schuldner etwas weniger attraktiv als Emittent A. Um für seine Obligation dennoch Käufer zu finden, bietet Emittent B sein Papier unter dem Nennwert an, beispielsweise zu einem Ausgabepreis von 98,5 Prozent, also 1,5 Prozent unter dem Nennwert.

Obligationär C zahlt dem Emittenten B bei der Emission also 29 550 Franken und erhält 5 Jahre lang jedes Jahr eine Zinszahlung von 600 Franken (2 Prozent von 30 000 Franken Nennwert). Am Ende der Laufzeit wird Obligationär C der Nennwert von 30 000 Franken zurückgezahlt. Die gesamte Entschädigung von Obligationär C ist damit höher und beträgt 3450 Franken (5 × 600 Franken plus 450 Franken).

Meist weichen die Ausgabepreise nur wenig vom Nennwert ab. Stockt ein Herausgeber eine bereits laufende Anleihe auf, kann es hingegen zu grossen Abweichungen kommen. Das ist oft bei Bundesobligationen der Fall.

So schwankt der aktuelle Kurs von Obligationen

Anleihen sind Wertpapiere, die oft anlässlich der Emission gekauft und bis Verfall gehalten werden. Dann gilt der Grundsatz: Hält man Obligationen vom Anfang bis zum Schluss, kann man Kursausschläge als Folge von steigenden oder fallenden Marktzinsen ignorieren.

Laufende Obligationen werden aber auch auf dem Markt gehandelt. Man kann sie auch nach der Herausgabe kaufen und/oder vor Verfall verkaufen. Ein Käufer, der seit der Emission dabei ist, muss also das Papier nicht zwangsläufig bis zum Ende der Laufzeit halten. Und wer die Emission verpasst hat, kann auch später noch zugreifen.

Wird die Obligation über eine Börse gehandelt, kommt durch Angebot und Nachfrage ein Handelskurs zustande. Der Kurs schwankt ständig: Er kann stark über den Nennwert steigen, aber auch massiv darunter fallen. An der Schweizer Börse umfasst der Handel mit Anleihen rund 3000 Titel.

Genau genommen gibt es beim Obligationenhandel – wie beim Geldwechsel am Bankschalter – immer zwei Kurse: Der Käufer zahlt den etwas höheren Briefkurs, der Verkäufer erhält den tieferen Geldkurs. Die Differenz bzw. diese Handelsspanne nennt man in der Fachsprache Spread. Der Einfachheit halber ist meist nur von Kurs die Rede. Er steht für den Mittelkurs.

Die Bonität beeinflusst auch den aktuellen Kurs

Bei Obligationen, die aus Anlegersicht sehr attraktiv sind, kann es durchaus sein, dass der Kurs schon bald nach der Emission um einige Prozente ansteigt.

Während der ganzen Laufzeit kann es wie erwähnt auch zu Kurseinbrüchen kommen – falls ein Unternehmen einen gravierenden geschäftlichen Rückschlag erleidet und sich damit die Wahrscheinlichkeit eines Zahlungsausfalls erhöht.

Viele Anleger, die eine Anleihe dieser Firma besitzen, möchten sie nun loswerden. Aber kaum jemand will sie zum bisherigen, vergleichsweise hohen Kurs kaufen. Das Angebot steigt, die Nachfrage sinkt – und in der Folge verliert die Obligation an Wert.

Nachdem der Kurs zum Beispiel von 100 auf 97 Prozent gefallen ist, können neue Käufer nebst den Zinsen auf einen Kapitalgewinn von 3 Prozent hoffen. Und wenn das Unternehmen seine Zahlungsfähigkeit bis zur Fälligkeit der Obligation aufrechterhalten kann, wird die Hoffnung Tatsache.

Meyer Burger: Wie ein Börsenliebling abstürzte

Wie stark die Obligationenkurse schwanken können, zeigt das Beispiel der Thuner Solartechnikherstellerin Meyer Burger. Sie war lange Zeit ein Börsenliebling. Im Mai 2012 legte sie eine Obligation mit 5 Prozent Zins und einer Laufzeit von fünf Jahren auf.

Diese 5 Prozent stellten einen Aufschlag gegenüber sicheren Bundesobligationen um mehr als 4 Prozentpunkte dar – es handelte sich also um eine hohe Risikoprämie. Die Zürcher Kantonalbank bewertete die Firma damals mit BB, was ein spekulatives Investment bedeutet.

Innert weniger Tage nach der Emission kletterte der Kurs auf 102,6 Prozent. Im August desselben Jahres erreichte er mit über 104 Prozent einen Höhepunkt. Doch dann zeigte sich immer deutlicher, dass Meyer Burger mit grossen Problemen zu kämpfen hat. Die «Neue Zürcher Zeitung» titelte: «Von Euphorie zu Misere.» Der Kurs der Obligation sackte regelrecht ab – bis unter 88 Prozent im November 2012.

In den Folgemonaten erholte sich der Obligationenkurs zwar.

FRAGE

Muss ich bei Kursschwankungen etwas machen?

«Die periodischen Depotauszüge meiner Bank zeigen: Der Wert meiner Obligationen steigt und fällt ständig. Muss ich mir darüber Sorgen machen?»

Nein, sofern es sich um Obligationen von zuverlässigen Schuldnern handelt. Der aktuelle Kurs kann noch so stark schwanken: Sie erhalten die versprochenen Zinsen und bei Verfall den Nennwert zurück, sofern der Schuldner nicht in Zahlungsschwierigkeiten gerät. Wenn Sie eine qualitativ sehr gute Anleihe bis zum Schluss halten, können Sie die Kursschwankungen während der Laufzeit ignorieren.

Wenn die allgemeinen Zinsen nach der Herausgabe einer Obligation allerdings steigen, bleibt der Besitzer von Obligationen, die in einer Tiefzinsphase herausgegeben wurden, auf seinem schlechten Zinscoupon sitzen. Er verpasst die höheren Zinseinnahmen der jüngeren Obligationen. Umgekehrt: Sinken die Zinsen nach der Emission einer Anleihe, können sich ihre Besitzer über den vergleichsweise hohen Zinscoupon freuen.

Tipp: Bevorzugen Sie in Zeiten extrem tiefer Zinsen kurze und mittlere Laufzeiten. Oder parkieren Sie Ihr Geld auf dem Sparkonto, weil dort wenig oder keine Spesen anfallen. Umgekehrt gilt: Wenn die Zinsen auf ein Niveau weit über dem historischen Durchschnitt gestiegen sind, lohnt es sich, eher auf lange Laufzeiten zu setzen.

Es gibt auch Obligationenfonds speziell für kurze bzw. mittlere oder lange Laufzeiten.

Meyer Burger hatte die Probleme jedoch noch nicht überwunden. Die Zürcher Kantonalbank passte ihr Rating in Schritten nach unten an, zuerst auf BB–, dann auf B (hochspekulative Anlage).

Mitte August 2013 traute die NZZ der Situation noch immer nicht und titelte: «Meyer Burger – das System Hoffnung.» Zur gleichen Zeit redeten die Finanzanalysten der Firma Macquarie Meyer Burger rosige Aussichten herbei.

Das Beispiel zeigt: Auch Finanzprofis können Unternehmen – oder Staaten – und vor allem deren Entwicklung – nicht zuverlässig einschätzen. Zudem: Eine einzelne Obligation stellt immer ein höheres Risiko dar als ein Mix von Titeln. Dies gilt besonders bei mittlerer und tiefer Schuldnerqualität. Einzeltitel mit einer verminderten Bonität eignen sich nicht für sicherheitsorientierte Anleger. Wer die Meyer-Burger-Anleihe im Herbst 2012 verkaufte, fuhr trotz relativ hohem Zins einen Verlust ein – im ungünstigsten Fall über 10 Prozent.

Obligationäre, die bis zum Ende der Laufzeit im Mai 2017 warteten, erhielten ihr Geld zurück. Gesund war das Unternehmen jedoch weiterhin nicht. Im Juli 2021 wurde eine Wandelanleihe mit einem Zins von 3,5 Prozent und einer Laufzeit von sechs Jahren herausgegeben. Bereits im November kam es jedoch aufgrund einer Kapitalerhöhung zu einer Reduktion des Wandlungspreises.

Die NZZ bezeichnete Meyer Burger Anfang 2024 aufgrund überraschend hoher Verluste als «Höchstrisiko-Investment». Zwischen Juni 2023 und März 2024 gab der Aktienkurs um rund 90 Prozent nach. Anleger, die im März 2024 ihre Wandelanleihe verkauften, hatten die Hälfte ihrer Investition verloren. Eine Insolvenz von Meyer Burger war zu diesem Zeitpunkt nicht ausgeschlossen.

Zinslandschaft ist für den Obli-Markt entscheidend

Für alle Anleihen – egal ob von hoher Qualität oder von eher unsicheren Schuldnern – gilt generell: Sie machen die Bewegungen des allgemeinen Zinsniveaus mit. Wenn es sinkt, können die Emittenten neue Obligationen mit tieferen Zinscoupons auflegen. Ein guter Schuldner zahlt dann künftig beispielsweise nicht mehr 2, sondern nur noch 1 Prozent Zins. Und ein Herausgeber mit schlechterer Bonität versieht eine neue Obligation vielleicht bloss noch mit einem Coupon von 4 statt mit 5 Prozent wie vorher.

Das Umgekehrte gilt, wenn die Zinsen allgemein nach oben gehen. Beispiel: Der Bund zahlte 1990 für seine neu herausgegebenen Obligationen mit 10-jähriger Laufzeit fast 7 Prozent Zins. Im September 2019 war ein Tiefpunkt erreicht: Der Bund zahlte für die gleichen Obligationen gar keinen Zins mehr.

Dies nicht etwa, weil seine Bonität viel besser geworden wäre. Der Bund galt schon 1990 als erstklassiger Schuldner. Doch nach 1990 kannte das allgemeine Zinsniveau in der Schweiz, in Deutschland, den USA und anderen Ländern fast nur eine Richtung: nach unten. Davon konnte auch der Bund profitieren.

Üppige Geldversorgung schickte Zinsen auf Talfahrt

Die Grafik auf Seite 56 führt die Talfahrt der Zinsen seit 1990 plastisch vor Augen. Sparkonten, Festgelder, Staatsanleihen – ihre Zinsen rutschten tiefer und tiefer ab. Auch Unternehmensobligationen machten diesen Trend mit. In den Jahren 2011 und 2012 erreichte das Zinsniveau so tiefe Werte, wie sie kaum jemand für möglich gehalten hatte. Der Grund: Die Notenbanken überschwemmten die

STICHWORT

Marchzins und Marchzinsfalle

Die meisten Obligationen zahlen regelmässig einen Zins – und zwar am jeweiligen Zinstermin. Verbreitet ist die jährliche Zinsausschüttung.

Wird eine Obligation zwischen zwei Zinsterminen verkauft bzw. gekauft, kommt der Marchzins ins Spiel: Das ist jener unterjährige Anteil am Jahreszins, der seit der Herausgabe der Obligation oder seit dem letzten Zinstermin aufgelaufen ist, aber noch nicht ausgeschüttet wurde. Dieser Marchzins gehört dem Obli-Verkäufer. Er hat also Anspruch auf Zins für genau jene Anzahl Tage, an denen er die Obligation gehalten hat.

Ein Beispiel: Eine Obligation hat den Zinstermin jeweils am 31. August. Der Besitzer verkauft sie am 1. März. Der Verkäufer erhält jetzt nicht nur den aktuellen Kurswert, sondern hat auch Anspruch auf den Marchzins, also auf die bis zum Verkaufstag aufgelaufenen Zinsen.

Die Abrechnung läuft so, dass die Bank dem Käufer und neuen Besitzer der Obligation den Marchzins in Rechnung stellt und dem Verkäufer gutschreibt (Beispiele im Kasten auf der nächsten Seite).

Der neue Besitzer wird beim nächsten Zinstermin zwar den vollen Coupon ausbezahlt erhalten. Da ihm aber die Hälfte davon (für das halbe vorangegangene Jahr) bereits beim Kauf belastet wurde, verbleibt ihm unter dem Strich nur der Zins für die Periode nach dem Kauf (1.3. bis 31.8.).

Das Dumme daran ist: Der neue Besitzer erhält zwar nur die Hälfte des Zinses, muss aber den ganzen Betrag versteuern! Er zahlt auch Steuern auf den Marchzins, den der Verkäufer kassiert hat. Denn er ist am Zinstag Besitzer der Obligation und muss den Jahreszins vollständig als Einkommen versteuern.

Wer also eine Anleihe mit einem attraktiven Coupon kurz vor dem Zinstermin kauft, tappt in die steuertechnische Marchzinsfalle – denn fast der ganze Zins für das vergangene Jahr geht an den Verkäufer.

Tipp: Vermeiden Sie möglichst, eine Obligation wenige Monate vor dem Zinstermin zu erwerben. Wenn Sie eine Obligation verkaufen möchten, kann es sich lohnen, dies kurz vor Fälligkeit des Zinscoupons zu tun.

Übrigens: Bei Dividenden von Aktien ist es anders. Diese stehen vollumfänglich demjenigen zu, der am Dividendenstichtag im Besitz der Aktie ist. Der Dividendenwert ist jeweils im Aktienkurs enthalten.

Märkte geradezu mit Geld. Mit der extrem üppigen Geldversorgung verhinderten sie einen Kollaps der Finanzmärkte. Zudem wollten die Notenbanken damit die Wirtschaft auf Touren bringen.

Ein Zinsrutsch wirkt sich auch unmittelbar auf die bereits herausgegebenen Anleihen aus. Denn der Handel sorgt dafür, dass alle Obligationen miteinander in Konkurrenz stehen. Dazu ein Beispiel: Ein Emittent legt eine vierjährige Obligation A mit einem Coupon von 4 Prozent auf. Nun sinken die Marktzinsen.

Derselbe Emittent gibt nun eine neue vierjährige Obligation B heraus. Dank den gesunkenen Zinsen ist nur noch ein Coupon von 3 Prozent nötig.

Das beeinflusst den Kurs der bereits laufenden Obligation A: Weil diese einen höheren Coupon zahlt als Obligation B, wird sie auf dem Markt stärker nachgefragt –

Kauf und Verkauf einer Obligation: Zwei Abrechnungsbeispiele

Die Tabelle zeigt, wie sich der aktuelle Kurs, der Verfallstermin, der Marchzins und der Verkaufszeitpunkt auf den Preis auswirken – jeweils aus der Sicht des Käufers und des Verkäufers. Bei der Bankgebühr (Courtage) handelt es sich um die Tarife der Credit Suisse. (Daten wurden am 22. Februar 2024 erhoben).

BEISPIEL 1

1,25 % Kanton Zürich 12-32
Valor 19954356
Verfall: 3.12.2032
Handelstag: 22.2.2024
Nächster Zinstermin: 3.12.2024
Nennwert: Fr. 5000.–

Abrechnung für den Käufer	in Fr.
Preis beim aktuellen Kaufkurs (Brief) von 100.75	5037.50
Marchzins (3.12.2023 bis 22.2.2024 = 82 Tage) 1,25 % von 5000 : 360 82	+14.23
Courtage für die Bank (0,85 %)	+42.93
Eidg. Umsatzabgabe (0,075 %)	+3.78
Total Kaufpreis	**5090.89**
Rendite auf Verfall für den Käufer	-1,27 %
Abrechnung für den Verkäufer	
Preis beim aktuellen Verkaufskurs (Geld) von 99.75	4987.50
Marchzins vom Käufer für 271 Tage	+14.23
Courtage für die Bank (0,85 %)	-42.93
Eidg. Umsatzabgabe (0,075 %)	-3.78
Total Erlös	**4955.02**

BEISPIEL 2

4 % Eidgenossenschaft 98-28
Valor 868037
Verfall: 8.4.2028
Handelstag: 22.2.2024
Nächster Zinstermin: 8.4.2024
Nennwert: Fr. 5000.–

Abrechnung für den Käufer	in Fr.
Preis beim aktuellen Kaufkurs (Brief) von 112.69	5634.50
Marchzins (8.4.2023 bis 22.2.2024 = 320 Tage) 4 % von 5000 : 360 × 320	+177.77
Courtage für die Bank (0,85 %)	+49.40
Eidg. Umsatzabgabe (0,075 %)	+4.36
Total Kaufpreis	**5866.04**
Rendite auf Verfall für den Käufer	-0,92 %
Abrechnung für den Verkäufer	
Preis beim aktuellen Verkaufskurs (Geld) von 112.32	5616.–
Marchzins vom Käufer für 146 Tage	+177.77
Courtage für die Bank (0,85 %)	-49.40
Eidg. Umsatzabgabe (0,075 %)	-4.36
Total Erlös	**5740.01**

folglich steigt ihr Kurs. Oder anders ausgedrückt: Um den vorteilhafteren Coupon der Obli A zu bekommen, sind Anleger nun bereit, für das Papier mehr zu zahlen. Der Preis steigt so lange, bis der Vorteil des höheren Coupons «verschwunden» ist – bis sich die effektive Rendite der Obligation A jener von B angeglichen hat.

Das Gegenteil geschieht bei einer Zinssteigerung: Ziehen die Marktzinsen und damit die Coupons neuer Anleihen an, will niemand mehr die Obligation A zu den bisherigen Konditionen kaufen. Der Kurswert der Obligation A sinkt.

Fachleute haben für die Gefahr, dass die Zinsen ansteigen und Kursverluste verursachen, einen Begriff geschaffen: Zinsänderungsrisiko.

Die auf den ersten Blick paradoxe Konsequenz lautet also: Fallende Zinsen führen bei ausstehenden Anleihen zu steigenden Kursen, und steigende Zinsen haben bei bereits laufenden Obligationen fallende Kurse zur Folge.

«Langläufer» reagieren am stärksten auf Zinsbewegungen

Ein Beispiel: Im April 2003 legte der Bund eine Obligation mit dreissig Jahren Laufzeit auf. Ihr Kürzel: 3.50 EIDG 03-33. Der Bund versah die Anleihe mit einem Zinscoupon von 3,5 Prozent.

Dann sank das allgemeine Zinsniveau. Als Folge davon kletterte der Kurs der Obligation immer höher und erreichte Mitte August 2019 den vorläufigen Maximalwert von fast 165 Prozent. Ein Anleger, der diese Bundesobligation bei ihrer Emission für 20 000 Franken erworben hatte, verzeichnete einen Buchgewinn von 13 000 Franken. Verkaufte der Investor sie in diesem Moment, «realisierte» er den Gewinn, wie es im Fachjargon heisst.

Dann begann der Kurs der Obligation zu fallen. Am 22. August 2019 stand er noch bei 161 Prozent. Ein Anleger, der sie mit 20 000 Franken zum Kurs von 165 Prozent gekauft hatte, verzeichnete in einer Woche einen Buchverlust von 800 Franken. Falls er nun aus Angst vor weiteren Verlusten verkaufte, «realisierte» er diesen Buchverlust.

Der Grund für diesen Kurszerfall: Im Verlauf des Jahres 2022 erhöhte Jerome Powell, der Chef der US-Notenbank Fed, den Leitzins schrittweise von 0,25 auf 4,5 Prozent. Damit verliess die US-Zentralbank den aufgrund der Coronakrise eingeschlagenen Weg der tiefen Leitzinsen.

Das führte bei den Obligationenkursen zu teilweise hohen Verlusten – nicht nur in den USA, sondern auch in der Schweiz und in vielen anderen Ländern. Die 30-jährige Obligation des Bundes erlitt in diesem Jahr einen Kursrückgang von rund 16 Prozent.

Sinkende Kurse: Wer verkauft, «realisiert» seine Buchverluste

Die Frage stellt sich: Wann sehen wir die Trendumkehr? Werden die

Fortsetzung auf Seite 87

STICHWORT

Die Rendite auf Verfall: Was bei Obligationen wirklich zählt

Darlehen gibt man gegen Zins, Obligationen haben deshalb einen Zinscoupon. Er gibt an, welchen Zins die Anleger während der Laufzeit am jeweiligen Zinstermin erhalten. Der Zinscoupon ist aber nicht das Gleiche wie die Rendite einer Obligation. Die Gesamtrendite einer Obligation setzt sich zusammen aus der Verzinsung und dem Kursgewinn oder Kursverlust.

Ein Beispiel: 1.05 NOV 15-35. Das Kürzel steht für eine Obligation, die der Basler Pharmakonzern Novartis 2015 aufgelegt hat – mit einem Zins von 1,05 Prozent pro Jahr und einer Laufzeit bis Mai 2035.

Wer sie früh kaufte, musste Kursverluste hinnehmen. Abgesehen vom nur tiefen jährlichen Zinscoupon gab es auch noch einen Wertverlust. Der Kurs der Obligation belief sich im März 2024 auf rund 96 Prozent. Somit lag die Gesamtrendite der Obligation deutlich unter dem Coupon.

Das ist kein Einzelfall. Wenn die Zinsen wie seit 2022 kräftig steigen, sinkt der Kurs bereits laufender Oblis. In vielen Fällen liegt er dann unter dem Nennwert. Doch das stellt in der Restlaufzeit einen Vorteil dar. Denn zurückbezahlt wird der Nennwert. Ein Kursgewinn ist damit sicher.

Bei der erwähnten Novartis-Obligation beläuft sich dieser Gewinn ab März 2024 bis zum Ende der Laufzeit im Jahr 2035 auf rund 4 Prozent. Somit wurde ein grosser Teil der Zinszahlungen kompensiert.

Aber wie gross ist der gesamte Gewinn? Welche Rendite inklusive Zinscoupons hat der Anleger, der eine Obligation von heute bis zum Verfall hält? Darüber gibt die Rückzahlungsrendite Auskunft. Sie heisst auch Verfallrendite, Effektivverzinsung oder Yield to Maturity (YTM). Bei der Novartis-Obligation belief sie sich Anfang 2024 auf 1,4 Prozent. Die Verfallrendite wird allerdings noch geschmälert durch die Gebühren fürs Wertschriftendepot und die Steuern.

Übrigens: Die Einkommenssteuer erfasst den tiefen Zins, aber nicht die höhere Rückzahlungsrendite. Im Fall der Novartis-Obligation musste der Anleger den Zins von 1,05 Prozent versteuern. Beläuft sich z. B. die Einkommenssteuer auf 25 Prozent und die Depotgebühr auf 0,2 Prozent, bleibt dem Anleger noch immer ein Nettoertrag von rund einem Prozent pro Jahr.

Der Kapitalgewinn ist für private Anleger steuerfrei. Mit anderen Worten: Man versteuert den tiefen Zinscoupon und erhält einen Teil der Zinseinnahmen durch den Kapitalgewinn.

Tipp: Wer Obligationen kaufen möchte, sollte die Rückzahlungsrendite genau anschauen. Und wer Obligationen mit einem Kurs weit über dem Nennwert im Depot hat, sollte sich einen Verkauf überlegen.

Das Gleiche gilt bei Obligationenfonds. Je höher die Verfallrendite ist, umso eher lohnt es sich, zu investieren. Bei einer tiefen Verfallrendite sollte man sich überlegen, das Geld vorläufig auf einem Bankkonto zu parkieren.

Es gibt auch den umgekehrten Fall: Liegt der Kurs einer Obligation weit über 100 Prozent, müssen Anleger bis zum Laufzeitende mit einem Kapitalverlust rechnen. Die Rückzahlungsrendite ist dann tiefer als der Zinscoupon. Zudem können Normalanleger den Kapitalverlust steuerlich nicht absetzen.

Infos zu Rückzahlungsrenditen gibts bei der Bank oder unter www.six-group.com → Marktdaten → Anleihen → Kurs.

Fortsetzung von Seite 85

Zinsen nun über Jahre hoch bleiben? So viel steht fest: Je höher die Inflation, umso mehr erhöhen die Notenbanken die Zinsen. Sie wollen die Wirtschaft damit abkühlen. Das hat Folgen für die Obligationen: Die Zinscoupons neuer Anleihen fallen hoch aus, die Kurse ausstehender Titel bleiben tief.

Eine weitere Abkühlung der Konjunktur und ein Rückgang der Inflation hätte gegenteilige Folgen: Die Zinsen könnten wieder fallen, verbunden mit Kursgewinnen ausstehender Obligationen, vor allem bei riskanteren Schuldnern.

Das Beispiel der dreissigjährigen Bundesobligation zeigt: Ausstehende «Langläufer» reagieren am stärksten auf Änderungen des Zinsniveaus. Umgekehrt sind «Kurzläufer» am wenigsten empfindlich. Für diese Zinsempfindlichkeit gibt es eine Kennzahl: die modifizierte Duration (siehe Kasten rechts).

Spezielle Obligationen für wagemutige Anleger

Die Welt der Obligationen ist sehr vielfältig. Es gibt neben den klassischen Staats- und Unternehmensanleihen sehr viele Spezialfälle, Unterarten und Spielformen. Anleger können sie allenfalls als kleine Ergänzung in Betracht ziehen. Die Wichtigsten sind im Folgenden aufgezählt:

- **Hochzinsobligationen**

Bei Anleihen von Emittenten mit schlechter Kreditwürdigkeit ist nie klar, ob und wann die Zinsen gezahlt werden. Und ob der Anleger den Nennwert am Ende der Laufzeit überhaupt zurückerhält.

Solche Emittenten kommen nur dann zu Geld, wenn sie einen sehr hohen Coupon zahlen. Im englischen Sprachgebrauch haben sich für diese Kategorie von Obligationen die Bezeichnungen «High Yield Bond» und «Junk-Bond» eingebürgert. «High Yield» gibt einen

STICHWORT

Duration

Die modifizierte Duration gibt als Kennzahl Antwort auf die Frage: Wie stark fällt der Kurs einer Obligation, wenn die Zinsen um 1 Prozent anziehen? Respektive: In welchem Ausmass steigt der Kurs, wenn die Zinsen um 1 Prozent nachgeben? Zwei Obligationen der Aargauischen Kantonalbank als Beispiele:

- 0.06 AKB 16-25: Sie hatte im März 2024 eine modifizierte Duration von 0,6.
- 1.60 AKB 12-37: Sie hatte zum gleichen Zeitpunkt eine modifizierte Duration von 10,9.

Die zwei Beispiele zeigen: Je länger die Restlaufzeit, umso stärker reagieren ausstehende Anleihen auf Veränderungen in der Zinslandschaft. Im ersten Fall bewegt eine 1-prozentige Zinsänderung den Kurs der Obligation um 0,6 Prozent, beim Langläufer im zweiten Fall hingegen um 10,9 Prozent.

Hinweis auf hohe Coupons, während «Junk» so viel bedeutet wie Schrott. Im deutschen Sprachraum spricht man daher auch von Schrottanleihen oder Schrottobligationen. Herausgeber solcher Schrottpapiere erkennt man an ihren schlechten Ratings (siehe Erläuterungen auf Seite 75 ff.).

Emittenten von Hochzinsobligationen sind in erster Linie Unternehmen. Es gibt aber auch staatliche Emittenten, die mit sehr hohen Coupons locken.

TIPP

Hochzinsanleihen an unbekannte Firmen? Hände weg!

Viele Anlegerinnen und Anleger zeichneten im Jahr 2005 Obligationen der Zürcher Finanzgesellschaft Swisskap. Die Firma lockte mit einem Zins von jährlich 5,75 Prozent für ihre 40-Millionen-Euro-Anleihe. Versprochen wurden Investitionen «in wertbeständige, vollvermietete Immobilien». Zum Vergleich: 5-jährige Kassenobligationen der Banken rentierten zum damaligen Zeitpunkt nur gerade mit rund 1,5 Prozent.

Die Finanzzeitschrift «K-Geld» warnte denn auch: «Es droht der Totalverlust.»

Der ist inzwischen Realität: Im Februar 2009 wurde über Swisskap der Konkurs eröffnet. 2008 beliefen sich die eingeleiteten Betreibungen gegen die Gesellschaft auf 17,9 Millionen Franken.

Das Beispiel zeigt: Wer sich von unüblich hohen Zinsen locken lässt, geht ein hohes Risiko ein – nicht nur mit Aktien vom Graumarkt, sondern auch mit Firmenanleihen.

Und: Swisskap hat die Anleihen selber verkauft, ohne eine Bank einzuschalten. Wer solche Direktkäufe tätigt, geht ein hohes Risiko ein.

Tipps:

- «K-Geld» berichtet immer wieder über aktuelle Angebote, von denen Anleger besser die Finger lassen.
- Im Internet finden Sie unter www.ktipp.ch laufend aktualisierte Warnlisten zu dubiosen Finanzangeboten, schlechten Finanzberatern und unseriösen Geldanlagefirmen.

Mit Schrottanleihen kann man doppeltes Glück haben

Hochzinsanleihen sind nicht nur aufgrund der hohen Coupons interessant. Solche Anleihen können auch einen sehr starken Anstieg des Kurswerts erfahren – nämlich dann, wenn es einem Emittenten gelingt, ein gut laufendes, stabiles Geschäft aufzubauen.

In solchen Fällen passen die Ratingagenturen die Bewertung für das Unternehmen nach oben an. Das Risiko sinkt, der Kurs steigt, während gleichzeitig ein hoher Coupon winkt.

Umgekehrt existieren auch riskante Obligationen, die bei der Emission noch nicht als solche eingeschätzt wurden. Hier war der Schuldner ursprünglich ein gesundes Unternehmen und hat «normale» Obligationen mit einem «normalen» Zins emittiert. Doch irgendwann wurde die Firma aufgrund grosser geschäftlicher Probleme im Rating stark hinuntergestuft. Die Obligationen von solchen Firmen werden damit sehr riskant, zahlen aber keinen Coupon, der dem hohen Risiko entspricht.

Die Firma ABB war vor Beginn der Restrukturierung im Jahr 2002 ein Beispiel dafür. Das Rating des

Konzerns verschlechterte sich gemäss Moody's bis auf B1 – also auf Schrottniveau. Inzwischen gilt ABB wieder als guter Schuldner mit einem Rating im A-Bereich.

Fazit: Hochzinsobligationen sind sehr riskant. Wer trotzdem zu Einzeltiteln aus der Hochzinskategorie greift, sollte nur Geld einsetzen, das im schlimmsten Fall an

TIPP

Fremdwährungsobligationen lohnen sich nur selten

Die Schweiz hat eines der weltweit tiefsten Zinsniveaus – auch bei Obligationen. Seit 2000 warfen Franken-Obligationen nach Abzug der Inflation rund 2,0 Prozent pro Jahr ab. Ein internationaler Obligationenmix rentierte hingegen im Durchschnitt der gleichen Zeitspanne mit etwa 3,4 Prozent.

Diese höhere ausländische Rendite ist verlockend. Sie fällt jedoch in Euro, Dollar, Pfund oder anderen Währungen an. Damit stellt sich die Frage: Was bleibt nach dem Rücktransfer des Geldes in Franken übrig?

Das VZ Vermögenszentrum hat die Zahlen bis zurück ins Jahr 2000 angeschaut. Im Durchschnitt der Jahre betrug die Rendite der Fremdwährungsobligationen – in US-Dollar gerechnet – rund 3,4 Prozent. Das ist etwas mehr als die Rendite der Franken-Obligationen von 2,6 Prozent. Allerdings haben die Schweizer Anleger diese Mehrrendite keineswegs im Trockenen. Denn Fremdwährungsobligationen

- führen wegen ihren höheren Zinscoupons auch zu höheren Einkommenssteuern,
- unterliegen viel grösseren Wertschwankungen und
- sind mit einem Devisenwechselgeschäft verbunden, das meist 1 bis 2,5 Prozent der gewechselten Summe kostet.

Dazu kommt, dass Schweizer Anlegerinnen und Anleger Fremdwährungsobligationen oft in Form von Anlagefonds kaufen – und bei solchen Fonds kassieren die Banken tendenziell höhere Gebühren. So kosten die teuersten Fonds für Schwellenländeranleihen gut 4 Prozent pro Jahr. Bei Obli-Fonds in Franken liegt das Maximum bei 1,4 Prozent.

Banken machen Kunden Fremdwährungsoblis gern schmackhaft, weil sie daran gut verdienen. Anleger hingegen brauchen bereits beim Ein- und Ausstiegszeitpunkt Glück, um auf einen grünen Zweig zu kommen. Meist lohnt sich das Fremdgehen nicht. Wer Pech hat und in eine starke Aufwertungsphase des Frankens gerät, fährt sogar empfindliche Verluste ein.

Manche der in den letzten Jahren neu aufgelegten Fonds sichern das Währungsrisiko ab. Im Fachjargon heisst das Hedging. Doch die Währungsabsicherung ist nicht gratis. Sie macht auch noch die letzte Aussicht auf eine höhere Rendite zunichte.

Das VZ Vermögenszentrum ermittelte in seinem Vergleich bei gehedgten Fremdwährungsoblis eine Rendite von rund 2,2 Prozent. Das ist weniger, als die Franken-Obligationen einbringen.

Fazit: Anleger sollten Obligationen in ausländischen Währungen nur in Betracht ziehen, wenn nichts Vergleichbares in Franken erhältlich ist. So gibt es z. B. keine Fonds für Hochzinsobligationen in Franken. Sie kommen allenfalls für Anleger mit einer spekulativen Ader infrage, eignen sich aber nicht für risikoscheue Sparer.

der Börse komplett verloren gehen darf.

Tipp: Wenn Sie in Hochzinsanleihen investieren möchten, sollten Sie dies mittels entsprechender Fonds tun. Denn diese halten viele Titel. Damit sinkt das Gesamtrisiko. Im iShares USD High Yield Corporate Bonds ETF (Exchange Traded Fund, siehe Seite 146) sind beispielsweise rund 1200 Einzeltitel enthalten.

Doch auch Fonds, die auf Hochzinsanleihen spezialisiert sind, unterliegen grossen Wertschwankungen. Kurseinbrüche von 20 Prozent sind leicht möglich. Und es kann lange dauern, bis die Verluste wettgemacht sind. Solche Fonds sollten nie mehr als wenige Prozente des Wertschriftendepots ausmachen. Und sie kommen nur für Anleger mit viel Geduld und starken Nerven infrage.

■ Schwellenländerobligationen

Das Gleiche gilt für Anleihen aus Schwellenländern, also aus Ländern wie Brasilien, Südkorea oder den neuen EU-Mitgliedstaaten.

Ursprünglich fielen nur Staatsobligationen in diese Kategorie. Mittlerweile kommen immer mehr Unternehmensanleihen aus diesen Ländern auf den Markt.

Obligationen von Schwellenländern wurden früher vor allem in Dollar oder Euro emittiert, neuerdings stehen immer öfter Obligationen in den entsprechenden Landeswährungen im Angebot.

Einige Schwellenländer haben heute die Staatsfinanzen sogar besser im Griff als viele Industrieländer. Und es gibt Firmen wie Samsung, die Konkurrenten aus der alten Welt überflügelt haben.

Geldflüsse bewegen die Kurse extrem stark

Trotzdem: Bei Schwellenländern handelt es sich in der Regel nicht um Demokratien im westlichen Sinn. Die politischen und damit auch die wirtschaftlichen Risiken bleiben hoch. Zudem sind ihre Finanzmärkte im Vergleich zu den USA und Europa klein. Geldzuflüsse und -abflüsse bewegen die Kurse deshalb extrem stark – nach oben wie nach unten.

Fazit: Kaufen Sie keine Einzeltitel. Stecken Sie nur einige wenige Prozente des Depots in Schwellenländeranleihen. Und das auch nur, wenn Sie gut mit grossen Wertschwankungen und langen Durststrecken zurechtkommen.

■ Inflationsgeschützte Oblis

Inflation ist Gift für Obligationen, vor allem wenn sie ansteigt: Die Teuerung frisst einen Teil des Zinses weg oder drückt die Rendite gar ins Negative. Mit inflationsgeschützten Obligationen lässt sich dies verhindern. Sie heissen auch **Inflation-linked Bonds** oder kurz **Linker**.

Bei Linkern wird der Nennwert um die Inflation aufgestockt. Bei einem Teil der inflationsgeschützten Anleihen erfolgt auch ein Inflationsausgleich auf den Zinsen. So entsprechen die ausbezahlten Beträge der ursprünglichen Kaufkraft

Fortsetzung auf Seite 92

TIPP

Hinweise zu Kauf und Verkauf von Obligationen

Kauf bei Neuemission

■ Obligationen aus Emissionen kann man in den meisten Fällen nur über eine Bank «zeichnen», also kaufen.

■ In der Regel erfolgt die Ausgabe zum Nennwert von 100 Prozent. Der Ausgabepreis kann auch leicht darunter oder darüber liegen (im Fachjargon «unter pari» oder «über pari»). Entsprechend spricht man von einem Abschlag (Disagio) oder von einem Aufschlag (Agio).

■ Nähere Infos zur Neuemission von Bundesobligationen und Pfandbriefen finden Sie in den Kästen auf den Seiten 73/74.

■ Beim Kauf einer Neuemission erheben die Banken eine Gebühr: die Courtage. Sie hängt meist von der Höhe des Handelsvolumens und der Titelart ab. Sie variiert von Bank zu Bank.

Die Courtage für neue Obligationen ist in der Regel gleich hoch wie für Käufe bereits laufender Papiere über die Börse. Auch die anschliessende Verwahrung der Obligationen kostet.

■ Passen Sie auf, wenn Sie Neuemissionen direkt beim Emittenten kaufen. Oft sind es unseriöse Herausgeber, die ihre Produkte direkt an den Mann bringen.

■ Bei Anleihen mit sehr vorteilhaften Emissionsbedingungen kommt es vor, dass das Emissionsvolumen wegen zu grosser Nachfrage aus der Anlegerschaft überzeichnet ist. Im schlechtesten Fall erhalten Interessenten keine Obligation aus der Emission, sondern können anschliessend nur an der Börse einkaufen.

Kauf und Verkauf laufender Obligationen an der Börse

■ Achten Sie auf die Rückzahlungsrendite (Rendite auf Verfall, siehe Seite 86).

■ Zwei typische Abrechnungen für den Kauf bzw. Verkauf einer laufenden Obligation sehen Sie in der Tabelle auf S. 84.

■ Käufer und Verkäufer zahlen Transaktionsgebühren: eine von der Preissumme abhängige Courtage an die Bank, die eidgenössische Umsatzabgabe (Stempelgebühr) sowie eine kleine Börsengebühr.

■ Die Courtagen sind sehr unterschiedlich. Aber überall gilt: Wer die Arbeit selber macht, das heisst über das Internet (Onlinebanking) kauft und verkauft, fährt günstiger (siehe Kasten auf Seite 158).

■ Es kommt vor, dass eine Obligation nicht in der gewünschten Menge zur Verfügung steht oder verkauft werden kann. Heikel sind diesbezüglich Obligationen ohne intensiven Handel. In diesem Fall führt die Bank den Auftrag möglicherweise in zwei oder mehreren Schritten durch. Teilausführungen können zu einer doppelten oder mehrfachen Courtage führen.

Tipp: Erkundigen Sie sich in solchen Fällen nach der Tarifpolitik der Bank. Ein Teil der Banken verlangt für Teilausführungen nur eine einzige Courtage, sofern sie am gleichen Tag stattfinden.

■ Auch im Handel erworbene Obligationen landen im Wertschriftendepot. Die Höhe der Gebühr hängt vom Depotwert ab. Meist gibt es eine Mindestgebühr pro Quartal oder Jahr. Einige Banken verlangen zusätzlich eine jährliche Gebühr pro Position.

■ Bei Obligationenfonds ist meist nicht von Courtagen die Rede. Für den Kauf verlangt die Bank bzw. die Fondsgesellschaft eine Ausgabekommission. Andere dafür übliche Begriffe: Ausgabeaufschlag oder Ticket Fee. Der Verkauf von Fondsanteilen ist oft gratis, es kann aber eine Rücknahmekommission fällig werden.

Fortsetzung von Seite 90

des investierten Geldes. So weit das Prinzip. Inflationsgeschützte Anleihen haben aber ihre Tücken. Etwa die, dass der Schutz vor Inflation nicht gratis ist: Er wird durch eine im Vergleich zu normalen Anleihen schlechtere Verzinsung erkauft. Denn auch normale Anleihen ziehen die Inflation bis zu einem gewissen Grad in Betracht: Ein Teil ihres Zinses stellt jeweils eine Prämie für die erwartete Inflation dar. Wenn die Marktteilnehmer von einer tiefen Inflation in der Zukunft ausgehen, ist dieser Aufschlag klein. Bei Erwartung einer hohen Inflation macht er mehrere Prozentpunkte aus.

Daraus lässt sich folgern: Inflationsgeschützte Anleihen lohnen sich nur, wenn die Inflation höher ausfällt, als sie allgemein erwartet worden war. Im gegenteiligen Fall sind sie ein Negativgeschäft – wenn sich herausstellt, dass die Inflationserwartungen zu hoch waren.

Es gibt keine Linker in Franken. Üblich sind Euro-, Dollar- und Pfund-Emissionen. Für einen Anleger in der Schweiz macht es jedoch keinen Sinn, das Inflationsrisiko zu vermeiden und gleichzeitig ein Währungsrisiko einzugehen. Wenn schon Linker, dann währungsgesicherte. Entsprechende Fonds gibt es – und sie enthalten viele Titel.

Fazit: Inflationsgeschützte Anleihen sind keine sichere Wette auf einen Schutz vor Inflation. Die Gebühren bei Kauf und Verkauf sowie die Kosten, die den Fonds direkt belastet werden, schmälern zudem die Rendite. Linker sind somit kein Muss. Sie kommen allenfalls für Anleger mit einem recht grossen Wertschriftendepot als Ergänzung infrage.

■ Wandelobligationen

Eine ganz spezielle Kategorie sind Wandelanleihen. Andere Namen: Convertibles oder Wandler. Unternehmen bringen sie mit einem Zinscoupon wie bei normalen Obligationen auf den Markt. Zusätzlich sind Wandelobligationen mit einer Option ausgestattet – einem Recht für die Anleger, während einer bestimmten Frist die Obligation zu einem bestimmten Preis in Aktien des Unternehmens umzutauschen (zu wandeln).

Für Anleger hat diese Konstruktion einige Vorteile. Denn solange nicht gewandelt wird, fliessen regelmässige Zinszahlungen. Und Anleihensgläubiger kommen eher zu ihrem Geld als Aktionäre, sollte das Unternehmen in Zahlungsnöte geraten.

Erwartet ein Anleger, dass der Kurs der Aktien des Unternehmens steigen wird, kann er vom Wandelrecht Gebrauch machen. Allerdings nur, wenn der in der Option festgelegte Wandelkurs erreicht ist und nur während der festgelegten Wandelfrist.

«Ein gutes Geschäft – aber nur für das Unternehmen»

Der Kurs der Aktie des Unternehmens muss daher erst ein bestimmtes Niveau erreichen, damit man vom Wandelrecht Gebrauch machen kann. Gegen unten sind somit die Verlustrisiken begrenzt, gegen oben die Gewinnchancen aber offen.

Übrigens: Ein Rückumtausch von Aktien in Obligationen ist nicht möglich. Wandeloblis zahlen in der Regel tiefere Coupons als vergleichbare normale Obligationen.

CHECKLISTE

Die Wahl der richtigen Obligation: Die wichtigsten Punkte

- Achten Sie auf die Zahlungsfähigkeit des Schuldners. Zinszahlungen und Rückzahlungen von Anleihen sind nur garantiert, falls der Schuldner stabil, zahlungskräftig ist und das während der Laufzeit bleibt.
- Lassen Sie sich nicht von vergleichsweise hohen Zinsen (Coupons) blenden. Damit ist immer ein erhöhtes Ausfallrisiko verbunden.
- In Tiefzinsphasen setzen Sie besser auf kurze bis mittlere Laufzeiten oder parkieren das Geld auf dem Sparkonto. In ausgeprägten Hochzinsperioden lohnt es sich hingegen, die hohen Zinsen mit längeren Laufzeiten anzubinden. Zwar sind Prognosen schwierig. Die Erfahrung zeigt aber: Zinsen verharren nicht ewig auf extrem tiefem oder sehr hohem Niveau.
- Wenn Ihre Anlagesumme klein ist und Sie nur einen oder wenige Einzeltitel kaufen können, sollten Sie nur Emittenten mit der besten Bonitätseinstufung berücksichtigen (AAA/Aaa). Bundesobligationen und Schweizer Pfandbriefe sind sehr sicher. Anleihen von Kantonen und internationalen Organisationen hingegen haben nicht in jedem Fall die Bestnote.
- Wenn es die Anlagesumme erlaubt, sollten Sie immer mehrere Obligationen mit gestaffelten Laufzeiten bzw. Fälligkeiten im Depot haben. So vermeiden Sie, dass alle gleichzeitig zur Auszahlung kommen und Sie plötzlich eine Menge Geld wiederanlegen müssen. Denn: Wird nur ab und zu eine Obligation fällig, können Sie die Summe in eine neue Obligation «rollen». Mit dieser Anlagestrategie gleichen sich auf die Länge höhere und tiefere Obli-Renditen aus. Ein gestaffeltes Vorgehen ist generell empfehlenswert.
- Die sichersten Anleihen werfen am wenigsten ab. Es kann deshalb sinnvoll sein, einen guten Mix von Anleihen aus den Bonitätsbereichen AAA bis BBB zusammenzustellen. Doch ist es unbedingt nötig, das Risiko zu streuen. Und dafür braucht es eine grössere Anzahl Einzeltitel.
- Für viele ist es am besten, mittels Fonds in Obligationen zu investieren. Mit Fonds streut man das Schuldnerrisiko und muss sich nicht um Fälligkeiten und Wiederanlagen kümmern.
- Bei Obligationen in ausländischen Währungen nehmen Sie ein Währungsrisiko in Kauf. Je höher der Zins, desto höher ist in der Regel auch das Währungsrisiko. Wer auf Sicherheit bedacht ist, bevorzugt Anleihen jenes Landes oder jener Währungszone, in der er dauerhaft wohnt und seinen Lebensunterhalt bestreitet.
- Hochzins- und Schwellenländeroblis, inflationsgeschützte Anleihen, Null-Prozenter und andere Spezialfälle (siehe Seite 87 ff.) haben alle ihre Tücken. Anleger sollten sie höchstens als kleinere Depotergänzung in Betracht ziehen. Und nur, wenn sie die nötigen Kenntnisse haben und die Risiken tragen können.

TIPP

Informationen zu laufenden und neuen Anleihen

Weil die meisten Anleihen auch an der Börse gehandelt werden, findet sich auf der Website der Schweizer Börse fast das gesamte aktuelle Angebot (www.six-group.com). Unter «Marktdaten» und dem Stichwort «Anleihen» sind sämtliche Emittenten aufgeführt mit ihren aktuell ausstehenden Obligationen sowie Laufzeit, Zins und aktuellem Kurs des einzelnen Titels.

Bei etlichen Einzeltiteln können Sie beim Stichwort «Stammdaten» auch das Kotierungsinserat einsehen.

Unter «Stammdaten» und «Analyse» erfahren Sie von den einzelnen Titeln unter anderem auch die kleinste handelbare Einheit, die Sie kaufen können, den Coupon und die Zinshäufigkeit (zum Beispiel «einmal pro Jahr»), die Restlaufzeit, den Rückzahlungstermin, den nächsten Zinstermin und den Marchzins sowie Duration und Rendite auf Verfall.

Infos zu Neuemissionen erhalten Sie bei Ihrer Bank oder in Finanzzeitungen (etwa der «Neuen Zürcher Zeitung» oder «Finanz und Wirtschaft»).

Schweizer Banken haben eine umfassende Liste aller anstehenden inländischen und ausländischen Emissionen. Zudem verfügen Banken bei diversen Emissionen über fixe Zuteilungen, aus denen sie ihre Kunden bedienen können (siehe Seite 91).

Zudem ist das Kursverhalten von Wandeloblis sehr schwer zu bestimmen. Hier spielen zusätzlich zur Kreditwürdigkeit des Unternehmens folgende Faktoren eine Rolle:

- der Marktzins, die Inflationserwartung, die Währungsbewegung, der Kurs der Aktie und der sogenannte Optionswert.

Fazit: Wandelobligationen sind vom Risiko her irgendwo zwischen Obligationen und Aktien einzuordnen. Als Einzelobligation sind sie für Privatanleger aber nur bedingt geeignet, weil eine vertiefte Informationsbeschaffung nötig ist. Zudem sind die Produkte eher kompliziert.

Es existieren diverse Fonds mit Wandelobligationen, die auf gewisse Währungsräume spezialisiert sind. Wirtschaftsprofessor Walter Wittmann schrieb einst kritisch: «Wandelanleihen sind meist ein sehr gutes Geschäft für das entsprechende Unternehmen, nicht aber für den Anleger.»

■ Nachrangige Anleihen

1,875 Prozent Zins pro Jahr, und dies erst noch auf ewige Zeiten: Dieses Angebot der Genfer Kantonalbank (BCGE) Ende 2019 klang für manchen Anleger geradezu traumhaft. Denn sonst boten die Kantonalbanken damals Zinsen knapp über 0 Prozent auf ihre Anleihen.

Doch diese seit 2012 an der Schweizer Börse gehandelte Anleihe der BCGE weist gleich mehrere Haken auf:

- Sie ist nachrangig. Alle anderen Gläubiger der Genfer Kantonalbank, insbesondere alle Anleger, die normale BCGE-Obligationen gezeichnet haben, würden im Krisenfall vorher entschädigt. Inhaber nachrangiger Anleihen laufen somit Gefahr, bei einem Konkurs leer auszugehen.
- Für die Anleihe der BCGE gilt keine Staatsgarantie.

- Sinkt das Eigenkapital der BCGE unter 5 Prozent, verliert die Anleihe analog zu einer Aktie an Wert und kann im Extremfall völlig wertlos werden. Wegen der Verknüpfung mit dem Eigenkapital spricht man auch von einer Tier-1-Anleihe.
- Kann die BCGE keine Dividende abführen, muss sie dem Anleger auch den Zins auf dieser Anleihe nicht bezahlen.
- Der Zins von 1,875 Prozent gilt nur bis Mai 2025. Danach kann die BCGE die Anleihe zum Nennwert zurückkaufen, sie muss aber nicht. Oder sie kann die Zinskonditionen aufgrund der gerade geltenden Situation an den Finanzmärkten neu festlegen.

Wie hoch das Risiko von nachrangigen Anleihen ist, lässt sich an der Zwangsübernahme der Credit Suisse durch die UBS illustrieren. Bei der Übernahme der Credit Suisse im März 2023 wurden nachrangige Tier-1-Anleihen der Credit Suisse in Höhe von 16 Milliarden Franken für wertlos erklärt. Die Anleger erlitten dabei einen Totalverlust.

Weitere Spielarten von nachrangigen Anleihen

Es kommen immer neue Arten von nachrangigen Anleihen auf den Markt. Die Stichworte: Tier 1, Tier 2, hybrid, perpetual. Jede einzelne Anleihe hat eigene Bedingungen. Laien sind kaum in der Lage, diese zu durchschauen.

Eines ist aber klar: Nachrangige Anleihen locken immer mit vergleichsweise hohen Zinscoupons, dafür bergen sie auch hohe Risiken. Gerät das Unternehmen in Schieflage, droht schnell der Totalausfall. Solche Anleihen eignen sich nicht für Anlegerinnen und Anleger, die auf Sicherheit bedacht sind.

Es gibt noch andere nachrangige Obligationen. Bei ihnen sind Zinsen und Rückzahlung nicht direkt mit dem Eigenkapital bzw. dem Geschäftsgang verknüpft.

Das heisst: Im Krisenfall bleibt die Forderung ihrer Besitzer vollumfänglich bestehen. Aber sie werden erst zurückbezahlt, wenn andere Obligationengläubiger zu 100 Prozent befriedigt wurden.

Die Kantonalbanken von Genf, St. Gallen, Luzern, Wallis und Tessin sowie die Genossenschaft Raiffeisen und die Privatbank Julius Bär haben solche Anleihen ausgegeben.

Sie mögen weniger riskant sein als Tier-1- und andere Hybridanleihen. Trotzdem ist aus dem oben erwähnten Grund von ihnen abzuraten.

■ Null-Coupon-Obligationen

Bei Null-Coupon-Obligationen gibt es keine Zinszahlung. Dafür werden sie weit unter dem Nennwert herausgegeben, sodass dem Anleger bis zum Ende der Laufzeit als Ersatz ein Kursgewinn winkt. Null-Coupon-Obligationen werden auch als **Zero-Bonds** oder Null-Prozenter bezeichnet.

Die Funktionsweise dieser Obligationen ist einfach, wie der Vergleich mit einer normalen Anleihe aufzeigt: Eine normale Anleihe mit einer Laufzeit von 5 Jahren und einem Nennwert von 10 000 Franken zahlt einen Zins von 2 Prozent pro Jahr. Beim Verfall erhält der Obligationär den Nennwert von 10 000 Franken plus Zinsen in der Höhe von total 1000 Franken.

Eine vergleichbare Null-Coupon-Obligation mit einer Laufzeit von 5 Jahren und einem Nennwert von ebenfalls 10 000 Franken kostet beim Kauf nur Fr. 9057.30. Die Differenz zu 10 000 entspricht einer Wertsteigerung pro Jahr von ebenfalls 2 Prozent.

Resultat: Bei der normalen wie auch bei der Null-Coupon-Obligation ist die Rendite über 5 Jahre genau gleich.

Null-Prozenter eignen sich für Normalanleger wenig

Bei der Null-Coupon-Obligation muss also beim Kauf weniger Kapital aufgewendet werden, dafür entfallen die jährlichen Couponeinnahmen. Am Ende der Laufzeit gelangt der ganze Null-Prozenter zum Nominalwert zur Rückzahlung. Die Differenz zum Ausgabepreis gilt nicht als Kapitalgewinn, sondern als Zinsertrag, die Summe ist also steuerpflichtig (siehe Kapitel 8).

Es gibt nur ganz wenige Null-Prozent-Anleihen in Schweizer Franken von Schuldnern mit einem erstklassigen Rating; zwei Zero-Bonds der Weltbank gehören dazu. Somit stellt sich für Anleger das Problem der Risikoverteilung. Es existieren in der Schweiz keine entsprechenden zugelassenen Fonds. Für Normalanleger sind Null-Prozenter deshalb kaum geeignet.

■ Floating Rate Notes

«Floating» bedeutet sinngemäss übersetzt «sich frei bewegend». Floating Rate Notes oder Floater sind daher Obligationen, deren Coupon sich verändert, bei denen die Höhe der Zinszahlung also variabel ist.

Typische Vertreter der Floater sind Obligationen, deren Coupons zum Beispiel an den Libor (London Interbank Offered Rate) oder Euribor (Euro Interbank Offered Rate) gekoppelt sind. Das sind Referenzzinssätze, zu denen sich Banken untereinander kurzfristig Geld ausleihen. Der Coupon eines Floaters kann zum Beispiel lauten: «Libor plus 0,25 %.»

Kein Durchblick für Laien bei vielen Arten von Floatern

Die Floating Rate Notes bieten einen Vorteil, wenn die Zinsen steigen. Weil das Zinsniveau in der Regel mit der Inflation zusammenhängt, können sich Anleger mit Floatern bis zu einem gewissen Grad gegen die Teuerung schützen.

Umgekehrt sinkt natürlich bei fallenden Zinsen auch der Coupon von Floating Rate Notes.

Es gibt verschiedenste Spielarten von Floatern. Laien haben kaum die Informationen, um sie zu durchschauen und zu beurteilen. Entsprechende Fonds existieren nicht.

Kommt noch dazu: Floating Rate Notes werden praktisch nur von Emittenten aus der Finanzbranche herausgegeben. Damit sind Anleger auf das Wohlergehen dieser

Branche angewiesen. Ergo besteht ein Klumpen- sowie ein Emittentenrisiko.

■ Sonderformen bei Oblis

Neben den klassischen Obligationen gibt es viele Sonderformen. Dazu gehören sogenannte Katastrophen-Bonds von Versicherungen und Rückversicherern oder Obligationen mit Stufen-Coupon (der Zins erhöht sich von Jahr zu Jahr). Immer gilt: Vorteile, welche die Emittenten herausstreichen, sind nie gratis. Entweder gehen sie zulasten der Rendite, bringen ein höheres Risiko mit sich oder sind mit anderen Nachteilen verbunden.

Anlagefonds sind meist die bessere Lösung

Wer nur Bundesobligationen und Schweizer Pfandbriefe will, kann dies mittels Einzeltiteln erreichen, das Ausfallrisiko ist praktisch null. Aus der Sicht der Kreditwürdigkeit drängen sich hier Fonds nicht auf. Allerdings kann es von Vorteil sein, verschiedene Laufzeiten ins Wertschriftendepot zu nehmen (siehe Checkliste auf Seite 93). Dies gilt auch bei Bundesobligationen und Pfandbriefen.

Eine Aufteilung in verschiedene Laufzeiten ist nur mit mehreren Einzeltiteln zu bewerkstelligen. Für ein grosses Wertschriftendepot stellt dies kein Problem dar. Doch je kleiner die Anlagesummen, umso mehr fallen die Gebühren ins Gewicht. Fonds können deshalb je nachdem auch bei Bundesoblis oder Pfandbriefen die kostengünstigere Lösung sein.

Es gibt ausser dem Aspekt der Laufzeiten einen weiteren triftigen Grund, auf Fonds zu setzen: die Rendite. Die besten Schuldner sind auch die knausrigsten. Wer nur auf ihre Anleihen setzt, verzichtet auf eine höhere Rendite. Andererseits: Will man mehr Rendite, steigt sofort das Ausfallrisiko. Dem kann man mit einer grossen Anzahl von Einzeltiteln begegnen. Nur: Private Anleger haben hierfür kaum je die nötige Anlagesumme. Wollen sie einen guten Schuldnermix, kommen sie um Fonds nicht herum.

Was ist für Anleger günstiger: Fonds oder Einzeltitel?

Fonds sind etwas Abstraktes. Es gibt Anleger, die lieber direkt Obligationen kaufen und halten wollen. Sie sollten sich aber immer bewusst sein: Sie handeln sich damit ein höheres Risiko ein. Denn solche Anleger können die Gefahr von Zahlungsausfällen nie so verteilen wie ein Fonds. Der Pictet CHF Bonds Tracker zum Beispiel enthält über 1320 Einzeltitel in Schweizer Franken.

Fonds sind nicht gratis. Doch Einzeltitel verursachen ebenfalls Kosten. Es lässt sich nicht generell sagen, welches rein aus Kostensicht die günstigere Lösung ist. Dies hängt von vielen Faktoren ab: Welche Fonds oder Einzeltitel werden wie oft gehandelt? Wie hoch sind die Transaktionssummen? Geht man über den Bankberater oder nutzt man das Internet? Die Tarife variieren nicht nur von Bank zu Bank. Oft kommen sogar innerhalb der gleichen Bank je nach Anlegertyp unterschiedliche Tarife zur Anwendung. Was man sicher sagen kann: Anleger, die Indexfonds einsetzen, kommen kostenmässig gut weg (siehe Seite 142).

Obligationäre schlafen besser – doch auch sie brauchen oft Geduld

Eine alte Anlegerweisheit lautet: «Mit Obligationen schläft man besser, mit Aktien lebt man besser.» Aber stimmt sie? Fest steht: Auch ein gut diversifiziertes Obligationenportefeuille wirft auf die Länge eine deutlich geringere Rendite ab als ein solches mit Aktien. Zahlen dazu liegen seit Anfang 1926 vor (siehe Grafik unten):

Aus 100 Franken, damals in den gesamten Schweizer Obligationenmarkt investiert, sind bis Ende 2022 rund 679 Franken geworden. Im Durchschnitt aller Jahre resultierte eine Wertvermehrung um 2,0 Prozent. Dies teuerungsbereinigt, also nach Abzug der Inflation. In die Rechnung gingen sowohl Zinszahlungen als auch Kursver-

Schweizer Aktien und Oblis: Wertentwicklung 1926 bis 2022

Der Vergleich zeigt: Eine Anfang 1926 getätigte Investition von 100 Franken wäre bis Ende 2022 mit Schweizer Obligationen auf rund 679 und mit Schweizer Aktien auf 20 327 Franken angestiegen.

Durchschnittlich rentierten Schweizer Obligationen in dieser Zeitspanne real mit 2,0 % pro Jahr und Schweizer Aktien mit 5,6 % pro Jahr. Die Grafik macht aber auch deutlich, dass die Kurse von Aktien stärker schwanken als diejenigen von Obligationen.

Zu sehen ist die reale Wertentwicklung. Die Zahlen wurden also um die Teuerung korrigiert. Oder anders gesagt: Die Kaufkraft eines Frankens ist in allen Jahren die gleiche.

Die Zahlen enthalten nicht nur die Kursveränderungen, sondern auch Zinsen und Dividenden. Bei der Darstellung handelt es sich übrigens um eine sogenannte logarithmische Skala, die grosse Wertbereiche und Wertunterschiede auf einen platzsparenden Raum «verkleinert».

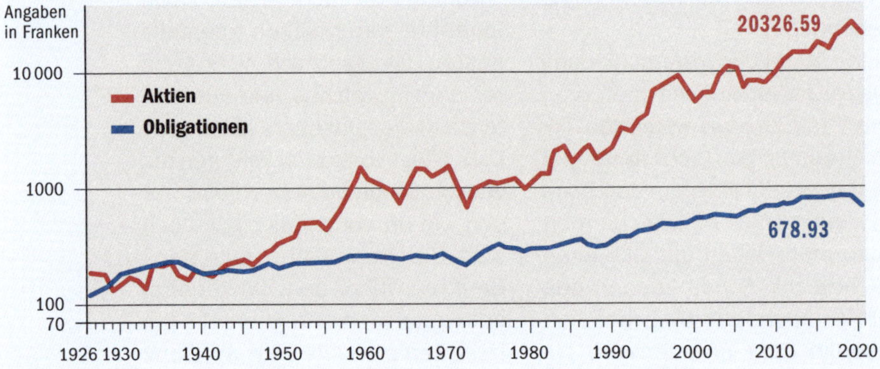

QUELLE: BANK PICTET

änderungen ein. Mehr Geld gab es mit Aktien zu verdienen: 100 Franken, damals breit in Schweizer Aktien investiert, erfuhren bis Ende 2022 eine Wertzunahme auf rund 20 327 Franken. Dies entspricht einer durchschnittlichen Jahresrendite von 5,6 Prozent. Auch in dieser Rechnung sind die Inflationsraten abgezogen und sowohl Ausschüttungen als auch Kursveränderungen berücksichtigt.

Aktien und Obligationen im Zehnjahresvergleich

So weit das Bild im Überblick. Schaut man sich aber kürzere Perioden an, sieht man: Obligationen schwanken zwar deutlich weniger als Aktien, trotzdem weisen auch sie ein recht breites Renditespektrum auf. Das verdeutlicht die Grafik auf der nächsten Seite:

- Von 1926 bis 2022 gab es 88 Zehnjahresperioden. In 75 davon resultierte für die Gesamtheit der Schweizer Obligationen real – also nach Abzug der Teuerung – eine positive Gesamtrendite. Die höchste kam 1926 bis 1935 zustande. Damals konnten Obligationäre den Wert ihres Einsatzes mehr als verdoppeln: Sie erzielten teuerungsbereinigt einen Gesamtertrag von 109,9 Prozent.
- In immerhin 13 Zehnjahresperioden setzte es eine negative Rendite ab. In der zweitschlechtesten Zehnjahresperiode, nämlich 1965 bis 1974, war der Einsatz am Ende real etwa 14 Prozent weniger wert als am Anfang.

In diesen Fällen mussten die Obligationäre also länger als zehn Jahre investiert bleiben, um nicht einen definitiven Verlust zu erleiden.

- Die bisher grösste Geduld mussten jene Obligationäre aufbringen, die ihre Investition 1939 tätigten. Bei ihnen stellte sich erst gegen Ende der 50er-Jahre eine positive Gesamtrendite ein.

Auch für Obligationäre kann es ungemütliche Zeiten geben

Übrigens: In den Jahren 1939 bis 1942 sank der reale Wert des gesamten Schweizer Obligationenmarkts um 22 Prozent. Es war der grösste Einbruch, den Franken-Obligationen seit Statistikbeginn verzeichneten.

Das Fazit daraus: Oft lässt sich mit Obligationen tatsächlich gut schlafen. Aber die Anlegerinnen und Anleger müssen sich bewusst sein: Es können auch ungemütliche Zeiten anbrechen. Für Obligationen braucht es manchmal mehr Zeit und Nerven, als man gemeinhin glaubt.

Noch ein Detail dazu: In 11 der 13 Zehnjahresperioden mit Wertverlusten bei den Obligationen erzielten Schweizer Aktien im Gegensatz dazu einen positiven Gesamtertrag (siehe Grafik auf Seite 106). Ein langfristiger Investor fährt also mit einer Mischung aus Obligationen und Aktien besser als der reine Obligationär.

Dieser Grundsatz lässt sich noch an einer anderen Gegenläufigkeit illustrieren: In der Zehnjahresperiode 2001 bis 2010 ver-

Fortsetzung auf Seite 102

Schweizer Oblis: Wertzuwachs in vergangenen Zehnjahresperioden

Auch bei Obligationen gibt es ein Renditespektrum – und das ist sogar überraschend breit.

Für den Zeitraum 1926 bis 2022 zeigt die Grafik 88 Zehnjahresperioden. In 75 davon resultierte für die Gesamtheit der Schweizer Obligationen eine positive Rendite.

13 dieser Perioden hingegen endeten mit einem Verlust. Dies real, also nach Abzug der Inflation. In die Rechnung gingen sowohl Kursveränderungen als auch Ausschüttungen (Zinsen) ein.

Lesebeispiel: Ein Anleger, der Anfang 2012 10 000 Franken in den Schweizer Obliga-

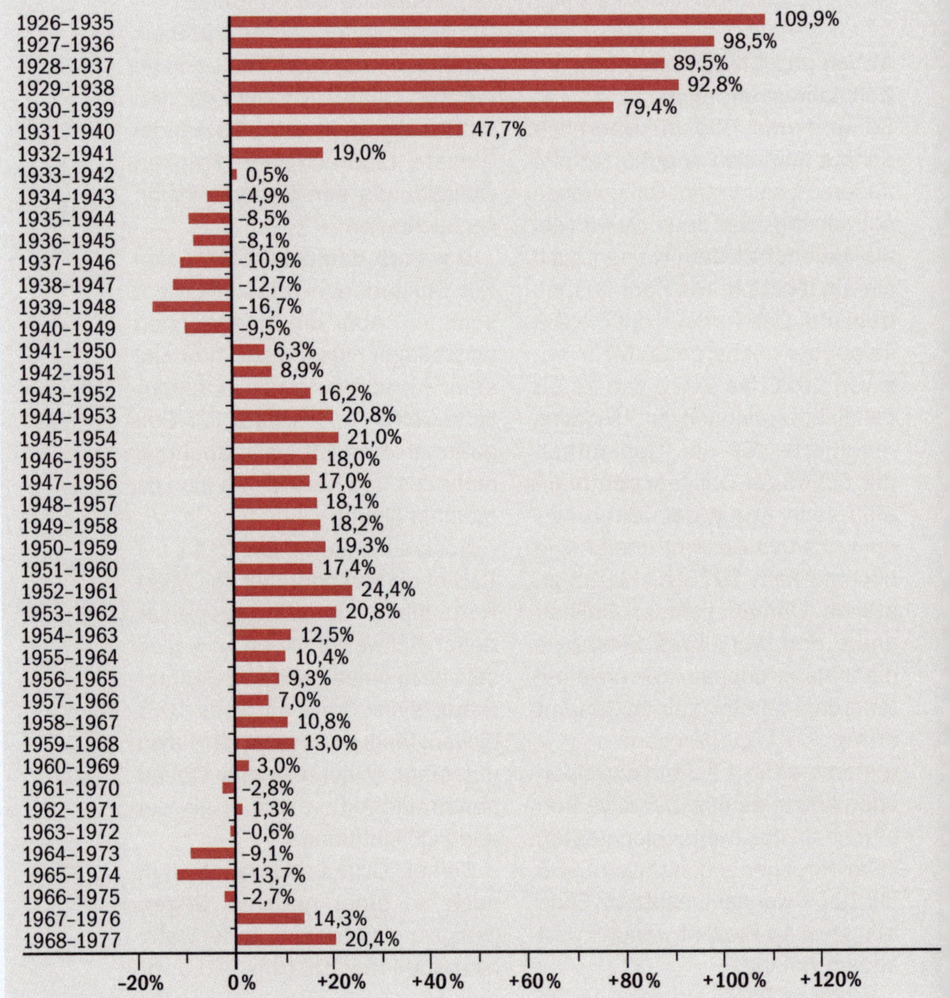

tionenmarkt investierte, vermehrte seine Investition bis Ende 2021 auf 11410 Franken. Und zwar nach Abzug der Teuerung. Rechnung: 10000:100 × 14,1 = 1410.

Nominal fiel also die Wertzunahme grösser aus, sie wurde aber wegen der Geldentwertung für diese Darstellung nach unten korrigiert. Jeder Franken behielt somit rechnerisch seine ursprüngliche Kaufkraft. Nicht berücksichtigt sind hier die Kosten der Geldanlage.

Beachten Sie zum Vergleich die Grafik auf Seite 106, welche die entsprechende Wertentwicklung der Schweizer Aktien in Zehnjahresperioden zeigt.

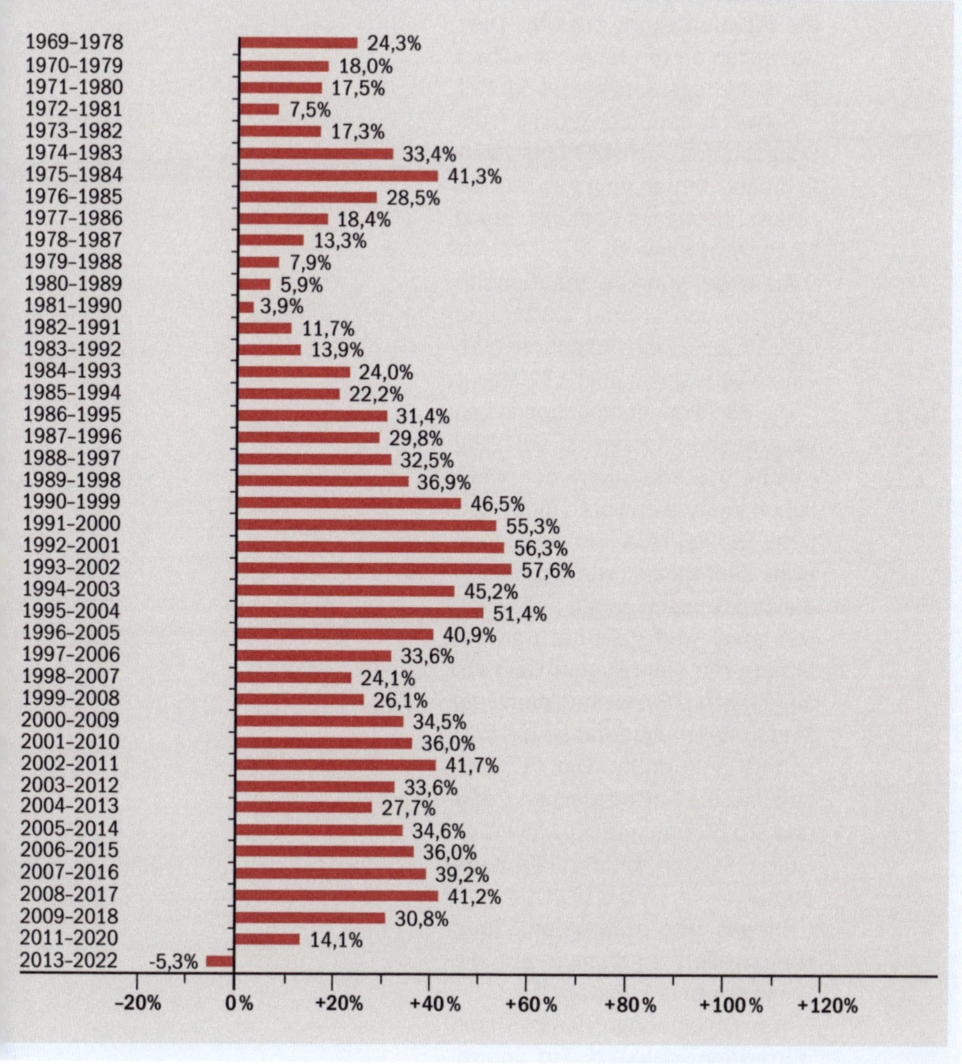

QUELLE: BANK PICTET

Fortsetzung von Seite 99

loren Schweizer Aktien 5,1 Prozent, wie die erwähnte Grafik zeigt. Im gleichen Zeitraum legten Schweizer Obligationen aber um 36 Prozent zu.

Die grösste Gefahr für Obligationen ist die Inflation

Anleihen leiden vor allem, wenn die Inflation stark anzieht. Dies war in den ersten Jahren des Zweiten Weltkriegs ausgeprägt der Fall.

Schwer untendurch mussten die Obligationäre auch 1972 bis 1974. In diesen Jahren ging es unter Berücksichtigung der Geldentwertung 18 Prozent abwärts.

Auch der jüngste Inflationsanstieg in den Jahren 2021 und 2022 führte bei Obligationen zu einem Verlust von über 17 Prozent.

Die Rückkehr der Inflation in den vergangenen Jahren ist auch auf etliche Notenbanken der westlichen Welt, allen voran die Notenbank Fed der USA und die Europäische Zentralbank, zurückzuführen, die ihre Geldschleusen in den Jahren zuvor weit geöffnet und die Märkte mit viel billigem Geld versorgt hatten. Sie wollten damit die Zinsen tief halten und so die Wirtschaft ankurbeln. Die Fed beispielsweise hatte zwischen 2008 und 2014 über 4500 Milliarden Dollar in den Geldkreislauf gepumpt.

Diese internationalen Teuerungswellen sind auch auf die Schweiz übergeschwappt.

Wer Obligationen besitzt, kann nur hoffen, dass es den Zentralbanken gelingt, die Teuerung durch eine Reduktion der enormen Geldmengen wieder in den Griff zu bekommen.

4 Aktien, der klassische Renditeturbo

Grosse Chancen bei erhöhtem Risiko

Aktienkurse können geradezu explodieren und dem Anleger grosse Freude bereiten. Doch wehe, wenn eine Firma in Schieflage gerät: Dann stürzt der Kurs ab und vernichtet im schlimmsten Fall das investierte Geld. Ein paar Regeln helfen, Renditechancen von Aktien wahrzunehmen, ohne unnötig viel Geld aufs Spiel zu setzen.

Wer eine Obligation eines Unternehmens kauft, gibt diesem einen Kredit. Eine Aktie hingegen stellt einen Anteil am Eigenkapital eines Unternehmens dar. Die Aktionäre sind also Eigentümer und haben in dieser Eigenschaft bestimmte Rechte (siehe Seite 109).

Aktionäre sind direkter dem Wohl und Wehe eines Unternehmens ausgesetzt als Obligationäre. Wenn neue Produkte die Märkte erobern und Umsatz und Gewinn wachsen, profitieren die Aktionäre überproportional. Umgekehrt leiden sie auch am meisten, wenn eine Firma serbelt.

Mit Aktien lassen sich höhere Renditen erzielen als mit Obligationen. Sie bergen entsprechend grössere Risiken. Im schlimmsten Fall müssen Aktionäre am ehesten einen Totalverlust hinnehmen. Bei einem Konkurs kommen andere Gläubiger vor den Aktionären zum Zug.

Es kann sich durchaus lohnen, auf Aktien zu setzen. Die entscheidenden Fragen lauten dann: Wie die Risiken begrenzen? Wie sind die Kursausschläge zu verstehen? Welches Papier kaufen? Wie lange halten? Und wann wieder verkaufen? Soll man Einzeltitel kaufen oder Anlagefonds?

Was Aktienkurse nach oben treibt oder nach unten drückt

Ist ein Unternehmen an der Börse kotiert, spricht man von einer Publikumsgesellschaft. Ihre Aktien werden täglich gehandelt, und deren Wert unterliegt teilweise grossen Schwankungen.

Der aktuelle Handelskurs drückt aus, wie die Anleger die betreffende Firma beurteilen. Dabei geht es weniger um die Gegenwart als um die Aussichten für die kommenden Monate und Jahre. Der jeweilige aktuelle Aktienkurs nimmt also gleichsam die Zukunft vorweg:

- Glauben die Investoren, dass ein Unternehmen sehr erfolgreich geschäften wird, stützt dies den Kurs. Am stärksten schnellt der Kurs hoch, wenn sich bei einem krisengeschüttelten Unternehmen eine Besserung abzeichnet.
- Verdüstern sich die Zukunftsaussichten, verliert die Aktie an Wert. Auch hier bewegen nicht die bereits bekannten Fakten den Kurs, sondern News und Unverhofftes.

  Falls das Unternehmen in einen Konkurs schlittert, ist in der Regel das investierte Geld verloren.
- Auch das nähere und weitere Umfeld eines Unternehmens beeinflusst die Kurse. Dazu gehören die Aussichten in der betreffenden Branche, die Konjunktur im Allgemeinen, die Zinsentwicklung und die staatlichen Regulierungen.

- Kurz- und mittelfristig haben auch Spekulationen und Gerüchte einen Einfluss auf die Aktienkurse, ebenso die Psychologie der Anleger. Angst und Gier als wesentliche Triebfedern des Anlegerverhaltens können die Aktienkurse stark beeinflussen. Längerfristig sind aber die harten Fakten ausschlaggebend.
- Grosse Akteure an den Börsen finden immer wieder Mittel und Wege, um die Kurse im eigenen Interesse zu manipulieren.

Aktienkurse können also aus unterschiedlichen Gründen steigen oder sinken. Und der aktuelle Kurs entspricht nicht immer dem «fairen» oder «richtigen» Wert des betreffenden Unternehmens – wobei es ohnehin schwierig bis unmöglich ist, den realen Wert genau zu bestimmen.

Grosse Gewinne, doch ab und zu auch grosse Verluste

Der Blick zurück zeigt klar: Mit Aktien lassen sich höhere Renditen erzielen als mit Obligationen.
- Die Gesamtheit der börsenkotierten Schweizer Aktien erzielte von Anfang 1926 bis Ende 2022 im Durchschnitt eine positive Rendite von 5,6 Prozent pro Jahr – und zwar real, also nach Abzug der Teuerung.
- Schweizer Obligationen hingegen kamen in der gleichen Zeitspanne auf ein jährliches Plus von 2,0 Prozent. Diese Renditeangaben umfassen sowohl Kursveränderungen als auch Zinsen und Dividenden.

IN DIESEM KAPITEL

Aktienrenditen im Zehnjahresspiegel

Bei Aktien ist aber mit empfindlichen Einbrüchen zu rechnen. Dies gilt nicht nur für Einzeltitel, sondern auch für ganze Börsenplätze. Das zeigt die Grafik auf der nächsten Seite für den Zeitraum

Schweizer Aktien: Wertentwicklung in Zehnjahresperioden

Wer Aktien lange hält, kann meist mit einer Wertvermehrung rechnen. Das zeigen die Renditen der Schweizer Aktien in den jeweiligen Zehnjahresperioden. Es handelt sich immer um einen repräsentativen Durchschnitt aller börsenkotierten Titel, also um den Gesamtmarkt.

Lesebeispiel: In der Periode 2013 bis 2022 legten Aktien rund 111 Prozent zu. Aus 100 im Jahr 2013 in Aktien investierten Franken wurden somit bis 2022 rund 211 Franken. Dargestellt ist der gesamte Wertzuwachs, und nicht etwa eine jährliche Durchschnittsrendite. Dabei wurde angenommen, dass ein

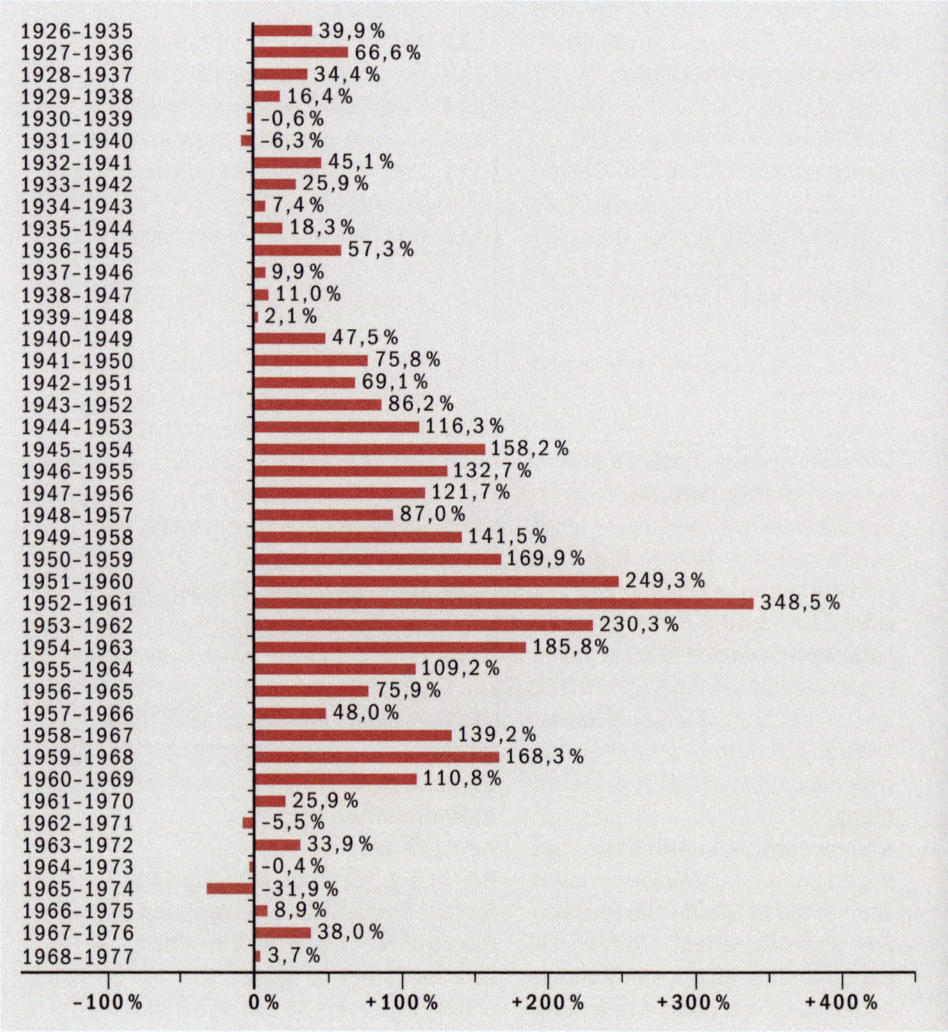

Anleger die Dividenden immer wieder in Aktien investiert.

Der Renditerekord (1991 bis 2000) belief sich auf 426,6 Prozent. Die schlechteste Zehnjahresperiode endete mit einem Minus von 32,6 Prozent (1973 bis 1982). Die Zahlen sind inflationsbereinigt, die Teuerung wurde also abgezogen. Keine Berücksichtigung fanden hingegen die Kosten und Gebühren, die bei der Geldanlage anfallen.

Beachten Sie zum Vergleich auch die Grafik auf Seite 100, welche die entsprechende Wertentwicklung der Schweizer Obligationen zeigt.

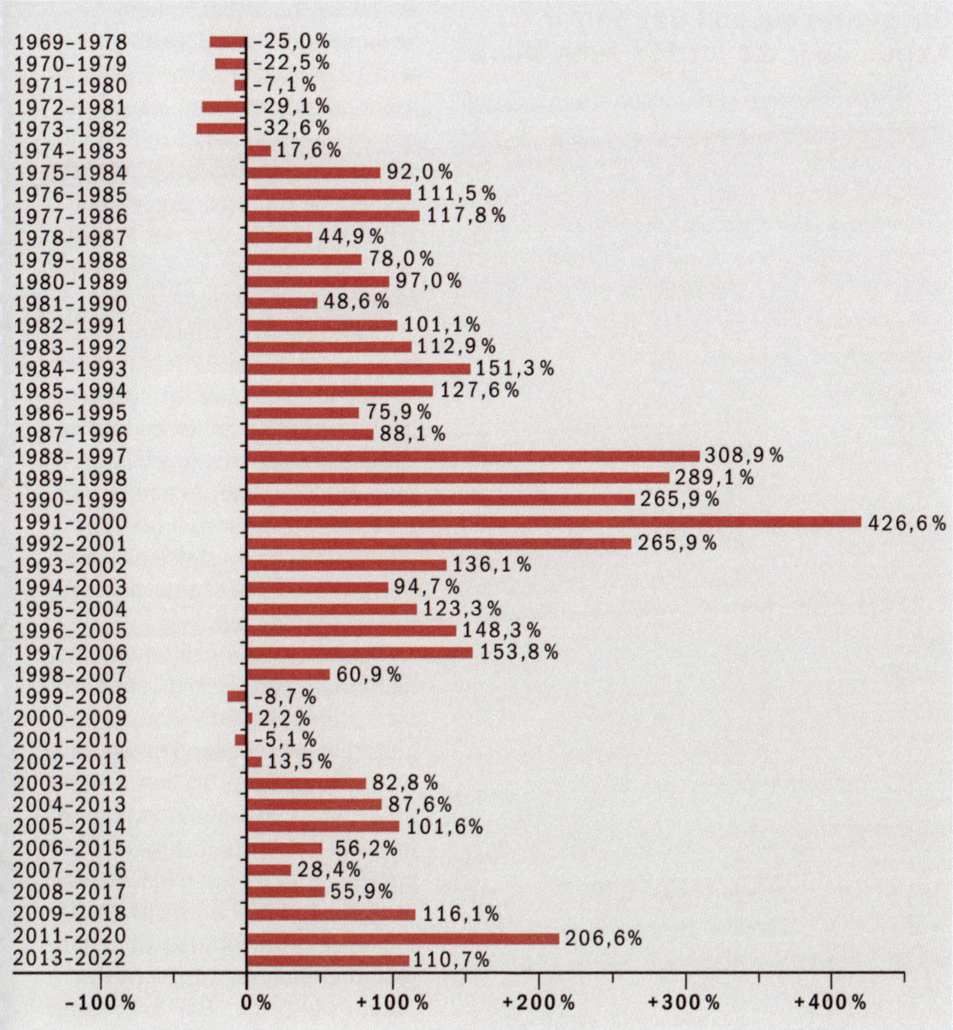

QUELLE: BANK PICTET

Fortsetzung von Seite 105

von 1926 bis 2022. Insgesamt sind 88 Zehnjahresperioden zu sehen. Was besonders auffällt:

■ Bei der Gesamtheit der Schweizer Aktien resultierte in 76 Zehnjahresperioden real – nach Abzug der Teuerung – eine positive Gesamtrendite. Die höchste kam 1991 bis 2000 zustande. In dieser Zehnjahresperiode nahm der Wert der Schweizer Aktien um fast 427 Prozent zu.

Zum Vergleich: Bei den Schweizer Obligationen betrug die höchste Zehnjahresrendite 110 Prozent; das passierte 1926 bis 1935, wie die Grafik auf Seite 100 zeigt.

Gesamtertrag von Schweizer Aktien über die letzten zehn Jahre

Die Performancedaten berücksichtigen sowohl Kursentwicklung als auch Dividenden. Aufgeführt sind die 20 Aktien des Swiss Market Index (SMI). Hinweis: Alcon kam erst im April 2019 an die Börse. Der Spezialist für Augenheilkunde gehörte zuvor dem Basler Pharmakonzern Novartis. Stichtag: 31. Januar 2024

Gesellschaft	Gesamtertrag in %
Partners Group	+635
Logitech	+514
Lonza	+465
Sika	+458
Swiss Life	+371
Kühne+Nagel	+257
Givaudan	+246
Zurich Versicherung	+202
Sonova	+156
Swiss Re	+148
Geberit	+142
ABB	+138
Novartis	+112
UBS	+110
Nestlé	+98
Richemont	+94
SMI	+90
Swisscom	+59
Holcim	+51
Roche	+35
Alcon	+14 (seit dem 9. 4. 19 kotiert)

QUELLE: BLOOMBERG

Negative Renditen: Rekord zwischen 1973 und 1982

■ In 12 der dargestellten Zehnjahresperioden setzte es jedoch bei den Aktien eine negative Rendite ab. In der schlechtesten Zehnjahresperiode für Aktionäre, nämlich 1973 bis 1982, war der Einsatz am Ende real fast 33 Prozent weniger wert als am Anfang.

In diesen 12 Zehnjahresperioden mussten die Aktionäre also länger als zehn Jahre investiert bleiben, um nicht einen definitiven Verlust zu erleiden. Die grösste Geduld mussten jene Aktionäre aufbringen, die ihre Investition 1973 tätigten. Bei ihnen stellte sich erst nach zwölf Jahren eine positive Gesamtrendite ein.

Die Aktionäre mussten damals nicht nur viel Geduld, sondern auch starke Nerven haben, um die grossen zwischenzeitlichen Verluste zu ertragen. In den Jahren 1973 und 1974 summierten sie sich auf 56 Prozent. Mitte 2000 bis Frühjahr 2003 und Mitte 2007 bis Frühjahr 2009 verzeichnete die Schweizer Aktienbörse übrigens fast ebenso hohe Wertverluste.

Zum Vergleich: Bei Schweizer Obligationen betrug der maximale

Verlust fast 17 Prozent, siehe Grafik auf Seite 100.

Die wichtigsten Grundsätze beim Investieren in Aktien

Den enormen Schwankungen der Aktienmärkte gilt es Rechnung zu tragen. Der persönliche Anlageerfolg wird chancenreicher, wenn Investoren die folgenden sechs Regeln beachten.

1. Diversifikation – auf verschiedenste Titel setzen

Einzelne Aktientitel verzeichnen ein viel ausgeprägteres Auf und

Die Rechte der Aktionäre

Wer Aktien kauft, wird zum Miteigentümer einer Firma. Er erwirbt so ein Stimm- und Wahlrecht sowie einen Anspruch auf die Dividende, also auf einen Anteil am Gewinn – falls eine Dividende überhaupt ausgeschüttet wird.

Bei vielen Unternehmen sind die Aktionärsrechte gleich verteilt. Andere diskriminieren die gewöhnlichen Aktionäre.

Ein Beispiel für eine Ungleichbehandlung: Das Kapital besteht aus zwei Aktienkategorien. Es gilt zwar der Grundsatz «Eine Aktie – eine Stimme» –, doch wenn es Aktien mit unterschiedlich hohen Nennwerten gibt, ist dieses Prinzip ein Stück weit ausgehebelt. Denn die Aktie mit dem tieferen Nennwert hat die gleiche Stimmkraft wie die Aktie mit dem höheren Nennwert.

Folge: Die privilegierten Aktionäre, welche die Aktien mit dem tiefen Nennwert besitzen, erreichen mit einem relativ kleinen Einsatz an Kapital – und damit auch mit einem eher geringen Anteil am Kapital der Gesellschaft – eine überproportional grosse Stimmkraft. Sie können zum Beispiel 20 Prozent des Kapitals der Gesellschaft besitzen und damit auf einen Stimmenanteil von 40 Prozent kommen.

Beispiele dafür: Kudelski (Hauptaktionäre: Familie Kudelski) oder Swatch Group mit der Familie Hayek und ihr nahestehenden Aktionärsgruppen.

Eine andere Variante: Es gibt neben Aktien mit Stimmrecht noch Partizipationsscheine, das heisst stimmrechtslose Aktien.

Beispiele: Schindler, kontrolliert durch die Familie Schindler, Bonnard und andere; oder Lindt & Sprüngli mit einem Pensionskassenfonds als Hauptaktionär.

Ebenfalls kein Stimmrecht haben die Genussscheine von Roche. Die Nachkommen der Gründerfamilie kontrollieren den Pharmamulti mittels ihrer Inhaberaktien.

An den Generalversammlungen hat die Stimme von kleinen Aktionären kaum Gewicht. Meistens sind es die Grossanleger, die ihre Forderungen per Stimmrecht durchsetzen. Bei Firmen ohne Besitzerfamilie geben Pensionskassen, Investmentgesellschaften oder reiche Privatinvestoren den Ton an. Wer über einen Anlagefonds Aktien eines Unternehmens besitzt, delegiert seine Stimme ans Fondsmanagement.

Formell ist zwischen Namenaktien und Inhaberaktien zu unterscheiden. Besitzer von Namenaktien werden im Aktienbuch der Firma eingetragen. So weiss die Firma, wer ihre Aktien besitzt. Bei den vinkulierten Namenaktien kann keine Übertragung erfolgen, ohne dass die AG zustimmt.

Inhaberaktien sind häufiger und ohne Einschränkungen handelbar, weil sie auf den jeweiligen Besitzer (Inhaber) lauten.

Ab als der Gesamtmarkt. Und auch längerfristig weichen die Renditen der einzelnen Unternehmen zum Teil stark vom Durchschnitt ab – nach oben wie nach unten.

Die Tabelle auf Seite 108 zeigt anhand von ausgewählten Schweizer Aktien, wie unterschiedlich sich einzelne Titel entwickeln können:

- Wer vor zehn Jahren (also im Januar 2014) in den Pharmakonzern Roche investierte und seither dabei blieb, erzielte eine Rendite von 35 Prozent – die Dividenden mitgerechnet.
- Der Einsatz der Anleger in Titel der Partners Group vermehrte sich im gleichen Zeitraum hingegen um 635 Prozent.

Auch beim Kauf von Aktien gilt deshalb die Maxime, die schon in Kapitel 1 aufgestellt wurde: Streue das Risiko und lege nie alle Eier in den gleichen Korb.

Firmen, die heute als erfolgreiche Aushängeschilder der Wirtschaft gelten, können unvermittelt in Schieflage geraten – aus welchen Gründen auch immer.

Die Falle der Selbstüberschätzung

Die unterschiedlichen Geschäftsphasen schlugen sich in der Gesamtrendite der Aktie der Zurich Versicherung nieder: Zwischen Frühling 1995 und Sommer 1998 betrug sie insgesamt rund 430 Prozent. Die Zunahme war aber von kurzer Dauer. Wer zu spät einstieg, wurde bestraft: Von Juli 1998 bis September 2002 erlitten die Zurich-Aktionäre einen Verlust von fast 90 Prozent. Immerhin zeigt die Tabelle auf Seite 108, dass die Aktien in jüngster Vergangenheit eine gute Anlage waren. Heute gilt der Titel als Dividendenperle mit einer Ausschüttungsrendite von 5,1 Prozent (Stand März 2014).

Im Nachhinein ist man immer klüger. Selbst Finanzanalysten und Fondsverwalter täuschen sich immer wieder mit ihren Prognosen über die zukünftige Entwicklung von Unternehmen. Im März 2019 zeigte eine Recherche des Finanzmagazins «K-Geld», dass Analysten von Grossbanken und namhafte Vermögensverwalter mit ihren Einschätzungen teilweise weit neben der effektiven Entwicklung lagen. Es ging darum, die Kurse von Aktienindizes und Devisen auf ein Jahr hinaus vorauszusagen.

Die Verhaltensökonomie (englisch: Behavioural Finance) hat nachgewiesen: Sowohl Laien als auch professionelle Anleger und Berater tappen oft in die Falle der Selbstüberschätzung. Sie glauben, dass sie die Zukunftsaussichten von Unternehmen treffsicher vorhersehen können. Doch dann stellt sich – viel häufiger, als ihnen lieb ist – heraus, dass sie sich getäuscht haben.

Das Risiko streuen und sich nicht hetzen lassen

Viele Faktoren bestimmen den Erfolg eines Unternehmens: die Fähigkeit oder Unfähigkeit der Firmenleitung, die starke oder schwache Konkurrenz, technologische

Fortsetzung auf Seite 112

In diese Kategorien werden Aktien eingeteilt

Unternehmen sind unterschiedlich gross. Für Börsianer gilt die Börsenkapitalisierung als Massstab: die Anzahl Aktien multipliziert mit dem Kurswert pro Aktie. Unternehmen mit grosser Börsenkapitalisierung werden Blue Chips genannt, mittelgrosse sind Mid-Caps, kleine Small Caps. Die Aktien von kleineren und mittleren Firmen werden auch als Nebenwerte bezeichnet.

Häufig ist die Unterscheidung nach Ländern oder Regionen. Zudem ist die Aufteilung nach Kontinenten üblich. Oft wird zwischen Unternehmen aus den Industrienationen und jenen aus den Schwellenländern unterschieden. Zu den Industrieländern zählen die USA, die Länder Westeuropas und Japan.

Schwellenländer zählen nicht zu den Entwicklungsländern, aber auch nicht zu den Industrienationen. Dazu gehören viele Länder Lateinamerikas und im Fernen Osten sowie alle neuen EU-Staaten. Die bekanntesten Schwellenländer sind Brasilien, Russland, Indien und China, die sogenannten BRIC-Staaten.

Aussichten und Gefahren in Schwellenländern. In den Industrienationen sind die Volkswirtschaften weit fortgeschritten. Das Banken- und das politische System sind normalerweise stabil und die Inflation niedrig.

In vielen Schwellenländern hingegen befindet sich das Finanzsystem erst im Aufbau. Zudem können die Haushalte in den Schwellenländern wegen hoher Inflationsraten häufig nicht richtig planen, was die Umsätze der Unternehmen unsicher macht. Und auch die Gefahr von politisch bedingten Enteignungen ist in vielen Schwellenländern deutlich grösser als in den Industrienationen.

Investitionen in den Schwellenländern sind risikoreicher. Sie verheissen aber längerfristig hohe Gewinne. Nicht ohne Grund verlagern viele westliche Konzerne ihre Produktion in die aufstrebenden Volkswirtschaften.

Schliesslich ist auch die Unterteilung nach Sektoren oder Branchen geläufig. Eine weitverbreitete Einteilung sieht zum Beispiel so aus:

- Energie (Erdöl, Erdgas usw.)
- Roh-, Hilfs- und Betriebsstoffe (zum Beispiel Chemie, Baustoffe, Verpackung, Bergbau, Forstprodukte)
- Industrie (z. B. Luftfahrt, elektrische Geräte, Maschinen, Verkehr, Transport)
- Nicht-Basiskonsumgüter (z. B. Auto, Freizeitgüter, Hotels, Bekleidung, Medien, Einzelhandel)
- Basiskonsumgüter (z. B. Nahrungsmittel, Pflegeprodukte)
- Gesundheitswesen (z. B. Biotechnologie, Pharmazeutika)
- Finanzwesen (z. B. Banken, Versicherungen, Finanzdienstleister)
- Informationstechnologie (z. B. Computer, Internet, Software)
- Kommunikationsdienstleistungen (z. B. Medien, Mobilfunkanbieter)
- Versorgungsbetriebe (z. B. Strom-, Gas- und Wasserversorgung).
- Immobilien (z. B. Immobilienentwicklung, Gebäudemanagement)

Gemessen an der Börsenkapitalisierung sind die Sektoren Gesundheit, Basiskonsumgüter und Finanzdienstleistungen an der Schweizer Börse am grössten. Das ist nicht überall so. Deutschland zum Beispiel ist traditionell sehr industriebetont, während etwa Grossbritannien sehr finanz- und energielastig ist.

Fortsetzung von Seite 110

Umwälzungen, die Branchenkonjunktur und die staatliche Wirtschaftspolitik. Und dann ist jeweils noch Glück oder Pech im Spiel. Beides ist für die Anleger ein Risiko: dass sie die Krise eines Unternehmens nicht rechtzeitig erkennen oder einen grossen sich anbahnenden Geschäftserfolg verpassen.

Die Gefahr, auf die falschen Pferde zu setzen, lässt sich reduzieren. Anleger sollten ihre Mittel immer auf mehrere Unternehmen verteilen. Mehr noch: Auch die einzelnen Märkte (z. B. Schweiz, Euroland, USA oder Japan) können sich unterschiedlich entwickeln. Bei einer geschickten Diversifikation sind also die Aktienpositionen auch international gestreut.

Gar optimal wird die Diversifikation, wenn der Anleger noch verschiedene Branchen berücksichtigt.

Investieren in Einzeltitel – oder besser in Anlagefonds?

Es gibt keinen in Stein gemeisselten Grundsatz, wie viele verschiedene Titel eine genügende Streuung mindestens erfordert. Erwin W. Heri, Professor für Finanzmarkttheorie an der Uni Basel, sagt: «Für eine vernünftig breite Diversifikation wären wohl mehr als 15 Titel nötig.»

Da es also leicht 20 oder sogar mehr Aktien braucht, steht der private Anleger vor einem Informationsproblem. Er sollte nur kaufen, was er kennt. Doch mit jeder Aktie steigt der Aufwand für die Auswahl und die Überwachung.

Kommt dazu: Die einzelnen Positionen im Wertschriftendepot sollten aus Kostengründen nicht zu klein sein. Die Kosten für Kauf und Verkauf der Titel nehmen prozentual zu, je kleiner die Auftragssummen sind. Etliche Banken erheben zudem Postengebühren, also einen bestimmten Betrag für jeden einzelnen Titel.

Zu beachten ist auch, dass Aktien meist nur einen Teil der Investition ausmachen – zum Beispiel 25 Prozent. Dann beträgt die gesamte Anlagesumme das Vierfache. Und das bedeutet: Für eine ausreichende Durchmischung bei den Aktien zu akzeptablen Kosten ist damit leicht eine gesamte Anlagesumme von mehreren Hunderttausend Franken nötig.

Selfmade-Anleger sollten sich immer bewusst sein: Wenn sie nur wenige Titel halten, gehen sie gleich ein doppeltes Risiko ein: das Risiko der Anlageklasse Aktien und das Risiko von Einzeltiteln.

Fazit: Die meisten Privatanleger fahren mit Anlagefonds besser als mit Einzeltiteln (siehe Kapitel 5). Wer trotzdem die Herausforderung sucht, kann einen Kompromiss schliessen: das Depot zum grössten Teil mit Fonds bestücken und diese mit einigen wenigen Einzeltiteln ergänzen.

2. Aktien brauchen viel Nerven und Geduld

Wer in Aktien investiert, hat im Idealfall einen Anlagehorizont von zehn Jahren oder mehr. Die Grafik auf Seite 106 zeigt, dass in den meisten vergangenen Zehnjahresperioden eine positive Rendite zu erzielen war – aber nicht in allen. Je länger der Anlagehorizont ist, desto geringer wirken sich die Schwankungen der Kurse auf den

Was der Aktienindex aussagt

Ein Aktienindex gibt die Entwicklung aller gehandelten Titel einer bestimmten Aktienkategorie an. Das können die Aktien aller Börsenschwergewichte (Blue Chips) eines Landes sein oder alle Aktien einer bestimmten Region oder Branche. Der Index ist also ein Barometer, welches das Auf und Ab an den Börsen oder sonstigen Handelsplätzen widerspiegelt.

In der Schweiz sind die Aktien der 20 grosskapitalisierten Blue Chips von ABB bis Zurich Versicherung im Swiss Market Index (SMI) vereinigt. Die genaue Zusammensetzung und deren Gewichtung kann sich ändern. Die aktuelle Zusammensetzung und die Gewichtung für den SMI sehen Sie jederzeit aktuell auf www.six-group.com → Marktdaten → Indizes. Dort finden Sie auch die entsprechenden Angaben zum Swiss Leader Index (SLI), der die 30 grössten Titel des Schweizer Aktienmarkts umfasst.

Der Swiss Performance Index (SPI) ist noch breiter gefasst. Er enthält zurzeit 212 Aktientitel (alle Angaben Februar 2024). Der SPI gilt deshalb als Gesamtmarktindex für den Schweizer Aktienmarkt. Auch diese Liste finden Sie auf der oben angegebenen Website.

In Deutschland heisst der wichtigste Index Deutscher Aktienindex (Dax), in den USA Dow Jones Industrial, in Japan Nikkei, in Grossbritannien FTSE-100, für das Euroland Euro Stoxx 50.

SMI und SLI berücksichtigen die Dividenden nicht. Sie bilden nur den Kursverlauf ab. Der SPI hingegen gibt den Gesamtertrag wieder – also Kursveränderungen plus Ausschüttungen. Tendenziell entwickelt sich folglich der SPI besser als die zwei anderen Indizes. Dies bedeutet aber nicht zwangsläufig, dass die in ihm enthaltenen Unternehmen besser rentieren. Wer also einen Gesamtertragsindex direkt einem reinen Kursindex gegenüberstellt, vergleicht Äpfel mit Birnen. Auch Fondsmanager tricksen manchmal: Sie berechnen für ihren eigenen Fonds die Gesamtrendite (inkl. Ausschüttungen) und vergleichen diese mit einem reinen Kursindex. Damit sieht ihr Fonds besser aus, als er tatsächlich ist.

Die Gewichtung der einzelnen Titel variiert ebenfalls. Meist geht ein Unternehmen gemäss seiner «Schwere» in einen Index ein. Gemeint ist die Börsenkapitalisierung: Anzahl Aktien mal Preis. Der SPI ist ein Beispiel dafür.

Anders beim SMI: Die drei «schwersten» Titel sind auf einen Indexanteil von je 20 Prozent begrenzt. Konkret handelt es sich um Nestlé, Novartis und Roche. Für die restlichen 17 Titel spielt die Begrenzung aktuell keine Rolle. Massgebend für die Gewichtung sind nur die frei handelbaren Aktien. Beispiel: Weil der Bund mehr als die Hälfte der Swisscom-Aktien besitzt, ist der Telecomriese ein Zwerg im SMI: Er kommt auf knapp 1,1 Prozent.

Beim SLI sind die vier grössten Titel (Nestlé, Novartis, Roche, Richemont) mit maximal 9 Prozent gewichtet. Die restlichen 26 Titel dürfen höchstens mit 4,5 Prozent in den Index eingehen.

Anlageerfolg aus. Das Verlustrisiko sinkt mit zunehmender Anlagedauer. Anders ausgedrückt: Wie sicher oder unsicher eine Aktienanlage ist, hängt auch von der Haltedauer ab. Es gibt Phasen, die einem Anleger enorm viel Geduld und Nerven abverlangen. So machten Schweizer Aktien von 1962 bis 1984 ein zermürbendes Auf und

TIPP

Misstrauen Sie Aktienverkäufern, die sich am Telefon melden!

Es kommt immer wieder vor: Am Telefon melden sich Verkäufer von Aktien und stellen hohe Renditen in Aussicht, weil sie Insiderinformationen hätten. Davon dürfen Sie sich niemals blenden lassen. Denn seriöse Vermittler von Finanzanlagen und Geldberater melden sich nicht telefonisch.

Wenn sich solche dubiosen «Finanzberater» melden, haben sie meist Aktien im Angebot, die sehr riskant sind. Und sie locken mit angeblich fast sicheren hohen Gewinnen – ohne auf die beträchtlichen Risiken aufmerksam zu machen.

In der Regel gehören die angebotenen Aktien in die Kategorie Private Equity oder Private Placement. Gemeint ist Risikokapital für junge Unternehmen in Form von Aktien. Wer solche Aktien kauft, beteiligt sich am Unternehmen – in der Hoffnung, dass es dereinst floriert und die Aktien an Wert gewinnen.

Doch solche Aktien sind Wagniskapital und extrem riskant – zumal sie nicht an der normalen Börse gehandelt werden. Solche Investitionen sind nichts für Kleinsparer, weil das junge Unternehmen auch komplett scheitern kann. Und dann ist das ganze investierte Geld verloren.

Beispiele gibt es genug, die Finanzzeitschrift «K-Geld» berichtet laufend über solche Fälle. Häufig sind die Verkäufer penetrant, rufen dauernd an und drängen auf einen schnellen Abschluss wegen einer angeblich laufenden «Aktion». Das ist sehr verdächtig. Mittlerweile kommen dubiose Angebote oft auch per E-Mail herein. «Kaufen Sie diese Aktie noch heute. Ein 100-Prozent-Kurssprung steht unmittelbar bevor», heisst es etwa.

Deshalb ist klar: Kaufen Sie keine Aktien, die Ihnen von Telefonverkäufern oder via E-Mails angeboten werden und Ihnen das Blaue vom Himmel versprechen.

Allzu oft sind da Betrüger am Werk. Sie schlagen zum Beispiel vor, zunächst nur einen kleinen Betrag probeweise zu investieren. Einige Wochen später berichten sie den Interessenten von (angeblichen) grossen Gewinnen, um diese Kunden zu noch höheren Investitionen zu bewegen.

Vergessen Sie auch nicht: Selbst in seriösen Börsenforen und in Börsen-Newslettern tummeln sich Aktienbetrüger.

Und noch ein Hinweis: Oft versuchen solche Verkäufer auch, ihre «Kunden» als Mitarbeiter zu gewinnen, um für ihre Geldanlage weitere Käufer zu finden. Ein solches Ansinnen ist immer ein Alarmzeichen: Wenn Verkäufer nicht nur verkaufen, sondern gleich noch anwerben, ist grosse Vorsicht geboten.

Tipp: Auf der Website des K-Tipp (www.ktipp.ch) finden sich laufend aktualisierte Warnlisten, die vor unseriösen Finanzberatern warnen sowie vor Finanzangeboten, von denen Sie besser die Finger lassen. Diese Listen können aber nicht vollständig sein!

Ab durch. Nach Abzug der Teuerung gab es keinen Wertzuwachs.

Vorher und nachher fanden aber regelrechte Aktienbooms statt, in denen auch in kurzer Zeit viel Geld zu verdienen war – wie zum Beispiel von Anfang 1991 bis Ende 1993: In diesem Zeitraum hat sich der Einsatz mehr als verdoppelt.

Schlussfolgerung für gewiefte Aktienanleger: Nach dem Regen scheint irgendwann wieder die Sonne. Und nach einer langen Schönwetterperiode kommt mit Sicherheit ein Tief. Ideal ist es, wenn Anleger bei Baissen den Ausstieg lange hinauszögern können.

3. Kaufen und halten

Trachten Sie nicht nach kurzfristigem Gewinn. Denn Aktienkurse sind einem ständigen Auf und Ab unterworfen. Hektischer Aktivismus ist für Normalsparer fehl am Platz – zumal auch Profis nur durch Zufall den richtigen Einstiegs- bzw. Ausstiegszeitpunkt erwischen. In der Fachwelt heisst ein Kaufen oder Verkaufen, das sich nach dem Zeitpunkt richtet, Timing. Damit kann man leicht auf die Nase fallen. Untersuchungen haben gezeigt: Verpasst man nur wenige Handelstage, an denen starke Aufwärtsbewegungen stattfinden, kann sich dies sehr negativ auf das Aktienportfolio auswirken. Die Konsequenz daraus gipfelt im nächsten Grundsatz:

4. Gestaffelt ein- und aussteigen

In schwierigen Börsenzeiten hört man oft: Kaufen und Halten – das sei passé. Auf das richtige Timing komme es an, also darauf, dass man den richtigen Ein- und Ausstiegszeitpunkt erwischt.

Doch kurzfristige Unsicherheiten und unterschiedlichste Einflussfaktoren haben zur Folge, dass es schier unmöglich ist, den optimalen Zeitpunkt für einen Aktienkauf und -verkauf zu finden. Ob man heute schon kaufen oder vorerst abwarten soll – das weiss niemand. Und diejenigen, die es zu wissen vorgeben, sind oft Scharlatane.

Finanzprofessor Erwin W. Heri formuliert es so: «Versuchen Sie nicht, den ‹richtigen Moment› zu erwischen – es gibt ihn nicht.»

Deshalb gilt auch: Lassen Sie sich von Kundenberatern der Banken und Versicherungen oder von privaten Vermögensverwaltern nicht drängen. Denn diese möch-

Fortsetzung auf Seite 117

Aktien werden nicht in Papierform ausgeliefert

Bei Aktien, die an der Börse gehandelt werden, findet keine physische Übergabe mehr statt. Das wäre viel zu aufwendig und zudem unsicher, da die meisten an der Börse gehandelten Aktien sogenannte Inhaberaktien sind. Das heisst: Wer die Aktie in den Händen hält, dem gehört sie – wie bei einer Banknote.

Die Aktien der an Schweizer Börsen gelisteten Unternehmen werden vielmehr zentral in einem Tresor der Firma Six Sis AG in Olten SO verwahrt. So muss bei einem Kauf bzw. Verkauf lediglich im Börsen- und Bankensystem vermerkt werden, wer der neue Eigentümer ist.

TIPP

So erkennen Sie Aktienbetrüger aus dem Ausland

Kimura Financial, Fairway Associates, Kirayaka International, Sentinel Equity, Koyal Group, Corolla Financial, Niigata Global, BP Holdings, Shinsei Associates – das sind nur einige wenige Namen von Firmen, die aus dem Ausland anrufen und Aktien verkaufen wollen.

Der K-Tipp schilderte den Fall eines Schweizer Vorsorgeberaters, der der Firma Kirayaka International Geld geschickt hatte. Der Mann berichtete, wie raffiniert die Täter vorgehen:

Zuerst verkaufte man ihm Aktien einer real existierenden Firma namens Seabridge Gold – daraus resultierte auf dem Papier ein schöner Gewinn. Als der Mann die Herausgabe des Gewinns verlangte, hiess es, das sei nicht möglich. Mit Lügen verleitete man den Mann dazu, noch mehr Geld für Investitionen in andere Firmen zu schicken: Mal musste angeblich ein grösseres Aktienpaket geschnürt werden, um den Gewinn zu realisieren. Mal brauchte es eine sofortige Aufstockung, weil sonst der bisherige Gewinn in Gefahr sei.

Das Motto war immer gleich: Wenn du deinen Profit willst, musst du noch mehr Geld schicken. Seine investierten 10 000 Franken hat der Vorsorgeberater inzwischen abgeschrieben.

Die Verkäufer gehen stets gleich vor – nur die Firmennamen ändern laufend. Typisch ist übrigens auch, dass solche Finanzbetrüger später versuchen, ihre Opfer gleich nochmals über den Tisch zu ziehen – mit angeblichen «Rettungsversuchen».

Beispiel: Verkäufer, die sich unter dem Firmennamen Kimura Financial meldeten, empfahlen einem Mann Aktien einer US-Medizinfirma – und er kaufte für rund 250 000 Franken. Das war 2008.

Ab 2010 meldeten sich weitere Anrufer: Die Medizinfirma sei pleite, aber man habe sein Geld retten können. Gegen eine Gebühr erhalte er es zurück. Deshalb zahlte der Mann 25 000 Franken an eine Fairway Associates in Hongkong.

Das brachte nichts. 2011 überwies er zusätzlich rund 27 000 Franken an eine «United States Regulators and Administration Commission», die ihm ebenfalls eine Rückerstattung seiner Investition versprach. Doch das Geld ist endgültig verloren. Eine solche «Commission» hat es nie gegeben.

Fazit: Wenn Sie trotz allen Warnungen Aktien von Telefonverkäufern gekauft haben, nehmen Sie sich in Acht vor Leuten, die Ihr angeblich blockiertes Investment lockermachen können und dafür eine Vorabgebühr verlangen. Da ist der Reinfall quasi doppelt programmiert.

Tipp: Beachten Sie die Investorenwarnungen der österreichischen Finanzmarktaufsicht FMA (www.fma.gv.at → Alle Warnungen) und das weltweite Verzeichnis unter www.iosco.org → Investor Protection → Investor Alerts Portal.

Fortsetzung von Seite 115

ten lieber heute als morgen ein Geschäft abschliessen.

Vernünftig ist hingegen die Einstellung: Wenn ich mich schon für Aktien entschieden und einen langfristigen Anlagehorizont habe, nehme ich mir Zeit und lege das Geld gestaffelt an. Eine solche Verteilung der Investition auf mehrere Zeitpunkte ist quasi ein Bestandteil des Grundsatzes, nicht alle Eier in den gleichen Korb zu legen.

Es kann zwar durchaus passieren, dass Sie damit schlechter fahren als mit einem einmaligen Investment. Ebenso gut möglich ist das Gegenteil. Ob Sie Glück oder Pech haben, wissen Sie leider erst im Nachhinein.

Der grosse Vorteil des gestaffelten Vorgehens liegt in der Glättung der Ausschläge. Zwei Beispiele aus der Grafik der Zehnjahresperioden auf Seite 106 unterstreichen dies. Das gestaffelte Vorgehen reduziert zwar vielleicht die Gewinnchancen. Umgekehrt vermindert es aber auch die Verlustrisiken:

- Die Periode 1998 bis 2007 warf bei Schweizer Aktien insgesamt 61 Prozent ab. Die zwei folgenden Zehnjahresperioden «rentierten» hingegen mit minus 9 Prozent bzw. mit einem Plus von nur gerade 2 Prozent. Ein Anleger, der sein Geld ab 1998 in drei Jahresschritten investierte statt gesamthaft im Jahr 1998, verminderte so seine Rendite stark.
- Ganz anders bei einem auf die drei Jahre 2001 bis 2003 verteilten Einstieg. In der Periode 2001 bis 2010 setzte es einen Verlust von 5 Prozent ab. In der zweiten Zehnjahresperiode schaute ein Gewinn von 14 Prozent heraus. Und 2009 bis 2018 legten die Aktien um 116 Prozent zu. Hier konnte also ein Anleger die Rendite mit einer Verteilung auf die drei Perioden massiv steigern.

Tipp: Das beste Chancen-Risiko-Verhältnis haben Sie, wenn Sie sowohl den Einstieg als auch den Ausstieg über mehrere Jahrzehnte verteilen können. Dafür eignen sich Spar- und Auszahlungspläne: In der Aufbauphase erfolgen die Einzahlungen monatlich, quartalsweise oder jährlich. Später, in der Entnahmephase, lässt man sich das Geld ebenfalls periodisch auszahlen (mehr auf Seite 161 ff.).

5. Die Kosten minimieren

«Hin und Her macht Taschen leer»: Diese Regel gilt auch, wenn Sie Aktien kaufen. Mit häufigem Kaufen und Verkaufen können Sie zwar Kursschwankungen während des Tages ausnützen – doch diese Strategie ist wagemutigen Vollblutbörsianern vorbehalten. Denn bei jedem Kauf und Verkauf werden Gebühren und Abgaben an Banken, Börsen und Staat fällig, was die Rendite schmälert. Nehmen Sie deshalb Aktien nur mit langfristiger Perspektive in Ihr Depot auf.

6. Ignorieren Sie angeblich «heisse» Tipps

Selbsternannte Börsengurus, Verfasser von Börsenbriefen und gewisse Anlegermagazine verbreiten immer wieder heisse Tipps und empfehlen Firmen, deren Aktien angeblich knapp vor dem Durchstarten sind. Seien Sie besonders skeptisch! Oft sind hier Kurstreiber am Werk, die in die eigene Tasche wirtschaften.

Häufig werden auf diese Art und Weise Aktien gepusht, die nicht an den offiziellen Börsen gehandelt werden, sondern an ausserbörslichen Handelsplätzen. Da ist grosse Vorsicht geboten.

Die deutsche Zeitschrift «Finanztest» berichtete in Ausgabe 10/09 über «Börsenguru» Markus Frick, gegen den Anklage erhoben worden sei. Der gelernte Bäcker habe Empfehlungen in Börsenbriefen und über telefonische Hotlines verbreitet. Die heissen Tipps hätten sich weitgehend auf Aktien unbekannter Firmen bezogen. Ihm wurde vorgeworfen, mit seinen Ratschlägen eigene wirtschaftliche Interessen verfolgt zu haben. Als Folge von Fricks Tipps schossen die Kurse von Rohstoffaktien in die Höhe, danach fielen diese Titel auf einen Bruchteil ihres einstigen Werts. Frick wurde 2011 vom Berliner Landgericht rechtskräftig wegen strafbarer Aktienempfehlungen zu einer Freiheitsstrafe von einem Jahr und neun Monaten auf Bewährung verurteilt.

«Geheimtipps» kann es im Grunde gar nicht geben

Auch in seriösen Tages- oder Wochenzeitungen und Magazinen finden sich «Geldonkel», die konkrete Titel empfehlen. Oft macht man den Lesern angeblich besonders renditeträchtige Musterportfolios schmackhaft. Schlaue Anleger lassen hier Skepsis walten. Jemand, der wirklich hinter die Kulissen blickt und über ein gewinnträchtiges Wissen verfügt, hat kein Interesse, es zu veröffentlichen. Wer eine Goldmine als Erster entdeckt, will sie auch selber ausbeuten.

Es gibt viele Strategien – aber keine kann Gewinne garantieren

In der Finanzwelt werden verschiedenste Aktienstrategien herumgereicht. Die Behauptung ist immer, dass sich damit überdurchschnittliche Renditen erzielen lassen.

Manchmal sind solche Strategien erfolgreich, das macht sie auch so verführerisch. Sie haben aber ihre Tücken. Denn oft kommt nach einer Erfolgssträhne ein Durchhänger oder der Absturz. Das ist etwa der Fall, wenn sich eine Strategie gut in Aufschwungphasen bewährt, aber bei stark sinkenden Kursen versagt.

Es gibt aber auch wissenschaftlich untermauerte Konzepte. Doch bei ihrer praktischen Umsetzung hapert es – vergleichbar mit einer Stradivari-Geige, der auch nur wenige den perfekten Klang entlocken können.

Mit einem Vergleich aus der Welt des Sports könnte man auch sagen: Es ist klar bewiesen, dass man mit Tennisspielen Multimillionär werden kann. Doch die allermeisten, die es versuchen, werden nie in die Fussstapfen eines Roger Federer treten können.

Zu den am häufigsten propagierten Strategien gehören die folgenden fünf:

1. Ausnützen zyklischer Wellen

Schon im 19. Jahrhundert haben Mathematiker erkannt, dass die Aktienkurse gewissen Wellenbewegungen folgen, dass es also Wiederholungen gibt. Mit der daraus entstandenen sogenannten Chartanalyse wird versucht, diese Wendepunkte kurzfristig zu bestimmen.

Wer so vorgehen will, sollte einschätzen können, wann an den Börsen ein Zyklus beginnt und wann er endet. Man müsste also wissen, wann der untere Wendepunkt im Tief erreicht ist – und wann auf dem Höhepunkt der Abschwung ins nächste Tief beginnt. Allerdings sind Charts sehr kompliziert und fast nur für Profis richtig zu interpretieren. Zudem sind viele Finanzfachleute überzeugt, dass die technische Analyse eher im Bereich der Esoterik als der Wissenschaft anzusiedeln sei.

Theoretisch wäre es ideal, wenn man antizyklisch handeln würde – also schon dann kauft, wenn sich ein Aufschwung erst abzeichnet, und dann verkauft, wenn sich ein Börsentief erst ankündigt.

Doch wer weiss schon zuverlässig, was wann der Fall ist? Wer kann von sich behaupten, er wisse mehr als sämtliche Marktteilnehmer zusammen? Auch die von Zeitungen und Vermögensverwaltern oft als Erfolgsrezepte verkauften «Trendsignale» können versagen.

In der Realität ist eher der emotional gesteuerte Anleger anzutreffen, der der Herde folgt, wie die Grafik auf Seite 22 zeigt.

Auch Vermögensverwalter unterliegen dem Herdentrieb

Und so funktioniert der Herdentrieb: Wenn es Zeichen für einen Aufschwung gibt, steigen zuerst einige grosse Vermögensverwalter ein – etwa Hedgefonds-Manager. Das treibt die Kurse an.

Später springen die etwas mutigeren und erfahrenen Privatanleger auf den Zug auf.

Am Schluss gehen die unerfahrenen Privatanleger an die Börse – und das ist oft erst kurz vor dem Ende eines Booms, wenn die Aktienkurse ihr Maximum erreicht haben und schon wieder vor einem Einbruch stehen.

Achtung: Auch die meisten Banken und Vermögensverwalter unterliegen dem Herdentrieb. Sie empfehlen Anlagen meist erst, wenn diese schon gut gelaufen sind. Und sie raten zum Ausstieg, nachdem schon erhebliche Verluste aufgetreten sind.

Ein Grund dafür liegt im kommerziellen Interesse der Banken und Vermögensverwalter: Was gerade im Trend und modern ist, findet reissenden Absatz und spült Geld in ihre Kassen. Zudem ist es bedeutend bequemer, mit dem Strom zu schwimmen: Geht es schief, befindet man sich quasi in guter Gesellschaft.

Fortsetzung auf Seite 121

Von Schneeballsystemen und anderen geplatzten Träumen

Es passiert immer wieder: Unseriöse Vermittler locken Ahnungslose mit einer Superrendite, die es gar nicht geben kann. In der Regel platzt die Seifenblase, und das Geld der Anleger ist grösstenteils verloren.

Beispiel: Die Firma Private Commercial Office (PCO) des deutschen Geschäftsmanns Ulrich Engler. Angeblicher Sitz der Firma: Cape Coral in Florida (USA). Schon Ende 2006 warnte die österreichische Finanzmarktaufsicht vor Geldgeschäften mit der PCO.

Im Februar 2007 stand es auch im K-Tipp. Unter dem Titel «Fünf Prozent pro Monat? Hände weg!» war von einer unseriösen Geldanlage die Rede. Schon damals konnte man in Internetforen sehr kritische Stimmen zu Engler und seiner PCO lesen. Auch Betrugsverdacht wurde geäussert.

Doch das hinderte einen Vermittler aus Rüti ZH nicht, weiterhin PCO-Anlagen zu empfehlen. Im Juli 2007 verkaufte er einer Frau aus dem Kanton St. Gallen eine Investition mit angeblicher Traumrendite. Die Frau überwies 70 000 US-Dollar, dafür garantierte ihr die PCO schriftlich 5 Prozent Zins – pro Monat!

Die Anlage war fix auf sieben Jahre befristet. Nach Ablauf dieser Zeit hätte die Anlegerin laut Unterlagen die unglaubliche Summe von 4 216 957 Dollar erhalten. Von einem Risiko habe der Vermittler nicht gesprochen, sagt die Betroffene.

Die Rendite war zu schön, um wahr zu sein. Inzwischen wurde Ulrich Engler verurteilt. Die Investoren können wohl den grössten Teil ihres Geldes vergessen.

Für Experten ist klar: Niemand kann auf dem Kapitalmarkt konstant eine solche Rendite erzielen. Im Grundsatz gilt: Je höher die Zinsdifferenz zu einer sicheren Anlage wie zum Beispiel einer Bundesobligation ist, desto höher ist das Risiko.

Man kann deshalb davon ausgehen, dass Engler ein System aufzog, das im Wesentlichen nur Gelder von Anlegern umverteilte – also ein klassisches Schneeballsystem.

Illegale Schenkkreise. Zu warnen ist in diesem Zusammenhang auch vor den sogenannten Schenkkreisen. Sie versprechen den Leuten zum Beispiel, innerhalb von kurzer Zeit mit 120 000 Franken beschenkt zu werden, wenn sie selber zuerst einmal 15 000 Franken verschenken.

Die wundersame Geldvermehrung beruht auf einem System mit Kreisen: Ein Schenkkreis besteht beispielsweise aus vier einzelnen Kreisen. Wer allein in der Mitte steht, muss sich Mitspieler suchen und wird danach von den Mitgliedern des äussersten Kreises beschenkt. Daraufhin teilt sich der Schenkkreis in zwei Kreise und wird durch neue Personen, die zum Schenken bereit sind, ergänzt. So entstehen immer mehr Kreise.

Das Spiel geht aber nicht auf: Bereits in der 15. Runde müssten bei diesem Beispiel eine halbe Million Menschen mitmachen, um die Gewinne zu garantieren. Solche Schneeballsysteme sind also zum Scheitern verurteilt, und das Anwerben anderer Teilnehmer ist illegal.

Schenkkreise treten immer wieder unter anderen Namen auf – zum Beispiel als «Alternative Finanzierungsmethode für Kleingewerbler», «Tischversammlung» oder «DFF-Bildung».

Tipp: Lassen Sie sich keine Geldgeschäfte durch «gute Bekannte» oder Freunde vermitteln. Denn Privates und Geschäftliches sollte man konsequent trennen.

Fortsetzung von Seite 119

Auf der Suche nach dem «inneren Wert»

2. Oft kommt die **Fundamentalanalyse** zur Anwendung. Sie sucht den «inneren Wert» eines Unternehmens, der nicht dem aktuellen Kurs der Aktie entsprechen muss. Hier wird also unterstellt, dass eine an der Börse gehandelte Aktie nicht real oder fair bewertet ist. Mittels Analyse der Unternehmenszahlen (für die Vergangenheit) und Ertragsprognosen (für die Zukunft) versuchen die Fachleute, diesen inneren Wert annähernd zu bestimmen.

Ist der aktuelle Aktienkurs unter dem inneren Wert des Unternehmens, ist die Aktie unterbewertet, somit günstig und damit ein Kauftipp. Im umgekehrten Fall ist die Aktie überbewertet und deshalb zu teuer.

Ob der Blick zurück oder doch eher nach vorn die bessere Methode ist, um ein Unternehmen korrekt zu bewerten, ist unter Experten umstritten.

Wo stecken unterbewertete Unternehmen?

3. Die Verfechter der sogenannten **Value-Strategie** setzen eher auf die Fundamentalwerte der jüngeren Vergangenheit und Gegenwart, die **Growth-Strategen** versuchen vor allem die künftigen Erträge zu prognostizieren. «Value» steht für «Wert», «Growth» für «Wachstum».

Die Verfechter der Value-Strategie legen ihren Fokus auf Unternehmen, die viel Substanz und grosse Ertragskraft haben und deren Aktien vorübergehend unterbewertet sind.

Solche Unternehmen haben sich bereits am Markt etabliert, erwirtschaften solide Gewinne und verfügen über einen bekannten Markennamen.

Für das Herausfiltern von Value-Titeln verwenden die Analysten eine Reihe von Kennzahlen. Die wohl bekannteste ist das Kurs-Gewinn-Verhältnis (KGV), daneben gibt es auch das Kurs-Umsatz-Verhältnis (KUV), das Kurs-Cashflow-Verhältnis (KCV) oder das Kurs-Buchwert-Verhältnis (KBV).

Diese Fachbegriffe werden hier nicht näher erläutert. Interessierte finden eine gute Erklärung unter www.boersenlexikon.faz.net.

Einfaches Rezept – aber schwierig umzusetzen

Einer der berühmtesten Value-Vertreter ist der amerikanische Multimilliardär Warren Buffett. Seine Ratschläge sind charakteristisch für die Value-Strategie: «Strebe nicht nach dem schnellen Dollar. Suche Unternehmen, deren Aktien du ein ganzes Leben halten kannst.» Und: «Kaufe nur Aktien von Unternehmen, deren Geschäftsmodell und Produkte du verstehst.» Buffetts Tipps können Sie auf Deutsch nachlesen unter www.valueinvesting.de.

Die Rezepte klingen einfach. Sie umzusetzen, ist aber für normale Anleger schwierig. Geschäftsberichte sind kompliziert. Das Herausfiltern der Kennzahlen erfordert Fachwissen und einen hohen Zeitaufwand. Sogar Profis sind oft überfordert.

Kommt dazu: Das Value-Investing braucht einen langen Atem. Es kann Jahre dauern, bis sich eine Bewertungslücke schliesst.

Welches sind Firmen mit guten Wachstumsaussichten?

4. Die Vertreter der **Growth-Strategie** konzentrieren sich auf Unternehmen, die einer vielversprechenden Zukunft entgegengehen. Vergangenheitsbezogene Analysen interessieren sie weniger.

Im Fokus von Growth-Anlegern stehen oft junge, dynamische und innovative Firmen aus der Technologiebranche (Informatik, Kommunikation und Biotechnologie).

Das können durchaus Unternehmen sein, die noch keinen Franken verdient haben – Hauptsache, die Gewinnaussichten stimmen.

Der Growth-Investor setzt also auf sein Gespür für Trends. Beispiel: der Siegeszug der Smartphones und Tablets. Wer im richtigen Moment auf Apple setzte, konnte grosse Gewinne einstreichen.

Mit Growth-Aktien lässt sich sehr viel Geld verdienen. Umgekehrt ist auch das Risiko eines kompletten Absturzes grösser als bei der Value-Strategie.

Diese Erfahrung haben viele Investoren während der Technologieblase um die Jahrtausendwende gemacht. Damals erzielten Aktien junger Technologieunternehmen innert kürzester Zeit Traumrenditen. Die meisten dieser Firmen sind mittlerweile untergegangen. Einige wenige wie Ebay und HP blieben aber bestehen und ziehen inzwischen sogar das Interesse von Value-Anlegern auf sich.

Boom und Absturz – das erlebte auch die Branche der Alternativenergien. Der Klimawandel, die Verknappung der Erdölreserven und staatliche Subventionen haben aus Aktien von Solartechnik- und Windenergiefirmen im Jahr 2020 Kursraketen gemacht. In der Folge sanken jedoch die Preise, was zu Umsatzeinbussen führte. Die Angst vor Überkapazitäten und das steigende Zinsumfeld schickte die Aktienkurse der Firmen noch tiefer in den Keller.

Dividendenjäger kommen nicht immer auf ihre Rechnung

5. Aktien mit hohen Dividenden wirken auf viele Anleger wie ein Magnet. Dies trifft besonders in Zeiten mit niedrigen Zinsen zu.

Beispiel Frühjahr 2023: Die Zurich Versicherung bezahlte eine Dividende von 26 Franken pro Aktie. Gemessen am Aktienkurs, bedeutet dies eine Rendite von über 5 Prozent. Zum Vergleich: Die 10-jährigen Bundesobligationen rentierten lediglich mit rund 0,8 Prozent pro Jahr. Und auf den meisten Sparkonten zahlten die Banken weniger als 1 Prozent Zins.

Finanzwissenschafter haben nachgewiesen, dass Aktien mit hohen Dividenden langfristig besser rentieren als der breite Aktienmarkt. Dabei schauten sie korrekterweise die Gesamtrenditen an.

Die Gesamtrendite setzt sich bei Aktien aus den Dividenden und der Kursentwicklung zusammen.

Nur sind akademische Studien und Geldanlegen in der Praxis zwei verschiedene Paar Schuhe. Anleger können ein richtiges Konzept haben, aber leider die falschen Unternehmen erwischen. Mehr noch: Hohe Ausschüttungen (Dividenden) sind immer nur eine Momentaufnahme. Dividenden können fallen oder sogar ganz ausbleiben.

Üppige Ausschüttungen nützen zudem nichts, wenn sie das Unternehmen ausbluten, die Firmenleitung versagt oder der Aktienkurs immer tiefer fällt. Der Wandel von der Dividendenperle zum Unternehmen, das um sein Überleben kämpfen muss, geht manchmal schnell.

Beispiel Alpiq: Sie wurde von einer fast mündelsicheren Anlage zu einem Problemfall. Der Energiekonzern zahlte einst Dividenden von 18 und 20 Franken, was einer Dividendenrendite von über 10 Prozent entsprach. Seit 2016 schüttete er gar keine Dividende mehr aus. Im Jahr 2019 kündigte sich gar eine Dekotierung der Aktien an. Die Papiere werden also bald nicht mehr an der Börse gehandelt.

«Der Kern des Erfolgs ist und war schon immer: Disziplin»

Fazit: Solche und andere spezielle Strategien eignen sich für gewöhnliche Anleger nicht als Hauptstossrichtung ihrer Aktieninvestitionen. Wer «etwas probieren» will, sollte dies nur mit einem kleinen Teil seines Vermögens tun. Vielleicht wird die Wette aufgehen, vielleicht auch nicht. Finanzmärkte sind unberechenbar. Was in der Vergangenheit zutraf, muss sich in der Zukunft nicht unbedingt wiederholen. Anders formuliert: Es gibt keine garantiert erfolgreiche Strategie.

Der Basler Finanzprofessor Erwin W. Heri formulierte es im Interview mit dem «Tages-Anzeiger» so: «Der Kern des Erfolgs ist und war schon immer: Disziplin. Das heisst, eine langfristige Strategie definieren und dabei bleiben. Das heisst kaufen und halten. Denn ich weiss nicht, wann die guten und wann die schlechten Jahre kommen. Und ich kenne niemanden, der es wirklich weiss.»

Private Equity – riskante Investitionen in junge Firmen

Unter Private Equity versteht die Finanzwelt Investitionen in kleinere, noch in der Entwicklung steckende Unternehmen – sogenannte Start-up-Firmen. Ihre Aktien werden noch an keiner Börse gehandelt. Deshalb der Name Private Equity (= privates Aktienkapital).

Solche Beteiligungen haben in den Jahren vor der Finanzkrise von 2008 einen wahren Boom erlebt. Jahresrenditen von über 10 Prozent waren eher die Regel als die Ausnahme. Genauso rasch sind sie aber wieder eingebrochen. Die Wirtschaftskrise und die damit einhergehenden Firmenpleiten haben ihnen – und vielen ihrer Investoren – das Genick gebrochen.

Die Fachleute unterscheiden zur Hauptsache drei Möglichkeiten, wie sich in Private Equity investieren lässt:

1. Private Equity mit Direktinvestitionen

Bei der Direktanlage investiert der Anleger direkt in private Unternehmen, wobei er die Anlageobjekte selber bewerten, kontrollieren und betreuen muss. Das bedeutet viel Aufwand und setzt spezifische Fachkenntnisse sowie langjährige Erfahrung voraus.

Wenn das junge Pflänzchen verdorrt, ist das Geld futsch

Das Risiko solcher Finanzierungen ist hoch, da viele Unternehmen trotz oft neuer Produkte oder Technologien nie die Marktreife erlangen – zum Beispiel weil die Konkurrenz schneller war oder das Geld vorzeitig ausging. In solchen Fällen kann das Engagement im Totalverlust enden (siehe Kasten rechts). Diese Anlageform kommt also für Normalanleger kaum in Betracht. Trotzdem gibt es immer wieder Verkäufer, die solche Anlagen am Telefon verkaufen.

2. Private Equity mit Investitionen in Firmen, die ihrerseits privates Aktienkapital kaufen

So wie es Pharma-, Nahrungsmittel- oder Versicherungsunternehmen gibt, existieren auch Firmen, die sich auf den Kauf und Verkauf von Privatmarktanlagen spezialisiert haben. Wer hier mitmachen will, kauft Aktien einer solchen Firma. Ein Beispiel: Partners Group, die seit 2006 an der Schweizer Börse kotiert ist. Die in Baar ZG beheimatete Firma hat bisher eine sehr hohe Wertsteigerung erzielt und wurde 2020 sogar im SMI aufgenommen. Wie es mit Partners Group weitergeht, ist offen. Anleger sollten jedenfalls nicht auf eine einzige Firma oder auf eine kleine Zahl solcher Firmen setzen.

In den USA sind – anders als in der Schweiz – Dutzende von Firmen börsenkotiert, die wie Partners Group ihrerseits in privates Aktienkapital investieren. In ihrer Gesamtheit hinken sie aber seit Jahren stark hinter der US-Börse her. Will heissen: Sie waren ein schlechtes Investment.

3. Private Equity mit Investitionen in Fonds

Private-Equity-Fonds verteilen ihr Geld auf verschiedene Firmen wie zum Beispiel Partners Group. Dies dient der Diversifikation. In der Schweiz sind nur ganz wenige solcher Fonds zugelassen. Sie haben bis jetzt im Vergleich zu einer breiten Investition in die Aktienmärkte schlecht rentiert.

In Aktien investieren: Die wichtigsten Tipps

■ Information ist alles

Informieren Sie sich gründlich über das Wirtschaftsgeschehen und die Börsen. Dazu dienen Tageszeitungen und Wochen- bzw. Monatspublikationen, aber auch Analyseberichte von Banken. Nutzen Sie zudem das Internet als Informationsquelle.

■ **Nicht auf Moden hereinfallen**

Daran sollten Sie denken: Vieles, was in den Medien erscheint, ist verkaufsgesteuert. Banken und Vermögensverwalter möchten ihre Produkte verkaufen und Kunden gewinnen. Das gelingt ihnen am besten, indem sie Neues und Aktuelles verkünden. Die Journalisten springen gern auf diese Züglein auf. Und einige Wochen oder Monate später ist schon wie-

FRAGE

Aktien einer Jungfirma: Wie hoch sind die Risiken?

«Ich möchte mich am Zürcher ETH-Spin-off-Unternehmen Heiq Materials AG beteiligen. Im Dezember 2020 kamen die Aktien zu umgerechnet je 1.47 britischen Pfund pro Stück an die Londoner Börse. Nun notiert der Kurs bei umgerechnet 10 Rappen. Was sind die Risiken?»

Der Kurs dieses Börsenneulings schwankt stark. Im Januar 2021 kletterte er auf über Fr. 2.90. Sechs Monate später kosteten die Titel noch etwas mehr als die Hälfte. Die Risiken sind hoch – aber die Chancen auch. Das 2005 gegründete Unternehmen entwickelt und produziert antimikrobielle Zusatzstoffe mit Nanotechnologie für die Funktionalisierung von technischen Textilien und Plastik.

Tipp: Studieren Sie die Präsentationen für Investoren. Diese finden Sie auf www.heiq.com → Investors → Investor Relations. Informieren Sie sich über die technologischen Aspekte, machen Sie sich ein Bild von der Branche und den Konkurrenten.

Seit 1996 entstanden 555 Spin-off-Unternehmen aus der ETH (Stand: Dezember 2023). 93 Prozent der Spin-offs überlebten die ersten fünf Jahre. Das liegt über dem Durchschnitt von Schweizer Start-ups. Weitere Zahlen zum Erfolg dieser Spin-offs erleichtern Ihnen den Entscheid. Sie stammen aus einer Untersuchung, welche die ETH Zürich gemeinsam mit der Universität St. Gallen 2020 publiziert hat.

Analysiert wurde die Entwicklung von 362 Unternehmen, die zwischen 1998 und 2017 gegründet worden waren. Ein Drittel dieser Spin-offs erzielte im Jahr 2017 einen Umsatz von durchschnittlich 889 Millionen Franken.

Allerdings: Der höchste durchschnittliche Umsatz wurde im IT-Sektor generiert. Der durchschnittliche Umsatz von Mikro- und Nanotechnologieunternehmen machte nur einen Bruchteil davon aus.

In ihrer Gesamtheit können Jungfirmen allenfalls eine höhere Rendite abwerfen als eine Investition in den breiten Aktienmarkt. Das Risiko von Einzeltiteln ist aber hier noch viel höher als bei längst bekannten, etablierten Firmen. Für Laien ohne Fachwissen und Erfahrung mit Jungfirmen ist es eine Investition ins Blaue hinaus.

Wenn Sie es trotzdem versuchen möchten und durch Ihre Recherchen zur vollen Überzeugung kommen, dass die Heiq Materials AG eine vielversprechende Zukunft vor sich hat, gilt: Sie sollten höchstens einen sehr kleinen Teil Ihres Vermögens in dieses Unternehmen stecken.

Eine Übersicht aller Spin-offs der ETH Zürich finden Sie im Internet unter www.google.ch nach Eingabe von «Spin-off companies of ETH Zurich» im Suchfeld.

der etwas anderes Trumpf. Versuchen Sie, sich eine eigene Meinung zu bilden und die Spreu vom Weizen zu trennen: Was geht über das gerade Aktuelle und Modische hinaus? Was hilft mir auf lange Sicht?

■ Internetforen lesen
Es gibt Foren auf Internetseiten wie www.cash.ch, www.fuw.ch oder www.finanzen.ch, wo Börseninteressierte ihre Meinungen äussern. Das kann unterhaltsam und im einen oder anderen Fall sogar nützlich sein. Denn Warnungen vor zwielichtigen Machenschaften und dubiosen Firmen tauchen oft zuerst im Internet auf.

Aber bedenken Sie, was zum Beispiel Cash.ch selber schreibt: «Die Forumsbeiträge können gefälscht, erfunden oder nicht fundiert sein, sind nicht überprüft und stammen möglicherweise auch nicht vom angegebenen Absender. Sie sollten daher nie als Grundlage für Anlageentscheide benutzt werden.»

■ Am richtigen Ort kaufen
Kauf und Verkauf von Aktien erfolgen telefonisch, schriftlich oder über eine Internethandelsplattform. Fast jede Bank bietet heute den Internethandel an. Spezialisierte Internetbanken sind in der Regel günstiger (siehe Kasten Seite 158). Es ist auch möglich, die Aufträge in der Bankfiliale, beispielsweise anlässlich eines Gesprächs mit dem Kundenberater, zu erteilen. Aber das kommt mittlerweile immer seltener vor.

■ Kosten beachten
Achten Sie auf die Kosten, und wechseln Sie allenfalls die Bank. Ins Gewicht fallen nicht nur die Kommissionen beim Kauf und Verkauf (Courtagen), sondern auch die Gebühr für die Verwahrung der Titel im Wertschriftendepot.

Ob Sie für eine Aktientransaktion im Wert von 50 000 Franken 50 oder 500 Franken zahlen, macht mit der Zeit einen grossen Unterschied. Ob die Depotgebühr 0,1 oder 0,3 Prozent pro Jahr beträgt, fällt langfristig ebenfalls ins Gewicht (siehe Kapitel 7).

■ Diversifikation
Bilden Sie keine Klumpenrisiken. Denken Sie beim Kauf von Einzeltiteln an die Regeln der Diversifikation (siehe Seite 15 ff.). Wer keine ausreichend grosse Anlagesumme zur Verfügung hat, sollte zu Fonds greifen. Einzeltitel kommen dann allenfalls als Ergänzung in Frage.

■ Kein Daytrading!
Lassen Sie sich nicht dazu verführen, täglich zu kaufen und zu verkaufen. Mit einem solchen «Daytrading» kommen Sie kaum auf einen grünen Zweig. Untersuchungen zeigen, dass die durchschnittliche Rendite für Privatanleger bei mehrjähriger Anlagedauer umso höher ist, je weniger sie ihr Depot umschichten. Halten Sie Aktien möglichst langfristig.

■ Kurse verfolgen
Verfolgen Sie dennoch den Kurs Ihrer Aktien. Diese Information fin-

den Sie vielleicht in Ihrer Tageszeitung, sicher aber im Internet. Auf www.swissquote.ch zum Beispiel können Sie zahlreiche Aktien anwählen und sich deren Kursverlauf in der Vergangenheit sowie weitere Kennzahlen und aktuelle Daten anzeigen lassen.

■ Stop-Loss: Ja oder nein?

Wer breit gestreute Aktienfonds hält, sollte bei Börseneinbrüchen nicht nervös werden. Auch wenn es manchmal lange dauert – die Börsen als Ganzes erholen sich immer. Bei Einzeltiteln trifft dies jedoch nicht zu.

Aber wann ist es angezeigt, einen Einzeltitel zu verkaufen? Es gibt Anleger, die mit Stop-Loss-Aufträgen arbeiten. Damit deponieren sie eine Verkaufsorder, die automatisch ausgelöst wird, sobald die Aktie eine von ihnen festgelegte Schwelle unterschreitet.

Stop-Loss-Aufträge haben jedoch ihre Tücken. Auch ein Fall von 20 oder mehr Prozenten bedeutet längst nicht immer, dass mit einer Aktie wirklich etwas faul ist. Wird zu früh verkauft, verpasst der Anleger den Wiederaufschwung.

Leider gibt es keine einfache Regel, wann Anleger sich von einer Aktie trennen sollen. Da spielen auch Glück und Pech mit hinein. Wer diese Unwägbarkeiten umgehen will, setzt ausschliesslich auf Anlagefonds.

■ Anlegerweisheiten

Misstrauen Sie sogenannten Börsenweisheiten. Da gibt es zum Beispiel nichtssagende Banalitäten, etwa: «Was raufgeht, kommt auch wieder runter.» Andere widersprechen sich diametral.

Zwei Beispiele:

Die Börsianerlegende André Kostolany empfahl, Aktien zu kaufen und Schlaftabletten einzunehmen – dann werde man irgendwann als reicher Mensch wieder aufwachen.

Der Spruch «Sell in May and go away, but remember to come back in September» rät im Gegensatz dazu vom blossen Kaufen und Halten ab: Man solle im Mai verkaufen und im September wieder einsteigen – ein Rat aufgrund der Feststellung, dass das Sommerhalbjahr an den Börsen sehr oft schlechter läuft als das Winterhalbjahr.

Wer Kostolanys Empfehlung ausgerechnet in Zeiten bereits heiss gelaufener Börsen befolgt, muss ziemlich lange schlafen, um als reicher Mensch aufzuwachen. Andererseits waren Anleger, die im Mai aus der Schweizer Börse ausstiegen, zum Beispiel in den Jahren 2003, 2005, 2006, 2009 und 2012 schlecht beraten – sie verpassten schöne Kursgewinne.

5 Breit diversifiziert mit Anlagefonds

Bequemer Einstieg ins Abenteuer Börse

Anlagefonds haben viele Vorteile. Doch auch hier gilt es, die Spreu vom Weizen zu trennen. Denn viele Fonds sind zu teuer und für Kleinanleger ungeeignet. Und andere locken mit Versprechen, die sie nicht halten können.

Anlagefonds sind Sammelbecken von Geldern vieler einzelner Anleger. Diese Sparer kaufen Anteile am Fonds und äufnen so das Fondsvermögen. Jedem Anteilsbesitzer gehört dann ein Teil des Fondsvermögens.

Die Fondsleitung investiert das Fondsvermögen in Wertschriften, Immobilien oder andere Anlageklassen wie Rohstoffe oder Gold. Jeder Anleger hat Anspruch auf die Erträge – und zwar entsprechend der Anzahl seiner Fondsanteile.

Anlagefonds haben für Kleinanleger eine Reihe von Vorteilen:

- Die grosse Geldsumme, die zusammenkommt, ermöglicht eine Risikostreuung, auch Diversifikation genannt. Gemeint ist die Verteilung des Geldes auf viele Titel. In jedem Fonds gibt es Titel, die überdurchschnittlich abschneiden – aber auch solche, deren Wert stärker sinkt als der von anderen. Das schafft einen Aus-

Grosse Vielfalt an Fonds: Das sind zwei wichtige Merkmale

In der Schweiz buhlen rund 12 000 Fonds um die Gunst der Kunden. Das auf den ersten Blick verwirrend grosse Angebot lässt sich anhand von zwei Fragen grob ordnen:

- **Die erste Frage lautet: Was steckt im Fonds drin?** Es gibt Fonds, die ihr Geld hauptsächlich in eine einzige Anlageklasse stecken. Am üblichsten sind Obligationen- und Aktienfonds. Andere spezialisierte Fonds investieren zum Beispiel nur in Immobilien, Edelmetalle, Rohstoffe oder Währungen.

Mischfonds hingegen beackern gleich mehrere Anlagefelder. Die meisten setzen ihre Schwerpunkte auf Obligationen plus Aktien und ergänzen diese – zum Beispiel durch Rohstoffe und Hedgefonds.

Mischfonds werden auch Strategie- oder Anlagezielfonds genannt.

- **Die zweite Frage: Wie wird der Fonds verwaltet?** Es gibt dazu grundsätzlich zwei Möglichkeiten: die aktive und die passive Verwaltung.

Bei den **aktiv gemanagten Fonds** versuchen die Geldverwalter, besser abzuschneiden als die Konkurrenz beziehungsweise als der Marktdurchschnitt. Sie analysieren Firmen und bilden sich eine Meinung über die Branchen und die Konjunktur. Daraufhin wählen sie Titel, die ihnen am vielversprechendsten scheinen.

Die **passiven Fonds** hingegen wollen möglichst genau einem Index folgen. Der jeweilige Index gibt das Marktgeschehen auf einem bestimmten Gebiet wieder, zum Beispiel bei Schweizer Obligationen oder bei US-Aktien. Passiv gemanagte Fonds bauen ihr Portfolio so auf, dass es im Prinzip die gleichen Titel mit der gleichen Gewichtung enthält wie der Index. Passiv geführte Fonds, auch Indexfonds oder ETFs genannt, sparen sich grosse Recherchen und sind deshalb für die Anleger deutlich günstiger.

gleich: Wirtschaftet zum Beispiel ein Unternehmen schlecht und fällt sein Aktienkurs massiv, können andere Aktien im Portefeuille des Fonds diesen Verlust teilweise oder ganz ausgleichen oder sogar überkompensieren.

Der Wert eines Fonds schwankt also bedeutend weniger stark als der Wert einer einzelnen Aktie, Obligation oder Immobilie.

Fazit für den Fondskäufer: Bei Einzeltiteln ist das Risiko eines Fehlgriffs sehr hoch, Fonds hingegen begrenzen das Risiko. Und Fondskäufer sparen Zeit, weil sie sich nicht selber um die Verwaltung des investierten Kapitals kümmern müssen.

Mit Anlagefonds sind Anleger schon mit kleinen Beiträgen breit diversifiziert. Wer mit Direktanlagen eine ähnliche Diversifikation erreichen will, muss über eine grosse Anlagesumme verfügen – je nachdem über mehrere Hunderttausend Franken. Und es braucht dazu erst noch viel Fachwissen.

■ Fonds sind ein einfacher Zugang zur Börse – und damit eine gute Gelegenheit für alle Anlegerinnen und Anleger, die ihr Geld nicht auf dem Sparbüchlein lassen und mehr aus ihrem Sparbatzen herausholen wollen.

Gleiche Chancen für «grosse» und «kleine» Anleger

■ Fondskäufer müssen keine grossen Investitionssummen zur Verfügung haben. Einzelne Fondsanteile kosten meist weniger als 1000 Franken. Wie viele Einzeltitel der Anleger damit indirekt in sein

IN DIESEM KAPITEL

STICHWORT

Wertentwicklung

Wie rentabel eine Geldanlage ist, hängt immer von ihrem Gesamtertrag ab, und der umfasst die Kursveränderungen sowie allfällige Ausschüttungen (Zinsen, Dividenden). Das gilt auch bei Fonds.

Handelt es sich um einen Fonds, der Zinsen und Dividenden an die Anleger ausschüttet, machen diese Einkünfte einen Teil des Gesamtertrags aus – neben den Kursveränderungen der Fondsanteile. Es gibt allerdings Anlagefonds, welche die Zinsen und Dividenden nicht ausschütten, sondern gleich wieder investieren. Sie werden thesaurierende Fonds genannt (siehe Seite 135). Bei ihnen entspricht die Kursentwicklung dem Gesamtertrag.

Der Sprachgebrauch in der Fondsbranche ist nicht einheitlich. Folgende Begriffe stehen üblicherweise für den Gesamtertrag: Wertentwicklung, Performance, Total Return, Gesamtrendite oder oft nur einfach Rendite.

Der Vergleich von Fonds desselben Anlagegebiets zeigt, welche gut und welche schlecht sind. Dabei ist es wichtig, dass auf den Gesamtertrag abgestellt wird. Sonst vergleicht man Äpfel mit Birnen. Üblich sind auch Vergleiche mit dem Durchschnitt eines Anlagegebiets – Benchmark genannt. Das ist meist ein Index, z. B. der Schweizer Aktienindex SPI oder der Schweizer Obligationenindex Swiss Bond Index AAA-BBB. Die Faktenblätter der Fonds geben häufig Auskunft darüber, welches die Benchmark ist, sprich: an welchem Referenzindex sich der Fonds misst.

Wichtig ist wiederum, Äpfel mit Äpfeln zu vergleichen. Es gibt Indizes, die nicht den Gesamtertrag, sondern nur die aktuellen Kurse wiedergeben. Vergleicht ein Fonds seinen Gesamtertrag mit einem reinen Kursindex, ist das eine Trickserei: Es lässt die Leistung des Fonds besser aussehen, als sie tatsächlich ist. Beispiel für einen reinen Kursindex: der Börsenindex SMI. Hingegen ist der SPI ein Gesamtertragsindex.

Depot holt, variiert von Fonds zu Fonds. Es können ein halbes Dutzend oder über tausend sein.

- Kleinanleger haben mit Fonds die gleichen Chancen wie Grossinvestoren. Denn: Ob ein Sparer 1000 Franken in einen Fonds steckt oder eine Million – jeder einzelne Fondsanteil ist im gleichen Masse am Fonds beteiligt. Die Rendite ist für alle gleich.
- Zwar sollten Fondskäufe und damit Engagements in Wertpapiere in der Regel mit einer langfristigen Optik getätigt werden. Dennoch ist es möglich, Fondsanteile jederzeit zum aktuellen Preis zu verkaufen. Der Sparer kann also stets über sein Geld verfügen. Das kann allerdings zur Folge haben, dass Anleger ihre Fondsanteile zu einem ungünstigen Zeitpunkt mit Verlust verkaufen müssen, wenn sie schnell Bargeld brauchen.

Besseres Rendite-Risiko-Verhältnis mit mehreren Fonds

- Die verschiedenen Fondskategorien erlauben es dem Anleger auch, nebst seinen Investitionen im Heimatland Schritte ins Ausland oder in bestimmte Branchen bzw. Anlagethemen zu tun – ohne sich gleich für einen bestimmten Einzeltitel entscheiden zu müssen.
- Für jeden Anlagebereich und jede persönliche Risikoneigung gibt es geeignete Fonds. Wer viel Risiko eingehen will, setzt beispielsweise stark auf Aktienfonds. Vorsichtige hingegen wählen Obligationenfonds.

Doch dies ist nur eine Faustregel. Es gibt auch Zeiten, in denen Obligationen über viele Jahre schlecht laufen (siehe Seite 100). Auch in dieser Hinsicht kann Diversifikation sinnvoll sein: Die Kombination von Fonds unterschiedlicher Anlagegebiete führt oft zu einem besseren Rendite-Risiko-Verhältnis.

Anleger mit viel Geld können selber einen Mix aus mehreren Fondskategorien zusammenstellen. Den Sparern mit kleinerem Portemonnaie bieten sich gemischte Fonds an: Sie verteilen das Geld auf mehrere Anlageklassen. Je nach Fondsgesellschaft heissen sie Strategie-, Anlageziel- oder auch Asset-Allocation-Fonds (siehe Seite 140 ff.).

Die Nachteile beim Anlegen in Fonds

Die Attraktivität der Fonds darf nicht darüber hinwegtäuschen, dass sie auch Nachteile haben:

- Wer Fonds kauft, setzt sich dem Auf und Ab der Börsen aus. Steigen die Kurse der von den Fonds gekauften Wertpapiere, erhöht sich das Fondsvermögen und damit im gleichen Mass auch der Wert der einzelnen Anteile.

Das Gegenteil ist genauso gut möglich. Gerade die Jahre 2000 bis 2003 sowie 2007 bis 2009 haben dies drastisch vor Augen geführt. Fährt nämlich die Aktienbörse in den Keller, sinkt auch der Wert der Fondsanteile – und der Anleger verliert Geld, wenn er seine Anteile in einem ungünstigen Zeitpunkt verkauft.

Die Wertentwicklung eines Fonds setzt sich übrigens nicht nur

Anlagefonds und Einlagensicherung

Wer Anlagefonds hält, muss sich um deren Sicherheit keine Sorgen machen für den Fall, dass seine Bank pleitegeht. Die Fondsanteile sind Sondervermögen, das nicht in die Konkursmasse der Bank fällt. Sie werden dem Kunden direkt zurückgegeben beziehungsweise in ein Wertschriftendepot bei einer anderen Depotbank übertragen. Das Gesagte gilt auch für die an der Börse gehandelten Indexfonds (ETFs, siehe Seite 144 ff.).

Beispiel: Wer auf einem Fondskonto der UBS Anteile gelagert hat, erhält diese Anteile zurück, falls die UBS pleitegehen sollte. Dies gilt selbst für die UBS-eigenen Fonds, die von ihr selber aufgelegt wurden. Mit anderen Worten: Anteile gelten auch dann als Sondervermögen, wenn die Fondsleitungsgesellschaft in Konkurs geht.

Zwei Ausnahmen gibt es allerdings: Jedes Wertschriftendepot ist mit einem oder mehreren Konten der betreffenden Bank verknüpft – für Investitionen, Ausschüttungen, Belastung von Gebühren usw. Diese Konten fallen sehr wohl in die Konkursmasse.

Das Gleiche gilt für liquide Mittel, Obligationen, Aktien und andere Wertschriften der Pleitebank, die möglicherweise in einem Fonds enthalten sind. Beispiel: Ein Aktienfonds hatte 10 Prozent seines Vermögens in die Credit Suisse (CS) investiert. Von der Zwangsübernahme der Credit Suisse durch die UBS ist der Fonds zwar nicht betroffen, da es sich dabei um Sondervermögen handelt. Es spielt also keine Rolle, ob der Fonds von der CS oder von einer anderen Bank aufgelegt wurde. Doch die CS-Aktien im Fonds waren vom Ende der Grossbank betroffen – und damit erleiden alle Anteilsinhaber dieses Fonds (ob CS-Kunden oder andere) eine Einbusse.

Deshalb gilt auch bei Fonds das Prinzip: keine Klumpenrisiken eingehen, sondern die Anlagen gut diversifizieren.

aus der Kursveränderung der darin enthaltenen Wertpapiere zusammen. Sie umfasst auch die Zinsen oder Dividenden, die ausgeschüttet oder wieder innerhalb des Fonds investiert werden (siehe Kasten Seite 135).

- Fondsgesellschaften belasten den Fonds interne Kosten. Deshalb könnte die Direktinvestition in die gleichen Titel für den Anleger unter Umständen günstiger ausfallen.
- Die Welt der Fonds ist extrem vielfältig. Rund 12 000 Fonds sind in der Schweiz zum Vertrieb zugelassen (Stand März 2024). Laien, die sich nicht den geschäftstüchtigen Kundenberatern ausliefern wollen, müssen Zeit investieren, um die Spreu vom Weizen zu trennen. Das gilt auch nach dem Kauf, also beim Überwachen des finanziellen Engagements.

Allerdings: Für Sparer, die sich nicht intensiv mit ihrer Geldanlage beschäftigen wollen, gibt es eine ausgezeichnete Lösung: einfache Indexfonds (siehe Seite 142 ff.).

- Hat sich der Fondskäufer einmal für einen bestimmten Fonds entschieden, hat er nichts mehr zu sagen. Die Fondsmanager bestimmen in eigener Regie, welche Titel sie ins Körbchen legen. Bei dieser täglichen Anlagepolitik können Fondseigner nicht mitreden. Die Fondsleitung muss sich nur an die im Prospekt beschriebene generelle Anlagepolitik halten.

Nach dem Fondskauf hat der Anleger auch hinsichtlich der Kosten keine Mitsprache mehr. Sie schmälern die Rendite. Es gilt also, vor dem Kauf die Kosten anzuschauen.

Auch in dieser Beziehung sind die einfachen Indexfonds eine gute Lösung. Da diese Fonds nichts anderes machen, als einem bestimmten Index zu folgen, sind sie sehr gut untereinander vergleichbar und günstig.

STICHWORT

ISIN und Valor

Sämtliche Wertschriften sollen eine weltweit eindeutige und einheitlich aufgebaute Identifikation bzw. Kennziffer tragen. Deshalb wurde 2003 die ISIN eingeführt. Das Kürzel steht für International Securities Identification Number. Auch Fonds haben eine ISIN.

Diese Kennziffer ist eine zwölfstellige Buchstaben-Zahlen-Kombination. Zu Beginn steht ein Länderkürzel mit zwei Buchstaben. Schweizer Fonds tragen vorne ein CH.

Neben der ISIN gibt es nationale Kennnummern. In der Schweiz den Valor, in Deutschland die Wertpapier-Kennnummer (WKN) und in den USA den Cusip-Code (Cusip steht für Committee on Uniform Securities Identification Procedures).

In Zeitungen, auf Auszügen von Wertschriftendepots und auf Faktenblättern von Fonds ist der Valor häufig zu sehen. Auch beim Umgang mit Onlinebrokern ist er geläufig.

Das sind die wichtigsten Fondskategorien:

1. Obligationenfonds

Obligationenfonds investieren in festverzinsliche Wertpapiere (siehe Kapitel 3). Dabei wird das Fondsvermögen auf verschiedene Schuldner wie Staaten oder Unternehmen verteilt. Oft enthalten Obligationenfonds Dutzende, manchmal sogar Hunderte von Titeln. Geht ein Schuldner pleite, hat dies nur eine relativ geringe Auswirkung auf das gesamte Fondsvermögen.

Die Diversifikation hat einen weiteren positiven Effekt: Obligationenfonds reagieren zwar auch auf das jeweilige Zinsumfeld am Markt. Doch die Kursschwankungen fallen wegen der Vielfalt der enthaltenen Obligationen und der unterschiedlichen Laufzeiten in der Regel schwächer aus als bei Direktanlagen in Anleihen.

Es gibt Obligationenfonds in Schweizer Franken, aber auch solche in ausländischen Währungen wie Euro und Dollar oder mit einem Währungsmix.

Zudem sind Fonds mit speziellen Obligationen erhältlich. Beispiele: Obligationen von schlechteren Schuldnern mit höheren Zinsen (sogenannte High-Yield- oder Schrott-Bonds) oder Anleihen aus Schwellenländern.

Tipp: Setzen Sie ganz oder zum grossen Teil auf Anlagefonds, die breit in die gängigen Schweizer-Franken-Obligationen investieren. Die Herausgeber dieser Obligationen sollten eine Rating-Mischung von AAA bis BBB aufweisen (Details dazu auf Seite 75 ff.).

Spezielle Obligationenfonds sind höchstens als kleine Ergänzung in Betracht zu ziehen. Und Fonds mit Fremdwährungsanleihen sollten das Währungsrisiko ausschalten. Fachleute sprechen von Währungsabsicherung oder Hedging.

2. Aktienfonds

Es gibt Aktienfonds verschiedenster Art. Die einen konzentrieren sich auf die grössten börsenkotierten Unternehmen eines Landes, einer Region, eines Kontinents oder der ganzen Welt. Andere Fonds investieren nur in Unternehmen mittlerer Grösse (sogenannte Mid-Caps) oder in kleine Firmen (Small Caps).

Branchenfonds wiederum setzen zum Beispiel auf erneuerbare Energien, auf die Biotechnologie oder die Industrie.

Eine weitere Kategorie sind Schwellenländerfonds.

Die Fondshäuser lancieren laufend neue Modetrends und bewerben diese dann aggressiv. Mal ist diese oder jene Branche gerade im Trend, mal soll die Blockchain besonders attraktiv sein, dann wird plötzlich die Werbetrommel für Fonds mit Uran-Unternehmen gerührt. Meist handelt es sich um Modewellen, die schnell im Sand verlaufen.

Tipp: Wählen Sie in erster Linie breit investierende Aktienfonds aus. Bei der Kategorie Schweizer Aktien sind das Fonds, die sich an den Indizes SMI oder SLI orientieren bzw. diesen Index zu übertreffen versuchen (siehe Kasten auf Seite 113).

Aktienfonds mit Schweizer Aktien lassen sich gut kombinieren mit einem Welt-Aktienfonds. Oder – wenn jemand differenzierter vorgehen will – mit Fonds, die grosse geografische Märkte abdecken: USA, Europa, Asien oder Schwellenländer.

Speziellere Fonds sollten Kleinanleger höchstens als bescheidene Beimischung einsetzen.

3. Geldmarktfonds

Geldmarktfonds sind eine Art Bankkontoersatz. Sie dienen als Parkieranlage für Gelder, auf die man jederzeit zurückgreifen kann.

Beispiel: Ein Anleger oder ein Unternehmen hat eine kleinere Summe in Reserve, die kurzfristig greifbar sein soll. In diesem Fall kommt in erster Linie ein Kontokorrent- oder ein anderes Bankkonto infrage.

Bei Anlagesummen hingegen, die den Einlegerschutz übersteigen, zum Beispiel 250 000 Franken, bieten sich Geldmarktfonds als Alternative an. Sie stellen wie andere Fonds sogenanntes Sondervermögen dar und würden bei einer Pleite der Bank nicht in die Konkursmasse fallen (siehe Kasten auf Seite 131).

Hohe Flexibilität und geringe Kursschwankungen

Geldmarktfonds investieren in Anlagen, die Zinsen abwerfen. Dazu gehören Obligationen von Staaten, Pfandbriefanstalten, Unternehmen und Banken.

Dabei berücksichtigen sie nur Wertschriften mit kurzen Laufzeiten. Sie weisen geringe Kursschwankungen auf, wenn sich das allgemeine Zinsniveau ändert.

Darum versprechen Geldmarktfonds, dass die Anleger ihre Investition jederzeit ohne grossen Verlust zurückholen können. Die Fondsanteile bieten also eine hohe Flexibilität, weil man kurzfristig über sein Geld verfügen kann.

Kurze Laufzeiten haben einen weiteren Vorteil: Die Wahrscheinlichkeit, dass ein Schuldner seinen Zahlungsverpflichtungen nicht nachkommen kann, ist gering.

Sondervermögen, geringe Kursschwankungen, kleine Risiken dank kurzen Laufzeiten – aus diesen drei Gründen gelten Geldmarktfonds als sehr sichere Anlage. Manche Anleger vertrauen darauf, dass sie mit ihnen elegant die Risiken normaler Bankeinlagen umgehen können.

Allerdings hat es auch schon Geldmarktfonds gegeben, die auf der Jagd nach höheren Renditen riskante Strategien gefahren sind. Ihre Fondsmanager investierten zum Beispiel in verbriefte US-Hypotheken von zweifelhaften Schuldnern. Diese Papiere standen am Anfang der Finanzmarktkrise 2008 und erhielten bald den Übernamen «Giftmüll».

Mit Kurzfristpapieren gibt es keine hohen Renditen

Mit Geldmarktfonds sind Anleger noch nie reich geworden. Die kurzfristigen Wertpapiere, in welche diese investieren, werfen nur eine geringe Rendite ab. Die Geldschwemme der Nationalbanken zur Bekämpfung der Finanz- und Eurokrise sowie während der Corona-Pandemie drückte die Rendite noch mehr.

Und dann schlagen auch die Kosten der Fondsverwaltung zu Buche. Mit der Folge, dass bei etlichen Franken-Geldmarktfonds die Rendite in den Jahren 2010 bis 2022 sogar unter null fiel.

Berücksichtigt man zusätzlich die Gebühren, die beim Kauf und Verkauf sowie für die Verwaltung des Wertschriftendepots anfallen, sieht die Rechnung noch unvorteilhafter aus.

Die Geldmarktfonds in ausländischen Währungen werfen zwar etwas mehr Rendite ab. Dafür handelt man sich mit ihnen ein Währungsrisiko ein. Für Anleger in der Schweiz, die in Franken rechnen, sind sie deshalb nicht empfehlenswert.

Achtung: Viele Wertschriftendepots, die von Banken oder Vermögensverwaltern in einem Mandatsverhältnis betreut werden, enthalten auch Geldmarktfonds. Hier kommt zu den bereits erwähnten Kosten und Gebühren eine weitere Auslage dazu: die Gebühr für das Mandat – in der Regel ein bestimmter Prozentsatz des verwalteten Vermögens, zum Beispiel 0,8 Prozent. Damit werden Geldmarktfonds vollends zu einem Negativgeschäft für die Anleger.

Tipp: In Tiefzinsphasen sollten Anleger Geldmarktfonds meiden. Sind kleinere Summen flüssig zu halten, kann dies mittels normaler Bankkonten geschehen. Bei Summen, die den gewöhnlichen Einlegerschutz übersteigen, findet man die grösstmögliche Sicherheit bei Konten einer Kantonalbank mit Staatsgarantie (siehe Seite 65 f.).

STICHWORT

Thesaurierend oder ausschüttend?

Es gibt Anlagefonds, die alle anfallenden Erträge – zum Beispiel Zinsen von Obligationen und Dividenden von Aktien – laufend reinvestieren. Sie sind thesaurierend.

Das Gegenteil sind ausschüttende Fonds: Sie zahlen die Erträge periodisch an die Besitzer der Fondsanteile aus, meist einmal jährlich, manchmal aber halbjährlich, quartalsweise oder gar monatlich. Über die Höhe der Ausschüttung entscheidet das Fondsmanagement.

Oft haben die Anleger bei einem Fonds die Wahl zwischen der thesaurierenden und der ausschüttenden Variante.

Diese Information findet sich auch auf dem Factsheet. Der Fonds, dessen Faktenblatt auf Seite 168 abgebildet ist, ist ein Beispiel dafür. Man sieht dort, dass er in beiden Varianten erhältlich ist.

Ausschüttende Fonds sind für Anleger sinnvoll, die auf ein regelmässiges Einkommen angewiesen sind.

Wer hingegen langfristig investiert und kein laufendes Einkommen braucht, wählt mit Vorteil thesaurierende Fonds. Ihre Wertsteigerung ist wegen des Zinseszinseffekts tendenziell höher.

Einen Steuervorteil bieten thesaurierende Fonds nicht. Die Einkommenssteuer fällt dennoch an, wie wenn die Zinsen und Dividenden effektiv ausgeschüttet worden wären (siehe Kapitel 8). Dies gilt übrigens auch, wenn die Renditeentwicklung des Fonds insgesamt negativ ist.

4. Immobilienfonds

Mittlerweile wohnen etwa 36 Prozent der Schweizer Bevölkerung in den eigenen vier Wänden. Doch Wohneigentümer betrachten ihre Immobilie in der Regel nicht als Renditeobjekt.

Ob Eigenheimbesitzer oder Mieter – wer Immobilien als interessante Kapitalanlage kaufen möchte, hat in den meisten Fällen nicht das nötige Geld dafür. Denn um ein Klumpenrisiko zu vermeiden, müsste man verschiedene Objekte kaufen, was einen entsprechend hohen Kapitaleinsatz erfordert.

Zudem braucht es für direkte Immobilienanlagen vertiefte Branchenkenntnisse und eine professionelle Verwaltung. Die Alternative dazu sind Immobilienfonds. Sie investieren ihr Geld in Wohnbauten, Büroliegenschaften, Shoppingcenter, Gebäude mit gemischter Nutzung und auch Bauland.

Der kleinste Schweizer Immobilienfonds besitzt weniger als zehn Liegenschaften, verteilt auf mehrere Kantone. Der grösste nennt über 350 Liegenschaften in der ganzen Schweiz sein Eigen; er

Geld verloren – mit «Vorsorgewohnungen» im Ausland

Wer möchte das nicht: eine Wohnung kaufen im Wert von 230 000 Franken, dafür nur etwa 110 000 Franken in monatlichen Raten abzahlen – und nach 25 Jahren erst noch Mieterträge als gesicherte Rente beziehen. Über ein solches Angebot der inzwischen liquidierten Firma Fokus Invest aus Oberwil BL berichtete die Finanzzeitschrift «K-Geld» (Ausgabe 6/08). Die verlockende Modellrechnung enthielt die folgenden Eckpunkte:

- Die Südoststeirische Sparkasse (A) vergab im Juli 2005 eine Hypothek zum günstigen Zinssatz von 2,35 Prozent.

- Zusätzlich erhielten die Käufer ein Darlehen als Ersatz für ihr fehlendes Eigenkapital zu einem Zinssatz von 2 Prozent.

- Gleichzeitig wurden zwei Lebensversicherungen abgeschlossen.

- Den laufenden Kosten für Hypothek, Darlehen, Darlehensrückzahlung, Lebensversicherungen und Verwaltung (812 Franken im Monat) standen auf der anderen Seite Mieteinnahmen von 451 Franken gegenüber.

So verblieb eine monatliche Ratenzahlung durch die Käufer von 361 Franken (25 Jahre lang). Mit diesen bescheidenen monatlichen Kosten durften die Käufer aufgrund der Unterlagen rechnen.

Nach 25 Jahren – so das Versprechen – sollte die Wohnung schuldenfrei den Käufern gehören, weil die Hypothek dank den Lebensversicherungen auf einen Schlag abgezahlt würde. Ab diesem Zeitpunkt, hiess es weiter, dürften die Besitzer die Mieteinnahmen quasi als Altersrente behalten oder die Wohnung verkaufen. Deshalb der Name Vorsorgewohnung.

Leider erwiesen sich die Annahmen als Schönwetterprognose. Denn einerseits stiegen die Zinsen massiv an. Anderseits wurden den Käufern plötzlich weniger Mieteinnahmen gutgeschrieben als prognostiziert.

Das Zahlengerüst geriet völlig aus dem Lot – weshalb die Schweizer Käufer plötzlich Tausende von Franken nachzahlen sollten. Unter dem Strich verblieb ein happiger Verlust.

Der Tipp ist klar: Kaufen Sie keine «Vorsorgewohnungen» oder «Ertragswohnungen» im Ausland. Das Risiko ist viel zu gross.

heisst «UBS Sima». Wie bei anderen Fonds kann der Anleger einzelne Fondsanteile kaufen und so mit relativ wenig Geld breit in Immobilien investieren. Ein Anteil des UBS Sima beispielsweise kostete im März 2024 rund 139 Franken.

Die Anteile der Schweizer Immobilienfonds werden wie Obligationen, Aktien und andere Wertpapiere an der Börse gehandelt. An der Schweizer Börse SIX sind insgesamt 42 Immobilienfonds kotiert (Stand März 2024). Je nach Angebot und Nachfrage steigen und sinken die Börsenkurse der Fondsanteile.

Zu unterscheiden vom Börsenkurs ist der «innere Wert» der Fondsanteile, auch Inventarwert oder Net Asset Value (NAV) genannt. Die Fonds müssen ihre Liegenschaften periodisch unter Beizug von externen Spezialisten bewerten. Der innere Wert der Fondsanteile entspricht dann der Formel: Gesamtwert der Liegenschaften minus Schulden, geteilt durch die Anzahl Fondsanteile. Der Inventarwert ist in Faktenblättern, Monats- und Geschäftsberichten ausgewiesen.

Kurse eilen dem eigentlichen Wert manchmal davon

Meist liegt der Börsenkurs über dem inneren Wert. Die Differenz heisst Aufpreis oder Agio. Im langjährigen Durchschnitt aller Schweizer Immobilienfonds beträgt das Agio gegen 16 Prozent. Es ist aber auch schon über 30 Prozent gestiegen und unter null gefallen.

Ein hohes Agio bedeutet, dass der Börsenkurs der eigentlichen Wertentwicklung der Fondsanteile stark davongeeilt ist. Wer in Zeiten eines steigenden Agios dabei ist, schöpft Erträge ab, die der Fonds erst in Zukunft erwirtschaften wird. Je höher das Agio, umso grösser ist aber die Wahrscheinlichkeit eines Kursrückschlags oder eines jahrelangen Tretens an Ort.

Umgekehrt eröffnet ein geringes Agio bei einem gesunden Immobilienfonds die Chance auf überdurchschnittliche Kursgewinne.

Wie gesagt: In der Regel liegt der Kurs der Fondsanteile über ihrem inneren Wert. In Krisensituationen, vor allem wenn ein Fonds in Schieflage gerät, kann er aber auch weit darunter fallen. Dann verwandelt sich das Agio in einen Abschlag, auch Disagio genannt.

Anleger, die ihre Anteile in einer solchen Disagio-Situation loswerden wollen, haben zwei Möglichkeiten: Sie können gleich in den sauren Apfel beissen und die Anteile zum schlechten Kurs an der Börse verkaufen. Es ist gut möglich, dass der Abschlag eines Fonds in finanziellen Nöten 10, 20 oder noch mehr Prozent unter den Inventarwert absackt.

Oder sie können ihre Anteile direkt an die Fondsgesellschaft zurückgeben. Der Rücknahmepreis darf zwar gemäss Gesetz auch unter dem Inventarwert liegen, aber nur wenige Prozente, damit der Fonds die Spesen decken kann.

Die Rückgabe der Anteile unterliegt strengen Bedingungen: Beispielsweise müssen die Anleger die Anteile kündigen, was nur auf Ende eines Rechnungsjahrs unter Einhaltung einer Kündigungsfrist von 12 Monaten möglich ist.

Immobilienfonds: Das lange Warten bei der Rückgabe

Es dauert also unter Umständen fast zwei Jahre, bis ein Anleger seine Anteile an die Fondsgesellschaft zurückgeben kann. Dabei gilt der Rücknahmepreis am Ende des betreffenden Rechnungsjahrs, nicht jener im Zeitpunkt der Kündigung. Zwischen den beiden Daten kann sich der Preis noch verschlechtern. Damit wissen Anleger zum Zeitpunkt der Kündigung nicht, wie viel Geld sie dereinst bekommen werden.

Ein Beispiel: Ende des Rechnungsjahrs des Immobilienfonds ist der 30. Oktober. Am 15. November 2023 entscheidet ein Anleger, dass er seine Anteile zurückgeben will. Wegen der 12-monatigen Kündigungsfrist auf Ende eines Rechnungsjahres hat er den 30. Oktober 2024 schon verpasst. Er kündigt also auf den 30. Oktober 2025. Ausbezahlt wird ihm dann der an diesem Stichtag gültige Rücknahmepreis.

Eine Liquidation kann sich über mehrere Jahre hinziehen

Es kann sogar vorkommen, dass Anleger auch nach einer so langen Zeit nur einen Teil des Geldes oder überhaupt nichts erhalten – dann nämlich, wenn der Fonds liquidiert wird. Der Verkauf der Immobilien kann sich über mehrere Jahre hinziehen. In einem solchen Fall zahlt der Fonds die Anleger in Tranchen aus. Je nachdem, wie viel der Fonds für seine Liegenschaften erhält, kann der Rücknahmepreis weiter sinken. Erst nach der letzten Auszahlung steht fest, wie viel Geld der Anleger insgesamt zurückerhält.

Aus Sicht des einzelnen Anlegers mag die verzögerte Ausstiegsmöglichkeit auf den ersten Blick sehr unbefriedigend erscheinen. Sie hat aber einen guten Grund: Immobilien sind keine liquiden Anlagen. Sie zu einem vernünftigen Preis zu verkaufen, braucht Zeit. Müsste ein Fonds Immobilien wegen vieler Rückgaben überstürzt losschlagen, wäre dies zum Schaden aller Anleger.

Anleger, die ihre Anteile an die Fondsgesellschaft zurückgeben, hoffen, am Schluss besser dazustehen, als wenn sie sie umgehend zu einem schlechten Preis an der Börse verkaufen würden. Ob sich die Hoffnung erfüllt, ist offen.

Immobilien – insgesamt eine bewährte Anlageklasse

Bis jetzt sind erst ganz wenige Schweizer Immobilienfonds in Schieflage geraten. Das letzte Mal passierte dies Mitte der 1990er-Jahre Parfon, einem Genfer Fonds mit starker Ausrichtung auf Geschäftsliegenschaften. Insgesamt aber hat sich diese Anlageklasse bewährt. Als Faustregel gilt: Rendite und Risiko sind höher als bei Obligationen, aber tiefer als bei Aktien.

Entsprechende Zahlen liegen für fast 30 Jahre vor (siehe Grafik unten). Von Anfang 1995 bis Ende 2023 erzielten die an der Schweizer Börse gehandelten Immofonds eine durchschnittliche Rendite von 4,8 Prozent pro Jahr. Dies nach Abzug der Teuerung und unter Einbezug der Ausschüttungen.

Doch auch bei Immofonds gibt es Schwankungen: Eine breit gestreute Investition in Immobilienfonds erlitt vorübergehende Wertverluste bis maximal 24 Prozent. Dieser Wertverlust zwischen Sommer 2021 und Ende 2023 konnte bis zum Frühjahr 2024 nicht aufgeholt werden.

Schweizer Pensionskassen haben etwa einen Fünftel ihres Vermögens in Immobilien investiert. Für die Vorsorgeeinrichtungen stellen Immobilien neben Obligationen und Aktien die dritte Kernanlage dar. Allerdings halten die Pensionskassen die Liegenschaften grösstenteils direkt und nicht über börsengehandelte Fonds. Das rentiert besser.

Immobilienfonds bieten auf lange Sicht weiterhin gute Renditechancen. Es ist aber möglich,

Die Wertentwicklung der Schweizer Immobilienfonds

Die Grafik zeigt, was aus 100 Franken wurde, die Anfang 1995 breit in Schweizer Immobilienfonds investiert wurden. Der Wert dieser Investition stieg bis Februar 2024 auf 391 Franken – nach Abzug der Inflation und unter Berücksichtigung der Ausschüttungen.

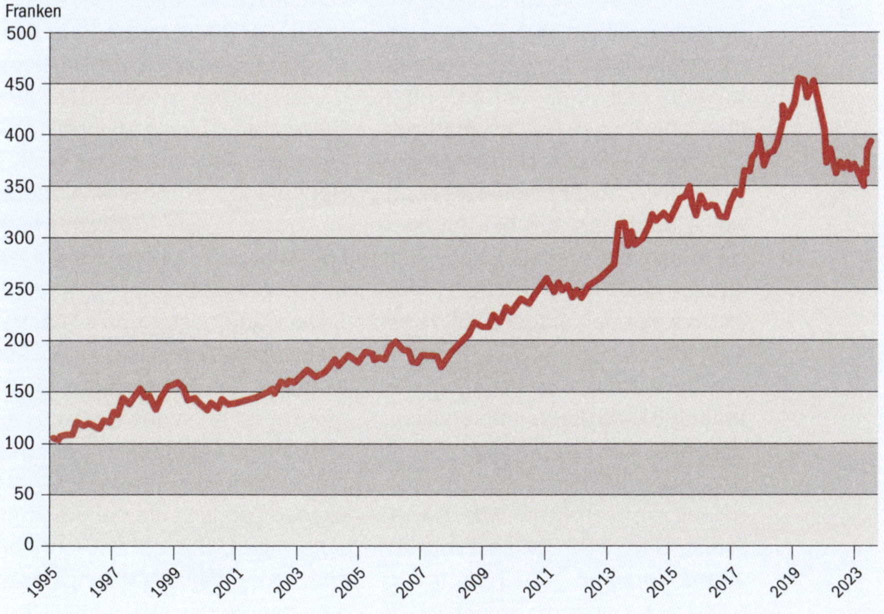

QUELLEN: SIX SWISS EXCHANGE, LANDESINDEX DER KONSUMENTENPREISE, EIGENE BERECHNUNGEN

dass der Ertrag nicht mehr so hoch ausfallen wird wie in den vergangenen Jahrzehnten. Und Anleger müssen in der Lage sein, Kurseinbrüche auszuhalten und Durststrecken durchzustehen.

Zwei Tipps dazu:

- Banken empfehlen ihren Kunden in der Regel einen einzigen Immobilienfonds – meistens denjenigen, den sie selber aufgelegt haben. Mit einem einzigen Fonds können die Anleger Glück, aber auch Pech haben.

  Besser ist ein breites Investment. Das ist mit einem börsengehandelten Indexfonds möglich: Der UBS ETF SXI Real Estate Funds (Valor 10599440) enthält alle 42 Immofonds. Die UBS und die zugrunde liegenden Fonds belasten den Anteilseignern zwar eine Gebühr von 0,97 Prozent pro Jahr. Dafür ist das Geld der Anleger optimal auf die verschiedenen Regionen sowie auf Wohn- und Geschäftsliegenschaften verteilt.
- Wenn das Agio deutlich über dem langjährigen Durchschnitt von 16 Prozent liegt, sollten Anleger ihre Immofondsposition nur schrittweise aufbauen, am besten über mehrere Jahre verteilt. Das Faktenblatt des erwähnten UBS-Indexfonds weist das aktuelle Agio aus.

Die Bedeutung der Immobilienaktiengesellschaften

Übrigens: Nicht zu verwechseln mit den Immobilienfonds sind Immobiliengesellschaften wie Swiss Prime Site, PSP Swiss Property, Allreal, Mobimo oder Hiag Immobilien. Sie sind auch an der Börse kotiert. Bei ihnen handelt es sich aber nicht um Fonds, sondern um Aktien. Es gibt sie in der Schweiz erst seit dem Jahr 2000.

Im Vergleich zu den Immobilienfonds halten Immobilienaktiengesellschaften weniger Wohngebäude, dafür mehr kommerzielle Liegenschaften. Sie weisen zudem einen höheren Fremdfinanzierungsgrad auf. Dadurch bieten Aktien dieser Firmen höhere Renditechancen als Immobilienfonds, haben aber auch ein höheres Risiko und stärkere Wertschwankungen. Sie gehören in die Anlageklasse Aktien, mit Ausrichtung Immobilien.

5. Mischfonds (Strategiefonds)

Mischfonds nennt man auch Strategiefonds, Anlagezielfonds, Portfoliofonds oder Asset-Allocation-Fonds. Sie investieren das Geld in verschiedene Anlageklassen. Infrage kommen vor allem Geldmarkt, Obligationen, Aktien, Immobilien sowie Rohstoffe und Edelmetalle. Einige Mischfonds legen einen Teil des Geldes auch in Hedgefonds an oder investieren in Private Equity (das sind nicht börsenkotierte Unternehmen, siehe Seite 123 ff.).

Die Hauptbestandteile machen meist Obligationen und Aktien aus. Je höher die Aktienquote, desto grösser ist auch das Risiko. Kleinsparer sind mit einem Mischfonds gut bedient. Denn viele von ihnen können gar nicht die hohe Summe aufbringen, die es braucht, um eine vernünftige Aufteilung des angelegten Geldes auf verschiedene

Anlagefonds zu bewerkstelligen. Und: Je kleiner die einzelnen Posten in einem Portfolio sind, desto stärker fallen die Gebühren ins Gewicht.

Doch auch Anleger mit grösserem Vermögen können zu Mischfonds greifen – dann nämlich, wenn sie mit der Geldanlage wenig zu tun haben möchten.

Ist der Entscheid über die Anlagestrategie gefallen und der Fonds gewählt, erledigen die Geldmanager die Arbeit. Eine periodische Kontrolle braucht es aber immer noch.

Hauptkriterium bei der Auswahl ist das Risiko. Meist erfolgt die Abstufung bei den Mischfonds gemäss der Aktienquote: Je grösser der Anteil der Aktien im Fonds ausfällt, desto höher ist das Risiko. Und umso länger ist die empfohlene Anlagedauer.

Anleger sollten sich aber bewusst sein: Die empfohlene Anlagedauer ist keine Garantie dafür, dass sich die Investition innerhalb der angegebenen Frist auszahlen wird. Es kann unter Umständen viel mehr Geduld nötig sein. Banken und Vermögensverwalter sowie ganz besonders die Kundenberater an der Front neigen dazu, die Risiken zu tief und die nötige Anlagedauer zu kurz darzustellen. Denn sie sind vor allem daran interessiert, Kunden zu gewinnen und zu Geschäftsabschlüssen zu kommen.

Wichtig: Erwarten Sie auch von Mischfonds keine Wunder. Die Zeitschrift «Bilanz» schrieb: «Die Manager von Strategiefonds gelten als Könige der traditionellen Vermögensverwaltung. Doch ihre Leistungen sind nicht königlich.» Der Grund dafür ist klar: Auch diese Profis können Kursentwicklungen nicht voraussehen.

Die «Bilanz» zitierte zudem Professor Manuel Ammann, Direktor des Schweizerischen Instituts für Banken und Finanzen der Universität St. Gallen: «Es ist zu erwarten, dass bei gleicher Risikogewichtung kostengünstige ETFs eine bessere Performance erzielen als vergleichsweise teure Strategiefonds.»

STICHWORT

Index

Ein Index ist eine Kennzahl für die Entwicklung eines bestimmten Anlagegebiets – beispielsweise von Obligationen, Aktien oder Rohstoffen (siehe auch Kasten auf Seite 113).

Oft umfasst ein Index nur einen Teilbereich eines Gesamtmarkts, wie etwa Bundesobligationen mittlerer Laufzeit, Aktien Nordamerika oder Small- und Mid-Caps (börsenkotierte kleinere und mittelgrosse Unternehmen).

Der Index kann aber auch die Entwicklung einer Branche darstellen, wie zum Beispiel die US-Technologiebörse Nasdaq.

Inzwischen gibt es für fast jede Anlagekategorie einen eigenen Index. Die für die Schweiz wichtigen Indizes finden sich unter www.six-group.com → Marktdaten → Indizes.

Die weltweit meistbenutzten Indizes stammen von MSCI (ehemals Morgan Stanley Capital International). Infos dazu finden Sie auf der Website www.msci.com. Die Fondsgesellschaften richten sich seit einigen Jahren vermehrt auch nach Indizes von Stoxx und dem US-Anbieter S&P aus.

6. Indexfonds

Die Welt der Anlagefonds ist zweigeteilt: Egal ob sie in Aktien, Obligationen oder andere Anlagen investieren – es gibt aktiv verwaltete Fonds und passiv verwaltete Indexfonds. Der Unterschied, kurz zusammengefasst:

- **Aktiv verwaltete Fonds** wollen eine möglichst hohe Rendite erzielen, das heisst: besser sein als der Marktdurchschnitt und die Konkurrenz. Sie beschäftigen Finanzexperten bzw. Analysten, die Unternehmen und Märkte studieren und dann diejenigen Einzeltitel auswählen, die ihrer Meinung nach am renditeträchtigsten sind.
- Die **passiv verwalteten Indexfonds** sind erst in den letzten Jahren in grösserem Mass aufgekommen. Sie wollen nicht besonders schlau sein, sondern möglichst genau ein ganzes Marktsegment repräsentieren – zum Beispiel die grossen Schweizer Unternehmen, die im Aktienindex SMI enthalten sind.

Das Management von Indexfonds trifft also keine individuelle Titelauswahl. Es bildet vielmehr einen Index ab – und zwar sowohl hinsichtlich der Titelauswahl als auch bezüglich deren Gewichtung. Die Folge: Steigt beispielsweise der SMI um 1 Prozent, legt auch ein entsprechender Indexfonds etwa 1 Prozent zu.

Bessere Renditen mit «langweiligen» Indexfonds

Indexfonds geben also den Durchschnitt eines bestimmten Anlagegebiets wieder. Da ist man versucht zu sagen: «Indexfonds? Nein, danke, mit dem Marktdurchschnitt gebe ich mich nicht zufrieden!»

Diese Haltung ist zwar nachvollziehbar. Fast in allen Lebensbereichen – von der Arbeitswelt bis zum Sport – werden überdurchschnittliche Leistungen mit Geld und Anerkennung belohnt.

Doch bei der Geldanlage fährt man mit dem «langweiligen» Durchschnitt meist am besten. Viele Renditevergleiche haben gezeigt: Die passiven Indexfonds erzielen eine bessere Wertentwicklung als die Mehrzahl der aktiv verwalteten Anlagefonds des gleichen Anlagegebiets – egal, ob es sich um Aktien, Obligationen oder andere Anlagen handelt.

Dafür sind zwei Gründe massgebend:

1. Grund: Die aktive Fondsverwaltung mit ihren Firmen- und Marktanalysen ist kostenintensiv. Die «Aktiven» betreiben auch einen viel grösseren Vertriebs- und Werbeaufwand und zahlen den Verkäufern zum Teil hohe Provisionen.

Ein Teil von ihnen erhebt zudem eine Erfolgsbeteiligung für die erzielte Rendite. Diese kann in Einzelfällen bis zu 20 Prozent des Gewinns ausmachen.

Insgesamt betragen die Gebühren, die den aktiv verwalteten Fonds belastet werden, meist deutlich mehr als 1 Prozent pro Jahr, manchmal sogar mehr als 2 Prozent. Das ist in der Regel drei- bis fünfmal so viel wie bei Indexfonds.

2. Grund: Trotz den hohen Kosten gelingt es den «aktiven» Fonds-

CHECKLISTE

Anlegen mit Fonds: Passiv oder aktiv?

1. Mit Indexfonds kaufen Sie ein bestimmtes Anlagegebiet – zum Beispiel gute bis sehr gute Franken-Obligationen. Oder die 30 grössten an der Börse kotierten Schweizer Unternehmen.

Wenn Sie möglichst wenig Zeit für die Auswahl der Fonds aufwenden möchten, setzen Sie am besten nur auf Indexfonds.

2. Aktiv verwaltete Fonds versuchen mit viel Aufwand, die zukunftsträchtigsten Titel in bestimmten Anlageuniversen ausfindig zu machen. Dies gelingt aber nur einem eher kleinen Teil dieser Fonds. Bei der Mehrzahl heisst es schliesslich: ausser Spesen nichts gewesen.

Sie sollten deshalb aktiv verwaltete Fonds nur kaufen, wenn Ihnen die Suche nach den Top-Performern Spass macht und Sie die nötige Zeit aufwenden können.

3. Die besten aktiv verwalteten Fonds schlagen zwar die Indexfonds. Oft können sie aber ihre Leistung nicht lange aufrechterhalten, gleiten oder stürzen sogar ab. Aktiv verwaltete Fonds bergen also ein erhöhtes Risiko. Haben Sie solche Fonds im Depot, sollten Sie sie gut überwachen – und abstossen, wenn keine begründete Hoffnung auf Besserung besteht.

4. Wegen ihres erhöhten Risikos sollten Sie nie Ihr ganzes Geld in bloss einen oder zwei aktiv verwaltete Fonds investieren. Setzen Sie diesen Fondstyp höchstens als Ergänzung zu Indexfonds ein. Beispiel: 80 Prozent Indexfonds und 20 Prozent aktiv verwaltete Fonds.

5. Banken schwatzen den Kunden mit Vorliebe ihre aktiv verwalteten Fonds auf, weil sie an ihnen am meisten verdienen – obwohl sie oft sogar selber kostengünstige Indexfonds im Sortiment haben. Deshalb der Tipp: Zögern Sie nicht, gute Indexfonds anderer Fondshäuser zu suchen und zu kaufen, falls Sie bei der Hausbank nicht fündig werden.

managern oft nicht, die zukünftige Entwicklung der einzelnen Titel richtig einzuschätzen – mit der Folge, dass sie nebst Perlen auch Nieten einkaufen. Somit holt die Grosszahl der aktiven Fondsverwalter keine Rendite heraus, die die hohen Kosten wettmachen würde.

Am ehesten schlagen aktive Fondsmanager vergleichbare Indexfonds noch in wenig effizienten Märkten – dort also, wo die nötigen Informationen nicht leicht und schnell allen Interessierten zugänglich sind. Beispiele dafür sind Nebenwerte (kleine Firmen) oder sogenannte Frontier-Börsen, also Aktien von bis anhin wenig entwickelten Ländern zum Beispiel in Afrika.

«In der Vergangenheit haben die aktiv gemanagten Fonds ihre höheren Gebühren selten durch eine Mehrrendite rechtfertigen können», sagt Matthias Weber von der Fondsdatenplattform Fundinfo in Zürich.

Kein Problem, könnte sich der gewiefte Anleger denken, ich kaufe einfach nur jene aktiv verwalteten Fonds, die in Renditevergleichen obenaus schwingen. So einfach ist das aber nicht. Denn es kommt oft vor, dass ein aktiver Anlagefonds während einiger Jahre brilliert – dann aber plötzlich nachlässt und nur noch unter «ferner liefen» figuriert.

Ein Beispiel: Warren Buffett ist ein weltbekannter Anleger. Der Milliardär aus dem US-Bundesstaat Nebraska gewann eine Wette. Verloren haben die Vermögensverwalter von Protégé Partners in New York. Am 19. Dezember 2007 wettete Buffett, er werde mit einem Indexfonds auf den US-Aktienindex S&P 500 bis Ende des Jahres 2017 mehr Geld verdienen als Protégé Partners mit aktiv verwalteten Fonds.

Tatsächlich: Trotz einem Fehlstart – minus 37 Prozent im Jahr 2008 – brachte der Indexfonds über die gesamten zehn Jahre betrachtet einen jährlichen Zuwachs von 8,5 Prozent. Die fünf von Protégé Partners ausgewählten Geldverwalter waren chancenlos: Der beste erreichte eine Rendite von 6,5 Prozent pro Jahr, der schlechteste magere 0,3 Prozent. Ein Grund dafür waren hohe Kosten der Verwalter.

Riesiges Renditegefälle bei den aktiv verwalteten Fonds

Fazit: Nur die besten aktiv verwalteten Anlagefonds schlagen die

Der Handel mit den zwei Arten von Indexfonds

Beim Kauf und Verkauf eines Fonds kommt es entscheidend auf die Frage an: Gibt die Fondsgesellschaft die Anteile an den Käufer heraus und nimmt sie sie später wieder von ihm zurück, oder wird der Fonds an der Börse gehandelt? Zur ersten Kategorie gehören die klassischen, aktiv verwalteten Anlagefonds. Es gibt aber auch Indexfonds, die in diese Kategorie fallen: die nicht börsengehandelten Indexfonds.

Zur zweiten Kategorie zählen die Exchange Traded Funds (ETFs), aber auch Schweizer Immobilienfonds (siehe Seite 135 f.). Die Tabelle zeigt, wie sich Kauf und Verkauf im Detail unterscheiden.

	– Normale Anlagefonds – Nicht börsengehandelte Indexfonds	– Börsengehandelte Indexfonds (ETFs) – Schweizer Immobilienfonds
Auftrag Kauf bzw. Verkauf	An die eigene Bank	An die eigene Bank
Auftrag wird ausgeführt	Durch die Fondsgesellschaft	An der Börse
Kurs	Ein Tagesendpreis	Variiert im Tagesverlauf
Differenz Kauf-/Verkaufskurs	Keine	Meist 0,05 bis 1 %
Kaufgebühren	Ausgabekommission	Börsencourtage der Hausbank
Verkaufsgebühren	Rücknahmekommission	Börsencourtage der Hausbank
Stempelsteuer beim Kauf	Schweizer Fonds 0 %, ausländische Fonds 0,15%	Schweizer Fonds 0,075 %, ausländische Fonds 0,15 %
Stempelsteuer beim Verkauf	Keine	Schweizer Fonds 0,075 %, ausländische Fonds 0,15 %

Indexfonds. Welches die besten «Aktiven» sind, ändert sich jedoch im Lauf der Jahre. Somit ist die Wahl bei den aktiv verwalteten Anlagefonds mit viel Glück und Pech verbunden.

Ob man bei aktiven Fonds richtig oder falsch liegt, macht einen grossen Unterschied. Bei ihnen herrscht ein riesiges Renditegefälle. Zum Beispiel in der Kategorie «Aktien Schweizer Standardwerte»: Der beste aktiv verwaltete Fonds erzielte von 2014 bis 2023 in Schweizer Franken gerechnet einen Wertzuwachs von 8,9 Prozent pro Jahr. Der schlechteste Fonds hingegen wies in der gleichen Zeitspanne nur ein jährliches Plus von 1,7 Prozent aus. Das ist eine Differenz von 7,2 Prozentpunkten – jedes Jahr.

Somit ist für Anleger ganz entscheidend, welche aktiv verwalteten Fonds sie im Depot haben. Sie müssen diese laufend überwachen und stehen oft vor der Frage, ob nicht ein Wechsel angezeigt ist. Hat ein momentan schlecht laufender Fonds nur einen vorübergehenden Durchhänger? Oder steckt ganz grundsätzlich der Wurm drin? Eine eindeutige Antwort fällt manchmal schwer.

Indexfonds sind pflegeleicht – und erst noch günstiger

Ganz anders die Indexfonds: Sie haben nur den Ehrgeiz, ein bestimmtes Anlagegebiet möglichst genau wiederzugeben. Deshalb unterscheiden sich die Renditen von Fonds zu Fonds des gleichen Gebiets nur wenig. Und es spielt folglich nur eine untergeordnete Rolle, welchen Fonds Anleger auswählen. So lagen bei den Indexfonds mit Schweizer Standardaktien die Renditen von 2014 bis 2023 nur wenige Prozentpunkte auseinander.

Aus diesen Gründen eignen sich Indexfonds sehr gut als Hauptbausteine eines Wertschriftenportfolios. Denn sie sind pflegeleicht. Und man kann sie viele Jahre liegenlassen.

Bei Indexfonds fallen natürlich ebenfalls Gebühren an. Sie liegen zwar viel tiefer als bei aktiv gemanagten Fonds. Sie bewirken dennoch, dass Indexfonds punkto Rendite leicht unter dem betreffenden Index liegen. Denn Indizes werden ohne Berücksichtigung von Kosten berechnet. Mit anderen Worten: Es ist ganz normal, dass die Indexfonds nicht ganz so gut abschneiden wie ihre Indizes.

Beachten Sie zum Thema aktive beziehungsweise passive Fondsverwaltung auch die Checkliste auf Seite 143.

Die zwei Kategorien der Indexfonds

Bei Indexfonds gilt es, zwei Kategorien zu unterscheiden:

1. Indexfonds, die es seit Jahrzehnten gibt. Sie funktionieren wie andere normale «klassische» Anlagefonds, die nicht an der Börse gehandelt werden.

2. Moderne börsengehandelte Indexfonds, bekannt unter dem Kürzel ETF. Der erste ETF kam 1990 auf den Markt.

Die Übersicht auf Seite 144 zeigt, dass es beim Kauf bzw. Verkauf der beiden Arten Unterschiede gibt.

Wie eine Lawine: Der Siegeszug der modernen ETFs

An der Schweizer Börse stehen mittlerweile über 1700 Produkte zur Auswahl (Stand März 2024). Die Angebotspalette reicht von Obligationen und Aktien über Edelmetalle bis zu ganz bestimmten Anlagegebieten, wie zum Beispiel grüne Anleihen oder Technologieaktien in China.

Auslöser für die fast lawinenartige Verbreitung der ETFs waren ihre Vorteile: tiefe Kosten und grosse Transparenz. Den Banken und Fondsgesellschaften hingegen bereiten diese aus Anlegersicht positiven Merkmale keine Freude. Denn an Indexfonds verdienen sie viel weniger als an den teuren aktiv verwalteten Fonds.

Deshalb sind Banken und Fondsgesellschaften dazu übergegangen, teurere, riskantere und weniger transparente Indexprodukte auf den Markt zu bringen. Diese sind für Kleinanleger nicht geeignet (siehe Kasten auf Seite 148).

Nicht vergessen: Es gibt auch gute normale Indexfonds

In den Medien ist fast nur noch von den modernen börsengehandelten ETFs die Rede. Dabei geht vergessen, dass es auch «normale» Indexfonds gibt, die nicht an der Börse gehandelt werden.

Diese «klassischen» Fonds folgen ebenfalls passiv einem Index und haben wie ETFs meist tiefere Kosten als aktiv verwaltete Fonds. Dies schlägt sich vorteilhaft in der Rendite nieder. Deshalb eignen sich auch diese normalen Indexfonds ausgezeichnet als Hauptbausteine eines Wertschriftendepots.

Die Privatbank Pictet und das Fondshaus der Zürcher Kantonalbank, Swisscanto, haben bisher ausschliesslich nicht börsengehandelte «klassische» Indexfonds aufgelegt.

Raiffeisen brachte zwar ETFs für Gold heraus, sonst aber auch nur Indexfonds, die man kauft und zurückgibt wie normale Fonds: Der Kunde erteilt den Auftrag, und die Bank bzw. die Fondsgesellschaft führt ihn direkt aus, ohne Umweg über die Börse.

Kommt dazu: Die modernen ETFs decken nicht alle wichtigen Anlegerbedürfnisse ab. Deshalb sind normale, nicht börsengehandelte Indexfonds oder eine Kombination der beiden Fondstypen für eine massgeschneiderte Vermögensanlage oft die beste Lösung. Auf welchen Gebieten die klassischen nicht börsengehandelten Indexfonds eine wichtige Rolle spielen, sehen Sie im Kasten rechts.

Tipps für den Kauf von Indexfonds

■ **Anlagegebiet**

Bevor Sie einzelne Indexfonds auswählen, sollten Sie wissen, welche Anlagegebiete Sie abdecken wollen. Das hängt von Ihrer Anlagestrategie ab: Wie viele und welche

Obligationen, Aktien oder andere Anlagen möchten Sie? Je nach Präferenz werden Sie nur bei börsengehandelten ETFs oder nur bei «normalen» nichtkotierten Indexfonds fündig. Manchmal überschneiden sich die Angebotspaletten der Fondsgesellschaften auch.

Wichtig: Wenn Sie für Ihre Geldanlage Berater oder Vermögensverwalter beiziehen, sollten Sie von ihnen ausdrücklich Indexfonds verlangen. Denn selber haben diese Berater kaum Interesse am Einsatz von Indexfonds, weil sie mit der Vermittlung solcher kostengünstigen Produkte wenig bis nichts verdienen.

■ Kauf von ETFs

Investieren Sie vorwiegend in Anlagegebiete mit grossen Handels-

TIPP

Es muss nicht immer ein börsengehandelter Indexfonds sein

Es gibt zwei Arten von Indexfonds: moderne börsengehandelte (ETFs) und nicht börsengehandelte, also normale Indexfonds. Beide haben ihre Berechtigung.

Mittlerweile sind über 1700 börsengehandelte Indexfonds an der Schweizer Börse kotiert. Ihr gängiger Name: Exchange Traded Funds (ETFs). Doch trotz ihrer grossen Zahl decken sie nicht alle Anlegerbedürfnisse ab. Die Zahl der normalen Indexfonds ist hingegen viel kleiner. Dennoch füllen sie wichtige Lücken, die die ETFs offenlassen.

Auf diesen Gebieten haben nicht börsengehandelte Indexfonds eine wichtige Rolle:

■ **Franken-Obligationen:** Es gibt nicht börsengehandelte Indexfonds für Staatsanleihen diverser Länder und Obligationen von Firmen. Bei Letzteren handelt es sich vorwiegend um gute bis sehr gute Schuldner. Diese Indexfonds rentieren langfristig besser als ETFs auf Bundesobligationen.

■ **Mischfonds:** In der ETF-Welt fehlen börsenkotierte Indexfonds, die das Geld gleichzeitig in mehrere Anlageklassen investieren, ohne hohe Fremdwährungsrisiken einzugehen. Auf solche Mischfonds sind zwar Anleger mit einem grossen Wertschriftendepot nicht angewiesen. Sie können selber einen Strauss einzelner Obligationen-, Aktien- und anderer Fonds zusammenstellen und so eine auf ihre Bedürfnisse zugeschnittene Vermögensverteilung erzielen.

Doch je kleiner ein Depot und damit auch die einzelnen Positionen, desto mehr fallen die Gebühren ins Gewicht. Für Anlagesummen bis 100 000 Franken können Misch-Indexfonds eine gute, kostengünstige Lösung sein.

Wer Misch-Indexfonds sucht, wird bei Pictet fündig. Solche nicht rein, aber zu über 90 Prozent passiv geführte Fonds bietet Avadis an.

■ **Vorsorgefonds:** Wer Freizügigkeitsguthaben oder Geld der steuerbegünstigten 3. Säule kostengünstig anlegen möchte, kann dies ebenfalls nur mit Hilfe nicht börsengehandelter «normaler» Indexfonds tun. Das entsprechende Angebot findet sich bei Credit Suisse (Stand März 2024), Raiffeisen, Swisscanto und ZKB.

TIPP

ETFs: Hände weg von teuren, riskanten Produkten

Der Markt für Exchange Traded Funds (ETFs) entwickelt sich rasant. Es gibt immer mehr neue Produkte – von denen aber viele teuer sind und dem Normalanleger nichts bringen.

Dazu gehören zum Beispiel die sogenannten Short-ETFs. Mit ihnen können Anleger auf Kurseinbrüche spekulieren.

Lanciert wurden umgekehrt auch Hebelprodukte, die Derivate beimischen und dadurch den Gewinneffekt verdoppeln können. Steigt beispielsweise ein Aktienindex um 2 Prozent, macht der Anleger mit einem gehebelten ETF einen Gewinn von 4 Prozent. Allerdings besteht dann auch ein doppeltes Verlustrisiko, falls sich der Index unerwartet in die entgegengesetzte Richtung bewegen sollte.

Neu gibt es auch ETFs mit komplexen Optionsstrategien. Sie sind schwer durchschaubar und indirekt mit hohen Kosten belastet.

Solche Produkte sind teurer und nur für Kurzfristspekulanten interessant, die von Schwankungen an der Börse profitieren möchten. Für den langfristigen Aufbau von Vermögen und damit für Normalsparer eignen sie sich nicht. Auch die Finanzmarktaufsicht der USA befand 2009, diese ETF-Produkte seien für Privatinvestoren nicht geeignet.

Der US-Autor David F. Swensen äussert sich in seinem Buch «Erfolgreich investieren – Strategien für Privatanleger» kritisch zu gewissen ETFs. Bisher seien mit ETFs «hochwertige Leistungen zu angemessenen Preisen» geboten worden. Doch der ETF-Markt scheine den gleichen anlegerfeindlichen Pfad einzuschlagen wie die traditionelle Investmentfondsindustrie, die nur «übermässige Profite auf Kosten der Anlegerinteressen» verfolge. Konkret: «Die Hauptdarsteller der ETF-Branche verschlechtern ihr Image durch die Einführung überflüssiger Produkte zu ungerechtfertigt hohen Gebühren.»

Tipp: Meiden Sie Short-, Hebel- und Options-ETFs. Kaufen Sie vorwiegend oder sogar ausschliesslich Indexfonds, die auf einfache Art grosse Märkte wiedergeben. Beispiele: Bundesobligationen, Schweizer Aktien, Aktien Welt.

volumen und nicht in Nischenprodukte. Und setzen Sie auf die gängigsten Angebote der führenden Fondshäuser. Beispiel Bundesobligationen oder Schweizer Aktien: Hier stammen die grossen Fonds von UBS und iShares. Beispiel Aktien Welt, USA, Europa und Schwellenländer: Hier können Sie auf die Flaggschiffe von Vanguard, iShares und UBS zählen.

Wer die grossen Fonds in den populärsten Anlagegebieten wählt, geniesst Vorteile in Bezug auf Handelsspanne, Fondskosten und Liquidationsgefahr:

■ Handelsspanne

Wie beim Kauf und Verkauf von Fremdwährungen am Bankschalter gibt es auch bei ETFs zwei Kurse: einen Kauf- und einen Verkaufskurs. Für den Käufer gilt der höhere Kaufkurs.

Die grossen Fonds haben den intensivsten Handel und damit

auch die kleinsten Spannen zwischen Kauf- und Verkaufskurs (auch Brief- und Geldkurs genannt).

■ **Fondskosten**
Die grossen Fonds der ETF-Branche stehen in starker Konkurrenz zueinander. Vielleicht wird sich das später einmal ändern. Aber vorläufig sind die Märkte noch umkämpft. Das wirkt sich kostendämpfend aus und sorgt damit für eine Rendite nahe dem Index.

■ **Liquidationsgefahr**
Bei den grossen Fonds der Hauptanlagegebiete ist die Gefahr, dass sie geschlossen werden, am geringsten (siehe auch Kasten auf Seite 164).

Was Sie beim Fondskauf ebenfalls beachten sollten

■ **Indexnachbildung**
Es gibt dazu grundsätzlich zwei Arten:
Entweder kauft der Fonds die Wertpapiere wirklich. In diesem Fall spricht **man von physischer Replikation**.

Oder der Fonds bildet den Index künstlich nach. Die Rede ist dann von **synthetischer Replikation**. Das geschieht mittels komplizierter Tauschgeschäfte, auch Swaps genannt.

Geben Sie der physischen Indexnachbildung den Vorzug. Bei sehr grossen Anlagegebieten kauft der Fonds nicht sämtliche Titel, sondern nur eine repräsentative Auswahl. Sie sind am Stichwort «optimiert» zu erkennen.

■ **Währungsrisiko**
Manche Fonds werden an der Schweizer Börse in Franken gehandelt, bergen aber dennoch Währungsrisiken.

Die Handelswährung in Schweizer Franken ist in diesem Fall eine reine Rechnungswährung – doch der Fonds investiert das Geld in Titel anderer Währungsgebiete.

Wer zum Beispiel einen in Franken kotierten Welt-Aktienfonds kauft, investiert sein Geld in über zehn Währungsräume. Einen Vorteil bietet ein solcher Fonds trotzdem: Dank dem Handel in Franken spart der Anleger die Kosten des Geldwechsels.

Klären Sie bei Fonds mit ausländischen Titeln das Währungsrisiko ab. Wenn Sie keine Währungsrisiken eingehen möchten, sollten Sie ausschliesslich währungsgesicherte Fonds kaufen. Sie sind oft mit einem H oder dem englischen Wort «hedged» gekennzeichnet. Die diesbezügliche Angebotspalette nimmt ständig zu. Allerdings ist die Währungsabsicherung nicht gratis.

■ **Nichtkotierte «normale» Indexfonds**
Ihre Zahl ist relativ klein. Die wichtigen Anbieter ausserhalb der steuerbegünstigten 3. Säule sind Credit Suisse, UBS, Vanguard, Swisscanto, Pictet und Raiffeisen.

Die Credit Suisse ist zudem bei Vorsorgefonds der 3. Säule eine wichtige Herausgeberin (siehe den Kasten Seite 147).

Die meisten Banken stellen dem Käufer eine Ausgabekommission in Prozent des Transaktionsbetrags in Rechnung. Der Prozentsatz kann fix sein oder mit zunehmendem Auftragsvolumen abnehmen. Sehr günstig kommen Postfinance-Kunden mit dem Selfservice-Fonds weg: Die Ausgabekommission beträgt 1 Prozent.

Für die Rücknahme von Fondsanteilen verlangt die Mehrheit der Finanzinstitute nichts. Wer sein Depot übers Internet selbst verwaltet, erhält häufig Rabatte auf die normalen Tarife – oft 50 Prozent und mehr.

Interessenten können Indexfonds kaufen, die nicht von der eigenen Bank stammen. Beispiel: Ein UBS-Kunde kann sich auch einen Pictet-Indexfonds zulegen. Doch keine Regel ohne Ausnahmen: Postfinance vertreibt ihre Fonds nur an eigene Kunden. Und bei Vorsorgefonds der 3. Säule muss man direkt bei der jeweiligen Bank ein Konto eröffnen.

Wichtig: Der gleiche Fonds kann unterschiedlich viel kosten – abhängig davon, wo er gekauft wird. Für Kunden der herausgebenden Bank ist er meist billiger als für andere Anleger.

Zum Beispiel der Indexfonds von Raiffeisen: Für den Kauf zahlen Raiffeisenkunden maximal 1 Prozent. Andere Banken und Vermögensverwalter dürfen ihren Kunden für die Raiffeisen-Indexfonds eine Ausgabekommission von bis zu 3 Prozent abknöpfen.

Es geht auch anders: Wer ein Wertschriftendepot bei Swissquote hat, erhält nicht nur die Indexfonds von Raiffeisen, sondern auch jene von Pictet und Swisscanto zum Tiefpreis von 9 Franken/Euro/Dollar, unabhängig vom Auftragsvolumen. Dass Swissquote-Kunden bei der Rückgabe noch einmal dieselbe Gebühr zahlen müssen, fällt dabei nicht ins Gewicht.

■ Informationen über Fonds

Wo Sie die nötigen Informationen über die Fonds finden können, lesen Sie auf Seite 159 ff.

Die Tücken neuer Fonds: So umgehen Sie die «Marketing-Hexenküche»

Die Kleiderfirmen wissen: Neues steigert den Umsatz. Deshalb wirft die Modebranche regelmässig neue Kollektionen auf den Markt. Das Fondsgeschäft läuft ähnlich. Das renommierte Fondsanalyseunternehmen Morningstar spricht von einer «Marketing-Hexenküche». Und: Die neuen Fonds beruhen allzu oft auf Anlagekonzepten, die ihre Tauglichkeit noch nicht unter Beweis gestellt hätten, kritisiert Morningstar.

Ein Beispiel dafür: Total-Return- und Absolute-Return-Fonds (siehe Kasten rechts).

Auch Versicherungsgesellschaften bringen immer wieder Produkte heraus, die das Geld in neue Fonds oder fondsähnliche Gebilde investieren. Zum Teil handelt es sich um Kombiprodukte mit einer Versicherung und einer Geldanlage (siehe Kasten auf Seite 152).

Weil diese neuen Geldanlagen noch keinen langfristigen Leistungsausweis vorweisen, greifen

Absolute-Return-Fonds haben Bewährungsprobe nicht geschafft

Fonds mit den Namen «Absolute Return», «Total Return» oder «Target Return» klingen nach Sicherheit und positiven Erträgen. Sie wurden erstmals 2003 lanciert. Die Verantwortlichen für diese Fonds versprechen Kapitalerhalt oder sogar Gewinne auch in schlechten Zeiten. Sie locken mit Vorgaben wie «defensive Anlage mit positiver Rendite in jeder Wirtschaftslage» und stellen in Aussicht, dass Anleger bei einem Verkauf jederzeit mindestens ihre Investition zurückerhalten.

In den Verkaufsgesprächen ist in der Vergangenheit oft von hoher Sicherheit die Rede gewesen. Doch Absolute-Return-Fonds weisen keinen speziellen Kapitalschutz auf. Die Banken empfehlen sie trotzdem konservativen Investoren: «Die Fonds sind interessant für alle Anleger, die spekulative Strategien vermeiden wollen», hiess es etwa bei der Credit Suisse. Auch Leuten, die beispielsweise ein Erbe sicher anlegen wollten, wurden schon Total-Return-Fonds angedreht.

Doch ihre erste Bewährungsprobe haben diese Fonds nicht bestanden. Sie fuhren in der Bankenkrise von 2008 nicht wie versprochen Gewinne ein, sondern bescherten den Investoren happige Verluste.

Schlimm erwischte es den Absolute-Return-Bond-Fund der UBS. Deshalb zog die Grossbank die Notbremse und überführte den Fonds in einen weniger risikoreichen Geldmarktfonds – eine geordnete Liquidation. Denn seit seiner Eröffnung im 2006 hatte der Fonds 41,2 Prozent an Wert eingebüsst.

Tipp: Auf dem Markt gibt es weiterhin Absolute-Return-Fonds – sowohl für Obligationen als auch für Aktien. Lassen Sie sich von den Verlockungen und den blumigen Marketingsprüchen nicht blenden. Absolute Return und ähnliche Bezeichnungen sind irreführend, weil sie die Risiken der Anlagestrategie verschleiern. Eine Rendite ohne Risiko – das wäre ein Wunder.

die Versicherungsgesellschaften zu einem Trick: Sie simulieren die Wertentwicklungen in der Vergangenheit, zum Beispiel in den letzten fünf oder zehn Jahren. Es wird also gezeigt, was für Renditen herausgekommen wären, wenn es die Geldanlage früher schon gegeben hätte.

Natürlich erscheinen in den Grafiken und Tabellen dann nur wunderbare Werte. Doch von solchen Simulationen sollte man sich nicht blenden lassen. Zumal jeweils irgendwo im Kleingedruckten steht: Die simulierte Wertentwicklung der Vergangenheit lässt keine Rückschlüsse auf die zukünftige Rendite zu.

Spezialfonds sollten höchstens als Ergänzung dienen

Kaufen Sie grundsätzlich nur Fonds und andere Produkte, die sich schon bewährt haben, und zwar echt, nicht simuliert. Konkret heisst dies: Die Fonds sollten mindestens einen ganzen Finanzmarktzyklus (Aufschwung und Abschwung) mit Erfolg durchlaufen

Fonds mit geringen Kursschwankungen: Eine Medaille mit zwei Seiten

Die Kurse von Aktien sacken immer wieder einmal kräftig ab. Auch Obligationen, Immobilien und Gold erleiden manchmal happige Kurseinbussen. Ideal wäre, wenn man eine schöne Rendite bei hoher Sicherheit erzielen könnte.

Gewisse Finanzdienstleister versprechen genau dies. Versicherungsgesellschaften sind hier besonders aktiv. Sie locken Kunden an, indem sie beides gleichzeitig in Aussicht stellen – «hohe Sicherheit dank garantierten Leistungen» und «ein unbeschränktes Gewinnpotenzial» (Zitate aus einer Broschüre der Bâloise).

Die Finanzdienstleister bieten heute speziell für konservative, sicherheitsbewusste Anleger eine ganze Palette von vermeintlich sicheren Produkten an.

Beispiel: der Swisscanto Portfolio Fund Responsible Relax, aufgelegt am 21. Juli 1994 (Valor 237924). Der Fonds verspricht «regelmässige Erträge» und «geringe Kursschwankungen».

Vor fünf Jahren kostete ein Fondsanteil knapp 980 Franken. Im März 2024 notiert der Fonds unter 940 Franken. Das entspricht einem Verlust von 3,7 Prozent in fünf Jahren oder 0,75 Prozent pro Jahr. Davon sind noch die Spesen für den Kauf und die Aufbewahrung der Fondsanteile abzuziehen. Der Fonds investiert überwiegend in Obligationen, überwiegend in Schweizer Franken, und berücksichtigt Nachhaltigkeitskriterien. Diese Titel weisen in der Regel sehr tiefe Zinsen auf.

Anlageprodukte, die Wertbeständigkeit versprechen, sind Medaillen mit zwei Seiten. Der Anleger bezahlte in den vergangenen Jahren den Vorteil der geringen Kursschwankung mit dem Nachteil einer negativen Rendite. Je höher die Sicherheit, umso tiefer sind die Renditeaussichten. Es gibt auch Produkte, die ihr Geld bis zum Ende der Laufzeit in Aktien oder anderen Anlagen mit erhöhtem Risiko belassen.

haben. Beispiel für eine solche Zeitperiode: 2007 bis 2013. Sie umfasst die Banken- und Eurokrise, aber auch die anschliessende Erholung der Märkte.

Bedenken Sie auch: Je spezieller und enger ein Anlagethema ist, desto grösser sind die Risiken. Hochzinsanleihen schwanken viel stärker als der gesamte Obligationenmarkt. Aktien von kleinen Firmen sind volatiler – schwanken also stärker – als die gesamte Börse.

Oft sind zwar auch die potenziellen Renditen höher. Doch Anleger sollten in erster Linie in die breiten Märkte investieren.

Wer die Herausforderung sucht und Spass an der Suche nach überdurchschnittlichen Renditen hat, sollte dafür bloss einen kleinen Teil seines Vermögens einsetzen (siehe die 80/20-Regel auf Seite 17).

Nachhaltigkeit und Ökologie: Investieren mit gutem Gewissen

Viele Anleger möchten ihr Geld nicht irgendwem anvertrauen, sondern damit ein verantwortungsbewusstes Wirtschaften unterstützen. Die steigende Nachfrage nach ethisch und ökologisch ausgerichteten Kapitalanlagen hat dazu geführt, dass sich immer mehr Fonds mit dem schönen Begriff «Nachhaltigkeit» oder «ESG» (englische Abkürzung für Umwelt, Gesellschaft und Unternehmensführung) schmücken.

Nachhaltigkeit kann in einem Ethik- oder Ökofonds zum Beispiel so definiert sein: «Nachhaltige Finanzanlagen konzentrieren sich auf Unternehmen, die auf langfristige und faire Weise wirtschaftlichen Erfolg erzielen und dabei ökologische und soziale Aspekte berücksichtigen.»

Aber: Nachhaltigkeit, Ethik und Ökologie können bei der Auswahl von Obligationen oder Aktien für ganz unterschiedliche Kriterien stehen. Eine einheitliche, überzeugende Definition gibt es nicht. Was nachhaltig ist, bleibt schwammig. Schauen sich Interessierte die angebotenen Fonds genauer an, haben sie häufig den Eindruck, es handle sich dabei um Mogelpackungen.

Einer der Gründe dafür: Bei der konkreten Auswahl der Einzeltitel kommt oft der sogenannte **Best-in-Class-Ansatz** zum Tragen. Dabei werden innerhalb der jeweiligen Branche diejenigen Unternehmen ausgewählt, die punkto Umweltschutz und Sozialstandards die strengsten Kriterien unter ihresgleichen anwenden.

Aber sind die Kriterien streng genug? Gemäss dem Best-in-Class-Ansatz gibt es in Nachhaltigkeitsfonds auch Ölkonzerne. Ausgeschlossen ist die Ölbranche also keineswegs. Das Gleiche gilt zum Beispiel für Hersteller von Komponenten für Atomkraftwerke.

Und auch Banken wie die UBS und HSBC finden Aufnahme in Nachhaltigkeitsfonds – obwohl Kritiker monieren, dass die Grossbanken die von ihnen finanzierten Geschäfte und Projekte nicht auf Nachhaltigkeit überprüfen.

Man könnte auch bemängeln, die beiden Grossbanken hätten viel zu wenig Eigenkapital. Geraten sie in Schieflage, müssen sie wegen ihrer Grösse und Bedeutung nach wie vor vom Staat – sprich von den Steuerzahlern – gerettet werden. Und ein solches Geschäftsgebaren zeugt weder von sozialer Verantwortung noch von Nachhaltigkeit.

Florian Schubiger vom Finanzberatungsunternehmen Vermögenspartner AG in Winterthur ZH steht den mit «nachhaltig» etikettierten Finanzprodukten skeptisch gegenüber. Häufig gebe es diese nur, weil sie sich gut verkaufen liessen. Für die Anleger würden sich die Papiere aufgrund der hohen Gebühren nicht lohnen. Und was sich hinter Nachhaltigkeit verberge, sei den Kunden oft unklar.

Die Zeitschrift «K-Geld» berichtete 2019 über nachhaltige Anlagen. Fazit: Fast alle entpuppten sich als Etikettenschwindel.

Tipp: Die Entwicklungshilfeorganisation «Erklärung von Bern» vermittelt nützliche Informationen zu dieser Thematik unter www.publiceye.ch.

Gutes tun – und trotzdem eine Rendite erzielen

Mit gutem Gewissen Geld verdienen – dies versprechen auch Mikrofinanzfonds den Anlegern. Mikrofinanz heisst zum Beispiel: In Guatemala hilft ein Darlehen von 200 US-Dollar einer Kleinunternehmerin, eine Bäckerei aufzubauen, um ihr Einkommen zu steigern und so ihre Lebenssituation zu verbessern.

Solche Kleinstkredite an Gewerbetreibende – meist in Entwicklungsländern – stammen von Mikrofinanzinstitutionen. Und in genau solche Banken oder bankenähnliche Institutionen investieren wiederum die Fondsmanager der Mikrofinanzfonds. Dies geschieht meist in Form von fest- oder variabel verzinslichen Schuldverschreibungen mit kurzer bis mittlerer Laufzeit.

Auch in der Schweiz gibt es einen solchen für jedermann zugänglichen Mikrokreditfonds – den Responsability Micro and SME Finance Fund.

Seine Schweizer-Franken-Tranche hat über die vergangenen zwölf Monate mehr als 3,5 Prozent an Wert gewonnen (Stand Ende Januar 2024). Das ist etwas besser als normale Obligationenfonds. Zudem erfolgte die Wertentwicklung bisher ausserordentlich konstant. Der Fonds schloss auch das Finanzkrisenjahr 2008 mit einem kleinen Plus ab.

Gar nicht vorteilhaft aus Anlegersicht sind die hohen Verwaltungskosten, die dem Fonds belastet werden: rund 2,2 Prozent pro Jahr.

Zudem: In den letzten Jahren geriet die Mikrofinanzbranche zum Teil stark unter Beschuss. In Indien kam es zu einer Serie von Selbstmorden, für die aggressive Kreditvergaben von Mikrofinanzorganisationen verantwortlich gemacht wurden: Kreditnehmer mussten Wucherzinse von bis zu 50 Prozent pro Jahr bezahlen (allerdings bei sehr hoher Inflation). Die indische Zentralbank legte in der Folge einen Deckel fest: Die Zinsen dürfen nicht mehr als 26 Prozent pro Jahr betragen.

Geldverwalterin des erwähnten Microfinance Fund ist Responsability Investments – eine Firma, die sich auf Entwicklungs- und Schwellenländer spezialisiert hat. In ihrer Selbstdarstellung legt sie Wert auf gesellschaftlichen Fortschritt, gesundes wirtschaftliches Wachstum, maximale Effizienz und Nachhaltigkeit. Responsability sagt, man kontrolliere dauernd alle 200 Institutionen, in die das Geld des Fonds fliesse. Anleger haben keine Möglichkeit, wirklich hinter die Kulissen zu blicken. Für sie ist es eine Frage des Vertrauens, ob sie Responsability für glaubwürdig halten wollen oder nicht.

Prime Forestry: Bäumiger Reinfall mit Teakholz

Übrigens: Als nachhaltiges Investment werden auch Investitionen in Edel- und Tropenholzplantagen verkauft. Dies tut zum Beispiel die Firma Sharewood, die Renditen von 12 Prozent und mehr pro Jahr in Aussicht stellt. Es ist aber unklar, ob die angepflanzten Bäume später einmal viel Geld abwerfen oder nicht.

Vergleichbare Tropenholzinvestments sorgten immer wieder für negative Schlagzeilen und waren für Anleger Millionengräber. Im Mai 2006 eröffnete beispielsweise die Eidgenössische Bankenkommission über die Firma Prime Forestry Switzerland AG den Konkurs und ordnete die Liquidation an. Die Gesellschaft investierte in die Produktion von Teakholz. Geworben wurde mit Jahresrenditen von bis zu 14 Prozent. Vom Konkurs waren rund 3000 Anleger betroffen.

Eine ähnliche Leidensgeschichte für Anleger verkörpert das Schweizer Unternehmen Precious Woods. Im Oktober 2007 erreichte die Precious-Woods-Aktie an der Schweizer Börse mit einem Kurswert von 151 Franken einen Höhepunkt. Im Frühling 2014 kostete der dekotierte Titel bei der Zürcher Kantonalbank noch etwas mehr als 1 Franken. Bis Ende 2021 erholten sich die Valoren und waren bei der Berner Kantonalbank für 12 Franken erhältlich, fielen aber bis Ende 2023 wieder auf 6 Franken.

Was Anlagefonds direkt und indirekt kosten

Viele Anleger lassen sich von der guten Rendite der Fonds in der jüngeren Vergangenheit blenden – und vergessen, auf die Kosten zu achten. Doch die rückblickend erzielte Performance ist nur ein Wahlkriterium. Es kommt oft vor, dass ein aktiv verwalteter Fonds phasenweise gut läuft, in anschliessenden Zeitperioden aber versagt.

Ob ein Fonds in Zukunft gut oder schlecht rentieren wird – das steht in den Sternen. Aber eines ist klar: Jedes Jahr fallen Fondskosten an. Sie gehen zulasten der Rendite.

Ein konkretes Beispiel: Ein Käufer investiert 75 000 Franken in Fonds. Die jährlichen Kosten, die dem Fonds belastet werden, betragen 1 Prozent. Und die Investitionen des Fonds werfen während 15 Jahren durchschnittlich 4 Prozent pro Jahr ab.

Die Nettorendite beträgt also 3 Prozent pro Jahr. Am Ende erhält der Anleger knapp 117 000 Franken.

Fallen jedoch jährlich 2 Prozent Fondsgebühren an, reduziert sich die Jahres-Nettorendite auf 2 Prozent und die ausbezahlte Summe auf rund 101 000 Franken. Die um 1 Prozentpunkt höheren Kosten fressen etwa 16 000 Franken weg.

Schweizer Fonds sind im internationalen Vergleich eher teuer. Oder anders gesagt: Fonds bringen den Banken und Fondsgesellschaften grosse Gewinne ein. Für den Anleger schmälern die Kosten aber die mögliche Rendite auf Dauer erheblich.

Daher lohnt es sich, bei der Wahl des Fonds auf möglichst geringe Gebühren zu achten.

Aufschläge und Kommissionen als Renditefresser

Es gibt direkte und indirekte Fondskosten (siehe auch die Zusammenstellung auf der nächsten Seite):

- **Ausgabeaufschlag** (einmalig) beim Kauf der Anteile. Es handelt sich um die Kommission beim Kauf von «normalen», nicht börsengehandelten Fonds.

Je nach Art des Fonds, der Fondsgesellschaft oder des Ver-

Was Fonds den Anleger kosten können

Direkte Fondskosten für Kauf, Verkauf und Depot

- Bei «normalen», nicht börsengehandelten Fonds: Ausgabeaufschlag, evtl. Rücknahmekommission an die Fondsgesellschaft.
- Bei börsengehandelten Fonds (ETFs): Kauf- und Verkaufsgebühren der Bank oder des Onlinebrokers (Courtage).
- Eidgenössische Stempelsteuer (abhängig davon, ob es sich um einen Schweizer oder um einen ausländischen Fonds handelt, siehe Zusammenstellung auf Seite 144).
- Depotgebühr für die Aufbewahrung bei der Bank.

Indirekte Kosten, die bei der Fondsverwaltung anfallen und die Rendite mindern

- TER, umfasst Managementgebühr für Fondsleitung (Management Fee), Depotbankenkommission des Fonds, Vertriebs- und Werbekosten, öffentliche Abgaben sowie Kosten für Revision und Publikationen.
- Eigene Transaktionskosten des Fonds, ausserordentliche Kosten.
- Eventuell erfolgsabhängige Gebühr (Performance Fee).

triebswegs frisst die Ausgabekommission meist zwischen 0,5 und 5 Prozent des Investitionsbetrags weg.

In der Regel sind Aktien-, Misch- und Spezialfonds teurer als Geldmarkt- und Obligationenfonds. Kauft der Kunde die Fonds seiner Hausbank, kommt er normalerweise günstiger weg, als wenn er auf andere Fonds zurückgreift.

Ein Ausgabeaufschlag von beispielsweise 2 Prozent bedeutet, dass der Fonds zuerst einen Gewinn von 2 Prozent erwirtschaften muss, bis nur diese Kosten gedeckt sind.

Die Ausgabeaufschläge beim Kauf von Fondsanteilen über den Kundenberater (per Telefon oder in der Filiale) liegen meist über den Tarifen im Onlinehandel. Die Ausgabekommission wird im Faktenblatt nicht genannt. Sie findet sich aber im Basisinformationsblatt des entsprechenden Fonds (siehe Seite 171 ff.).

Tipp: Ausgabeaufschläge können auch mal Verhandlungssache sein, besonders bei hohen Summen. Es lohnt sich, darüber mit der Bank zu reden. Und es gibt Vermögensverwalter, die grosse Summen bewegen und deshalb Fondsanteile für ihre Kunden zum Nulltarif kaufen können, also ohne Ausgabeaufschläge, zum reinen Nettoinventarwert.

- **Rücknahmekommissionen** werden von einigen Fondsgesellschaften als zusätzliche Kommission verlangt, wenn ihnen der Anleger seine Anteile zurückgibt. In der Regel sind sie deutlich tiefer als die Ausgabekommission. Das Basisinformationsblatt weist auch sie aus.

- **Kauf- und Verkaufsgebühren** treten bei börsengehandelten Fonds (ETFs) an die Stelle der Ausgabe- und Rücknahmekommissionen. Wie beim Einzeltitelkauf und -verkauf von Aktien, Obligationen oder anderen Wertpapieren über die Börse muss der Anleger hier die

Dienste einer Bank oder einer Internetplattform in Anspruch nehmen. Die Kauf- und Verkaufsgebühren, auch Courtagen genannt, sind die Entschädigung dafür.

Tipp: Onlinebroker sind meist günstiger als Banken. Das gilt selbst dann, wenn Anlegerinnen und Anleger über das Onlineportal der Hausbank mit Wertpapieren handeln (siehe Kasten auf der nächsten Seite).

■ **Depotgebühren** (wiederkehrend). Sie fallen jährlich oder quartalsweise bei der Bank oder beim Onlinebroker für die Aufbewahrung der Fondsanteile an.

Die Gebühr richtet sich in der Regel nach einem bestimmten Prozentsatz des Depotwerts und beträgt meist 0,1 bis 0,3 Prozent mit einem Betragsminimum – zum Beispiel 200 Franken pro Jahr. Möglich ist auch eine (zusätzliche) Gebühr pro Posten.

Um die eigenen Produkte zu fördern, belasten manche Banken für ihre hauseigenen Fonds reduzierte Depotgebühren.

■ **Transaktionskosten.** Seit Einführung der Basisinformationsblätter 2018 werden auch die Transaktionskosten für Fonds zu den laufenden Kosten gezählt und im Basisinformationsblatt separat ausgewiesen.

Jedes Mal, wenn der Fondsmanager das Fondsportfolio vergrössert, verkleinert oder umschichtet, also Aktien, Obligationen, Devisen oder andere Positionen kauft oder

FRAGE

Kann ich beim Fondshandel eine Limite setzen?

«Ich möchte Anlagefonds nur dann verkaufen, wenn der Preis stimmt. Und zu meiner Absicherung möchte ich sie mit einer unteren Limite versehen. Geht das – wie bei Aktien – auch bei Anlagefonds?»

Ja, aber nur bei Fonds, die an der Börse gehandelt werden. Das ist bei Exchange Traded Funds (ETFs) und Schweizer Immobilienfonds der Fall. Sie werden permanent an der Börse gehandelt.

Für die üblichen «normalen» Anlagefonds hingegen stellt der Fondsherausgeber nur einmal täglich einen Kurs aufgrund des aktuellen Inventarwerts. Bei solchen Fonds ist deshalb grundsätzlich nur ein Auftrag ohne Angabe einer Preislimite möglich. Das trifft auch für «normale» Indexfonds zu, die nicht an der Börse gehandelt werden. Sie funktionieren gleich wie die anderen Fonds. Achtung: Jeder Kauf und Verkauf eines nicht börsengehandelten Fonds hat für den Auftrag eine Schlusszeit. Im Fachjargon heisst sie **Cut-off-Time**.

In der Regel werden die Anteile von der Fondsgesellschaft täglich herausgegeben und zurückgenommen. In diesen Fällen muss der Auftrag bei der Fondsgesellschaft bis zu einem bestimmten Zeitpunkt im Tagesverlauf eintreffen, wenn sie ihn noch gleichentags ausführen soll. Das kann etwa 13 Uhr sein. Aufträge bis zu dieser Stichzeit werden zum Kurs am Ende dieses Tags abgerechnet. Bei später hereinkommenden Aufträgen, z.B. um 16 Uhr, erfolgt die Ausführung zum Kurs am Ende des folgenden Tags.

Seltener sind Fonds mit monatlichen oder noch spärlicheren Handelsterminen. Auch diese haben eine Cut-off-Zeit. Dann heisst es zum Beispiel: Spätester Auftragstermin ist der dritte Arbeitstag in einem bestimmten Monat, und die Ausführung erfolgt zum Kurs am Ende des letzten Arbeitstages dieses Monats.

verkauft, fallen Kosten an. Diese entnimmt die Fondsverwaltung ebenfalls dem Fondsvermögen.

Wie intensiv die Fondsverwaltung handelt, darüber gibt die PTR (Portfolio Turnover Rate) Auskunft. Eine PTR von 100 Prozent bedeutet, dass das ganze Portfolio im Berichtszeitraum einmal umgeschlagen wurde. Gut sind Umschlagsraten von weniger als 20 Prozent.

Eine hohe PTR kann auch bedeuten, dass die nicht offengelegten Transaktionskosten die TER übersteigen. Allerdings ist bei der Interpretation der Kosten Vorsicht geboten. Sie können aufgrund unterschiedlicher Methoden berechnet werden.

Die TER: Guter Anhaltspunkt für Kostenvergleiche

■ Der Begriff **TER** steht für Total Expense Ratio – auf Deutsch: Gesamtkostenquote. Sie ist ein Mass für die jährlich anfallenden Kosten. Deren Höhe ist für Anleger

TIPP

Mit Wertpapieren im Internet handeln: Grosse Unterschiede bei den Gebühren

Die Zeitschrift «K-Geld» verglich die Gebühren beim Wertschriftenhandel per Internet. Betrachtet wurden die Gebühren separat für einen Käufer von Einzeltiteln, für einen ETF-Käufer sowie für einen Fondskäufer (Ausgabe 1/2018). Dabei zeigte sich:

■ Der Online-Wertschriftenhandel ist günstiger als der Gang zur Bank.

■ Die Gebühren der einzelnen Plattformen weichen stark voneinander ab. So zahlte zum Beispiel ein Käufer von Einzeltiteln unter den gegebenen Prämissen bei Swissquote 235 Franken, bei der UBS hingegen 1337 Franken.

■ Es kommt darauf an, ob der Anleger börsengehandelte Indexfonds (ETFs) oder «klassische», nicht börsengehandelte Fonds kauft bzw. verkauft: Je nachdem ist eine andere Plattform am günstigsten. Bei börsengehandelten Indexfonds (ETFs) glänzten Degiro, Swissquote und Saxo-Bank. Wobei allerdings die Dienstleistung von Degiro teilweise ungenügend sei («K-Geld» 6/2018): Degiro-Kunden litten unter einem aufwendigen Anmeldeprozedere, schlechter Servicequalität und langen Wartezeiten bei der Gutschrift von einbezahltem Geld.

«K-Geld» hatte Depots mit einem Anfangs- und Endbestand von 90 000 Franken verglichen. Für den Gebührenvergleich wurden drei Käufe à 30 000 Franken getätigt.

Wichtig: Der Vergleich ist eine Momentaufnahme, die Gebühren ändern häufig.

Tipp: Bei den Internetplattformen der Banken kommt es oft vor, dass der Kauf von Anteilen eines hauseigenen Fonds günstiger ist als jener von Fremdfonds. Das allein ist aber noch kein ausreichender Grund, hauseigene Fonds zu kaufen.

Und: Bei höheren Transaktionsvolumen können Flatrates, also Einheitstarife, wie bei der Migros-Bank und zum Teil bei Swissquote günstiger sein als prozentuale Courtagen.

also ein guter Anhaltspunkt, um Fondskosten zu vergleichen.

Die TER bezeichnet den jährlichen Verwaltungsaufwand in Prozenten des durchschnittlichen Fondsvermögens. Berechnungsgrundlage bilden die effektiven Werte der vergangenen Rechnungsperiode.

Das Gesetz schreibt vor, wo die TER zu veröffentlichen ist: nämlich im Jahresbericht, im Halbjahresbericht, im Fondsprospekt und im vereinfachten Prospekt. Angaben zur TER finden sich oft, aber leider nicht immer, auch auf dem Fonds-Faktenblatt.

Der zweite «Beipackzettel» der Fonds, das Basisinformationsblatt, muss aber etwas Vergleichbares wie die TER ausweisen: die laufenden Kosten.

Der grösste Posten in der TER ist die Managementgebühr (Management Fee), also die Kosten für die Fondsleitung und -verwaltung. Die Kennzahl TER enthält noch weitere Ausgaben, zum Beispiel für Marketing und Vertrieb, für die Wirtschaftsprüfung, Aufsichtsbehörden und für Mitteilungen an die Anteilsinhaber.

Indirekte Kosten haben einen grossen Einfluss auf die Rendite

Bei diesen Gebühren und Auslagen, die dem Anlagefonds innerhalb eines Jahres belastet werden, handelt es sich um sogenannte indirekte Kosten. Die Anlegerin oder der Anleger zahlt sie nicht direkt, sondern sie werden regelmässig dem Fondsvermögen belastet und drücken damit den Wert der Fondsanteile nach unten. Langfristig können die indirekten Kosten die Rendite des Fonds stärker beeinflussen als die Entwicklung an der Börse.

Wo keine TER ausgewiesen ist, gibt eventuell die pauschale Verwaltungs- oder Managementgebühr einen Anhaltspunkt über die Höhe der indirekten Kosten.

- Eine allfällige **erfolgsabhängige Beteiligung** (Performance Fee) geht an den Fondsmanager beziehungsweise an die Fondsgesellschaft. Die gängige Begründung: Sie sei eine Belohnung für gute Leistung. Ein Beispiel: Der Fonds gibt sich eine Zielrendite von 5 Prozent (meist in der Nähe einer Benchmark) und legt fest: Liegt die Rendite darüber, beträgt die Erfolgsbeteiligung 20 Prozent von diesem «Überschuss». Dieser Gewinnanteil wird dem Anleger also vorenthalten.

Eine Erfolgsbeteiligung ist aber fragwürdig. Die Gefahr dabei: Fondsmanager erhalten dadurch Anreize, zu hohe Risiken einzugehen, um viel zu verdienen. Und befürchten müssen sie nichts. Falls der Fonds schlechter abschneidet als die Zielrendite, müssen sie keine «Strafgebühr» zahlen.

Bei Indexfonds gibt es keine Erfolgsbeteiligung.

So kommen Sie zu Infos über Anlagefonds

Banken empfehlen ihren Kunden meist ihre eigenen Fonds – auch wenn es andere, bessere gäbe. Auch auf die Ratschläge sogenannt «unabhängiger» Vermögensverwalter ist leider nicht immer Verlass.

Es ist ratsam, die Vorschläge anhand der zwei «Beipackzettel» der Fonds – der Faktenblätter und der Basisinformationsblätter – zu prüfen. Ab Seite 165 steht, welche nützlichen Informationen darin zu finden sind. Anleger, die bereits Fonds besitzen, sollten ihr Produkt ab und zu mit Hilfe dieser Beipackzettel kontrollieren.

Aber was tun, wenn man mit den Vorschlägen der Kundenberater oder mit bereits gekauften Fonds nicht zufrieden ist? Oder wenn man sich grundsätzlich ein eigenes Bild machen und die Anlagefonds selbst auswählen will?

Kauf und Verkauf von Fonds: Zwei konkrete Abrechnungen

Jede Bank hat ihre eigene Gebührenordnung. Deshalb sind Courtagen und Kommissionen beim Kauf bzw. Verkauf von Fondsanteilen von Bank zu Bank unterschiedlich. Selbst bei der gleichen Bank variieren die Gebühren meist – je nachdem, welche Art Wertschrift gehandelt wird und ob die Käufe bzw. Verkäufe per Internet oder im Kontakt mit dem Kundendienst erfolgen.

Normalerweise sind Fonds bei der Bank, die sie herausgibt, am günstigsten zu kaufen. Der Kunde von Bank A zahlt also mehr für einen Fonds der Bank B als ein Kunde der Bank B.

Aber: Kunden von UBS, Raiffeisen, Kantonal- und etlichen anderen Banken fahren bei vielen Fonds besser, wenn sie diese bei der Onlinebank Swissquote kaufen. Swissquote kauft und verkauft weit über 2000 Fonds, auch börsengehandelte Indexfonds (ETFs), zum Einheitstarif von bloss 9 Franken, Euro oder Dollar. Die Postfinance verlangt höhere Courtagen. Das zeigen die zwei Beispiel-Abrechnungen:

Der Handel mit Fonds bei der Onlineplattform der Postfinance

Beispiel für einen Kauf	
	UBS SMIM ETF (börsengehandelter Indexfonds)
Ort der Ausführung	Schweizer Börse SIX
Auftragsdatum	1.2.2024
Ausführungsdatum	1.2.2024
Belastung (Valuta)	5.2.2024
Anzahl Fondsanteile	28
Preis pro Anteil	Fr. 258.10
Betrag	Fr. 7226.80
+ Kommission	Fr. 30.-
+ Eidg. Stempelsteuer	Fr. 5.42
+ Börsengebühren	Fr. 2.58
Belastung	**Fr. 7264.80**

Beispiel für einen Verkauf	
	iShares Swiss Dividend ETF (börsengehandelter Indexfonds)
Ort der Ausführung	Schweizer Börse SIX
Auftragsdatum	1.2.2024
Abrechnungsdatum	1.2.2024
Gutschrift (Valuta)	5.2.2024
Anzahl Fondsanteile	80
Preis pro Anteil	Fr. 150.40
Betrag	Fr. 12 032.-
- Kommission	Fr. 40.-
- Eidg. Stempelsteuer	Fr. 9.02
- Börsengebühren	Fr. 3.30
Gutschrift	**Fr. 11 979.68**

Das sind nützliche Plattformen im Internet

Die Zahl der in der Schweiz zugelassenen Fonds – rund 12 000 – ist auf den ersten Blick verwirrend. Doch davon sollten Sie sich nicht abschrecken lassen. Im Internet gibt es Plattformen, die nützliche Dienste leisten. Dazu gehören:

- www.fundinfo.com
  Stärken: Eine Suchmaschine ermöglicht es, schnell die erhältlichen Fonds eines Anlagegebiets zu finden. Zudem: leichter Zugriff auf die Fondsunterlagen wie Faktenblatt, Basisinformationsblatt und Jahresbericht.
- www.justetf.com
  Hier findet man so gut wie alle ETFs inklusive Faktenblätter, die alle wichtigen Daten eines Fonds aufführen: grösste Positionen, Kosten, Lancierungsdatum, Volumen usw.
- www.morningstar.ch
  Grösste Stärke: Die Renditen der Fonds werden in Franken angezeigt – auch bei Fonds, die in Euro, Dollar oder anderen Währungen abrechnen. Die Werte in Franken sind für Anleger in der Schweiz entscheidend. Denn sobald sich der Franken aufwertet, bleibt für sie bei ausländischen Wertschriften unter dem Strich weniger übrig.

  Morningstar liefert die Renditeangaben zudem zu verschiedensten Zeitperioden: laufendes Jahr, ein Jahr, drei, fünf und zehn Jahre. Zudem lassen sich alle Fonds eines Anlagegebiets punkto Rendite und Gebühren in Ranglisten vergleichen.
- www.swissfunddata.ch
  Stärken: Zugriff auf Informationen zur ESG-Strategie und zu Nachhaltigkeitskennzahlen. Auch lassen sich Steuerdaten und diverse Fondsdokumente (unter anderen das Faktenblatt) herunterladen. Wermutstropfen: Informationen zu vielen Fonds – insbesondere ETFs – fehlen hier.
- www.six-group.com → Marktdaten → ETFs
  Die Schweizer Börse SIX ist gleichsam das offizielle Portal der börsengehandelten Indexfonds (ETFs). Stärke: die Infos über die Handelsvolumen und die Spannen zwischen Kauf- und Verkaufskursen (Spreads) – auch die historischen.

Übrigens: Alle Banken mit eigenen Fonds haben im Internet Angaben über ihre Produkte aufgeschaltet. Die UBS beispielsweise stellt auf ihrer Fondsplattform ausführliche Informationen und Unterlagen zur Verfügung.

Fondssparpläne: Steter Batzen füllt das Konto

Eine der Möglichkeiten, Vermögen zu bilden, ist der Fondssparplan: Der Sparer nimmt sich vor, regelmässig eine bestimmte Summe einzuzahlen. So kombiniert er wiederkehrende Einzahlungen in ausgewählte Fonds mit den Chancen – aber auch mit den Risiken – der Geldanlage. Oft ist dabei vom Fondskonto die Rede.

Mit einem Fondssparplan erwirbt die Anlegerin oder der Anleger Fondsanteile nicht nur, wenn

FRAGE

Wurde ich beim Fondsverkauf über den Tisch gezogen?

«Ich gab der Bank beizeiten am Morgen des 8. Januar den Auftrag, meine Fondsanteile sofort zu verkaufen. Am 10. Januar erhielt ich folgende Verkaufsabrechnung mit Datum 9. Januar: ‹Wir haben Ihre Fondsanteile am 8. Januar verkauft zum Kurs von Fr. 120.86›. Im Kursteil meiner Zeitung war aber am 8. Januar für diesen Fonds ein Kurs von Fr. 123.61 ausgewiesen. Hat die Bank hier etwas abgezweigt?»

Nein. Diese Abrechnungsart stösst vielen Anlegern sauer auf. Sie ist aber in der Branche üblich bei «normalen», also nicht börsengehandelten Fonds.

So ist das Vorgehen: Ihr Verkaufsauftrag wurde von der Bank am Morgen des 8. Januar ins System eingegeben. Sie hatten also Anrecht auf den Nettoinventarwert (NAV) vom 8. Januar. Damit ist der Preis eines Fondsanteils gemeint. Dieser Preis errechnet sich aus dem aktuellen Wert des Fondsvermögens geteilt durch die Anzahl Fondsanteile.

Der NAV wird jedoch nur einmal im Tag berechnet: per Tagesende. In Ihrem Fall war das am Abend des 8.1. Denn erst mit Börsenschluss dieses Tages standen die Werte der einzelnen Elemente im Fonds wie Aktien, Obligationen usw. fest. Aus praktischen Gründen findet die Berechnung aber erst am folgenden Tag statt, also am 9., rückwirkend für den Abend des 8. Januar.

Ein Institut kann also erst am nächsten Tag bestimmen, welchen Wert der Fondsanteil heute Abend hat. Und weil es die Kurse auch nicht vorher an die Zeitung geben kann, sind die in Zeitungen veröffentlichten Zahlen bereits zwei Arbeitstage alt.

Über solche Preisdifferenzen wundern sich natürlich nur jene Anleger, die beim Verkauf schlechter fuhren, als sie es aufgrund der Kurse in den Zeitungen erwartet haben. Käufer hingegen erleben in der gleichen Konstellation eine positive Überraschung, weil sie weniger zahlen als den am betreffenden Tag publizierten Kurs.

Tipp: Wer sich schneller über die Preise von Fondsanteilen informieren will, nutzt am besten Internetdienste (siehe vorherige Seite). Sie sind einen Tag schneller als Zeitungen und publizieren jeweils den Nettoinventarwert des Vortags.

Beachten Sie die Schlusszeit für den Kauf- bzw. Verkaufsauftrag. Sie kann zum Beispiel bei 14 Uhr liegen. Aufträge, die vorher eingehen, werden zum Inventarwert am Ende des gleichen Tags abgerechnet. Für später eintreffende Aufträge gilt der Inventarwert am Abend des folgenden Tages (siehe auch Kasten auf Seite 157).

sie teuer, sondern auch dann, wenn die Kurse gesunken sind.

In Phasen mit tiefen Kursen erhält er für sein Geld mehr Fondsanteile. Je länger der Fondssparplan dauert, umso ausgeglichener wird der Vermögensaufbau.

Die wichtigsten Grundsätze:

- Fondssparpläne eignen sich für Leute, die regelmässig eine bestimmte Summe – z. B. 200 Franken pro Monat – sparen und investieren möchten. Der Betreiber des Fondssparplans kauft dann mit diesem Geld laufend Anteile (bzw. Bruchteile von Anteilen) von ausgewählten Anlagefonds dazu.

- Ein Fondssparplan ist ein reines Sparinstrument. Er enthält keine Versicherungselemente wie die Fondspolice (siehe Seite 36) und ist damit der bessere und günstigere Weg, ein Sparziel zu erreichen. Sollte eine Versicherung nötig sein (zum Beispiel für die Absicherung des Todesfalls), lässt sich diese kostengünstiger separat abschliessen.
- Ein Sparplan ist kein Notgroschen für wichtige Anschaffungen. Für kurzfristige Ausgaben oder zum Beispiel unerwartete Zahnarztrechnungen sollten Sie daneben stets noch einen ausreichenden Betrag auf einem frei verfügbaren Lohn- oder Sparkonto haben.

Zeitlich flexible Fondssparpläne sind vorzuziehen

Das sind die wichtigsten Punkte, auf die Sie achten müssen, damit Sie ein Produkt wählen, das Ihren Bedürfnissen entspricht:

- **Einzahlungen.** Schauen Sie darauf, dass die erste Einlage zu Beginn des Sparprozesses nicht allzu hoch sein muss. Üblich sind 50 bis 200 Franken. Zudem sollte die minimale Höhe der regelmässigen Zahlungen moderat bleiben – normalerweise 100 Franken). Wählen Sie einen Sparplan, bei dem Sie Laufzeit und Einzahlungsrhythmus frei festlegen können. Sie sollten die Einzahlungen auch für eine gewisse Zeit kostenfrei unterbrechen oder ein- oder mehrmalig stark erhöhen können, wenn Sie einmal viel Geld übrig haben.

Tipp: Legen Sie sich nicht für eine bestimmte Laufzeit fest. So bleiben Sie flexibel.

Nein zu Plansummensystemen und Einrichtungsgebühren

- Meiden Sie Sparpläne mit dem **Plansummensystem:** Hier zieht der Betreiber gleich zu Beginn die gesamte Ausgabekommission ab, und zwar für die Totalsumme, die der Kunde in einer fix vereinbarten Laufzeit (zum Beispiel fünf Jahre) einzahlen wird. Die Mehrzahl der Banken und Versicherungen hingegen kassiert die Ausgabekommission bei jeder einzelnen Rateneinzahlung.

Konsequenz des Plansummensystems: Ein Teil des Zinseszinses geht verloren, weil eine grössere Summe gleich zu Beginn abgezwackt wird. Und: Wer hier früher aussteigt als vereinbart, hat zu viel Kommission bezahlt und erhält sie nicht zurück. Solche Sparpläne werden vor allem von freien Vermittlern verkauft, die sich so ihre Verkaufsprovision sichern.

- Eine hohe Ersteinzahlung kann auch in Form einer sogenannten **Einrichtungsgebühr** daherkommen. Der Betreiber des Plans kassiert sie ganz oder tritt einen Teil an seine Vermittler ab.

Der Tipp ist klar: Kaufen Sie nie Fondssparpläne von freien Vermittlern. Und zahlen Sie auch keine Einrichtungsgebühren.

- **Fondsauswahl.** Gut sind Finanzinstitute, die eine Auswahl an unterschiedlichen Fonds bieten: Obligationen in Schweizer Franken, Aktien Schweiz, Aktien weltweit und gemischte Strategiefonds.

- **Switchen.** Ein Sparplan sollte auch die Möglichkeit bieten, den Sparbatzen von einem Fonds in einen anderen zu transferieren. Zwar empfiehlt es sich, eine gut begründete Strategie nicht zu verändern, nur weil das Wetter auf den Finanzmärkten wieder mal umschlägt. Das Switchen kann sich

Erzwungener Fondsausstieg: Geprellt sind die Anleger

Es kommt immer wieder vor, dass Fonds für die Banken nicht mehr rentieren und aufgelöst oder fusioniert werden. Die Folgen für die Anleger: Sie müssen ihre Verluste unter Umständen realisieren und verlieren oft zusätzlich durch einen schlechten Wechselkurs.

Als Grund geben die Fondsgesellschaften jeweils das zu geringe Fondsvermögen an – zum Beispiel, weil sich das Anlagekonzept als Flop herausstellt. Auf lange Sicht könnten sonst die effiziente Verwaltung und die nötige Risikodiversifikation für die Anleger leiden, sagen die Betreiber zur Begründung.

Oft kommt es auch in der Folge von Finanzkrisen zu Fondsschliessungen, weil viele Anleger ihre Mittel abziehen, um noch grössere Verluste zu vermeiden.

Kleines Fondsvermögen und Geldabfluss schmälern auch die Rendite für die Betreiberbanken selber – und das ist wohl der wahre Grund für die Schliessung. Denn Fonds finanzieren sich durch eine jährlich erhobene Verwaltungskommission.

Deshalb ziehen es die Fondsleitungen vor, unrentable Fonds zu liquidieren oder mit anderen zu fusionieren, statt eine gewisse Zeit Verluste zu schreiben und auf eine Erholung der Märkte zu setzen.

Die Kunden haben dazu nichts zu sagen, auch wenn sie lieber langfristig anlegen und die Krise aussitzen möchten. Bei einer Fondsliquidation werden allfällige Buchverluste von Anlegern vorzeitig realisiert. Einmal mehr gilt dann: die Gewinne den Banken, die Risiken und Verluste den Anlegern.

Laut Artikel 96 des Bundesgesetzes über die kollektiven Kapitalanlagen darf eine Fondsleitung einen Fonds mit unbestimmter Laufzeit tatsächlich jederzeit kündigen. Nach der Schliessung sind Ausgabe und Rücknahme von Fondsanteilen untersagt.

Die Dauer des Auflösungsprozesses ist abhängig vom Anlageprodukt. Bei gängigen Obligationen und Aktien ist die Liquidation in der Regel innert weniger Wochen abgeschlossen, bei Hedgefonds und Immobilienfonds kann dies aber Jahre dauern.

Während des Auflösungsprozesses ist das verbliebene Kapital der Anleger blockiert, Teilauszahlungen sind jedoch möglich. Wie viel Geld ein Kunde ausbezahlt erhält, erfährt er erst mit der Schlussabrechnung.

Tipp: Es empfiehlt sich, vor dem Kauf von Fondsanteilen auf die Höhe des verwalteten Vermögens zu achten. 20 bis 30 Millionen Franken sollten es schon sein, besser noch 50 Millionen und mehr. Indexfonds sollten aufgrund der geringeren Marge verwaltete Vermögen in Höhe von mindestens 100 Millionen Franken haben. Bei kleineren Fonds sind die internen Kosten zu hoch, und das Risiko ist zu gross, dass sie geschlossen werden.

aber aufdrängen, wenn sich die persönliche Situation des Anlegers verändert. Beispiele: Familiengründung, markante Einkommenssteigerung oder Lohneinbusse, nahende Pensionierung.

Bei den meisten Plänen sind solche Wechsel ohne weiteres möglich. Achten Sie aber darauf, dass das Switchen wenig oder gar nichts kostet.

- **Flexibilität.** Klären Sie vor dem Abschluss ab: Sind überraschende Zahlungsunterbrüche wegen eines finanziellen Engpasses oder Teilrückzüge bei plötzlichem Geldbedarf möglich und nicht zu teuer? Wie frei ist man, wenn der Sparplan aufgelöst werden soll? Und was kostet das?
- **Auszahlungsplan.** Ist die Sparzeit vorbei, gibt es im Prinzip zwei Möglichkeiten: Man bezieht den angesparten Betrag auf einen Schlag, oder man baut ihn langsam ab.

Ein Auszahlungsplan, oft auch Entnahmeplan genannt, macht vor allem nach der Pensionierung Sinn. Man lässt sich dann zum Beispiel 500 Franken pro Monat aufs Konto überweisen.

Solche Entnahmeszenarien sind allerdings nicht bei allen Fondssparplänen vorgesehen.

- **Kosten.** Auch bei Spar- und Auszahlungsplänen gilt es, auf tiefe Kosten zu achten. Vergleichen Sie nicht nur die Kosten beim Kauf oder bei der Rückgabe sowie die Gebühr für die Verwahrung der Fondsanteile. Ins Gewicht fallen auch die Kosten, die den Fonds belastet werden. Stichworte: TER und laufende Kosten. Schauen Sie darauf, das diese jährlich wiederkehrenden Kosten weniger als 1 Prozent betragen.
- **Sparen mit Indexfonds.** Es gibt auch Fondssparpläne, bei denen das Geld der Sparer in kostengünstige Indexfonds fliesst, sei es in börsengehandelte oder nichtkotierte.

Solche Sparpläne gibt es bei True Wealth und beim VZ Vermögenszentrum. Bei der Avadis Vermögensverwaltung sind kostengünstige Spar- und Auszahlungspläne erhältlich, die bis zu 90 Prozent passiv verwaltet werden. Avadis verzichtet zudem auf Ausgabe- und Rücknahmekommissionen und auf eine Depotgebühr.

Entscheidend ist die persönliche Anlagestrategie

Bevor Sie sich für einen Fondssparplan entscheiden, müssen Sie Ihre Risikobereitschaft abschätzen und die Anlagedauer festlegen. Hier gelten die gleichen Grundsätze wie im Kapitel 1 beschrieben: Je höher der Aktienanteil, desto chancenreicher – und riskanter – ist Ihr Investment.

Das Faktenblatt: So lesen Sie den «Beipackzettel» eines Fonds

Im Faktenblatt sind Informationen über den jeweiligen Anlagefonds zu finden (konkretes Beispiel auf Seite 168). Faktenblätter heissen oft auch Factsheets, Termsheets oder Monatsberichte. Die Fakten-

Fortsetzung auf Seite 167

CHECKLISTE

Fonds richtig auswählen: Die wichtigsten Tipps

- Auch Fondsanleger brauchen eine Anlagestrategie aufgrund des eigenen Risikoprofils (siehe Kapitel 1). Für Risikoscheue kommen z. B. reine Aktienfonds nicht infrage.
- Einfach ist besser als kompliziert. Es braucht für ein gutes Portfolio nicht zahlreiche Fonds. Setzen Sie auf die für Sparer mit Wohnsitz in der Schweiz wichtigsten Anlagegebiete: Obligationen in Franken, Schweizer und ausländische Aktien, eventuell Immobilienfonds. Halten Sie sich zudem an einfache und verständliche Produkte. Wer zusätzlich Akzente setzen möchte, sollte dies nur mit einem kleinen Teil seines Finanzvermögens tun (siehe die 80/20-Regel auf Seite 17).
- Nebst der Aufteilung des Geldes auf die Anlagegebiete sind geringe Kosten das Wichtigste. Kaufen Sie deshalb vorwiegend oder sogar einzig kostengünstige, sogenannt passiv verwaltete Indexfonds. Sie erzielen oft höhere Renditen als die meisten aktiv verwalteten Fonds. Meiden Sie zudem Produkte mit Ausgabekommissionen über 2 Prozent.
- Es kann sein, dass Ihre Bank einen aktiv gemanagten und damit teuren Fonds zu einer bestimmten Thematik hat, zum gleichen Anlagegebiet aber auch einen kostengünstigen ETF unter einem anderen Markennamen führt. Fragen Sie!
- Achten Sie auf die Grösse des Fonds. Das Nettovermögen sollte 20 bis 30 und noch besser über 50 Millionen Franken betragen.
- Lassen Sie sich nicht blenden, wenn eine Bank oder Fondsgesellschaft viel Werbung für ihre Fonds macht oder einen grossen Marktanteil hat. Das sagt nichts über deren Qualität aus.
- Besorgen Sie sich genügend Infos. Aber vertrauen Sie nicht nur den Ranglisten, die ein Bild der Vergangenheit zeichnen. Auch Prämierungen, z. B. «Fonds des Jahres», sind keine Erfolgsgarantie für die Zukunft. Kein Fonds ist immer der beste. Wenn ein Fonds in der Vergangenheit gute oder ausgezeichnete Renditen erzielt hat, bedeutet das nicht, dass er auch künftig auf der Gewinnerstrasse unterwegs ist.
- Erwarten Sie von Fonds keine Wunder: Sie haben in der Finanzkrise von 2008 genauso Geld verloren wie andere Anlageinstrumente.
- Vor einem Fondskauf empfiehlt sich insbesondere das Lesen des Faktenblatts und der «Wesentlichen Anlegerinformationen». Nehmen Sie deren Risikohinweise ernst. Bedenken Sie auch, dass ein kleines oder mittleres Risiko aus der Sicht des Fonds für Sie unter Umständen schon ein grosses Risiko darstellt.
- Lassen Sie sich nicht von Verkäufern zum Kauf überreden, die Renditechancen gross herausstreichen, die Risiken aber möglichst kleinreden.
- Lassen Sie sich nicht von Modeprodukten verführen, und machen Sie keine Impulskäufe. Die Fondsindustrie lanciert ständig neue Themenfonds, wie Wasser, Luxusgüter, Schwellenländer, hohe Dividenden oder Solartechnik. Das sind meist keine langfristigen Erfolgsgaranten. Nicht jede Innovation ist ein Gewinn für den Privatanleger. Oft werden solche Fonds erst angeboten, wenn der Boom beim betreffenden Anlagegebiet schon fast vorbei ist.
- Halten Sie Fonds langfristig. Wenn Sie oft kaufen und verkaufen, verpassen Sie wohl den besten Einstiegs- bzw. Ausstiegspunkt und zahlen hohe Spesen.

Fortsetzung von Seite 165

blätter der grossen Fondsgesellschaften sind gut ausgebaut und enthalten viel Wissenswertes.

Wer diese Fondsdatenblätter richtig interpretiert, verfügt über eine gute Entscheidungshilfe bei der Fondsauswahl. Anleger, die bereits Anteile eines Fonds gekauft haben, sollten «ihren» Fonds auch später noch ab und zu mit Hilfe des Faktenblattes kontrollieren.

Diese Infos finden Sie in der Regel auf dem Faktenblatt:

1 Fondsbeschreibung

Sie zeigt, in welche Anlagekategorien und in welche Länder respektive Weltregionen und Branchen der Fonds investiert. Und wie er dies tut. Im Beispiel auf der nächsten Seite aktiv – im Gegensatz zu einem passiven Indexfonds.

2 Profil, Eignung

Hier wird die Zielgruppe des Fonds mit dem entsprechenden Risikoprofil beschrieben. Der Fonds im Beispiel richtet sich an Anleger mit «moderater Risikobereitschaft».

Achtung: Es kann sein, dass Anlegerinnen und Anleger diese Einstufung anders interpretieren als der Fondsanbieter. Eine «tiefe Risikobereitschaft» stellt möglicherweise für einen Teil der Anleger bereits ein moderates Risiko dar und eine «moderate Risikobereitschaft» ein höheres.

Etwas zufällig ist hier auch der Hinweis platziert, dass nicht Raiffeisen selber, sondern die Bank Vontobel den Fonds verwaltet. Das ist eine wichtige Information, die zur Fondsbeschreibung gehört.

3 Rendite

Eine korrekt berechnete Performance muss sowohl die Kursveränderungen als auch die Ausschüttungen (Zinsen und Dividenden) enthalten. Dies ist hier und bei den meisten anderen grossen Fondsanbietern der Fall. Die Begriffe Performance und Wertentwicklung meinen das Gleiche: die Gesamtrendite. Mit Nettoperformance ist gemeint, dass allfällige laufende Kosten und Steuern bereits von der Rendite abgezogen sind.

Sehr oft wird auch ein Index aufgeführt. Dieser von einer Börse, vom Fondsanbieter selbst oder einer spezialisierten Firma erzeugte Index kann das Anlageuniversum abdecken, in dem der Fonds investiert ist. Daran misst sich der Fonds.

Der Index ist also ein Vergleichsmassstab, auch Benchmark genannt. Im vorliegenden Fall wurde kein Index angegeben, weshalb sich die Leistung in den vergangenen Jahren nicht messen lässt. Das Ziel eines aktiven Fondsmanagements ist es eigentlich, besser abzuschneiden als der entsprechende Index.

Die Grafik zur Wertentwicklung zeigt ein ausgeprägtes Auf und Ab. Der Raiffeisen-Fonds erreichte sein Hoch im Sommer 2021.

Fortsetzung auf Seite 169

Beispiel für ein Faktenblatt

Raiffeisen Futura - Strategy Invest Balanced A

1 Der Raiffeisen Futura - Strategy Invest Balanced investiert weltweit diversifiziert in verschiedene Anlageklassen, sowohl traditionelle (Obligationen, Aktien) als auch alternative (Immobilien, Gold), mit dem Ziel eines stetigen Einkommens ergänzt um Kapitalgewinne. Die ausgewählten Wertpapier-Herausgeber erfüllen die klaren ökologischen und sozialen Nachhaltigkeitskriterien der darauf spezialisierten, unabhängigen Ratingagentur Inrate.

- Aktiv verwalteter Anlagezielfonds entsprechend dem Raiffeisen Anlageziel «Ausgewogen»
- Strategische Anlageklassen-Gewichtung gemäss Raiffeisen Anlagepolitik: 40% Obligationen, 45% Aktien, 10% Immobilien/Gold, 5% Liquidität/Geldmarkt
- Taktische Abweichung Obligationen/Aktien: max. +/-15%
- Aktive Ausübung der Stimmrechte: für die Schweizer Aktien im Fonds gemäss den Empfehlungen von Ethos (in der Schweiz führenden Anbieter von Beratungsdienstleistungen rund um die Themen Ausübung von Stimmrechten und aktiver Dialog mit Unternehmen) und für die internationalen Aktien im Fonds gemäss den Empfehlungen von Institutional Shareholder Services, ISS (weltweit führender Anbieter von Lösungen für Corporate Governance und verantwortungsbewusste Investitionen)
- Geeignet für Anleger mit moderater Risikobereitschaft **2**

Vontobel Asset Management AG, Zürich

3 Netto-Performance (in %)

CHF	1 Mt.	2024 (1.1.-31.1.)	2023	2022	3 J. p.a.	5 J. p.a.
Fonds	0.5	0.5	5.6	-17.4	-1.8	n.a.

3 Wertentwicklung

Ausgabepreis in CHF pro Anteil (Ausschüttung reinvestiert)

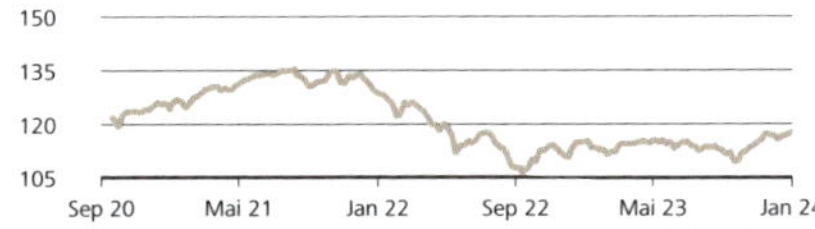

Quelle: Bank Vontobel AG. Die historische Performance stellt keinen Indikator für die laufende oder zukünftige Performance dar. Die Performancedaten lassen die bei der Ausgabe und Rücknahme der Anteile erhobenen Kommissionen und Kosten unberücksichtigt. Die Rendite des Fonds kann infolge von Währungsschwankungen steigen oder fallen.

4 Risikodaten

Volatilität *	8.11%
Sharpe Ratio (Risikoloser Zinssatz: 0.21%) *	-0.25
Ø Modifizierte Duration	5.30
Rendite auf Verfall in CHF	0.90%

* 3 Jahre annualisiert
** Betrifft nur den Obligationen-Teil
*** Währungsabsicherung berücksichtigt

5 Grösste Währungen

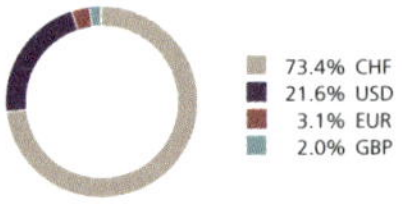

5 Portfoliostruktur

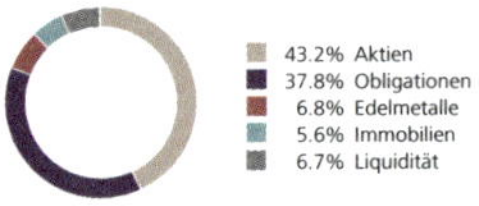

6 Fondsinformation in CHF

Fondsdomizil	Schweiz
Fondsmanager	Andreas Bentzen
Management Fee p.a.	1.10%
TER (per 31.07.2023)	1.23%
Lancierungspreis	122.07
Lancierungsdatum	16.10.2020
Letzte Ausschüttung (ex)	06.11.2023
Ausschüttung (A)	1.60
Abschluss Geschäftsjahr	31. Juli
Steuerwert per 31.12.2023	113.82
Schweizer Valorennr.	56'088'822
ISIN	CH0560888221

6 Aktuelle Daten in CHF

Nettoinventarwert	114.57
Höchst seit Lancierung	135.30
Tiefst seit Lancierung	105.34
Fondsvermögen in Mio.	632.49

5 Grösste Aktienpositionen

Roche Holding Ag-Genusschein	4.9%
Novartis Ag-Reg	4.7%
Abb Ltd-Reg	1.7%
Microsoft Corp	1.6%
Ishares Msci Em Sri Ucits	1.5%

5 Grösste Obligationenpositionen

Neuberger Berman EM Dbt Hard Curr USD P Acc	1.9%
iShares JPM ESG $ EM Bond UCITS ETF USD Acc	1.8%
2.55% Stadt Zürich 10.03.2036	0.4%
1.9% Stadt Bern 27.06.2053	0.4%
3% KW Linth-Limmer 02.04.2048	0.4%

Fortsetzung von Seite 167

4 Risikodaten

Finanzmathematiker versuchen, das Risiko eines Fonds mit Kennzahlen möglichst exakt abzuschätzen. Aber: Diese Berechnungen beruhen – genau wie die Wertentwicklung – auf Zahlen aus den Vorjahren und bieten keine Garantie für die Zukunft. Das sind die üblichen Angaben zum Risiko:

Die **Volatilität** zeigt die vergangene Schwankungsbreite des Fonds an. Beim vorliegenden Fonds wird für die letzten drei Jahre ein Durchschnittswert von 8,11 Prozent angegeben; das ist eine mittelstarke Volatilität.

Die Faustregel lautet: Je höher die Volatilität ist, umso grösser sind Risiko und Gewinnchancen eines Fonds. Die Aussagekraft der Volatilität für die zukünftige Entwicklung ist aber sehr begrenzt. Denn die Volatilität kann in Zukunft stark vom Vergangenheitswert abweichen, also zu- oder abnehmen. Und auch bei einer geringen oder mittleren Volatilität können sich Wertgewinne oder -verluste mit der Zeit kumulieren. Ein Fonds mit einer Volatilität von 10 Prozent kann also durchaus immer weiter fallen oder steigen und dem Anleger einen Gewinn oder Verlust von z. B. 30 Prozent bescheren.

Sharpe Ratio meint Rendite in Bezug auf das eingegangene Risiko. Dazu wird die Volatilität einbezogen. Zudem handelt es sich bei dieser Rendite um die Differenz zum risikofreien Zinssatz (aktuell 0,21 Prozent).

Eine Sharpe Ratio zwischen 0 und 1 bedeutet, dass die Rendite angesichts des eingegangenen Risikos unbefriedigend war. Ist die Sharpe Ratio negativ, hat der Fonds nicht einmal die Rendite einer risikolosen Geldmarktanlage erreicht. Je deutlicher die Zahl über eins liegt, umso besser wurden die Anleger für das Risiko entschädigt.

Der **Tracking Error** zeigt die durchschnittliche Abweichung von der Benchmark an – egal, ob nach oben oder unten. Diese Zahl ist immer positiv. Ein niedriger Tracking Error steht für eine der Benchmark ähnliche Wertentwicklung. Dies ist bei Indexfonds erwünscht: Ihr Tracking Error sollte deutlich unter 1 liegen.

Der Sinn von aktiv verwalteten Fonds – wie dieser Raiffeisen-Fonds – ist hingegen gerade, dass sie von der Benchmark abweichen, allerdings positiv. Weil sich aus dem Tracking Error jeweils nicht herauslesen lässt, ob die Abweichungen nach oben oder nach unten überwogen, ist diese Zahl bei aktiven Fonds von begrenztem Nutzen. Angaben zum Tracking Error fehlen auf dem Faktenblatt des Raiffeisen-Fonds, da dieser offiziell keine Benchmark hat.

Jensen's Alpha umschreibt die Mehr- bzw. Minderrendite der Anlage gegenüber einem Vergleichsindex. Ein positives Alpha heisst: Der Wert eines Fonds hat sich besser entwickelt als die Benchmark. Eine solche Mehrrendite wurde also nicht durch die Schwankung des Marktes, sondern durch geschickte Fondsverwaltung erzielt. Gute aktiv gemanagte Anlagefonds erzielen ein Alpha zwischen plus 2 und plus 4 Prozent.

Bei Indexfonds ist das Alpha in der Regel leicht negativ. Denn sie folgen strikt dem Index, wobei sie diesen wegen ihrer (geringen) Kosten dennoch nicht ganz erreichen.

Der Begriff Beta gibt an, wie stark der Anteilswert eines Fonds in der Vergangenheit im Vergleich zum Markt schwankte.

Ein Beta unter 1 bedeutet, dass die Anlage weniger stark schwankte als der Gesamtmarkt. Beta gleich 1 heisst, dass das Investment genau gleich wie der Markt schwankte. Stark positive Betas weisen auf starke Schwankungen hin. Je höher das Beta, umso grösser sind Risiko und Gewinnchance.

Die Bank JP Morgan schreibt dazu: «Ein aggressiver ausgerichtetes Portfolio besitzt ein Beta von über 1,0. Steigt der Markt den Erwartungen entsprechend, legt der Fonds stärker zu als der Markt. Ein höheres Beta verspricht zwar ein höheres Renditepotenzial, zieht aber auch ein grösseres Risiko nach sich. Geht ein Manager von rückläufigen Märkten aus, positioniert er das Portfolio so, dass sein Beta-Faktor kleiner als 1,0 ist, sodass der Fonds nicht so stark nachgibt wie der Markt. Dadurch sinkt das Risiko, allerdings auch das Renditepotenzial.»

Maximaler Wertverlust und «Unterwasserperioden»

Zwei weitere leicht verständliche Risikoangaben fehlen auf dem Faktenblatt des Raiffeisen-Fonds ebenfalls. Erstens: der maximale Wertverlust. Er gibt an, wie gross der Unterschied zwischen einem Hoch und einem Tief war. Der Raiffeisen-Fonds erlitt seit seiner Lancierung 2020 den grössten Wertverlust zwischen Herbst 2021 und Herbst 2022: Er brach um mehr als 20 Prozent ein.

Zweitens: die «längste Unterwasserperiode». Sie beantwortet die Frage, wie lange es dauerte, bis ein Wertverlust aufgeholt war. Die bisher längste Unterwasserperiode des Raiffeisen-Fonds setzte im Herbst 2021 ein. Seitdem erreichte er sein damaliges Höchst nicht wieder. Er befindet sich nach wie vor «unter Wasser».

Fehlen diese zwei wertvollen Angaben auf dem Faktenblatt, sollten Anleger vor dem Kauf bei der Fondsgesellschaft danach fragen.

«Maximaler Wertverlust» und «längste Unterwasserperiode» sind aber nur sinnvoll bei Fonds, die bereits Boomphasen und Krisen hinter sich haben – ein Grund mehr, nur Fonds mit einem längeren Leistungsausweis zu kaufen.

5 Aufteilung des Fondsvermögens

Diese Angaben zeigen die prozentuale Aufteilung nach Währungen und Anlageklassen.

Punkto Währungen gilt: Je höher der Anteil an Fremdwährungen, umso mehr beeinflussen Devisenkursschwankungen den Wert der Fondsanteile. Gewisse Fonds gleichen Währungsschwankungen mit speziellen Absicherungsmassnahmen aus. Da im Faktenblatt auf Seite 168 ein solcher Hinweis fehlt, muss man davon ausgehen, dass dieser Fonds keine Währungsabsicherung betreibt.

Unter dem Titel «Grösste Positionen» listen Faktenblätter üblicherweise die fünf bis zehn grössten Positionen im Fondsvermögen auf. Genaue Angaben über alle Positionen/Anlagen finden sich im Jahresbericht. Im vorliegenden Fall liefern die aufgeführten Positionen eine wichtige Information: Der Fonds legt sein Geld zumindest teilweise in anderen Fonds an. Das wirkt meist kostentreibend.

6 Fondsinformationen/ aktuelle Daten

Daraus geht viel Interessantes hervor. Die Total Expense Ratio (TER) – also die Gesamtkostenquote – enthält auch die Entschädigung für die Fondsverwalter (Management Fee). Mit einer TER von 1,23 Prozent (Stand Ende Januar 2024) ist der vorliegende Fonds eher teuer. Mehr zur TER steht auf Seite 158f.

Der Fonds existiert erst seit 2020 und weist noch keinen soliden Leistungsausweis in verschiedenen Marktphasen vor. Daher kann seine Leistung noch nicht umfassend beurteilt werden.

Seit einiger Zeit zeigt Raiffeisen die Performance seit Lancierung nicht mehr bei den Performancezahlen (siehe Punkt 3).

Mit einem Vermögen von rund 632 Millionen Franken handelt es sich um einen grossen Fonds. Das ist positiv. Ein Fondsvermögen sollte mindestens 20 bis 30 Millionen Franken betragen, sonst droht die Schliessung oder die Fusion mit einem anderen Fonds (siehe Kasten auf Seite 164).

Diese Infos finden Sie auf dem Basisinformationsblatt

Zusätzlich zum Faktenblatt gibt es einen zweiten «Beipackzettel»: das Basisinformationsblatt. Es ist oft unter dem Kürzel PRIIP zu finden, das ist die Abkürzung für die englische Bezeichnung Packaged Retail and Insurance-based Investment Products.

Was darauf stehen muss, ist gesetzlich genau vorgeschrieben. Diese Informationsblätter ähneln sich deshalb, was einen Fondsvergleich erleichtert.

Faktenblatt und Basisinformationsblatt ergänzen sich. Anleger sollten beide lesen. Oft ist das Basisinformationsblatt transparenter und ausführlicher in den drei Punkten Risiken, Kosten und Wertentwicklung. Das Beispiel auf der nächsten Seite zeigt Auszüge aus dem Basisinformationsblatt zum Fonds Raiffeisen Futura Strategy Invest Balanced (dessen Faktenblatt auf Seite 168 zu sehen ist).

1 Um welche Art von Produkt handelt es sich?

In der Schweiz werden Fonds gemäss dem Bundesgesetz über die kollektiven Kapitalanlagen (KAG) einer Fondsart zugeteilt. Dabei wird zwischen Effektenfonds, Immobilienfonds und übrigen Fonds für traditionelle und für alternative Anlagen unterschieden.

Basisinformationsblatt: Vier Auszüge als Beispiel

1

Basisinformationsblatt **Vontobel**

Zweck

Dieses Informationsblatt stellt Ihnen wesentliche Informationen über dieses Anlageprodukt zur Verfügung. Es handelt sich nicht um Werbematerial. Diese Informationen sind gesetzlich vorgeschrieben, um Ihnen dabei zu helfen, die Art, das Risiko, die Kosten sowie die möglichen Gewinne und Verluste dieses Produkts zu verstehen, und Ihnen dabei zu helfen, es mit anderen Produkten zu vergleichen.

Produkt

Strategy Invest Balanced

(das «Teilvermögen»)

ISIN	CH0560888221	Produkthersteller: Vontobel Fonds Services AG
Anteilsklasse (die «Anteile»)	A	Gotthardstrasse 43, CH-8022 Zürich Schweiz
Währung	CHF	Telefonnummer: +41 58 283 74 77
ein Teilvermögen von Raiffeisen Futura (der «Fonds»)		www.vontobel.com/AM

Die Fondsleitung Vontobel Fonds Services AG ist in der Schweiz zugelassen und wird durch die FINMA beaufsichtigt. Die Vontobel Fonds Services AG ist Teil der Vontobel Gruppe.

Dieses Basisinformationsblatt entspricht dem Stand vom 26. Januar 2024.

Um welche Art von Produkt handelt es sich?

Art

Der Fonds ist ein vertraglicher Umbrella-Fonds schweizerischen Rechts der Art "Übrige Fonds für traditionelle Anlagen" gemäss Bundesgesetz über die kollektiven Kapitalanlagen (KAG) vom 23. Juni 2006 mit mehreren Teilvermögen.

Ziel

Die Anlagepolitik des Teilvermögens beabsichtigt, neben einem kontinuierlichen Einkommen, Kapitalgewinne sowie die reale Erhaltung der Vermögenswerte zu erzielen.

Das Teilvermögen investiert, unter Berücksichtigung von Nachhaltigkeitskriterien, vornehmlich in verzinsliche Wertpapiere sowie maximal 55% in Aktien und aktienähnliche Wertpapiere. Maximal 10% des Nettovermögens des Teilvermögens dürfen zusammengenommen in forderungs- und hypotheken-besicherte Wertpapiere (sog. asset- bzw. mortgage-backed securities, ABS/MBS), bedingte Pflichtwandelanleihen (sog. Contingent Convertible Bonds (CoCo-Bonds)) sowie notleidende Wertpapiere (sog. Distressed Securities) investiert werden. Investitionen von max. 15% können in Forderungswertpapiere und Forderungswertrechte mit einem Rating unterhalb Investment Grade erfolgen. Maximal 40% dürfen in auf frei konvertierbare Währungen lautende Geldmarktinstrumente von privaten, gemischt-wirtschaftlichen und öffentlich-rechtlichen Schuldnern investiert werden.

Das Teilvermögen investiert hauptsächlich weltweit in Beteiligungs- und Forderungspapiere von Gesellschaften.

Derivate können zur Absicherung und für effizientes Portfolio Management eingesetzt werden. Dies kann zu einer Hebelwirkung (Leverage) führen.

Anteile des Teilvermögens können an jedem Arbeitstag zurückgegeben werden, mit Ausnahme von Feiertagen in der Schweiz oder wenn ein wesentlicher Teil der Börsen und Märkte des Teilvermögens geschlossen ist.

Erträge können jährlich ausgeschüttet werden.

Unter Berücksichtigung der empfohlenen Mindesthaltedauer hängt die Rendite von der Entwicklung der Basiswerte ab.

Depotbank des Fonds ist die CACEIS Investor Services Bank S.A., Esch-sur-Alzette, Zweigniederlassung Zürich.

Der Verkaufsprospekt mit integriertem Fondsvertrag, aktuelle Halbjahres- und Jahresberichte, Anteilspreise, verfügbare Anteilsklassen sowie weitere praktische Informationen sind kostenlos in Deutsch, Französisch und Italienisch im Internet erhältlich unter: www.raiffeisen.ch.

2

Welche Risiken bestehen und was könnte ich im Gegenzug dafür bekommen?

Der Gesamtrisikoindikator hilft Ihnen, das mit diesem Produkt verbundene Risiko im Vergleich zu anderen Produkten einzuschätzen. Er zeigt, wie hoch die Wahrscheinlichkeit ist, dass Sie bei diesem Produkt Geld verlieren, weil sich die Märkte in einer bestimmten Weise entwickeln oder wir nicht in der Lage sind, Sie auszubezahlen.

◄ Niedrigeres Risiko — Höheres Risiko ►

1	2	3	4	5	6	7

Dieser Risikoindikator beruht auf der Annahme, dass Sie das Produkt 5 Jahre lang halten.

Wir haben dieses Produkt auf einer Skala von 1 bis 7 in die Risikoklasse 3 eingestuft, wobei 3 einer mittelniedrigen Risikoklasse entspricht.

Das Risiko potenzieller Verluste aus der künftigen Wertentwicklung wird als mittelniedrig eingestuft. Bei ungünstigen Marktbedingungen ist es unwahrscheinlich, dass unsere Fähigkeit beeinträchtigt wird, Sie auszuzahlen.

Bitte beachten Sie das Währungsrisiko. Unter gewissen Umständen erhalten Sie Zahlungen in einer anderen Währung, sodass Ihre endgültige Rendite vom Wechselkurs zwischen den beiden Währungen abhängen kann. Dieses Risiko ist im Gesamtrisikoindikator nicht berücksichtigt.

Sonstige Risiken, die im Gesamtrisikoindikator nicht berücksichtigt werden: Liquidität, operationelle Risiken, rechtliche Risiken oder Nachhaltigkeitsrisiken. Weitere Einzelheiten sind dem Verkaufsprospekt zu entnehmen.

Dieses Produkt beinhaltet keinen Schutz vor künftigen Marktentwicklungen, sodass Sie das angelegte Kapital ganz oder teilweise verlieren könnten.

Das Produkt bietet keine Kapitalgarantie gegenüber dem Kreditrisiko.

3

Performance-Szenarien

In den angeführten Zahlen sind sämtliche Kosten des Produkts selbst enthalten, jedoch unter Umständen nicht alle Kosten, die Sie an Ihren Berater oder Ihre Vertriebsstelle zahlen müssen. Bei den angeführten Zahlen ist Ihre persönliche steuerliche Situation nicht berücksichtigt, die sich ebenfalls darauf auswirken kann, wie viel Sie zurückerhalten.

Was Sie bei diesem Produkt am Ende herausbekommen, hängt von der künftigen Marktentwicklung ab. Die künftige Marktentwicklung ist ungewiss und lässt sich nicht mit Bestimmtheit vorhersagen.

Das dargestellte pessimistische, mittlere und optimistische Szenario veranschaulichen die schlechteste, durchschnittliche und beste Wertentwicklung des Produkts, einer geeigneten Benchmark und/oder eines Ersatzmassstabs in den letzten 10 Jahren.

Empfohlene Haltedauer:		**5 Jahre**	
Anlagebeispiel:		**CHF 10,000**	
		Wenn Sie nach 1 Jahr aussteigen	**Wenn Sie nach 5 Jahren aussteigen**
Szenarien			
Minimum	Es gibt keine garantierte Mindestrendite. Sie könnten Ihre Anlage ganz oder teilweise verlieren.		
Stressszenario	**Was Sie am Ende nach Abzug der Kosten herausbekommen könnten**	CHF 8,110	CHF 6,440
	Jährliche Durchschnittsrendite	-18.88%	-8.43%
Pessimistisches Szenario	**Was Sie am Ende nach Abzug der Kosten herausbekommen könnten**	CHF 8,770	CHF 6,450
	Jährliche Durchschnittsrendite	-12.29%	-8.40%

4

Zusammensetzung der Kosten

Einmalige Kosten bei Einstieg oder Ausstieg		Wenn Sie nach 1 Jahr aussteigen
Einstiegskosten	5.00% des Betrags, den Sie beim Einstieg in diese Anlage zahlen. Dabei handelt es sich um den Höchstbetrag, der von Ihrer Anlage vor der Anlage abgezogen wird.	Bis zu CHF 500
Ausstiegskosten	0.30% Ihrer Anlage, bevor sie an Sie ausgezahlt wird. Dabei handelt es sich um den Höchstbetrag, der von Ihrer Anlage vor der Auszahlung Ihrer Rendite abgezogen wird.	CHF 30
Laufende Kosten pro Jahr		
Verwaltungsgebühren und sonstige Verwaltungs- oder Betriebskosten	1.23% des Wertes Ihrer Anlage pro Jahr. Hierbei handelt es sich um eine Schätzung auf der Grundlage der tatsächlich angefallenen Kosten des letzten Jahres.	CHF 117
Transaktionskosten	0.10% des Wertes Ihrer Anlage pro Jahr. Hierbei handelt es sich um eine Schätzung der Kosten, die anfallen, wenn wir die zugrunde liegenden Anlagen für das Produkt kaufen oder verkaufen. Der tatsächliche Betrag ist davon abhängig, wie viel wir kaufen und verkaufen.	CHF 10
Zusätzliche Kosten unter bestimmten Bedingungen		
Erfolgsgebühren	Für dieses Produkt wird keine Erfolgsgebühr erhoben.	CHF 0

Umtauschkosten: Anstatt von Ausstiegs- und Einstiegskosten können 1.50% erhoben werden, wenn Sie Ihre Anlage in ein anderes Teilvermögen des Fonds umtauschen.

2 Welche Risiken bestehen, und was könnte ich im Gegenzug dafür bekommen?

Alle Fonds sind auf dem Basisinformationsblatt einer Risikostufe von eins bis sieben zugeteilt. Anleger sollten sich nicht zu sehr auf die ausgewiesene Risikokategorie verlassen, denn sie kann sich ändern. Zudem spiegelt sie nicht alle möglichen Risiken. Und wie beim Faktenblatt dieses Fonds unter Punkt «Risikodaten» (Seite 169) erläutert: Die Gewinne, aber auch die Verluste können sich mit der Zeit kumulieren.

3 Performance-Szenarien

Immer gilt: Die vergangene Rendite ist höchstens ein Anhaltspunkt für die künftige Entwicklung. Anhand der vergangenen Renditen wurden vier Szenarien für gute und schlechte Phasen über ein und fünf Jahre erstellt.

Aus dem vorliegenden Beispiel geht hervor: Der Fonds kann in einer Krise innerhalb eines Jahres einen Rückgang von fast einem Fünftel verzeichnen («Stressszenario»).

4 Welche Kosten entstehen?

Das Basisinformationsblatt unterscheidet zwischen einmaligen, laufenden und erfolgsabhängigen Kosten. Bei den Ein- und Ausstiegskosten handelt es sich um die jeweiligen Höchstbeträge. Die effektiven Gebühren sind in der Regel tiefer als angegeben.

Zu den laufenden Kosten zählen die Verwaltungsgebühren und die Transaktionskosten, die anfallen, wenn der Fonds Wertpapiere kauft oder verkauft. Je nach Fonds und Investitionen kommen weitere laufende Kosten hinzu.

Bei den angegebenen Transaktionskosten handelt es sich um eine Schätzung, deren Methodik sich von Fondsanbieter zu Fondsanbieter unterscheiden kann. Die Verwaltungsgebühren werden immer über ein Jahr rückblickend berechnet.

6

Alternative Anlagen
«Strukis», Gold und Kryptos

Neben den Kernanlagen wie Obligationen und Aktien gibt es für Investoren noch weitere Möglichkeiten. Dazu gehören strukturierte Produkte und Optionen, die mit hohen Renditen locken. Edelmetalle verbessern die Risikostreuung. Kyptowährungen schwanken stark im Wert.

Es gibt Anlagebereiche, über die ein grosser Erfahrungsschatz vorhanden ist. Bei Schweizer Obligationen und Schweizer Aktien zum Beispiel liegen Zahlen über Renditen und Risiken vor, die bis ins Jahr 1926 zurückgehen (siehe Grafiken auf den Seiten 98, 100, 106). In den USA und Grossbritannien reichen die Statistiken zum Teil noch viel weiter zurück.

Man darf zwar die Vergangenheit nicht unbesehen in die Zukunft übertragen. Aber derart lange Zeiträume liefern doch gute und verständliche Anhaltspunkte, wie sich eine breit diversifizierte Investition in diese Kernanlagen entwickeln könnte.

Andererseits gibt es Geldanlagen, die für Laien nur schwer oder gar nicht durchschaubar sind. In vielen Fällen handelt es sich dabei um neu geschaffene Finanzprodukte, für die es noch keine Erfahrungswerte gibt.

In dieser «Gefahrenzone» bewegen sich die Ausführungen in diesem Kapitel. Themen sind:

- Derivate
- Strukturierte Produkte
- Optionen
- Futures
- Rohstoffe
- Hedgefonds
- Gold, Silber und Platin
- Kryptowährungen

STICHWORT

Derivate

Derivat ist ein Oberbegriff für «abgeleitetes Produkt». Derivate sind künstlich geschaffene und handelbare Finanzprodukte bzw. Wertpapiere. Ihr Name kommt vom lateinischen «derivare», was ableiten bedeutet. Denn der Preis von Derivaten hängt immer von jenem Basiswert ab, der ihnen zugrunde liegt.

Je nach Konstruktion steigen Derivate mit dem Basiswert oder verhalten sich genau umgekehrt dazu – und dies oft sogar überproportional. Der Basiswert kann eine Aktie, eine Obligation, eine Ware, eine Währung, ein Index oder eine Kombination von Anlageinstrumenten sein.

Derivate werden als eigenständige Anlageprodukte am Markt gehandelt, wo sie nach dem Gesetz von Angebot und Nachfrage einen eigenen Preis erhalten.

Diese Finanzprodukte sind viel komplexer und sehr oft auch risikoreicher als die üblichen Wertpapiere. Im Vergleich zur Direktanlage in Obligationen und Aktien ist der Totalverlust des investierten Kapitals bei einigen Derivaten bedeutend wahrscheinlicher.

Die wichtigsten Derivatekategorien sind:

- Strukturierte Produkte
- Optionen und Optionsscheine (Warrants)
- Futures

Die Welt der strukturierten Produkte

Unter den künstlich geschaffenen Finanzinstrumenten stehen die strukturierten Produkte an prominenter Stelle. Banken preisen sie mit einer gewaltigen Werbemaschinerie und noch mehr PR-Begleitfeuer an.

Doch diese Produkte sind schwer verständlich. In einer Studie des Instituts für schweizerisches Bankwesen der Universität Zürich aus dem Jahr 2008 steht, es stimme «nachdenklich», dass ein Grossteil der Besitzer von strukturierten Produkten «aussagt, Wesen und Funktionsweise eines Derivats nicht zu kennen».

Das ist kein Wunder: Strukturierte Produkte sind kompliziert. Dass sie zudem ziemlich riskant sind, ist ein weiterer Grund, ein Investment mehr als gründlich zu überlegen. Das zeigt das folgende konkrete Beispiel einer Bankkundin, die mehr als zwei Drittel ihres Einsatzes verlor.

IN DIESEM KAPITEL

Entscheidend ist die Entwicklung der Basiswerte

Die Frau investierte auf Anraten der Bank 25 000 Franken in einen sogenannten Single Barrier Reverse Convertible. Die Barrier Reverse Convertibles gehören zu den beliebtesten strukturierten Produkten. Das bedeutete im konkreten Fall:

- Die Anlage lief genau ein Jahr lang.
- Der Herausgeber (Emittent) zahlte einen im Voraus bestimmten Coupon, also einen festen Zins, von attraktiven 16 Prozent. Es gibt manchmal Angebote mit noch höherem Zins.
- Entscheidend ist bei solchen Produkten die Entwicklung der Basiswerte, die ihnen zugrunde liegen. Im vorliegenden Fall war das

STICHWORT

Strukturierte Produkte

Strukturierte Produkte verknüpfen verschiedene Anlageinstrumente. Ihre Verzinsung oder ihr Rückzahlungswert hängt von der Entwicklung eines oder mehrerer zugrunde liegender Basiswerte ab. Solche Basiswerte können zum Beispiel Aktien sein.

Diese Papiere werden also aus zwei oder mehreren Anlageinstrumenten strukturiert, das heisst kombiniert, und in einem eigenständigen Wertpapier zusammengefasst. Sie werden auch an der Börse gehandelt.

Beispiel Barrier Reverse Convertible: Eine solche Anleihe zahlt – wie eine Obligation – einen vereinbarten Zins. Der Nennwert einer solchen festverzinslichen Anleihe wird aber nur zurückgezahlt, wenn der «daruntergelegte» Basiswert einen bestimmten und zum Voraus festgelegten Tiefpunkt nicht berührt oder unterschreitet. Sonst wird der Basiswert – zum Beispiel eine Aktie – ausgeliefert, oder sein Gegenwert wird als Barabgeltung ausbezahlt.

Anders ausgedrückt: Der Anleger gibt der Bank ein Darlehen für eine festgelegte Laufzeit und geht mit ihr eine Wette ein. Gewinnt er die Wette, profitiert er. Verliert er die Wette, verliert er viel Geld.

Als Basiswert für solche «Wetten» kommt praktisch alles infrage, was der Finanzmarkt zu bieten hat: Aktien, Zinsen, Devisen, ein Index oder Rohstoffe wie Gold, Rohöl, Kupfer und Zucker.

Deshalb gehören strukturierte Produkte zu den Derivaten (siehe Kasten auf Seite 174). Denn der Wert von Derivaten hängt jeweils vom finanziellen «Wohlergehen» eines oder mehrerer zugrunde liegender Basiswerte ab.

die Aktie von Ams-Osram. Deshalb die Bezeichnung «Single» – für Aktien eines Unternehmens.

Falls der Kurs dieser Aktie steigt, gleich bleibt oder nur leicht sinkt, erhält ein Anleger nach einem Jahr exakt den Nennwert seiner Investition zurück, also 100 Prozent des angelegten Geldes, plus den vereinbarten Zins.

■ Aber: Sinkt der Aktienkurs während der Laufzeit unter einen bestimmten Wert (Barriere), erhält der Anleger nicht den Nennwert ausbezahlt, sondern bloss den Zins. Zudem muss er eine bestimmte Anzahl der im Wert stark gesunkenen Aktien übernehmen. Das ist ein schlechtes Geschäft.

Barrier Reverse Convertible: Reinfall mit der Ams-Aktie

Die Frau fiel mit dem strukturierten Produkt beziehungsweise den Aktien von Ams-Osram auf die Nase. Als sie die Anlage im Juni 2023 tätigte, war die Ams-Aktie Fr. 3.79 wert. Die im Voraus festgelegte Barriere, die nicht unterschritten werden durfte, lag bei Fr. 1.90. Die Banker nennen das blumig den Knock-in-Level.

Doch die Ams-Aktie fiel auf einen Tiefpunkt von rund Fr. 1.07. Die Folge: Die Anlegerin hatte 25 000 Franken investiert, einen Coupon von 3000 Franken kassiert – und sass am Schluss auf 8000 Ams-Aktien zum damaligen Wert von gerade mal rund 8000 Franken. Ihr Verlust belief sich also auf 14 000 Franken. So ein Verlust reduziert sich nur, falls man die Ams-Aktien behält und diese später im Wert wieder steigen.

Die Bank, die der Anlegerin das Produkt verkaufte, hat hingegen verdient. Beim Verkauf der Anlage belastete sie der Kundin 250 Franken. Und vom Herausgeber (Emittent) des Produktes – der Zürcher Kantonalbank (ZKB) – erhielt die Bank eine Vertriebsentschädigung, deren Höhe die Beteiligten nicht bekannt gaben. Insider schätzten sie auf 200 bis 300 Franken.

Neben solchen Single Barrier Reverse Convertibles sind auch Multi Barrier Reverse Convertibles weit verbreitet. Sie haben mehrere Basiswerte statt nur einen, funktionieren sonst aber identisch.

Die kritischen Punkte der strukturierten Produkte

Der Fall der Anlegerin zeigt exemplarisch ein paar allgemeine Fallstricke im Umgang mit strukturierten Produkten:

- **Aufbau:** Diese Produkte sind eine Kombination von mehreren Anlageinstrumenten, aus denen ein eigenständiges Finanzinstrument gebastelt wird. Beim Single Barrier Reverse Convertible zum Beispiel ist es eine festverzinsliche Anleihe, deren Nennwert aber nur dann voll zurückgezahlt wird, wenn der Basiswert (die Aktie) eine bestimmte Entwicklung macht bzw. eben nicht macht.

- **Sicherheit:** Viele Verkäufer preisen solche Anlagen im Kundengespräch als relativ sicher an und spielen die Risiken eher herunter. Im Nachhinein ist oft unklar, was besprochen wurde (Tipps dazu im Kapitel 9).

Das war auch im Fall der erwähnten Anlegerin so: Sie selbst sagte, sie habe mit dieser Investition nur das kleinste Risiko eingehen wollen. Die Bank erwiderte hingegen, die Kundin habe «das aggressivere Anlegerprofil Einkommen/Wachstum» gewählt.

- **Risiko:** Barrier Reverse Convertibles sind Gift, wenn die Aktienkurse sinken – womit jederzeit zu rechnen ist. Im konkreten Fall war es ein Produkt der ZKB. Neben der ZKB werfen aber auch viele andere Herausgeber immer wieder neue Produkte mit diesem Mechanismus auf den Markt – manchmal mit attraktiven Coupons von über 12 Prozent.

Je attraktiver der Zinscoupon, desto höher das Risiko

Lassen Sie sich von hohen Coupons nicht beeindrucken. Sollte sich der zugrundeliegende Basiswert als Niete erweisen, verlieren Sie viel Geld, weil Sie nach Ende der Laufzeit tief bewertete Aktien erhalten, die Sie eigentlich nicht wollten. Oder Sie erhalten deren tiefen Gegenwert als Barabgeltung, was genauso schlecht ist.

Denn auch hier gilt die Faustregel: Je höher der Coupon, desto höher ist auch das Risiko, das Sie mit dem Kauf des Produkts eingehen. Und: Je höher die Anzahl der Basiswerte, umso wahrscheinlicher ist ein Verlust. Beispiel: Basiswerte sind drei Aktien, deren Wert nicht unter eine bestimmte Limite fallen darf. Es reicht, dass nur eine der drei Aktien ihre Barriere berührt oder unterschreitet. Bei drei Aktien ist es wahrscheinlicher, dass eine Barriere «verletzt» wird, als nur bei einer Aktie.

Die Banken sprechen bei mehreren Basiswerten von «Multi»-Produkten. «Multi» hat also im Endeffekt nichts mit Diversifikation zu tun, sondern mit multipliziertem Risiko.

Kommt dazu: Wenn in einem Multi Barrier Reverse Convertible Aktien aus verschiedenen Branchen zusammengemengt sind, ist die Gefahr nochmals erhöht, denn der schlechteste Fall tritt schon dann ein, wenn nur eine dieser Branchen bzw. der dazugehörende Aktientitel floppt.

Gemäss Serge Nussbaumer, Chefredaktor und Inhaber des Anlegerportals Payoff, waren 2023 23212 Barrier Reverse Convertibles an der Börse. Davon wurde bei 5133 die Barriere nach unten verletzt – also bei etwa jedem vierten Papier. Wissenschaftliche Untersuchungen zeigen zudem, dass Anleger das Risiko, dass eine Barriere durchbrochen wird, stark unterschätzen.

«Das Papier ist einfach nicht zu verstehen»

■ **Kompliziert:** Strukturierte Produkte sind schwer zu verstehen und deshalb für viele Anleger ungeeignet. Trotzdem verkaufen die Berater sie – meist aus Provisionsinteresse – auch an Leute, die in Finanzdingen unerfahren sind.

Dass selbst Fachleute die Produkte oft nicht verstehen, belegt ein Zitat von Professor Martin Weber. Er ist Professor an der Fakultät für Betriebswirtschaftslehre an der Universität Mannheim und sagt: «Mir liegen Prospekte von Zertifikaten vor, die ich nicht verstehe. Und das sage ich nicht leichtfertig daher: Ich habe den kompletten Verkaufsprospekt gelesen, einen Mitarbeiter gefragt, die Werbematerialien angeschaut – das Papier ist einfach nicht zu verstehen.»

■ **Verwirrende Namen:** Die Banken geben fast jedem einzelnen ihrer Produkte einen individuellen Namen, der nur Verwirrung stiftet, weil er wenig oder nichts über den Inhalt sagt. Finanzprofessor Marc Oliver Rieger listete sämtliche Fantasienamen von Airbag über Booster Plus bis ToY und ZinSMI auf und kam auf 389 Marketingnamen (siehe Buchtipp in Kapitel 10).

Immerhin sorgt der Schweizerische Verband für strukturierte Produkte (SSPA) für einen gewissen Überblick: Er hat eine Kategorisierung eingeführt. Damit lassen sich die Produkte nach Stichworten einordnen: Kapitalschutz, Renditeoptimierung, Partizipation, Anlage mit zusätzlichem Kreditrisiko, Hebel. Mehr dazu im Kasten auf Seite 181.

Fortsetzung auf Seite 180

Strukturierte Produkte: Verkaufsargumente und Wirklichkeit

Die Verkäufer von strukturierten Produkten werben mit vielen Vorteilen und Eigenschaften dieser Anlagevehikel. Das ist von diesen Marketingaussagen zu halten:

- **Zugang zu speziellen Märkten.**

Oft heisst es, strukturierte Produkte würden auch Privatinvestoren Zugang zu eher exotischen Märkten und Investitionsbereichen bzw. Basiswerten bieten, zu denen sie sonst nicht so leicht kämen – etwa Rohstoffe, Devisen, Emerging Markets (aufstrebende Volkswirtschaften) oder Elektromobilität.

Aber: Normale Sparer haben mit Anlagefonds genügend Möglichkeiten. Es empfiehlt sich, vor allem in grosse, breite Märkte zu investieren. Riskante Ausflüge in exotische Märkte sind für die üblichen Portfolios von Privatanlegern nicht nötig.

- **Individuelle Lösung.**

Die Produkte ermöglichen einen «massgeschneiderten Zugang zu den Risiken, die zur persönlichen Anlagestrategie passen». So lautet einer der beliebten Werbesprüche.

Aber: Diese Produkte sind vor allem da, um den Banken Geld in die Kasse zu spülen. Deshalb wurden sie früher auch vielen Anlegern verkauft, die das Risiko nicht begreifen konnten oder überhaupt kein Risiko eingehen wollten.

Und: Es gibt Depots, in denen viele strukturierte Produkte von einer einzigen Bank stammen, also vom gleichen Emittenten. Das ist ein gefährliches Klumpenrisiko.

Der Schweizerische Bankenombudsmann machte die gleiche Feststellung bei ehemaligen Credit-Suisse-Kunden, denen die Bank riet, das ganze Sparguthaben in ein einziges Produkt von Lehman Brothers zu investieren. Der Grundsatz der Risikoverteilung sei «in vielen Fällen krass verletzt worden». Auch von den Raiffeisenbanken weiss man, dass sie vor allem Produkte der Bank Vontobel verkaufen.

- **Transparenz.**

«Wir handeln flexibel, professionell und transparent», schreibt zum Beispiel die Bank Vontobel, die eine marktmächtige Herausgeberin von strukturierten Produkten ist.

Aber: Gerade die geringen Transparenzvorschriften, die undurchsichtige Kostenstruktur und die versteckten Gebühren sprechen gegen eine solche Investition. Laien sollten die Finger davon lassen.

- **Die Erwartung.**

Zentrale Bedeutung beim Verkauf von strukturierten Produkten hat dieser Satz der Banken: «Sie formulieren Ihre Markterwartung, und wir schlagen Ihnen das geeignete Produkt vor.»

Aber: Mit dieser Aufforderung an die Anlager schieben Banken den Schwarzen Peter quasi den Kunden zu.

- **Schnelle Reaktion auf Marktentwicklungen.**

Mit strukturierten Produkten könne man sehr rasch auf geänderte Marktsituationen, allgemeine Trends oder sich bietende Chancen reagieren. Bei Anlagefonds dauere das wegen der dort strengeren Regulierung immer sehr viel länger.

Aber: Vorsichtige Anleger rennen nicht unüberlegt jedem Trend hinterher.

Fortsetzung von Seite 178

■ **Emittentenrisiko:** Falls der Herausgeber pleitegeht, kann das Geld komplett verloren sein. Strukturierte Produkte fallen nicht unter den Einlegerschutz, weil sie im Grunde Darlehen an den Herausgeber sind. Diese Produkte sind auch keine geschützten Sondervermögen wie zum Beispiel Anlagefonds (siehe Kasten unten).

Es gibt zwar strukturierte Produkte mit Pfandbesicherung. Herausgeber hinterlegen das Pfand bei der Börse. Sie sind mit dem Begrif Cosi gekennzeichnet – dem Kürzel für Collateral Secured Instruments. Doch hat erst ein kleiner Teil der strukturierten Produkte eine Pfandbesicherung. Zudem verschwindet das Emittentenrisiko nicht vollständig. Es wird nur «minimiert», wie die Produktanbieter selber sagen.

Kommt dazu: Die Pfandbesicherung ist nicht gratis. Laut Schätzungen kostet sie 0,2 bis 0,5 Prozentpunkte Rendite pro Jahr.

■ **Hohe versteckte Kosten:** Bei strukturierten Produkten fehlt die Kostentransparenz. Und sie sind teilweise erst noch viel teurer als Anlagefonds – besonders wenn sie sehr kompliziert sind. Einfachere Produkte kosten 1 bis 2 Prozent, komplexere können den Anleger 3 bis 4 Prozent seines Einsatzes kosten. Mehr noch: Oft streichen die Banken die Dividenden der Aktien ein, die in strukturierten Produkten enthalten sind. Diese

Kein Einlegerschutz für strukturierte Produkte

Rechtlich gesehen, sind strukturierte Produkte Darlehen, für deren Rückzahlung der Emittent mit seinem ganzen Vermögen haftet. Anders ausgedrückt: Anleger leihen dem Herausgeber Geld – wie bei einer Obligation – und hoffen, dass der Schuldner die Summe nach Ablauf der festgelegten Frist zurückzahlen kann.

Wie bei Obligationen besteht also auch hier das Risiko des Totalausfalls, falls der Herausgeber, der Schuldner, pleitegeht. Das ist das sogenannte Emittentenrisiko, das bei strukturierten Produkten eine entscheidende Rolle spielt (siehe Kasten auf Seite 182).

Inzwischen gibt es zwar strukturierte Produkte, die mit einem Pfand gesichert sind. Doch das sind noch nicht viele (siehe Haupttext oben).

Im Konkursfall der amerikanischen Bank Lehman Brothers zeigte sich, was das Emittentenrisiko bedeutet. Auch viele Schweizer Anleger waren betroffen. Sie hatten Lehman-Papiere jeweils bei ihrer Hausbank gekauft. In diesen Fällen war aber die Hausbank nur die Vermittlerin. Emittent und Schuldner war Lehman Brothers.

Wer Emittent und Garant ist, steht jeweils im sogenannten Termsheet oder Factsheet. Emittent und verkaufende Bank sind nur identisch, falls man ein hauseigenes Produkt der Bank kauft.

Tipp: Angaben zur Bonität der Emittenten von strukturierten Produkten (Ratings) finden Sie auf der Website des Schweizerischen Verbands für Strukturierte Produkte unter www.sspa.ch → Produkte → Emittentenbonität.

Strukturierte Produkte: Die «offiziellen» Kategorien

Der Verband für Strukturierte Produkte (SSPA) teilt die Angebotspalette in fünf Kategorien ein (siehe auch www.sspa.ch). Schon die Bezeichnungen machen deutlich, wie kompliziert das Ganze ist. Erschwerend kommt hinzu, dass die Herausgeber ihren Produkten häufig noch wenig aussagekräftige Fantasienamen geben.

Kapitalschutzprodukte:
Kapitalschutzzertifikat mit Partizipation
Kapitalschutzzertifikat mit Barriere
Kapitalschutzzertifikat mit Coupon
Kapitalschutzzertifikat mit Twin-Win

Renditeoptimierungsprodukte:
Discountzertifikat
Discountzertifikat mit Barriere
Reverse Convertible
(Multi) Barrier Reverse Convertible
Reverse Convertible mit bedingtem Coupon
Barrier Reverse Convertible mit bedingtem Coupon

Partizipationsprodukte:
Trackerzertifikate
Outperformancezertifikate
Bonuszertifikate
Bonus-Outperformance-Zertifikat
Twin-Win-Zertifikat

Anlageprodukte mit Referenzschuldner:
Credit-linked Notes
Zertifikat mit bedingtem Kapitalschutz und zusätzlichem Kreditrisiko
Partizipationszertifikat mit zusätzlichem Kreditrisiko
Renditeoptimierungszertifikat mit zusätzlichem Kreditrisiko

Hebelprodukte:
Warrant
Spread Warrant
Warrant mit Knock-out
Mini-Future
Constant-Leverage-Zertifikat

Dividenden allein können 3 Prozent oder mehr ausmachen.

Einige Produkte sind so teuer, dass man sie nur noch als Goldesel für die Banken bezeichnen kann. Selbst bankinterne Spezialisten geben hinter vorgehaltener Hand zu, dass gewisse Produktvarianten reine Abzockinstrumente sind.

Volle Kostentransparenz kann es im Voraus gar nicht geben

Die Zürcher Kantonalbank (ZKB) bietet erst seit 2013 eine gewisse Kostentransparenz für ihre Produkte an: Sie veröffentlicht seitdem für alle Zertifikate eine Gesamtkostenquote. Der Begriff ist aber irreführend. Ähnlich wie bei der Gesamtkostenquote von Anlagefonds (siehe Seite 158 f.) sind darin keineswegs alle Kosten enthalten.

Die Zeitung «Finanz und Wirtschaft» zitierte dazu Martin Meier vom Swiss Derivative Institute und Daniel Sandmeier, damaliger Präsident des Branchenverbands der strukturierten Produkte: Es werde «nie möglich sein», bereits bei der Lancierung eines Produkts die gesamten Kosten auszuweisen. Denn erst am Ende seiner Laufzeit könne gesagt werden, wie hoch die Kosten waren und wie viel die Bank verdient habe.

Die Schweiz: Schlusslicht bei den Vorschriften zu «Strukis»

Das wichtigste Fazit für Anleger: Strukturierte Produkte sind nur für sehr versierte Investoren, die die Funktionsweise des Vehikels genau verstehen und sich über die Risiken zweifelsfrei im Klaren sind.

Die norwegische Regierung hat schon 2008 den Verkauf von strukturierten Produkten über einen Teil der Absatzkanäle verboten. Belgien setzt auf ein freiwilliges Moratorium: Herausgeber sollen keine «unnötig komplexen» Produkte mehr auf den Markt bringen. Dazu zählen in Belgien auch solche mit Barrieren. Verboten ist Werbung für Produkte, bei denen ein hoher Zinssatz im Vordergrund steht.

STICHWORT

Emittentenrisiko

Wenn ein Finanzinstitut ein Produkt herausgibt, wird das im Branchenjargon als emittieren bezeichnet. Entsprechend sind die emittierenden Finanzinstitute Emittenten.

Weil Obligationen und strukturierte Produkte im Grunde Darlehen sind, die der Anleger dem Emittenten gewährt, wird der Emittent zum Schuldner.

Wenn der Schuldner pleitegeht, kann er das Darlehen in der Regel nicht zurückzahlen – und dieses Emittentenrisiko kann sogar einen Totalausfall zur Folge haben.

Stossend ist: Während bei normalen Anleihen die drei wichtigen Komponenten Schuldner, Zinssatz und Laufzeit klar benannt sind, wird bei strukturierten Produkten der Schuldner nur nebenbei als Emittent bezeichnet. Und das notabene oft auf Prospektmaterial, auf dem oben gross das Logo der jeweiligen Bank prangt, die nur Verkäuferin ist und nicht die verantwortliche Emittentin.

Der Schweizerische Bankenombudsman hat das mit klaren Worten kritisiert: «Es leuchtet nicht ein, weshalb bei strukturierten Produkten ein weiteres Fremdwort für denjenigen Beteiligten verwendet werden muss, der für die Rückzahlung des investierten Kapitals verantwortlich ist.»

Mehr noch: Oft sind die erhältlichen Unterlagen so undurchschaubar, dass selbst Finanzfachleute nicht gleich erkennen, wer nun genau Schuldner ist und damit für die Rückzahlung haftet.

Ein konkretes Beispiel: Auf einem Prospekt, den die Credit Suisse einst zu einem Lehman-Produkt abgab, figurierte Lehman Brothers Treasury Co B.V. mit Sitz in Amsterdam als «Issuer» (= Wertpapierherausgeber). Als «Lead manager» (führender Verwalter) der Opportunity Note Plus trat Lehman Brothers International (Europe) auf. Als «Guarantor» (Bürge) fungierte dann die Lehman Brothers Holdings Inc. in New York.

Das strukturierte Produkt wurde von der Credit Suisse («Co-Structurer») sowie ihren Tochterbanken Neue Aargauer Bank und Clariden Leu vertrieben.

Und in der EU wurde 2013 ein Regelwerk aufgegleist, das es der Finanzmarktaufsicht Esma erlaubt, «schlechte» Produkte zu verbieten.

Die Schweiz ist bei den Vorschriften über strukturierte Produkte das Schlusslicht. Die entsprechenden Gesetze haben sich seit der Banken- und Finanzkrise 2008 kaum verändert.

Grosse und verwirrende Produktvielfalt

Die erwähnten Barrier Reverse Convertibles gehören zur Gruppe der Renditeoptimierungsprodukte gemäss der verbandsinternen Einteilung (siehe Kasten Seite 181). Die Produktvielfalt ist gross, unübersichtlich und wird ständig erweitert bzw. verfeinert.

Die Banken bewerben die Kategorie der «Renditeoptimierungsprodukte» gern mit dem Spruch, damit liesse sich auch in Phasen stagnierender Aktienkurse eine attraktive Rendite erzielen. Doch das geht nicht ohne Risiko und hohe Kosten – und wenn die Kurse trotzdem steigen, profitieren die Anleger nicht voll von dieser Aufwärtsbewegung.

Manuel Ammann, Professor für Finance an der Uni St. Gallen, sagte im Interview mit der «Handelszeitung» zu den Multi Barrier Reverse Convertibles: «Die ökonomische Begründung, warum das ein sinnvolles Produkt sei, habe ich noch nicht gefunden.» Und er kritisiert, die Anleger würden mit hohen Coupons verführt. Das führe oft auch dazu, dass die Depots nicht mehr ausreichend diversifiziert seien. «Manchmal ist es wirklich haarsträubend, was man an Portfolios zu Gesicht bekommt.»

Hebelprodukte sind nur für Spekulanten geeignet

Produkte mit Hebel ermöglichen theoretisch eine Vervielfachung der Kurssteigerungen des Basiswerts durch Spekulation auf steigende oder sinkende Aktienkurse. So kann ein Anleger bereits mit geringem Kapitaleinsatz zu viel Geld kommen.

Umgekehrt sind aber bei Hebelprodukten auch die Risiken enorm. Die Wahrscheinlichkeit grosser Verluste ist hoch. Hebelprodukte eignen sich daher nur für sehr risikobereite Anleger – besser: Spekulanten –, denen es nichts ausmacht, wenn sie viel von ihrem investierten Kapital verlieren.

Warrants und Mini-Futures: Auch Totalverlust ist möglich

Die am weitesten verbreiteten Hebelprodukte sind sogenannte Warrants. Das sind börsengehandelte Optionsscheine (siehe Seite 189 ff.). Diese geben das Recht, ein Wertpapier, meist eine Aktie, zum heute fixierten Preis bis zu einem bestimmten Zeitpunkt in der Zukunft zu kaufen (Call) oder zu verkaufen (Put).

Für dieses Recht zahlt man eine Prämie, im Falle eines Calls können das beispielsweise 2 Prozent des Kontraktwerts sein. Steigen die Aktien in dieser Zeit zum Beispiel um 4 Prozent, hat man einen Gewinn von 2 Prozentpunkten bzw. von 100 Prozent – bezogen auf seinen Einsatz – gemacht. Sinken sie hingegen um mehr als 2 Prozent, hat man einen Totalverlust erlitten, denn die Option ist wertlos geworden. Mit geringem Einsatz kann man also grosse Bewegungen auslösen (Hebelwirkung).

Das Gewinnpotenzial ist hier sehr gross. Noch grösser ist allerdings das Verlustrisiko, weil ja zuerst die Prämie verdient werden muss, bevor man gegebenenfalls die Gewinnzone erreicht.

Das Gleiche gilt für die sogenannten Mini-Futures, bei denen ebenfalls ein Totalverlust des eingesetzten Kapitals möglich ist. Wie Futures funktionieren, steht auf Seite 191f.

TIPP

Beobachten Sie den Kursverlauf

Falls Sie strukturierte Produkte im Portefeuille haben: Verfolgen Sie regelmässig den Kursverlauf, denn Sie können die Produkte jederzeit an der Börse verkaufen. Allerdings kann der Kurswert tiefer sein als der Nennwert, den Sie bezahlt haben. Das ist bei einem Barrier Reverse Convertible etwa dann der Fall, wenn das Durchbrechen der unteren Barriere demnächst droht, weil die Aktienkurse auf breiter Front einbrechen.

Umgekehrt können Anleger auch bereits laufende strukturierte Produkte an der Börse kaufen. Beachten Sie in diesem Zusammenhang eine Steuerfalle, die ähnlich ist wie diejenige bei den Obligationen (siehe Kasten Seite 83): Falls Sie ein strukturiertes Produkt mit einem hohen fixen Zinscoupon während der Laufzeit kaufen, müssen Sie den Zinsanteil für die bisher abgelaufene Zeit dem Vorbesitzer abgeben.

Nachteilig ist dabei, dass Sie bei Ablauf des Produkts den Zins für die ganze Laufzeit voll als Einkommen versteuern müssen, weil der steuerbare Zins Ihnen gutgeschrieben wird.

Höhenflüge und Tiefschläge überproportional mitmachen

Mit den Partizipationsprodukten macht der Anleger Kursbewegungen von Aktien, Körben von Einzeltiteln oder von einem Index mit – entweder eins zu eins oder sogar überproportional. Hier «partizipiert» er also.

Steigt der Kurs des Basiswerts zum Beispiel um 50 Prozent, steigt auch der Wert des entsprechenden Produkts um dieselbe Prozentzahl. Umgekehrt machen Anleger auch fallende Kurse voll mit.

Die Branche betont, damit hätten Anleger einen effizienten Zugang zu einer bestimmten Branche oder zu einem bestimmten Thema, das Privaten sonst verschlossen sei, etwa Nachhaltigkeit. Aber: Kleinanleger haben mit Fonds schon genug gute und diversifizierte Anlagemöglichkeiten zur Verfügung.

Zu den Partizipationsprodukten gehören die stark beworbenen Exchange Traded Products (ETPs), bei denen vor allem Rohstoffe oder Kryptowährungen den Basiswert bilden.

Typische Vertreter der Partizipationsprodukte sind auch Trackerzertifikate (wörtlich «Nachfolger»). Sie bilden einen beliebigen Aktienkorb, einen Index, Währungen, Rohstoffe oder andere börsengehandelte Werte eins zu eins ab. Das können zum Beispiel fünf willkürlich ausgewählte Aktien sein.

Oder der ganze SMI: Steigt der SMI, steigt auch der Wert des Trackerzertifikats auf den SMI im gleichen Ausmass. Sinkt der SMI, sinkt der Tracker parallel dazu.

Das Kursrisiko entspricht damit demjenigen einer Direktanlage. Doch im Gegensatz zu einem Indexfonds, der ebenfalls auf dem SMI basiert, werden beim Trackerzertifikat die 20 Aktien, die den SMI ausmachen, nicht wirklich gekauft, sondern nur virtuell nachvollzogen. Zudem sind Tracker wie alle strukturierten Produkte keine Sondervermögen. Es besteht also ein Emittentenrisiko (siehe Kasten auf Seite 182).

Das bedeutet: Mit strukturierten Produkten können Sie im allerschlimmsten Fall den ganzen eingesetzten Betrag verlieren.

Direktinvestitionen in den Basiswert sind oft besser

Für das unabhängige deutsche Institut für Vermögensaufbau ist klar, dass Direktinvestments in den Basiswert langfristig die höchste Performance erzielen. Es kommt aufgrund einer Langzeitstudie über einige ausgewählte Partizipations- und Renditeoptimierungsprodukte zum Schluss: «Langfristige und passive Anleger, die über keine klare Erwartungshaltung verfügen, sind mit einem Direktinvestment in den Basiswert gut bedient, weil Dividendenausschüttungen und entfallende Ausgabeaufschläge langfristig einen etwas höheren Mehrwert erzielen als die zusätzlichen Eigenschaften der verschiedenen Zertifikate.»

Investieren mit einem eingebauten Sicherheitsnetz

Kapitalschutzprodukte sind die einzige Kategorie der strukturierten Produkte, die für vorsichtige Investoren noch einigermassen geeignet ist. Mit diesen Produkten sichert sich der Anleger gegen Verluste ab.

Der Kapitalschutz ist aber nicht gratis. Der Anleger wird indirekt zur Kasse gebeten, indem ihm zum Beispiel grössere Gewinne vorenthalten werden. Oder indem die Produktherausgeber Zinsen und Dividenden zurückbehalten.

Zudem: Kapitalschutz bezieht sich immer nur auf den Nominalwert. Das Inflationsrisiko ist nicht abgedeckt, weil ja der damalige Nennwert zurückgezahlt wird. Und das Schutzniveau liegt nicht immer bei 100 Prozent, sondern zum Beispiel bei 80 oder 90 Prozent.

Trotz der Bezeichnung «Kapitalschutz» dürfen Sie nicht vergessen, dass es auch hier ein Emittentenrisiko gibt.

Auf diese Weise funktioniert der Kapitalschutz

Die Funktionsweise dieser Produkte an einem Beispiel: Ein Anleger möchte in einige Aktien von grossen Schweizer Unternehmen investieren, weil er davon ausgeht, dass die Kurse steigen. Ganz sicher ist er sich aber nicht. Der Anleger hatte früher mit Aktien Geld verloren – er will jetzt quasi ein Sicherheitsnetz haben.

Hier bietet sich ein Kapitalschutzprodukt mit dem Swiss Market Index (SMI) als Basiswert an – der SMI umfasst die Aktien der grössten 20 Schweizer Unternehmen.

Ein entsprechendes strukturiertes Produkt mit Basiswert SMI kann folgende Eigenschaften haben: Es kostet bei der Emission 1000 Franken, hat eine Laufzeit von fünf Jahren und ein Kapitalschutzniveau von 95 Prozent.

Falls der Anleger das Produkt bei der Emission kauft und fünf Jahre lang hält, kann er an Kurssteigerungen des SMI fast voll teilhaben. Angenommen, der Index steigt in fünf Jahren um 30 Prozent, erhält der Anleger am Ende der Laufzeit je nach Produktart zum Beispiel 1300 Franken.

Ab einer SMI-Verlustschwelle von 5 Prozent tritt hingegen der Kapitalschutz in Aktion. Das bedeutet: Auch wenn der SMI zum Beispiel 30 Prozent verlieren sollte, werden beim Verfall garantiert 950 Franken (95 Prozent von 1000 Franken) zurückgezahlt.

Unbedingt zu beachten ist dabei: Der SMI ist ein reiner Kursindex. Er berücksichtigt die Dividenden der Aktien nicht. Ist das Produkt nur an den Basiswert SMI geknüpft, entgehen dem Anleger die Ausschüttungen. Sie können 3 Prozent pro Jahr ausmachen.

STICHWORT

Der Kapitalschutz gilt nur am Ende der Laufzeit

Strukturierte Produkte sind grundsätzlich frei handelbar. Sie haben also – wie Obligationen – einen Kurs, der nach der Herausgabe steigen oder sinken kann.

Für Kapitalschutzprodukte heisst das: Der Schutz des Nennwerts kommt nur am Ende der vereinbarten Laufzeit zum Tragen, der Kapitalschutz wird erst bei Laufzeitende wirksam.

Während der Laufzeit können also auch Kapitalschutzprodukte im Handel weit unter ihrem Nennwert liegen. Verkaufen Sie ein solches Produkt vor Laufzeitende, erhalten Sie unter Umständen nur einen sehr schlechten Kurswert.

Beispiel: Sie kaufen ein Produkt mit Basiswert SMI und mit einem Kapitalschutzniveau von 100 Prozent zum Kurswert von 1300 Franken, das aber ursprünglich mit einem Nennwert von 1000 Franken emittiert wurde. Falls der SMI bis Laufzeitende so stark fallen sollte, dass der Kapitalschutz aktiviert wird, erhalten Sie nur den Nennwert von 1000 Franken zurück. Die Differenz von 300 Franken zwischen Nennwert und Kurswert ist dann verloren.

Der Cap: Ein «Deckel» begrenzt die Gewinnmöglichkeit

Auch in der Kategorie der Kapitalschutzprodukte gibt es Unterkategorien, wie der Kasten auf Seite 181 zeigt. Sie unterscheiden sich im Wesentlichen in zwei Punkten:

- Der Kapitalschutz ist unterschiedlich hoch. Das Schutzniveau kann auch bei 100 Prozent oder manchmal tiefer liegen.
- Die Gewinnmöglichkeiten nach oben können begrenzt sein. Solche Produkte tragen die Bezeichnung «mit Cap» im Namen.

Falls die Gewinnmöglichkeiten gegen oben begrenzt («gedeckelt») sind, können Anleger nur bis zu einer bestimmten Barriere – dem Cap – an Kurssteigerungen des Basiswerts teilhaben. Diese Gewinnbegrenzung greift umso stärker, je höher das Schutzniveau ist.

Ein Kapitalschutzprodukt mit Cap – mit Gewinnbegrenzung – kann so aussehen: Ein strukturiertes Produkt mit Basiswert SMI kostet bei der Emission 1000 Franken, hat eine Laufzeit von fünf Jahren, einen Cap bei 30 Prozent und ein Kapitalschutzniveau von 100 Prozent.

Folge: An SMI-Kurssteigerungen bis 30 Prozent kann der Anleger voll teilhaben. Steigt der SMI während der Laufzeit aber um mehr als 30 Prozent, werden beim Verfall wegen des Caps nur maximal 1300 Franken zurückbezahlt. Fällt der SMI hingegen, erhält der Anleger garantiert 1000 Franken.

In diesem Beispiel ist das Kapitalschutzniveau höher als beim auf der vorhergehenden Seite beschriebenen Kapitalschutzprodukt ohne Cap. Der Preis für diesen besseren Schutz ist der Cap beziehungsweise der Verzicht auf hohe Kursgewinne des SMI.

Auch bei diesen Produkten sollten Anleger abklären, wer die Dividenden erhält.

Kapitalschutz mit variablem Coupon

Eine weitere Variante dieser Gattung sind Kapitalschutzprodukte mit Coupon. Der Coupon ist eine jährliche Ausschüttung bzw. Zinszahlung. Deren Höhe hängt hier aber von der Entwicklung des Basiswerts ab, der Coupon ist also variabel. Meist werden Minimal- und Maximalwerte für die jährlichen Ausschüttungen festgelegt.

Ein Beispiel: Ein strukturiertes Produkt mit Basiswert SMI kostet bei der Emission 1000 Franken, hat eine Laufzeit von fünf Jahren, ein Kapitalschutzniveau von 100 Prozent und zahlt einen jährlichen Coupon aus, der von den Kurssteigerungen des Basiswerts abhängt. Der jährliche Coupon hat einen Cap bei 15 Prozent und kann nie kleiner als 0 Prozent sein.

Bei einer Laufzeit von fünf Jahren fallen demnach fünf Perioden an, in denen ein Coupon bezahlt wird – oder auch nicht:

Steigt zum Beispiel der SMI während des ersten Jahres nach der Emission um 10 Prozent, erhält der Anleger auch einen Coupon von 10 Prozent, also 100 Franken.

Steigt der SMI während des zweiten Jahres nach Emission um 0 Prozent, beträgt der Coupon für die zweite Periode wegen des Caps nur 15 Prozent, also 150 Franken.

Sollte der SMI während des dritten Jahres nach Emission um 25 Prozent fallen, wird für diese Periode kein Coupon bezahlt. Für die vierte und fünfte Periode werden die Coupons genau gleich berechnet. Beim Verfall erhält der Anleger aber auf jeden Fall den Nennwert von 1000 Franken zurück.

Tipp: Kaufen Sie Kapitalschutzprodukte höchstens, solange die Aktienkurse und die Zinsen oben sind. Idealerweise macht man einen Börsenboom mit Direktinvestitionen mit und schichtet

Fortsetzung auf Seite 189

CHECKLISTE

Tipps zu Kauf und Verkauf von strukturierten Produkten

- Lassen Sie sich nie zum Kauf eines Produkts überreden, wenn Sie davon nicht überzeugt sind. Kaufen Sie nur, was Sie verstehen und punkto Risiko einschätzen können. Lesen Sie das Termsheet (Faktenblatt) mit den entsprechenden Infos. Falls Sie es nicht verstehen: Hände weg!
- Strukturierte Produkte werden teilweise recht aggressiv beworben. Allein aufgrund der verwirrenden Produktenamen ist ihre Funktionsweise jeweils kaum verständlich. Meist steht aber in den Inseraten, zu welcher Kategorie der «offiziellen» Verbandseinteilung das betreffende Produkt gehört.

  Falls nicht: Auf der Homepage des Schweizerischen Verbands für Strukturierte Produkte (www.sspa.ch) können Sie den «Produktfinder» konsultieren. Das kann beim Verständnis helfen.
- Höhere Renditen sind immer mit einem grösseren Risiko verbunden.
- Bedenken Sie, dass strukturierte Produkte relativ teuer sind. Immerhin: Während bei Fonds einmalig zu bezahlende Ausgabegebühren von 5 Prozent keine Seltenheit sind, fallen bei strukturierten Produkten in der Regel keine Ausgabe- und Rücknahmegebühren an. Dafür aber Verkaufsgebühren der Bank, die Courtagen.
- Viele strukturierte Produkte haben eine kurze Laufzeit. Für eine langfristige Strategie sind sie deshalb nicht geeignet.
- Beachten Sie das Emittentenrisiko, und vermeiden Sie Klumpenrisiken. Anleger sollten bei strukturierten Produkten nicht alles auf einen Emittenten setzen – auch nicht bei Produkten, die einen Kapitalschutz versprechen.
- Emittentenrisiko: Sie finden die Liste mit der Bonität der Schweizer Herausgeber unter www.sspa.ch → Produkte → Emittentenbonität.
- Auf dieser Verbandswebsite gibt es unter «Risikokennzahl» auch eine Risikoeinstufung der einzelnen angebotenen Produkte. Diese Einschätzung ist aber mit Skepsis zu betrachten. Denn sie berücksichtigt das Emittentenrisiko im Prinzip nicht. Was dort mit dem Risiko «tief» bezeichnet wird, ist keinesfalls so sicher wie das Sparbuch. Genau das suggeriert aber der Verband. Selbst das Risiko einiger Barrier Reverse Convertibles wird dort als «tief» charakterisiert.

  Viele Fachleute stehen dieser Risikokennzahl sehr skeptisch gegenüber. Die «Neue Zürcher Zeitung» schrieb von einer «Gefahr der Scheinsicherheit».
- Machen Sie sich im Internet über die verschiedenen Produkte schlau. Das Problem dabei: Die meisten Internetseiten werden von Anbietern betrieben oder sind zumindest verkaufsorientiert. Zudem verbreiten sie oft nur den üblichen und immer gleichen Fachjargon, der für Laien nicht leicht zu verstehen ist.

  Infos und Produktbeschreibungen gibt es auch unter www.markets.vontobel.com, www.payoff.ch oder http://keyinvest-ch.ubs.com. Auf https://zkb-finance.mdgms.com/products/stp finden sich Erklärungen zu Produkten, die die Zürcher Kantonalbank selbst im Angebot hat.
- Es gibt einzelne pfandbesicherte Produkte mit der Bezeichnung Cosi, die das Emittentenrisiko weitgehend dadurch ausschliessen, dass der Herausgeber den aktuellen Wert mit einem Pfand bei der Börse hinterlegt. Das ist nur bei wenigen Produkten der Fall, zudem macht diese Absicherung die Produkte noch teurer.

Fortsetzung von Seite 187

kurz vor einem Einbruch an den Börsen in Kapitalschutzprodukte um. Das ist aber leichter gesagt als getan. Denn selbst Profis mit jahrzehntelanger Erfahrung können jeweils nicht voraussagen, wann die Börsenkurse einbrechen und wie stark dieser Einbruch sein wird.

Das Emittentenrisiko ist keine weltfremde Theorie

Und noch einmal: Vergessen Sie das Emittentenrisiko nicht! Dass dieses Risiko nicht nur theoretischer Natur ist, hat die amerikanische Bank Lehman Brothers bewiesen, die Mitte September 2008 zusammenbrach. Viele Schweizer Anlegerinnen und Anleger hatten auf Empfehlung von Schweizer Banken Kapitalschutzprodukte von Lehman gekauft. Sie trugen Namen wie «Bonus Coupon Note», «Podium Note» oder «Opportunity Note».

Diese Papiere verloren wegen des Ausfalls des Emittenten Lehman Brothers 70 bis 80 Prozent an Wert – «Kapitalschutz» hin oder her. Einen begrenzten Verlust hatten nur diejenigen Sparer, die von den Schweizer Banken wenigstens teilweise entschädigt wurden.

Übrigens: Marktbeobachter berichten, dass die erhoffte Maximalrendite bei strukturierten Produkten mit Kapitalschutz regelmässig ausbleibt und dass ihre Rendite in den Jahren 2005 bis 2023 oft bei 0 Prozent lag.

Optionen: «Gutscheine» der anderen Art

Das Grundprinzip einer Option lässt sich anschaulich mit der Funktionsweise von Gutscheinen erklären. Ein Beispiel: Ein Unternehmen produziert ein Produkt, das 100 Franken kostet. Um den Absatz anzukurbeln, verkauft die Firma Gutscheine zum Preis von 80 Franken. Diese geben die Möglichkeit (die «Option»), das Produkt im Wert von 100 Franken ausgehändigt zu erhalten. Wer nun seinen Gutschein sofort einlöst, hat quasi 20 Franken verdient.

Angenommen, der Preis des Produkts steigt später auf 110 Franken, erhöht sich also um 10 Prozent. Wer den 80-Franken-Gutschein erst jetzt einlöst, erzielt damit einen «Gewinn» von 30 statt 20 Franken – und das ist ein Mehrertrag von 50 Prozent.

Der Wertsteigerung des eigentlichen Produkts um 10 Prozent steht also die «gehebelte» Wertsteigerung des Gutscheins von 50 Prozent gegenüber.

Eine Option kann komplett wertlos werden

Die Finanzinstrumente mit der Bezeichnung Option funktionieren gleich, denn auch Optionen kann man kaufen. Beispiel: Eine Option auf den Kauf einer Aktie der Firma X kostet 30 Franken und berechtigt den Besitzer, die Aktie Ende September zum Preis von 1000 Franken zu beziehen. Der Käufer erwirbt die Kaufoption Ende Juni.

In den drei Monaten zwischen dem Kauf der Option und dem Datum des Ausübungsrechts bewegt sich der Kurs der Aktie X nach oben auf 1100 Franken.

Hätte der Anleger die Aktie effektiv als Wertpapier gekauft, hätte er einen Gewinn von 100 Franken bzw. 10 Prozent eingefahren.

Mit seiner Kaufoption erzielt der Anleger einen Wertzuwachs von 70 Franken – 100 Franken Kurssteigerung minus 30 Franken Optionspreis. Denn er kann eine Aktie zu 1000 Franken beziehen und sofort für 1100 verkaufen.

Bezogen auf seinen Einsatz von 30 Franken ist das eine Wertsteigerung um 133 Prozent. Das zeigt beispielhaft, dass die prozentualen Gewinnmöglichkeiten bei Optionsstrategien sehr viel grösser sind als beim Halten der zugrundeliegenden Aktien.

Allerdings ist auch das Risiko höher. Rutscht nämlich der Kurs der Aktie X entgegen der Erwartung auf 900 Franken, verliert der «reale» Aktienbesitzer nur 10 Prozent seines Geldes. Der Optionskäufer hingegen verliert 100 Prozent seines eingesetzten Kapitals, weil seine 30-fränkige Kaufoption jetzt nichts mehr wert ist.

Zwar hat der Optionsbesitzer nur das Recht, aber nicht die Pflicht, die Aktie zu 1000 Franken zu beziehen. Doch der Bezug für 1000 Franken wäre sinnlos, weil die Aktie X nun ja zu 900 Franken und damit viel günstiger zu kaufen wäre.

Deshalb ist die Kaufoption wertlos geworden, das eingesetzte Kapital zu 100 Prozent weg. Oder anders ausgedrückt: Wer eine Aktie kauft, kann allfällige Kursverluste aussitzen und auf bessere Zeiten hoffen. Eine Option hingegen verliert nach Ablauf jeglichen Wert, das eingesetzte Kapital ist dann für immer verloren.

Spekulieren auf steigende oder fallende Kurse

Im Anschluss an dieses anschauliche Beispiel ist auch die Definition der Option leichter verständlich, die überall zu lesen ist: Eine Option ist ein handelbarer Vertrag (Kontrakt). Er berechtigt den Besitzer, aber verpflichtet ihn nicht, ein bestimmtes Gut zu einem bestimmten Zeitpunkt und zu einem bestimmten Preis zu kaufen. Dafür zahlt der Optionskäufer eine Prämie. Fachleute unterscheiden noch zwischen europäischen und amerikanischen Optionen: Europäische Optionen können nur am Ende der Laufzeit ausgeübt werden, amerikanische jederzeit während der Laufzeit.

Kaufoptionen wie im Beispiel geschildert heissen Call-Optionen – vom Englischen «to call». Der Besitzer eines Calls hat das Recht, ein bestimmtes Produkt «abzuholen».

Das Gegenstück dazu sind Put-Optionen («to put» = abgeben). Sie berechtigen den Besitzer, das entsprechende Gut zu verkaufen. Da funktioniert der Mechanismus umgekehrt, weil der Besitzer hier auf fallende Kurse spekuliert. Die Gewinn- bzw. Verlustchancen bleiben gleich hoch. Je stärker die Aktie im Kurs fällt, desto mehr verdient der Käufer.

Indexoptionen auf einen abstrakten Wert

Beim «Gut», das Optionsbesitzer kaufen oder verkaufen können, muss es sich nicht um Aktien handeln. Es können auch Fremdwährungen sein, zum Beispiel 100 000 Dollar. Oder 1 Kilo Gold. Oder ein anderer Basiswert, wie zum Beispiel ein Index.

Indexoption heisst: Es ist keine Lieferung des Basiswerts möglich, weil der Index ein abstrakter Wert ist, der die Wertveränderung eines Markts abbildet. Deshalb wird zum Zeitpunkt der Vertragserfüllung die Differenz zwischen abgemachtem und effektivem Indexstand in bar ausbezahlt.

Die Finanzwelt unterscheidet zwischen Optionen und Optionsscheinen:

- **Optionen** haben standardisierte Kontraktgrössen, Laufzeiten und Basispreise. Ihr Handel ist in der Regel intensiv.
- Bei den **Optionsscheinen** handelt es sich um verbriefte Wertpapiere, englisch Warrants (siehe auch Seite 183 f.). Sie sind unterschiedlich gestaltet. Wegen der Vielzahl der Produkte kann der Markt illiquid sein, sprich: ein Wiederverkauf schwierig. Auch Optionsscheine können wertlos werden, wenn sich der Wert des zugrunde liegenden Guts entgegen der Erwartung entwickelt.

Fazit: Optionen sind spekulativ und für Unerfahrene ungeeignet. Kaufen Sie nie Optionen auf Kredit. Sie riskieren, dass das ganze eingesetzte Geld am Schluss verspielt ist, aber die Schuld noch immer besteht. Erfahrene Anleger benützen Optionen in erster Linie, um Gewinne abzusichern. Wie das gehen kann, zeigt folgendes Beispiel: Ein Anleger hat an der Börse kräftig verdient. Jetzt will er seine Gewinne absichern, ohne aus der Börse aussteigen zu müssen. Weil er vor allem Schweizer Blue Chips hält, kauft er dafür eine Put-Option auf den SMI.

Fällt der Markt, steigt der Wert des Puts stets zunehmend. Mit diesem Gewinn kann er zumindest einen Teil des Verlusts ausgleichen, den er mit den «reellen» Blue Chips erleidet, die er weiterhin im Depot hält.

Steigt der Markt, verliert die Put-Option ihren Wert – was aber durch die Kurssteigerung seiner Aktien ausgeglichen wird.

Am schlechtesten fährt dieser Anleger, wenn sich die Kurse überhaupt nicht bewegen.

Futures: Riskanter als Roulette

Optionen sind wie beschrieben bedingte Geschäfte: Ein Vertragspartner räumt dem anderen das Recht ein, aber nicht die Pflicht, ein Geschäft an einem vorher bestimmten Termin zu vorher festgelegten Konditionen zu tätigen. Wegen des in der Zukunft liegenden Termins gehören Optionen zu den Terminkontrakten.

Auch Futures sind Terminkontrakte. Im Unterschied zu Optionen sind Futures aber unbedingte Geschäfte und für beide Vertragspartner verpflichtend. Mit Futures spielt man mit dem ganz grossen

Geld. Das Gefährliche daran: Im Gegensatz zum Roulette kann man mit Futures nicht nur seinen Einsatz vervielfachen oder auch alles verlieren. Man kann sogar Geld verlieren, das man gar nicht eingesetzt hat – und über das man schlimmstenfalls nicht verfügt. Denn es handelt sich hier um ein sehr riskantes Spiel auf Pump.

TIPP

Vorsicht vor freien Verkäufern und Wucherern

Optionen und andere Termingeschäfte wie etwa Devisenhandelsgeschäfte werden oft auch von freien Verkäufern angepriesen und aggressiv unter die Leute gebracht. Da sind meist unseriöse Geschäftemacher am Werk, die vor allem in die eigene Tasche wirtschaften und ihren Opfern mit grosser Wahrscheinlichkeit einen Totalverlust bescheren.

Beispiel: Das Bundesgericht musste sich vor einigen Jahren mit dem Geschäftsführer einer Devisenhandelsfirma befassen, der private Schulden aus dem Geschäftsvermögen beglich und seiner Frau einen Lohn auszahlte, obwohl sie nichts für die Firma tat. Er wurde wegen mehrfacher Veruntreuung und ungetreuer Geschäftsbesorgung verurteilt.

Typisch ist auch der Fall der Zürcher Firmen Pinusmontana Invest AG und Fagussilva Invest AG. Sie versprachen Anlegern mit Devisenspekulationen «eine aussergewöhnlich hohe Rentabilität für Kapitaleinsätze» – bis zu 36 Prozent pro Jahr. Es sei «in mehrjähriger Erfahrung» gelungen, «eine gut durchdachte Strategie zu entwickeln, die sich auf die kurzfristige Ausschöpfung eng begrenzter Kursveränderungen» konzentriere. Beide Firmen wurden von der Eidgenössischen Bankenkommission (heute Finma) liquidiert, weil sie ohne Erlaubnis Gelder von privaten Anlegern angenommen hatten. Der K-Tipp berichtete über einen deutschen Arzt, der so 350 000 Euro komplett verlor. Typisch für solche Firmen ist übrigens, dass sie Renditechancen im zweistelligen Prozentbereich herausstreichen, das Risiko aber gleichzeitig herunterspielen.

Oft schlagen sie vor, eine kleinere Summe zunächst «testweise» zu investieren. Nach einem ersten, meist erfolgreichen Geschäft wird vorgeschlagen, eine zweite Geldsumme einzusetzen, die dann aber meist infolge angeblicher Marktentwicklungen verloren geht. Darauf folgt das Angebot, den Verlust durch Einsatz eines noch höheren Geldbetrags auszugleichen.

Wucherer am Werk. Oft landen Optionenverkäufer vor dem Richter, weil sie Anleger raffiniert ausnehmen. Die Verantwortlichen der Firma Buytec zum Beispiel verkauften Laien riskante Optionen und bescherten ihnen so grosse Verluste. Sie wurden wegen gewerbsmässigen Wuchers verurteilt. Grund: Die Opfer waren in Börsendingen unerfahren und die abgegebenen Informationen zu Risiken und Gefahren unverständlich.

Zudem haben die Täter die Anleger ausgebeutet, denn sie kassierten für sich selber exorbitante Kommissionen, die pro Geschäft 25 bis 61 Prozent der investierten Summe ausmachten. Sie haben damit laut Bundesgericht «die Gewinnchancen der Anleger praktisch verunmöglicht» (Bundesgerichtsurteil 6B_10/2009).

Den Einsatz verfünffachen – oder nachzahlen müssen

Ein Beispiel: Ein Future lautet auf irgendeinen Rohstoff, etwa Schweinebäuche, Kakao, Orangenkonzentrat oder ein Industriemetall.

Mit diesem Kontrakt erwirbt der Käufer zu einem heute definierten Preis, zum Beispiel 100 000 Dollar, eine bestimmte Menge des Rohstoffs mit einer definierten Qualität. Die Auslieferung soll in sechs Monaten stattfinden. Jetzt ist nur eine kleine Anzahlung fällig, etwa 1000 Dollar für den Kontrakt.

Nun hofft der Käufer natürlich, dass sein Rohstoff in sechs Monaten deutlich mehr wert ist als die vereinbarten 100 000 Dollar – beispielsweise 105 000 Dollar. In diesem Fall kann er seinen Rohstoff sofort weiterverkaufen und die Differenz als Gewinn einstreichen. Bezogen auf den Kontraktwert sind das zwar nur 5 Prozent – bezogen auf seinen Einsatz hat er sein Geld aber verfünffacht.

Passiert das Umgekehrte, nämlich dass der betreffende Rohstoff nach sechs Monaten für 95 000 Dollar zu haben ist, so verliert er nicht nur seinen Einsatz. Er muss zudem noch 4000 Dollar zuzüglich 1000 Dollar Gebühren nachschiessen.

100 000 Dollar sind die übliche Kontraktgrösse. Die Gewinn- und Verlustschwankungen hingegen sind häufig bedeutend höher. Eine Preissteigerung oder ein Preiszerfall um 50 oder mehr Prozent innerhalb von sechs Monaten ist keine Seltenheit.

Entsprechend gross sind die Chancen und die Risiken: Eine Nachschusspflicht von 50 000 Dollar kann bei einem Einsatz von 1000 Dollar hart und für manchen gar ruinös sein. Denn ein Zurück gibt es bei Futures nicht. Im Gegensatz zu Optionen, wo man sich gegen eine Gebühr nur ein Kauf- oder Verkaufsrecht sichert, ist man an einen Kontrakt gebunden. Das Geschäft gilt – ob man noch will oder nicht.

Während also bei Optionen das Risiko «nur» darin besteht, seinen Einsatz zu verlieren, ist das Verlustpotenzial bei Futures nach oben offen – abhängig vom Wert der Ware, die man dann kaufen muss. Da der Kurs theoretisch unbegrenzt fallen kann, ist auch das Verlustpotenzial unbegrenzt.

Selbst die Banken sind da äusserst zurückhaltend und empfehlen sie den Privatanlegern nicht.

Futures werden an der Börse gehandelt. Die ausserbörslich gehandelten Varianten dazu heissen je nach Ausgestaltung **Swap** oder **Forward**.

Bei Mini-Futures gibt es keine Nachschusspflicht

Ähnlich funktionieren Mini-Futures – mit dem Unterschied, dass dort keine Nachschusspflicht besteht. Das Verlustpotenzial ist damit auf den Wert des Einsatzes beschränkt.

Mini-Futures sind mit einem Basiswert verknüpft, etwa mit Obligationen, Aktien oder Währungen. Die herausgebende Bank packt zudem einen Kredit in das Produkt.

Somit braucht es weniger Eigenkapital. Oder andersherum gesagt: Man kann mit Mini-Futures überproportional an der Kursentwicklung des Basiswerts teilnehmen – nach oben wie nach unten. Fachleute sprechen von einem Hebel. Es sind Hebel von fünf, zehn oder noch mehr möglich. Dass man immerhin nicht mehr als den Einsatz verlieren kann, liegt an einer eingebauten Sicherung: Naht der Totalverlust, wird der Vertrag automatisch aufgelöst.

Trotzdem: Auch Mini-Futures sind nichts für Leute mit schwachen Nerven. Zudem braucht es gute Finanzkenntnisse.

Rohstoffe (Commodities)

Rohstoffe und die Ertragsmöglichkeiten, die sie bieten, sind ein Tummelfeld für Investoren mit hoher Risikobereitschaft. Dazu gehören Metalle, Energierohstoffe und Agrargüter.

Metalle wie Nickel, Blei, Platin und Zinn erreichten 2007 historische Höchstpreise. Der Ölpreis stieg weit über 100 Dollar je Barrel (159 Liter) und erreichte Spitzenwerte von 140 Dollar pro Fass. Nach mehreren Jahren in einer Ab- und Seitwärtsbewegung in den 2010er-Jahren nahmen die Rohstoffpreise nach dem Ende der Corona-Lockdowns 2020 wieder Fahrt auf und gipfelten im März 2022 nach dem Ausbruch des Ukrainekriegs. Die Gaspreise erreichten damals immer wieder neue Höchststände. Der Ölpreis stieg von rund 20 Dollar im Jahr 2020 auf abermals über 100 Dollar je Barrel. Auch mehrere Metalle und Landwirtschaftsgüter erzielten im Jahr 2022 aufgrund der globalen Lieferengpässe Höchstpreise.

Die Preise von Rohstoffen sind auch jetzt instabil. Denn sie sind einer Reihe von unberechenbaren Entwicklungen ausgesetzt. Dazu gehören Wettereinflüsse und Naturkatastrophen, aber auch massive Spekulationen, mit denen Insider die Preise nach oben treiben und dann wieder fallen lassen.

Die besonderen Risiken im Handel mit Rohstoffen

Auf der Website der Schweizerischen Bankiervereinigung (www.swissbanking.ch → Downloads → Leitfäden & Empfehlungen) können Interessierte eine gut verständliche Broschüre herunterladen mit dem Titel «Risiken im Handel mit Finanzinstrumenten».

Dort sind weitere unberechenbare Einflüsse genannt, die die Rohstoffpreise beeinflussen:

- Verhältnis zwischen Angebot und Nachfrage.
- Staatliche Programme und Regulierungen, nationale und internationale Ereignisse.
- Staatliche Eingriffe, Embargos und Tarife.
- Zins- und Wechselkursschwankungen.
- Bestimmungen bezüglich Geldpolitik, Handels-, Fiskal- und Devisenkontrollen.

Die Meinungen darüber, ob Rohstoffe grundsätzlich eine gute Geldanlage sind, widersprechen sich. Die Vermögensverwaltung der Zürcher Kantonalbank, Swisscanto, sieht in ihnen einen Schutz bei Erdölkrisen. Als das Erdölkartell Opec 1973 einen Lieferboykott beschloss, gaben in der Folge die Aktien weltweit um rund 40 Prozent nach. Rohstoffe hingegen schnellten fast auf den dreifachen Wert. 1990, als der Irak in Kuwait einmarschierte, fielen die Welt-Aktien um 26 Prozent, Rohstoffe legten um 50 Prozent zu.

Ein Argument für solche Anlagen ist die Diversifikation. Rohstoffpreise unterliegen eigenen Zyklen. So entwickeln sie sich weitgehend unabhängig von den Kursen für Anleihen und Aktien. Durch die Aufnahme ins Portfolio kann man bei sinkenden Aktienkursen von steigenden Rohstoffwerten profitieren und so sein Risiko senken. Zudem schützen Rohstoffe wie Agrargüter, Metalle und Energieträger vor der Teuerung.

Rohstoffe, im Fachjargon **Commodities** genannt, werden in der Regel indirekt gehandelt – meist über Terminkontrakte (Futures). Wenn überhaupt, sollten Laien zu Rohstoff-Fonds oder -ETFs greifen – und zwar zu Fonds, die nicht in einzelne, sondern in eine Vielzahl von Rohstoffen investieren. Strukturierte Produkte auf Rohstoffe sind zu meiden.

Hedgefonds

«Hedgen» bedeutet eigentlich absichern – mit dem Ziel, Verluste zu vermeiden oder wenigstens zu minimieren. Ursprünglich wurden mit dieser Strategie Geschäfte im Agrarsektor abgesichert. Mit den aktuellen Zielen eines Hedgefonds hat dies allerdings nichts mehr zu tun. Hedgefonds verfolgen oft hochspekulative, aggressive und intransparente Anlagestrategien, was sie sehr risikoreich machen kann. Auch sie versprechen teilweise, in allen Marktphasen positive Renditen zu erzielen (Absolute-Return- oder Total-Return-Ansatz, siehe Kasten auf Seite 151).

Hedgefonds – die «Cowboys der Vermögensverwaltung»

Hedgefonds investieren in alles, was die Finanzwelt zu bieten hat: von Aktien bis zu Derivaten und Futures. Fondsmanager sind in ihren Anlageentscheiden weitgehend frei:

- **Sie dürfen Leerverkäufe tätigen.** Bei Kursschwächen verkaufen sie Aktien oder andere Anlagen, die sie noch nicht besitzen. Diese müssen sie dem Käufer zu einem bestimmten Termin liefern und kurz davor effektiv kaufen. Sie hoffen, die Titel billiger erwerben zu können, als sie sie verkauft haben, um so Gewinn zu erzielen. Sie spekulieren also auf fallende Kurse.
- Hedgefonds spekulieren auch mit geliehenem Geld.
- In Einzelfällen schrecken Hedgefonds-Manager nicht vor Insidergeschäften und kriminellen Machenschaften zurück.

Hedgefonds-Manager wurden deshalb schon als «Cowboys der Vermögensverwaltung» betitelt. Viele Hedgefonds sind private Anlagefonds, die alles dürfen und nur schwachen staatlichen Kontrollen unterstehen. Viele haben ihren Sitz vor allem aus Steuergründen in Offshorezentren, wo von Gesetzgebung und Aufsicht keine scharfen Regulierungen zu erwarten sind. Dadurch sind Anleger weniger gut geschützt. Ein bekannter Hedgefonds war etwa der zusammengebrochene Long-Term Capital Management Fonds, der vor seinem Ende Jahresrenditen von 40 Prozent erzielte.

Madoff brachte die Hedgefonds erst recht in Verruf

Die Bankenkrise von 2008 brachte die Hedgefonds erst recht in Verruf. Viele mussten geschlossen werden. Kommt dazu, dass viele davon auch in die Anlagevehikel von Bernard Madoff investiert hatten. Er gilt als einer der grössten Börsenbetrüger aller Zeiten. Auch die Luzerner Bank Reichmuth & Co. ging ihm mit ihrem Hedgefonds «Reichmuth Matterhorn» auf den Leim. Sie löste den Fonds in der Folge auf.

Vorsichtige und weitsichtige Finanzanalysten hingegen trauten Madoff und seinen konstant hohen Renditen von Anfang an nicht.

Auch Dachfonds erzielten schlechte Renditen

Wer über grosse Summen verfügt und in mehrere Hedgefonds mit unterschiedlichen Anlagekonzepten investiert, kann sein Risiko begrenzen. Tatsächlich beliefen sich die Verluste der Hedgefonds im Crash-Jahr 2008 auf durchschnittlich 20 Prozent – also auf weniger als die Hälfte der Einbussen, die die Aktienbörsen erlitten. Doch Normalanleger haben kleinere Portfolios und damit zu wenig Geld, um gleichzeitig in mehrere Hedgefonds mit unterschiedlichen Anlagekonzepten zu investieren. Sie müssen – wenn schon – zu Dachfonds greifen. Diese investieren ihrerseits in verschiedene Hedgefonds. Doch Dachfonds sind für Anleger ein schlechtes Geschäft. Beispiel eines Fonds, der einen langen Leistungsausweis hat:

- Swisscanto (CH) Alternative Fund Diversified CHF: 2021 gab der Fonds um über 85 Prozent nach, was zu einer Schliessung im Sommer 2021 führte. Die Die jährlichen Kosten (TER, Total Expense Ratio) lagen bei hohen 5,8 Prozent.

Ein wichtiger Grund für die schlechten Renditen: Kosten fallen nicht nur bei den Dachfonds an. Diese sind mit fast 2 Prozent happig. Doch es kommen noch die Kosten dazu, die «unten» in den einzelnen Hedgefonds anfallen – und diese können ein Vielfaches davon betragen.

Grossanleger wie Versicherungsgesellschaften oder Pensionskassen können direkt mit den Hedgefonds verhandeln und so manchmal tiefe Kosten herausholen. Dem Normalanleger bleibt dieser Weg verschlossen.

Fazit: Kleinanleger sollten die Finger von Hedgefonds lassen. Die Renditen der breit investierten Fonds sind unbefriedigend. Sie spielen auch keine zuverlässige Rolle als Stabilisatoren eines Portfolios in Krisenzeiten.

Gold

Gold gilt als wertbeständig, als sicherer Hafen und als guter Schutz gegen Inflation.

In der Zeit von 2005 bis März 2024 vervierfachte sich der Preis einer Feinunze Gold fast von 500 auf über 1900 Franken. Das ist ein jährlicher Wertzuwachs von 7,3 Prozent. Anfang 2024 notierte der Goldpreis in Franken, US-Dollar und Euro auf einem Rekordhoch.

Doch der jähe Preissturz im Jahr 2013 machte allen klar: Auch die Entwicklung des Goldpreises ist keine Einbahnstrasse.

Der Goldpreis auf Achterbahnfahrt

Bei Geldanlagen kommt es immer darauf an, welche Zeitperiode man betrachtet. Der Goldpreis bewegte sich lange Zeit überhaupt nicht. Er wurde 1934 auf 35 Dollar pro Feinunze festgelegt, wo er während Jahrzehnten blieb.

Der Markt begann erst ab 1971 zu spielen. Am 15. August desselben Jahres stoppte der damalige US-Präsident Richard Nixon die Goldbindung des Dollars. Man konnte den US-Dollar nicht mehr zu einem fixen Kurs in Gold umtauschen. Damit ging das Vertrauen in die Leitwährung verloren. Seither spiegelt ein steigender Goldpreis diesen Vertrauensverlust. Ein Wertzuwachs von jährlich 3,0 Prozent ab 1975 kann sich sehen lassen.

Doch die Preisentwicklung glich einer Achterbahnfahrt. Wer in das gelbe Metall investierte, durchlebte Zeiten grosser Freude und schierer Verzweiflung. Was unter dem Strich blieb, hing ganz davon ab, ob man günstige oder unglückliche Ein- und Ausstiegszeitpunkte erwischt hatte. Die Grafik auf der nächsten Seite führt dies plastisch vor Augen. Der grösste Wertverlust beim Gold belief sich auf 66 Prozent. Und es dauerte im schlechtesten Fall 19 Jahre, bis der ehemalige Höchstwert wieder erreicht war – von 1980 bis 1999.

Fazit: Langfristig steigt der Goldpreis. Es kann jedoch auch sehr magere Jahre geben.

Betrachtet man die gesamte Zeitperiode von 1975 bis Frühling 2024, stellte Gold einen guten Inflationsschutz dar – seine Wertsteigerung fiel in diesem Zeitraum insgesamt markant höher aus als der Kaufkraftverlust des Frankens infolge der Teuerung. Das heisst aber nicht, dass das gelbe Metall jederzeit einen automatischen Teuerungsausgleich garantiert.

Eine detaillierte Auswertung zeigt nämlich: Es gab seit 1975 in der Schweiz drei Perioden mit Inflationsraten von über 5 Prozent pro Jahr: 1975, 1979 bis 1982 und 1989 bis 1991.

Der Goldpreis nahm in den ersten zwei Perioden viel stärker zu als die Teuerung. Doch von 1989 bis 1991 fiel er sogar. Betrachtet man die Entwicklung von Gold noch über einen längerer Zeitraum, zeigt sich: In den 1980er- und 1990er-Jahren versagte es als Inflationsschutz total. Damals verlor der Franken 40 Prozent seiner

Kaufkraft. Gold konnte diesen Verlust nicht einmal teilweise wettmachen. Vielmehr verlor es zwei Drittel seines Werts. Dennoch: In etlichen Aktienkrisen konnte sich Gold behaupten oder sogar stark zulegen (aus der Sicht eines in Franken rechnenden Anlegers).

- So verzeichnete Gold beispielsweise einen ausgeprägten Wertzuwachs in der zweiten Erdölkrise, also von 1978 bis 1980.
- Beim Aktiencrash am 19. Oktober 1987, der als Schwarzer Montag in die Börsengeschichte eingegangen ist, legte Gold leicht an Wert zu.
- Das gelbe Metall blieb stabil, als 2000 die Internetblase platzte und die Aktienmärkte bis Anfang 2003

Entwicklung des Goldpreises von 1975 bis 2024

Die Grafik zeigt den Goldpreis in Franken pro Feinunze. Eine Feinunze wiegt 31,1 Gramm und ist die international gültige Standardeinheit für kleine Goldbarren. Gold wird in Dollar gehandelt, die Grafik zeigt den in Franken umgerechneten Preis. Seit 1975 stieg er pro Feinunze auf 1900 Franken (Stand: 11. März 2024).
Die Bedeutung der Anleger hat im Goldhandel stark zugenommen. Ein immer grösserer Anteil der Käufe geht auf ihr Konto. Indische und chinesische Privatanleger sind mit Abstand die grössten Goldkäufer. Private kaufen Gold vor allem in Form von Schmuck.

Grosse Käufer sind auch die Zentralbanken. Im September 2023 betrugen die offiziellen Bestände der russischen Zentralbank 2333 Tonnen, der chinesischen 2192 Tonnen. Zum Vergleich: Die Schweizerische Nationalbank hortet 1040 Tonnen.

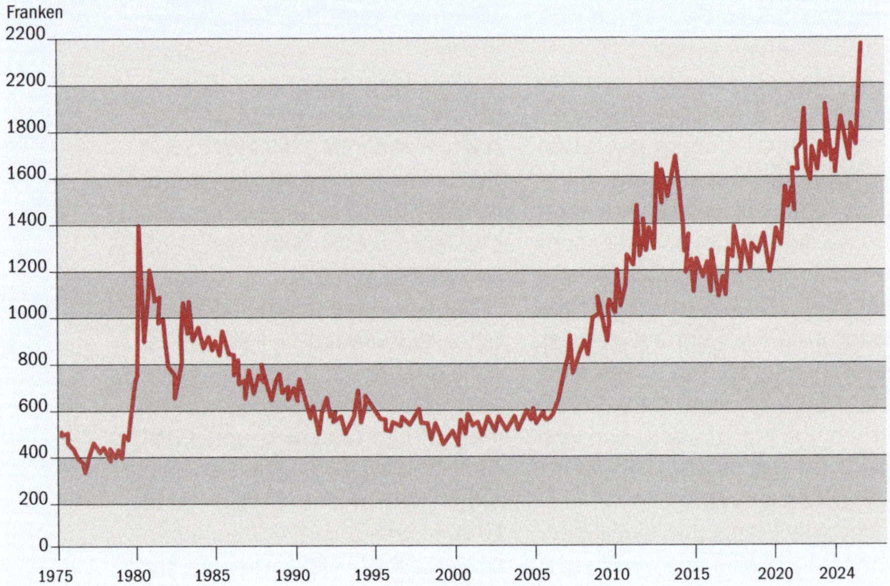

QUELLEN: GOLDSEITEN.DE, BLOOMBERG, BUNDESAMT FÜR STATISTIK, VISUAL CAPITALIST

weltweit rund die Hälfte ihres Werts verloren.

- Während der Finanzkrise, die im Herbst 2007 einsetzte und bis März 2009 wiederum weltweit etwa die Hälfte aller Aktienwerte vernichtete, legte Gold um etwa 25 Prozent zu.
- Zwischen 2018 und der Corona-Krise 2020 konnte Gold aufgrund globaler Unsicherheiten um über 60 Prozent an Wert gewinnen.

Wer auf diese Erfahrungswerte abstellt, kommt zum Schluss: Wenn Aktien und Obligationen wieder einmal in den Keller sausen, bietet Gold Sicherheit und Stabilität im Portefeuille. So gesehen hat das Edelmetall in einem gut diversifizierten Portfolio durchaus seine Berechtigung. Klar ist: Was in der Vergangenheit geschah, ist keine Garantie für die Zukunft. Und Gold wirft keine Erträge ab. Immerhin kann es – anders als Wertpapiere – nie wertlos werden.

Gold erwirbt man nicht, um Zinsen oder Dividenden zu kassieren. Im Grunde gibt es zwei Arten von Goldkäufern. Die einen erwerben das Edelmetall, weil sie schwächere Aktienmärkte, instabile Währungen, weiter sinkende Zinsen oder ein kollabierendes Finanzsystem erwarten. Sie betrachten Gold als Versicherung gegen Extremereignisse. Andere Goldkäufer spekulieren auf höhere Preise.

Gold als letzte Sicherheit und Zufluchtswährung

Es gibt Goldbesitzer, die das Edelmetall für die ultimative Zufluchtswährung halten, wenn der Wert der Papierwährungen ins Bodenlose stürzt. Zuletzt war dies in Venezuela der Fall. Und bis zum Jahr 2015 litten die Menschen in Simbabwe unter einer Hyperinflation. Doch ein solches Untergangsszenario hat es in Ländern mit gefestigten Demokratien noch nie gegeben. Jeder muss selber entscheiden, ob er eine so dramatische Entwicklung für wahrscheinlich hält oder nicht.

Sogar bei Goldanlagen kann es ein Ausfallrisiko geben

Heute lässt sich das Edelmetall auch indirekt über Zertifikate und Derivate kaufen. Diese Papiere lauten auf Gold, bilden dessen Preis aber nur nach oder sind an irgendwelche Zusatzbedingungen gekoppelt, die mehr Sicherheit oder mehr Gewinn versprechen. Das heisst aber: Macht der Herausgeber des Zertifikats Konkurs und sind keine zuverlässigen Sicherheiten hinterlegt, ist das Produkt mit grosser Wahrscheinlichkeit nichts mehr wert – es besteht also oft ein Emittentenrisiko.

Wer hingegen Gold in seiner physischen Form kauft, geht dem Emittentenrisiko aus dem Weg. Der physische Kauf ist nicht nur mit Barren oder Münzen möglich, sondern auch mit Anlagefonds.

Bei diesen Fonds handelt es sich meist um Indexfonds (ETFs), die an der Börse wie Aktien oder Obligationen gehandelt werden. Wie alle ETFs sind auch Gold-ETFs direkt an ihren Index gekoppelt – sprich: an die Entwicklung des Goldpreises. Anbieter von Gold-

ETFs sind iShares, Raiffeisen, UBS und Zürcher Kantonalbank (ZKB). Die ZKB war die erste Schweizer Bank, die ETFs auf Gold und andere Edelmetalle lancierte. Der an der Schweizer Börse kotierte ZKB Gold ETF investiert das Geld der Anleger ausschliesslich in Gold, das in der Schweiz gelagert ist.

Auch Gold-ETFs gelten als Sondervermögen

Dabei handelt es sich um Sondervermögen. Anleger kommen nicht zu Schaden, falls die ZKB in eine finanzielle Schieflage geraten sollte. Sie können Fondsanteile jederzeit an der Börse verkaufen oder – unter gewissen Voraussetzungen – eine Sachauszahlung in physischem Gold verlangen. Beides gilt auch für das Gold der anderen ETFs. Die Auslieferung ist allerdings nicht gratis. Die Gebühren dafür variieren von Bank zu Bank. Unterschiedlich sind auch die minimalen Bezugsmengen. Sie können so hoch angesetzt sein, dass ein Goldbezug für Privatanleger gar nicht infrage kommt. Beim ZKB Gold ETF erfolgt die Auslieferung in Form von Standardbarren von rund 12,5 Kilo.

Tipp: Wenn Sie Wert auf die Möglichkeit eines Goldbezugs legen, sollten Sie sich vor einer Investition in einen ETF gut über seine entsprechenden Gebühren und Minimalmengen informieren.

Kilobarren oder Goldmünzen: Das sind die Varianten

Wer in physisches Gold investieren will, dies aber nicht mittels Fonds tun möchte, kann es auf verschiedene Weisen kaufen:

- **Gold als Barren.** Gold ist vom Miniplättchen zu 1 Gramm bis zum Grossbarren mit 12,5 Kilo bei der Bank erhältlich. Handelsüblich sind Barren zu 100 Gramm und zu 1 Kilo sowie zu 1 Feinunze (31,1 Gramm). Je «gewöhnlicher» die Handelsform, desto besser für Anleger, denn dann ist die Handelsspanne zwischen An- und Verkauf (der Spread) am kleinsten:

5-Gramm-Plättchen kosten teilweise fast das Doppelte ihres eigentlichen Goldwerts und eignen sich höchstens als hübsches Geschenk. Beim verbreiteten Kilobarren liegt die Handelsspanne dagegen oft unter 1 Prozent.

Physisches Gold bewahrt man am besten in einem Banktresor auf. Selbst wenn die betreffende Bank pleitegehen sollte, hat man weiterhin vollen Zugriff darauf.

- **Gold in Münzenform.** Als krisensichere Anlage eignen sich einzig Goldmünzen, die aus möglichst purem Gold bestehen.

Das gilt vor allem für den kanadischen Maple Leaf und den australischen Nugget. Beide Münzen bestehen aus 999,9 Promille reinem Gold und wiegen eine Feinunze. Das trifft ebenso auf den US-amerikanischen Golden Eagle zu und den südafrikanischen Krügerrand mit 916 Promille Feingehalt. Entsprechend klein ist der Aufpreis für die Prägung. Somit sind diese Münzen nur minim teurer als der Unzenpreis und bewegen sich auch genau parallel dazu.

■ **Gold als Vreneli.** Leicht handelbar sind 10- und 20-Franken-Goldvreneli. Der Goldgehalt liegt aber deutlich tiefer. Für ein Vreneli mit Gebrauchsspuren differiert der An- und der Verkaufspreis meist etwa um 10 Prozent. Das bedeutet: Wer eines kauft und wieder verkauft, braucht eine 10-prozentige Wertsteigerung, um nur den Anschaffungspreis wieder zu erhalten.

Prägefrische Goldvreneli und solche mit gesuchten Jahrgängen sind teilweise viel teurer, interessieren aber mehr den Münzenliebhaber als den Anleger. Dies gilt auch für die meisten anderen Goldmünzen. Ihr Wert erschliesst sich nur dem Sammler und hat mit dem Goldgehalt kaum etwas zu tun.

Gold und die Währungen

Wer Gold kauft, sollte unbedingt Folgendes beachten:

■ Wie erwähnt: Gold bringt weder Zinsen noch Dividenden. Anleger müssen alle anfallenden Spesen quasi vorschiessen – in der Hoffnung, dass diese Ausgaben durch die Wertsteigerung wieder hereinkommen.

■ Der internationale Goldhandel wird in Dollar abgewickelt. Auch auf dem wichtigen Goldmarkt in London wird der Preis nicht in Pfund, sondern in Dollar fixiert.

Kaufen Schweizer Anleger Goldbarren, -plättchen oder -münzen, zahlen sie in Schweizer Franken. Weil der globale Goldhandel in Dollar stattfindet, wirkt sich der Dollarkurs auf den Goldpreis aus. Schweizer Anleger sollten also Vorsicht walten lassen, wenn Sie in den Zeitungen den Goldpreis studieren, der dort meist ebenfalls in Dollar angegeben ist. Oft wird Gold als «Anti-Dollar» bezeichnet. Erstarkt der Dollar, sinkt der Goldpreis und umgekehrt. Der Dollar ist aber nicht der einzige Faktor im Goldpreis. Auf der Website www.kitco.com/kitco-gold-index.html kann man herausfinden, wie stark sich ein veränderter Dollarkurs auf den Goldpreis auswirkt.

Gold-ETFs mit Währungsabsicherung

Interessant wird die Dollar-Thematik bei den Goldfonds. Unter den Gold-ETFs gibt es Varianten, die den Anleger gegen einen fallenden Dollar versichern. Dieses sogenannte Hedging kostet aber etwas. Solche ETFs eignen sich für Leute, die zusätzlich von einem fallenden Dollar profitieren möchten.

Wie die Grafik auf Seite 198 zeigt, ist die Währungsabsicherung nicht nötig. Von Januar 1975 bis Frühling 2024 legte Gold in Franken um mehr als 320 Prozent zu. Dass der Dollar gegenüber dem Franken im selben Zeitraum gut 66 Prozent an Wert einbüsste, schadete dem Schweizer Goldbesitzer nicht – im Gegenteil.

Fazit: Gold schützt Anleger vor dem Dollarzerfall.

Goldaktien sind sehr riskant

Deutlich riskanter sind Anlagen in Aktien von Goldminen-Betreibern, weil hier nebst den Schwankungen des Goldpreises noch das unternehmerische Risiko ins Spiel kommt («Saldo» 13/2019).

Bitcoin und andere Kryptowährungen

Bitcoin und die Blockchain-Technologie sind in aller Munde. Als Zahlungsmittel konnten sich Kryptowährungen aber noch nicht durchsetzen. Sie werden heute hauptsächlich als Anlage oder zu Spekulationszwecken erworben.

Bitcoin – maximal 21 Millionen Einheiten

Bitcoin ist eine digitale Währung und wird in der Regel als Kryptowährung bezeichnet. Der Begriff «Währung» ist jedoch etwas irreführend: Genau genommen handelt es sich um ein digitales Buchungssystem, mit dem die Wertanteile und ihre Übertragung protokolliert werden. Bitcoins entstehen bei der Verifizierung von Transaktionen. Die maximale Menge ist auf 21 Millionen Einheiten begrenzt.

Das Buchungssystem von Bitcoin ist über viele Computer verteilt, die untereinander vernetzt sind. So gelingt es, dass einzelne Akteure das System nicht manipulieren können. Das bedeutet, dass die Menge und der Umlauf nicht von einer zentralen Organisation wie einer Zentralbank kontrolliert werden.

Bitcoin basiert auf der Blockchain-Technologie. Vereinfacht gesagt, handelt es sich dabei um ein dezentrales digitales Kontobuch. Dieses Kontobuch wird durch mathematische und kryptografische Verfahren und Abläufe abgesichert.

Das Blockchain-Prinzip lässt sich mit dem Zahlungssystem vergleichen, das die Bewohnerinnen und Bewohner der Südseeinsel Yap seit 1500 Jahren nutzen. Ihr Vermögen wird von tonnenschweren Mühlsteinen repräsentiert, die sich praktisch nicht bewegen lassen.

Bei einem Besitzerwechsel wird den Mitgliedern der Gesellschaft einfach mitgeteilt, wer die neuen Eigentümer sind. Damit wissen alle, wem wie viele Steine gehören. Diebstahl oder Missbrauch ist ausgeschlossen, da immer eine Mehrheit der Bewohnerinnen und Bewohner über einen Eigentümerwechsel informiert werden muss.

Bisher hat sich noch keine Kryptowährung als Zahlungsmittel durchgesetzt

Bitcoin ist aufgrund der starken Auf- und Abwärtsbewegungen, die den Kurs in den vergangenen Jahren deutlich geprägt haben, in den Fokus der Medien gerückt. Inzwischen werden Bitcoins hauptsächlich als Anlageobjekte oder auch zu Spekulationszwecken erworben. Der ursprüngliche Grundgedanke, mit Bitcoins elektronisch Zahlungen abzuwickeln, kommt nur vereinzelt zur Anwendung.

Die wachsende Popularität von Bitcoin führt auch zu Problemen. So kann es im schlechtesten Fall mehrere Stunden dauern, bis eine Bitcoin-Übertragung bestätigt ist. Zudem können pro verarbeitete Transaktion unterschiedlich hohe Gebühren anfallen. «Der Begriff Währung ist im Krypto-Bereich noch immer etwas irreführend», sagt Karl Flubacher vom VZ Vermögenszentrum. «Denn bislang konnte sich keine der Kryptowährungen als Zahlungsmittel durchsetzen oder gar bewähren.»

Mit Kryptowährungen handeln

Der Kauf von Bitcoins ist auf verschiedene Arten möglich. Sie werden vor allem an sogenannten Kryptobörsen gegen herkömmliche Währungen getauscht. Bei gewissen Banken wie Swissquote und VZ Depotbank kann man Bitcoin und weitere ausgewählte Kryptowährungen direkt handeln und verwahren lassen.

«Wer Kryptowährungen über das eigene E-Banking handelt, hat klare Vorteile: Er oder sie muss sich nicht darum kümmern, wo und wie die Coins aufbewahrt werden, und man hat auf dem Depotauszug stets den Überblick über den aktuellen Bestand und Steuerwert», sagt Flubacher.

Ähnlich wie Bargeld kann man Bitcoins auch ohne Drittparteien, zum Beispiel unter Bekannten, austauschen. Der direkte Tausch wird mit passenden Apps unterstützt. Bitcoins können ebenfalls «geschürft» werden (auch Mining genannt).

Um die Blockchain aufrechtzuerhalten und Transaktionen zu verifizieren, braucht es sehr viel Rechenleistung. Parteien, welche die nötigen Computer zur Verfügung stellen, um damit Mining zu betreiben, werden dafür in Bitcoins entschädigt.

Bitcoin in US-Dollar: Starkes Auf und Ab

Nach einem anfänglich jahrelangen gemächlichen Kursanstieg ist der Bitcoin in den letzten sieben Jahren mehrmals kräftig gestiegen und gefallen gegenüber dem US-Dollar (Stand: 14. April 2024).

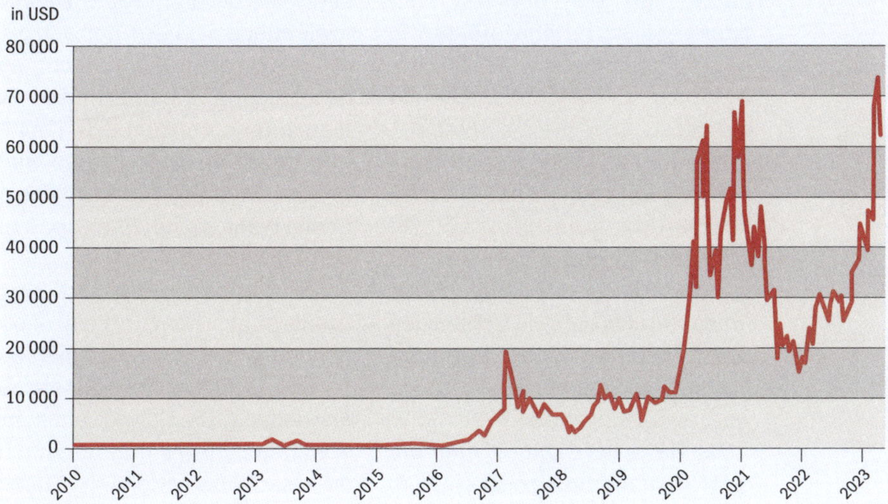

Die Chance, als Schürfer ausgewählt zu werden, steigt, je mehr Rechenleistung man zur Verfügung stellen kann. Das führt dazu, dass in Gegenden mit tiefen Strompreisen riesige Computerfarmen gebaut werden, um möglichst kostengünstig Bitcoins zu schürfen.

In periodischen Abständen – in der Regel alle zehn Minuten – werden Transaktionen durch die Lösung eines mathematischen Rätsels bestätigt, als Block (engl. «block») zusammengefasst und der bestehenden Kette (engl. «chain») angehängt. Daher kommt auch der Name Blockchain.

Mit Anlageprodukten in Bitcoins investieren

Seit Januar 2024 sind in den USA mehrere ETF (Exchange Traded Funds) zugelassen, die den gehandelten Bitcoin-Kurs (Spot-Preis) abbilden. Diese können auch von Schweizer Anlegerinnen und Anlegern gehandelt werden. Allerdings muss man sich bewusst sein, dass man so erhöhte Kosten in Kauf nehmen muss und möglicherweise der US-Erbschaftssteuer unterliegt.

Als Alternative bieten sich in der Schweiz kotierte Finanzprodukte an, die dem Kursverlauf von Bitcoin folgen. Dazu gehören beispielsweise ETP (Exchange Traded Products). Ähnlich wie ETF werden diese Produkte an der Börse gehandelt und bilden einen Basiswert eins zu eins ab.

Als Basiswert kommt eine einzelne Kryptowährung oder ein Korb von verschiedenen Kryptowährungen infrage. In einem Korb hat der Bitcoin oft das grösste Gewicht, da er die wichtigste Kryptowährung ist. ETP haben den Vorteil, dass man sie über eine Bank so einfach wie zum Beispiel Aktien oder Obligationen kaufen und verkaufen kann. Zudem muss man kein zusätzliches Depot eröffnen. Das Angebot an ETP auf die verschiedenen Kryptowährungen nimmt laufend zu.

Wichtig: Wie immer vor einem Investitionsentscheid muss man sorgfältig prüfen, in was man investiert und welche Risiken man eingeht. Wer ein solches Produkt und seine Mechanismen nicht genau versteht, sollte die Hände davon lassen. Und bei Kryptowährungen muss man sich stets bewusst sein, dass sie spekulativen Charakter haben.

Gesetzliche Grundlagen für Kryptowährungen

Weltweit gibt es aktuell kaum gesetzliche Bestimmungen zu Kryptowährungen. In der Schweiz gelten Kryptowährungen nicht als gesetzliches Zahlungsmittel. Da man erst an wenigen Orten mit ihnen bezahlen kann, muss man Kryptowährungen zuerst in eine offizielle Währung wechseln, etwa in den Schweizer Franken.

Bei Transaktionen mit Kryptowährungen kommen die bestehenden Gesetze wie beispielsweise das Geldwäschereigesetz zur Anwendung. Die Schweizer Finanzmarktaufsicht (Finma) überwacht die Geschäftsmodelle im Zusammenhang mit digitalen Vermögenswerten. Die Finanzmarktaufsicht schreitet ein, wenn sie einen offensichtlichen Missbrauch oder Verfehlungen feststellt.

Seit 2021 ist in der Schweiz das Distributed-Ledger-Technology-Gesetz (DLT) in Kraft. Es regelt zum Beispiel, was geschieht, wenn ein Unternehmen in Konkurs geht, das digitale Vermögenswerte hält. Das Gesetz soll für mehr Rechtssicherheit sorgen und der Schweizer Krypto- und Blockchain-Branche zusätzlichen Aufwind verschaffen. Die Schweiz gilt international als eine Vorreiterin bei der Regulierung dieser Branche.

Arten von Kryptowährungen

Die Welt der digitalen Währungen ist in einem ständigen Wandel. Zurzeit lassen sich die wichtigsten Vertreter in diese drei Kategorien einteilen:

- Klassische Kryptowährungen: Sie basieren auf einer eigenen Blockchain und haben zum Zweck, als Online-Währung zu dienen, die dezentral in einem Netzwerk von unzählig vielen Computern existiert.
- Platform-Tokens: Die zweite Generation von Kryptowährungen ermöglicht es, Blockchain-basierte Anwendungen zu programmieren

Der Marktwert von wichtigen Aktien, Rohstoffen sowie Bitcoin und Ether im Vergleich

Die beiden wichtigsten Kryptowährungen Bitcoin und Ether haben einen beachtlichen Marktwert erreicht. Die Liste ist absteigend nach Marktwert geordnet (Rangfolge in den Klammern notiert) und stellt eine Auswahl dar. Alle Werte in Milliarden Franken (Stand: April 2024).

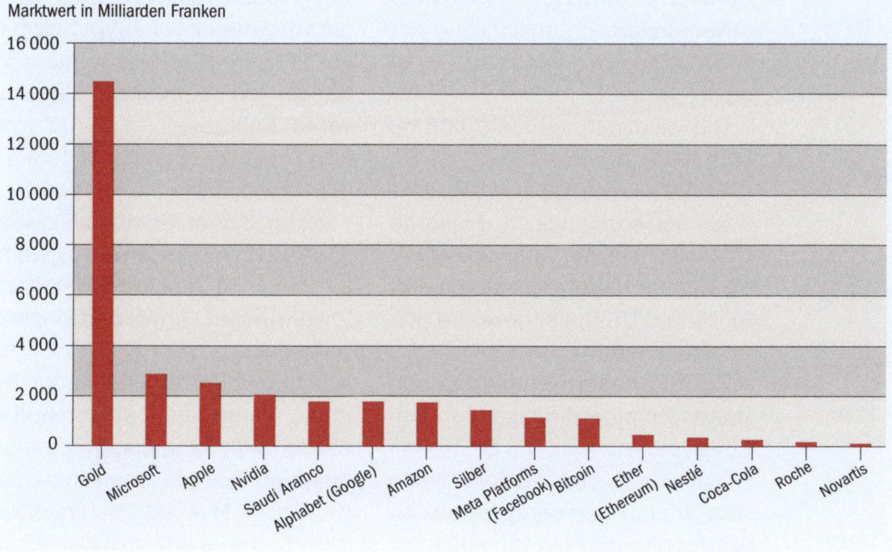

– zum Beispiel «intelligente Verträge» (Smart Contracts). Dadurch lassen sich Abläufe im Geschäftsleben programmieren und automatisieren (z. B. die Bestellung und die Bezahlung von Waren, sobald eine Untergrenze des Bestands unterschritten wird). Der bekannteste Token ist Ether, die Währung des dezentralen Netzwerks Ethereum, die auf der Blockchain-Technologie von Bitcoin basiert.

- Stablecoins: Sie sind an traditionelle Währungen wie den US-Dollar geknüpft. Das soll den Kurs stabiler machen. Stablecoins sind für einen grossen Teil des täglichen Krypto-Handelsvolumens verantwortlich.

Die wichtigsten Kryptowährungen

Inzwischen sind über 23 000 verschiedene Kryptowährungen weltweit im Umlauf. Und fortlaufend kommen neue hinzu. Allerdings ist bei einem Grossteil dieser Kryptowährungen der tatsächliche wirtschaftliche Nutzen nicht immer ersichtlich.

Die wichtigste, grösste und bekannteste Kryptowährung ist Bitcoin. 2013 wies sie erstmals eine Kapitalisierung von 1 Milliarde US-Dollar auf, Im April 2024 wurde Bitcoin bereits mit fast 1200 Milliarden US-Dollar bewertet (siehe Grafik unten).

Zu den neben Bitcoin bekanntesten Kryptowährungen gehören Ether (die Währung von Ethereum), Bitcoin Cash und Litecoin (beide aus Bitcoin hervorgegangen) sowie Ripple. Hier ein Überblick:

- Ether: Im Vergleich zu Bitcoin ermöglicht Ethereum auf einer eigenen Blockchain die Ausführung von dezentralen Applikationen. In diesem Rahmen hat Ethereum die «intelligenten Verträge» (Smart Contracts) populär gemacht.
- Litecoin / Bitcoin Cash: haben sich 2011 resp. 2017 von Bitcoin abgespaltet. Beide Währungen hatten zum Ziel, Schwachstellen von Bitcoin zu verbessern.
- Ripple: Fokussiert auf den Zahlungsverkehr mit dem Ziel, Zahlungen günstiger und schneller zu machen.

Sind Kryptowährungen sicher?

Die Blockchain-Technologie gilt grundsätzlich als sicher, auch bei Attacken von Hackern. Der Grund dafür liegt darin, dass die Blockchain vom gesamten Netzwerk ständig überprüft wird. Deshalb sind Angriffe auf die Blockchain selbst sehr unwahrscheinlich. Das viel grössere Risiko birgt hingegen die Verwahrung von Kryptowährungen: Private Key: Eigentümer von Bitcoin und Co. besitzen einen privaten Schlüssel (engl. «private key»). Dieser Schlüssel funktioniert ähnlich wie ein Passwort.

Wenn dieser Schlüssel unauffindbar ist, vergessen oder gestohlen wird, ist der Wert der Kryptowährungen unwiederbringlich verloren.

- Digitales Portemonnaie: Wer digitale Währungen selbst aufbewahren will, kann dies mit einem digitalen Portemonnaie machen («wallet»). Hier ist zu beachten, dass Software-basierte Wallets unsicherer sind als solche, die Hardware-basiert sind. Denn diese speichern den privaten Schlüssel zu den Krypto-Assets offline. Das reduziert das Risiko von Hackerangriffen beträchtlich.

- Kryptobörsen: Einige Kryptobörsen bieten neben dem Handel mit Bitcoin und anderen Kryptowährungen auch die Verwahrung von digitalen Vermögenswerten an. Es ist aber schon mehrfach vorgekommen, dass diese Börsen attackiert und namhafte Beträge gestohlen wurden. Zudem befinden sich zahlreiche Kryptobörsen in Ländern, in denen sie keiner Regulierungsbehörde unterstellt sind.

Tipp: Der sichere Handel und die Aufbewahrung von Kryptowährungen hat für den Besitzer höchste Priorität. Es lohnt sich deshalb, Kryptowährungen nur an regulierten Börsen zu handeln und die Coins nicht dort aufbewahren zu lassen.

Kryptowährungen im Nachlass

Wenn der Besitzer von Kryptowährungen stirbt, besteht das Risiko, dass die Hinterbliebenen nichts über den Standort oder überhaupt über das Vorhandensein von Krypto-Anlagen wissen. Dieses Problem kennt man auch von Bargeld, das irgendwo in einem Schrank oder unter der Matratze versteckt liegt. Wirft man den Schrank weg, ist auch das Bargeld verloren.

Ähnliches Ungemach droht beim unabsichtlichen Wegwerfen oder Löschen eines digitalen Portemonnaies. Denn darin wird der Schlüssel aufbewahrt, der Zugang zu den digitalen Vermögenswerten. Weder eine Bank noch jemand anders hat Zugriff darauf. In diesem Fall wird das digitale Vermögen unwiderruflich verloren sein.

Sinnvoll ist deshalb, frühzeitig mit einem Experten abzuklären, wie die Erben nach dem Tod auf die Krypto-Anlagen zugreifen können – etwa mit einem Hardware-Wallet, der an einem sicheren Ort aufbewahrt wird.

Achtung: Schreiben Sie Ihren privaten Schlüssel auf keinen Fall ins Testament. Das wäre aus Sicherheitsüberlegungen heraus viel zu riskant.

Was ist bei der Investition zu beachten?

Wie bei allen Anlagethemen sollte man sich vor einem Investitionsentscheid gründlich informieren. Nur so kann man die Risiken und das Renditepotenzial der Anlage richtig einschätzen. Zudem müssen die individuelle Situation und die dazugehörige Risikobereitschaft berücksichtigt werden. «Man muss sich allerdings bewusst sein, dass digitale Währungen Teil einer jungen Anlageklasse sind, die sich erst noch bewähren muss», sagt Flubacher. In den kommenden Jahren werde sich zeigen, ob sich die Blockchain-Technologie in der Finanzindustrie durchsetzt. Sie ist die Grundlage aller Kryptowährungen.

7

Höhere Renditen dank tiefen Kosten

So steigern Sie den Ertrag ohne Risiko

Kosten fressen an der Rendite. Der Erfolg beim Geldanlegen hängt deshalb massgeblich von tiefen Kosten ab. Mit einer rigorosen Gebührenkontrolle können Sie Ihre Rendite markant steigern – und zwar, ohne zusätzliche Risiken einzugehen.

Wer Geld investiert, weiss nicht, wie gut seine Anlagen in Zukunft laufen werden. Im Normalfall können Anleger die Kurse von Obligationen und Aktien sowie anderer Investments nicht beeinflussen.

Etwas steht aber von Anfang an fest: Von dem, was die Finanzmärkte hergeben, bleibt für die Anleger nur das übrig, was nicht von den Kosten weggefressen wird. Das ist die Nettorendite. Sie ist definiert als Bruttorendite minus Kosten. Trotzdem schenken Anlegerinnen und Anleger den Kosten meist zu wenig Beachtung. Der Zürcher Vermögensverwalter Alex Hinder sagt: «Es fällt mir in der Praxis immer wieder auf, wie wenig sich Anleger mit den Anlagekosten auseinandersetzen. Sie unterschätzen die langfristig gravierenden Folgen von zu hohen Gebühren auf ihr Vermögen.»

Bei einer Bruttorendite von zum Beispiel 4,5 Prozent und Gebühren von 2,5 Prozent wächst das Sparkapital nur mit 2 Prozent pro Jahr. Belaufen sich die Gebühren hingegen auf 1,25 Prozent, nimmt das Vermögen bei einer angenommenen Bruttorendite von 4,5 Prozent um jährlich 3,25 Prozent zu.

In den ersten Jahren wirkt sich dieser Unterschied noch nicht stark aus. Doch je länger das Geld investiert bleibt, desto mehr fällt der Zinsunterschied ins Gewicht.

Hoher Zusatzgewinn: So wirkt der Zinseszinseffekt

Am Beispiel einer Anlagesumme von 100 000 Franken sehen Sie, wie sich der Zinseszinseffekt auf die Länge auswirkt (siehe Grafik auf der übernächsten Seite):

- Mit einem Zins von 2 Prozent resultiert nach zehn Jahren ein Vermögen von rund 121 900 Franken.
- Mit einem Zins von 3,25 Prozent hingegen hat man nach zehn Jahren rund 137 700 Franken.
- Die Differenz macht nach zehn Jahren rund 15 800 Franken aus.
- Nach 20 Jahren ist das Vermögen bei gleich bleibenden Zinssätzen auf rund 148 600 beziehungsweise 189 600 Franken angewachsen – ein Unterschied von rund 41 000 Franken.
- Nach 23 Jahren übersteigt der Unterschied die 50 000-Franken-Marke, was die Hälfte des ursprünglich investierten Betrags ausmacht. Der Zusatzgewinn dank tiefen Kosten nimmt also im Verlauf der Zeit überproportional zu. Dies ist eine Folge des Zinseszinseffekts.

Jeder Gebührenfranken ist doppelt verloren

Belaufen sich die Gebühren beispielsweise auf 1250 Franken statt auf 2500 Franken in einem Jahr, führt dies nach dem ersten Jahr zu einer um 1250 Franken höheren Investitionssumme. Nach dem zweiten Jahr sind es bereits 2500 Franken mehr, nach dem dritten 3750 Franken usw.

Mit jedem Gebührenfranken verliert der Anleger nicht nur diesen Betrag. Dieser (fehlende) Franken wirft in allen darauffolgenden Jahren auch keinen Ertrag mehr ab. Selbst ein auf den ersten Blick kleiner Renditeunterschied hat mit der Zeit eine viel massivere Vermögensveränderung zur Folge. Ziel muss es deshalb sein, den Zinseszinseffekt möglichst voll auszunützen.

Tiefe Kosten wirken sich auch beim Vermögensverzehr sehr vorteilhaft aus. Etwa bei Rentnern, die jeden Monat einen fixen Betrag aus ihrer Geldanlage abziehen: Bei tiefen Gebühren reicht das Ersparte mehrere Jahre länger (siehe Grafik auf der übernächsten Seite).

Tipp: Im Internet gibt es Rentenrechner. Sie beantworten zum Beispiel die Frage: Wie lange reicht mein Vermögen aus, wenn ich mir davon eine regelmässige Rente auszahle? Beispiele:

www.123pensionierung.ch → Online-Berechnungen → Rentenrechner oder

www.zinsen-berechnen.de → Entnahmeplan.

IN DIESEM KAPITEL

Bei tiefen Renditen fallen die Kosten stärker ins Gewicht

Kostenminimierung ist also immer wichtig – besonders aber dann, wenn die Erträge an den Finanzmärkten bescheiden ausfallen. Das lässt sich beispielhaft an einem Mix von 25 Prozent Aktien und 75 Prozent Obligationen mit Schwergewicht auf Schweizer Titeln zeigen:

- In den 1990er-Jahren rentierte ein solcher Mix im Durchschnitt mit fast 9 Prozent pro Jahr. Wenn in diesen goldenen Zeiten 2 Prozent als Kosten versickerten, heimsten die Anleger immer noch mehr als die Hälfte der Marktrendite ein.
- Doch von Anfang 2000 bis Februar 2024 legte der gleiche Mix bloss noch etwa 2 Prozent pro Jahr zu. Das heisst: Bei Kosten von 2 Prozent verblieb den Anlegerinnen und Anlegern in dieser Phase keine Rendite.

Wenn die Wertvermehrung also ohnehin bescheiden ist, bleibt sie grösstenteils oder sogar gänzlich bei den Banken und Vermögensverwaltern hängen.

Gerade defensive Anleger sollten die Kosten tief halten

Dieser Mechanismus trifft in erster Linie defensive Anleger, die hauptsächlich festverzinsliche Wertpapiere halten. Bei ihnen ist schon die Bruttorendite relativ bescheiden. Wenn sie jetzt noch bei einer Bank mit hohen Depotverwaltungs- und Handelsgebühren sind und dazu teure Fonds und andere Hochpreisprodukte kaufen, steht von vornherein fest: Sie werden nur einen geringen oder überhaupt keinen Vermögenszuwachs erzielen können.

In der «normalen» Konsumwelt gilt oft: Ist ein Produkt teurer als der Marktdurchschnitt, kann der Käufer davon ausgehen, dass es auch mehr Vorteile bietet. Auf dem Gebiet der Geldanlage ist das an-

Vermögensaufbau: So stark wirkt der Renditeunterschied

Die Grafik zeigt, wie sich ein Anfangsvermögen von 100 000 Franken im Lauf der Jahre entwickelt – abhängig von der angenommenen Nettorendite. Die Zahlen gehen von der Annahme aus, dass der Anleger in dieser Zeit kein Geld entnimmt.

Zu sehen ist auch, wie der Zinseszinseffekt mit der Zeit immer grösser wird. Das heisst: Das zusätzliche Vermögen, das sich durch tiefe Kosten bzw. eine höhere Verzinsung erzielen lässt, steigt im Verlauf der Zeit überproportional an.

Lesebeispiel: Nach 20 Jahren sind aus 100 000 Franken bei einer Nettorendite von 3,25 Prozent 189 584 Franken geworden. Eine Nettorendite von 2 Prozent verschafft dem Anleger hingegen nur eine Vermögenszunahme auf 148 595 Franken.

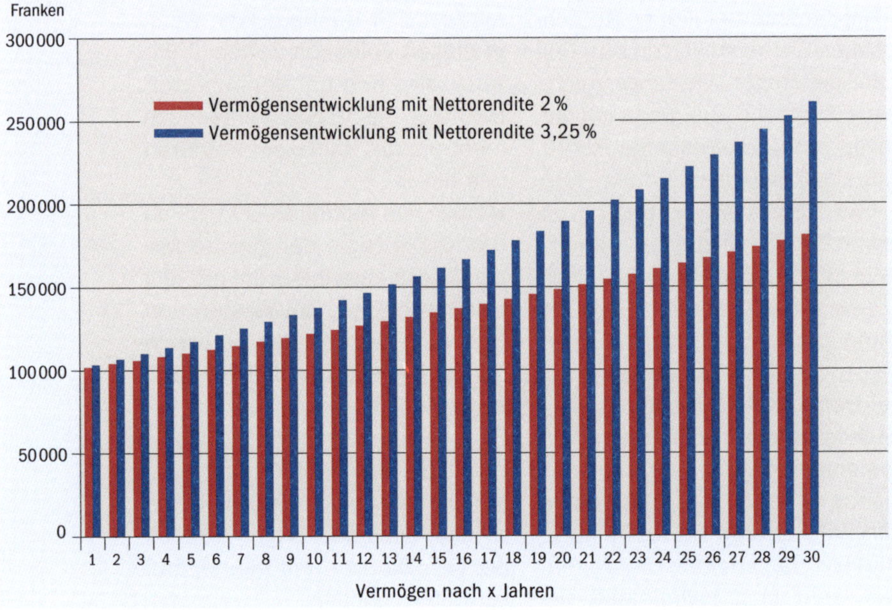

ders: Wer kostspielige Produkte kauft oder zu einem teuren Vermögensverwalter geht, kann sich nicht darauf verlassen, dass sich dies lohnen wird. Anders gesagt: Die Nettorendite wird nicht höher als bei günstigen Geldanlagen.

Denn die Erfahrung zeigt: Den meisten teuren Geldverwaltern gelingt es nicht, ihre hohen Kosten durch besonderes Geschick beim Investieren wettzumachen. Finanzprofessor Martin Weber von der Universität Mannheim sagte dazu im deutschen «Handelsblatt»: «Wie heisst es so schön? Wenn man auf Prospekten von Vermögensverwaltern Segelboote sieht, dann sind es die Segelboote der Vermögensverwalter. Und: Das Geld ist nicht weg. Jemand anders hat es nun.»

Vermögensverzehr: Bei tiefen Kosten reicht Erspartes länger

Wer beispielsweise als Rentnerin oder Rentner regelmässig einen Teil des Ersparten ausgibt, den Rest aber immer noch angelegt hat, sollte ebenfalls auf die Kosten achten.

Denn: Je tiefer die Kosten bei der Vermögensverwaltung bzw. bei der Anlage des Geldes, desto höher ist die Nettorendite auf der noch angelegten Summe – und umso länger reicht das Ersparte.

Lesebeispiel: Das Anfangsvermögen beträgt 100000 Franken. Monatlich bezieht man 500 Franken. Bei 2 Prozent Nettorendite reicht das Geld 20 Jahre und 3 Monate lang. Eine Nettorendite von 3,25 Prozent sorgt hingegen dafür, dass das Ersparte erst nach 23 Jahren und 10 Monaten vollständig aufgebraucht ist.

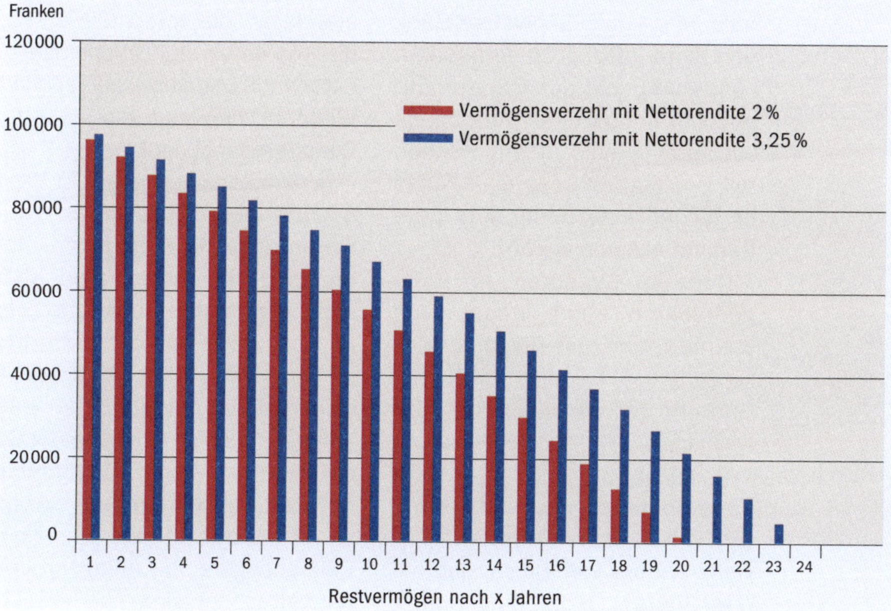

7
Die Kosten minimieren

Die Finanzmärkte sind komplex und voller Überraschungen. Da spielen auch Stimmungen und politische Entscheidungen hinein. Kein Fondsmanager oder Vermögensverwalter kann die Zukunft zuverlässig voraussagen – und mag er noch so teuer sein.

Zwar behaupten viele Geldverwalter, sie könnten eine überdurchschnittliche Rendite erzielen. Manchmal können sie sogar eine hervorragende Leistung in den vergangenen Jahren vorweisen. Denn es ist logisch, dass immer ein gewisser Prozentsatz von Geldverwaltern besser abschneidet als der Durchschnitt. Allerdings folgt auf eine gute Phase oft ein Abgleiten ins Mittelmass oder sogar ein Absturz.

Erfolge in der Vergangenheit: Keine Garantien für die Zukunft

Das wissen auch die Profis. Deshalb wird keine Schweizer Bank und kein offiziell zugelassener Fonds und kein der Finanzmarktaufsicht unterstellter Vermögensverwalter jemals einem Kunden mit Unterschrift bestätigen, dass er für ihn eine besonders gute Rendite erzielen werde.

Ganz im Gegenteil. Im Kleingedruckten steht immer eine Warnung wie zum Beispiel: «Die vergangene Rendite ist keine Garantie für die zukünftige Entwicklung.»

Tiefe Gebühren: Das sicherste Mittel für höhere Renditen

Ganz anders verhält es sich mit den Kosten. Jeder eingesparte Gebührenfranken ist auch in Zukunft noch im Wertschriftendepot vorhanden.

Hat zum Beispiel ein Schweizer Obligationenfonds eine jährliche Verwaltungsgebühr von 0,4 statt 1,2 Prozent, steht von vornherein fest: Es werden pro 1000 investierte Franken rund 8 Franken weniger für Kosten draufgehen. Und zwar jedes Jahr. Das Gute bei den Kosten ist: Anleger können sie selbst tief halten – ohne ein zusätzliches Risiko einzugehen.

Sonst gilt bei Geldanlagen immer: Wer eine höhere Rendite anstrebt, muss ein höheres Risiko in Kauf nehmen. Einzig durch Kostenminimierung lässt sich eine höhere Rendite bei gleichbleibendem Risiko erzielen.

Offene und versteckte Kosten

In der Schweiz fehlen Branchenstandards, die vorschreiben, wie die Kosten bei der Geldanlage zu berechnen und auszuweisen sind. Vielmehr herrscht ein richtiger Gebührendschungel.

Schlimmer noch: Wer ein Wertschriftendepot hat, erhält zwar regelmässig Abrechnungen. Auf diesen Dokumenten sind aber nicht alle Kosten aufgeführt. Florian Schubiger von der Winterthurer Vermögenspartner AG schreibt: «Die meisten Anlegerinnen und Anleger sind sich der Höhe der Gesamtkosten in ihrem Depot nicht bewusst, weil ein Grossteil davon direkt mit der Rendite oder dem Einstandskurs von Anlageprodukten verrechnet wird.»

Tipp: Informieren Sie sich gründlich über die Kosten Ihrer Geldanlagen. Studieren Sie Gebührenordnung, Faktenblätter und die anderen «Beipackzettel» zu den eingesetzten Produkten. Sie sollten wissen, wie viel Sie gesamthaft für die Verwaltung und Betreuung Ihres Vermögens zahlen – sowohl direkt als auch indirekt.

Bei diesen Kostenblöcken fallen Gebühren und Spesen an

Die Gesamtkosten der Vermögensverwaltung lassen sich in drei Blöcke aufteilen: Das sind die Gebühren der Bank, der Produkte und der Vermögensverwaltung (siehe Tabellen auf der nächsten Seite).

■ Der erste Kostenblock: Die Bankgebühren

Banken lassen sich entschädigen, zum Beispiel für die Depotführung, für den Kauf und Verkauf von Wertschriften (sogenannte Courtagen) oder für das Erstellen von Steuerverzeichnissen. Die jeweilige Gebührenordnung und die einzelnen Abrechnungen geben darüber Auskunft. Seit 2017 verlangt auch die Postfinance Depotgebühren: aktuell 72 Franken pro Jahr.

Es gibt zudem versteckte Bankgebühren, also solche, die weder in Gebührenordnungen noch auf Abrechnungen auftauchen. So liegen die Kaufkurse bei Fremdwährungen aus Kundensicht immer höher als die Verkaufskurse. Die Bank kassiert diese Marge – in den Abrechnungen fehlt sie aber: Die Kunden sehen darin nur den jeweiligen Kauf- bzw. Verkaufskurs. Diese Handelsspanne, auch Spread genannt, kann 2 Prozent der Transaktionsbeträge übersteigen – besonders wenn nur kleine Beträge gewechselt werden.

Vorsicht vor sogenannten «Nullkostenbrokern»

Neuartige Börsenhändler werben damit, beim Aktienhandel von ihren Kunden keine oder höchstens minime Courtagen zu verlangen. Diese Broker werden durch Exklusivverträge mit Börsenplätzen oder alternativen Handelsplattformen entschädigt. Das kann beim Kauf und Verkauf zu grösseren Handelsspannen führen, wenn der Broker nicht die Börse mit den besten Preisen wählt, sondern jene, welche die höchste Provision bezahlt. Diese Handelsspannen verteuern die Investition des Kunden.

■ Der zweite Kostenblock: Die Produktgebühren

Dazu zählen zum Beispiel Ausgabeaufschläge, die die Fondsgesellschaften beim Verkauf ihrer Anteile erheben. Die Höhe des Aufschlags kann bei ein und demselben Fonds je nach Absatzkanal variieren. Banken geben ihre eigenen Fonds an die eigenen Kunden in der Regel günstiger ab als über externe Vertriebskanäle.

Doch auch das Gegenteil kann der Fall sein: Bei der Internetplattform Swissquote sind über 10 000 Fonds von Kantonalbanken, UBS, Pictet und anderen Fonds-Herausgebern viel günstiger zu haben als bei den Herausgebern selbst: zum Einheitstarif von 9 Franken, Euro oder Dollar. Dass dann die Rückgabe noch einmal so viel kostet, fällt nicht ins Gewicht (siehe auch die Abrechnungen auf Seite 160).

Ein Spezialfall punkto Ausgabeaufschläge sind Vermögensverwaltungsmandate und Beratungspakete:

- Gut ist es, wenn die Ausgabeaufschläge in der Grundgebühr bereits enthalten sind, also nicht einzeln belastet werden.
- Sehr problematisch sind hingegen Lösungen, bei denen die Bank oder ein anderer Vermögensverwalter frei über Käufe und Verkäufe entscheidet und jedes Mal einen Aufschlag, eine Kommission oder sonst eine Handelsgebühr berechnen darf. Dies stellt einen fragwürdigen Anreiz zu häufigem Handel dar.

Produktgebühren und Handelsspannen sind versteckt

Sehr wichtig sind Produktgebühren, die in keiner Abrechnung erscheinen und deshalb leicht vergessen gehen: Das sind jene Spesen, die direkt den Produkten belastet werden und deren Rendite unmittelbar schmälern. Dazu

Die Kostenblöcke in der Vermögensverwaltung

Erster Block (Bankgebühren)	Übliche Bandbreite	Verbreitung[1]	Bemerkungen
Depotführung	0,1 bis 0,5 % des Depotvermögens, pro Jahr	+++	Die Höhe hängt auch davon ab, welche Zusatzdienstleistungen bereits inklusive sind (z. B. Erstellen der Steuerbescheinigung)
Administrationsgebühr	0 bis 0,2 % des Depotvermögens, pro Jahr	+	Bei gewissen Banken zusätzlich zur Depotführungsgebühr. Teilweise werden die einzelnen Posten (Coupongutschriften, Porti usw.) einzeln belastet
Fremdwährungszuschlag	0,05 bis 0,15 % auf den Titeln in fremder Währung	++	Banken erheben oft einen Zuschlag auf der Depotführung für Titel, die im Ausland verwahrt werden. Teilweise auch bei Titeln in Fremdwährung
Kontoführung	0 bis 100 Franken pro Konto und Jahr	++	Im Zusammenhang mit einer Vermögensverwaltung oft kostenlos
Positionsgebühr	10 bis 40 Franken pro Position im Depot	++	Einige Banken verlangen zusätzlich zur Depotführungsgebühr eine Abgabe, die pro Position im Depot berechnet wird. Die Höhe variiert meist je nach Anlagekategorie
Courtage	0,2 bis 2 % des Handelsvolumens. Ticket-Fee üblicherweise 20 bis 250 Franken	+++	Abhängig von Volumen, Anlageklasse, Börsenplatz und Währung
Handels spanne bei Devisen	0,01 bis 2,5 % pro Währungswechsel	++++	Für den Kunden nicht überprüfbar. Die Gebühr ist im Devisenkurs versteckt

1 Vier Pluszeichen bedeuten, dass diese Gebühr weit verbreitet ist und von fast allen Dienstleistern verlangt wird. Ein einziges Pluszeichen bedeutet, dass diese Gebühr nur selten zur Anwendung kommt

zählen etwa Verwaltungsgebühren bei Fonds oder strukturierten Produkten.

Bei den günstigen Indexfonds betragen die direkten Produktgebühren meist 0,05 bis 0,35 Prozent. Teure aktiv verwaltete Fonds oder strukturierte Produkte kosten oft 1,25 bis 2 Prozent.

Zu den versteckten Produktkosten gehören auch die Unterschiede zwischen den Kauf- und Verkaufskursen. Wie bei den Währungen ist der Kaufkurs für den Käufer höher als der Verkaufskurs. Die Börsenhändler sprechen von Brief- und Geldkursen. Und die Differenz, also die Handelsspanne, nennen sie wie schon erwähnt Spread.

Abrechnungen weisen nur den Kurs aus, zu dem ein Kauf oder Verkauf erfolgte. Sie schweigen sich über die Spreads aus (siehe zwei konkrete Abrechnungen auf Seite 84).

Tipp: Geben Sie Fonds und anderen Wertpapieren mit tiefen Handelsspannen den Vorzug. Tiefe Spreads bedeuten auch, dass beim betreffenden Produkt ein intensiver Handel stattfindet. Sehr gut sind Spreads unter 0,1 Prozent.

Zweiter Block (Produktkosten)			
	Übliche Bandbreite	Verbreitung[1]	Bemerkungen
Handelsspanne bei Wertpapieren	0,05 bis 3 % des Handelsvolumens	++++	Unterschied zwischen Kauf- und Verkaufskurs. Stark vom Finanzinstrument und der jeweiligen Liquidität am Markt abhängig
Ausgabeaufschlag	0 bis 5 % des Kaufbetrags	++	Kommt beim Kauf von Anlagefonds zur Anwendung. Auf eigenen Fonds geben Banken teilweise Rabatte von bis 100 Prozent
Verkaufskommission	0 bis 3 % des Kaufbetrags	+++	Bei gewissen Finanzprodukten wie z. B. strukturierten Produkten oder Indexfonds verbreitet. Die Gebühr ist im Einstandspreis bzw. in der Rendite versteckt
Produktverwaltungsgebühr	0,1 bis 2,5 % des investierten Kapitals	++++	Beispielsweise Verwaltungsgebühren bei Anlagefonds, Zertifikaten oder Hedgefonds. Zur reinen Verwaltungsgebühr kommen weitere Kosten wie beispielsweise Transaktionsgebühren hinzu
Dritter Block (Vermögensverwaltungskosten)			
Verwaltungsgebühr	0 bis 2 % des verwalteten Vermögens, pro Jahr	++++	Hängt teilweise davon ab, wie hoch die zusätzlichen Einnahmen durch Retrozessionen und andere Rückvergütungen sind
Gewinnbeteiligung	5 bis 20 % der erzielten Rendite bzw. Mehrrendite	++	Bei externen Vermögensverwaltern stärker verbreitet als bei Banken
Einstiegsgebühr	0% bis 5% des zu investierenden Betrages	+	Muss vom Kunden beim Start der Vermögensverwaltung entrichtet werden. Häufig verhandelbar

1 Vier Pluszeichen bedeuten, dass diese Gebühr weit verbreitet ist und von fast allen Dienstleistern verlangt wird. Ein Pluszeichen bedeutet, dass diese Gebühr nur selten zur Anwendung kommt

QUELLE: VERMÖGENSPARTNER AG, WINTERTHUR

■ Der dritte Kostenblock: Die Vermögensverwaltungsgebühr

Wer sein Geld nicht selbst anlegen will, kann einen Vermögensverwalter mit dieser Aufgabe betrauen. Damit fallen nebst den Bank- und Produktgebühren weitere Kosten an. Meist verrechnen Vermögensverwalter eine Gebühr in Prozenten der Anlagesumme. Dazu können Einstiegsgebühren und Gewinnbeteiligungen kommen.

Ein Zwischending sind Beratungspakete: Der Anleger verwaltet sein Vermögen selbst, lässt sich aber gegen eine Gebühr laufend beraten. Hier gilt es, genau abzuklären, was alles in dieser Gebühr enthalten ist: Ist es nur die Beratung, oder sind auch Handelskosten wie Courtagen oder Ausgabekommissionen inbegriffen?

Kostenfallen bei Versicherungsprodukten

Die sogenannten gemischten Lebensversicherungen umfassen zwei Teile, einen Versicherungs- und einen Sparteil (Seite 33 ff.):

- Der Versicherungsteil deckt das Risiko Tod und eventuell auch die Erwerbsunfähigkeit ab.

TIPP

So halten Sie die Anlagekosten tief

- Grundsätzlich: Halten Sie Ihr Wertschriftendepot einfach und übersichtlich.
- Bevorzugen Sie passiv anlegende Indexfonds mit Gesamtkosten von weniger als 0,3 Prozent pro Jahr. Aktiv gemanagte Anlagefonds rentieren meist schlechter als Indexfonds derselben Kategorie und sind ihre höheren Kosten in der Regel nicht wert (mehr dazu ab Seite 142).
- Halten Sie Depot- und Handelsgebühren tief, indem Sie günstige Internet-Börsenhändler wie Swissquote, Strateo oder Saxo-Bank bevorzugen. Auch Postfinance schneidet bei diesen Gebühren gut ab.

  Die Avadis-Vermögensverwaltung erhebt für ihre Fonds überhaupt keine Depot- und Handelsgebühren. Bei Grossbanken sind die Ansätze hingegen vergleichsweise hoch.
- Kleinpositionen bis zu 30 000 Franken können Transaktionskosten im Bereich von mehreren Prozenten mit sich bringen. Der Grund: Viele Banken verlangen eine Mindestgebühr für Transaktionen. Über Online-Börsenhändler wie Swissquote lassen sich je nach Produkt auch sehr kleine Positionsgrössen zu geringen Kosten handeln.
- Verzichten Sie auf teure und undurchsichtige Finanzprodukte.
- Sollten Pauschalgebühren verlangt werden: Stellen Sie vertraglich sicher, dass darin auch alle Kosten für den Kauf und Verkauf der einzelnen Anlagen enthalten sind. Damit verhindern Sie häufige und teure Depotumschichtungen durch den Geldverwalter.
- Unabhängig davon, ob Sie ein Vermögensverwaltungsmandat oder nur eine Anlageberatung bei einer Bank oder einem Verwalter in Anspruch nehmen: Fordern Sie Retrozessionen von Ihrem Vermögensverwalter zurück (siehe Seite 256 ff.).
- Lassen Sie Ihr Depot von einem unabhängigen Berater auf verdeckte Kosten prüfen.

- Der Sparteil besteht aus einer Geldanlage, welche die Versicherungsgesellschaft manchmal selber verwaltet.

Seit einiger Zeit propagiert die Versicherungswirtschaft vor allem gemischte Policen, bei denen das Spargeld in einen oder mehrere Fonds oder in andere Finanzinstrumente fliesst (siehe Seite 36).

So oder so – die Versicherungsgesellschaften müssen die Kosten von gemischten Policen nicht transparent ausweisen. Für den Kunden wird deshalb auch nicht klar, welcher Teil der Prämie in die Risikodeckung geht und welcher in den Spartopf fliesst. Und es bleibt auch im Dunkeln, wie viel die Versicherungsgesellschaft zusätzlich noch als Verwaltungskosten abzweigt.

Hände weg, wenn ein Verkäufer die Kosten nicht offenlegt

Wenn Transparenz fehlt, sind die Angebote der verschiedenen Konkurrenten kaum vergleichbar. Hohe Kosten fallen so nicht auf. Versicherer erzielen mit gemischten Lebensversicherungspolicen denn auch deutlich höhere Gewinne als zum Beispiel mit der Auto- oder Hausratversicherung.

Tipp: Meiden Sie alle Produkte, bei denen die Verkäufer die Kosten nicht offenlegen. Das gilt nicht nur für gemischte Lebensversicherungen, sondern auch für strukturierte Produkte, Hedgefonds und andere undurchsichtige Finanzinstrumente.

Kosten lassen sich meist um 1 Prozent pro Jahr senken

Tiefe Kosten bedeuten für Banken und Versicherungen weniger Einnahmen und Gewinn. Die Finanzinstitute haben deshalb über haupt kein Interesse, ihren Kunden kostengünstige Lösungen vorzuschlagen.

Auch die meisten privaten Vermögensverwalter leben von Umsatz, prozentualen Gebühren und Provisionen.

Entsprechend kostenintensiv sind die Wertschriftendepots der meisten Anleger, wie Depotchecks immer wieder zeigen. Das Gute dabei: Auch das Kostensenkungspotenzial ist hoch. In der Mehrzahl der Fälle lassen sich die Gesamtkosten um einen Prozentpunkt oder mehr herabsetzen – und dies bedeutet faktisch eine Reduktion um einen Drittel bis um die Hälfte.

Anleger ohne Vermögensverwaltungsmandat können die Gesamtkosten auf 1 Prozent oder sogar darunter drücken. Und wenn es halt doch ein Vermögensverwaltungsmandat sein soll: Es gibt Angebote, die insgesamt nicht viel teurer sind.

Der Schlüssel dazu sind immer Indexfonds oder andere passiv verwaltete Anlageinstrumente. Details dazu finden Sie im Kapitel 5.

Kostenbewusste Anleger sollten zudem Banken mit günstigen Gebühren für die Depotführung sowie für die Käufe und Verkäufe von Fonds und anderen Wertschriften wählen. Tiefe Gebühren erhöhen die Rendite.

8 Überblick im Steuerdschungel
So macht der Fiskus die hohle Hand

Ob Sparkonto, Wertschriften, Lebensversicherung oder Immobilien – je nach Anlageform fallen unterschiedlich hohe Steuern an. Bei der Wahl des Investments ist es deshalb ratsam, auch die steuerlichen Konsequenzen im Auge zu behalten.

Bei der Ausgestaltung der Geldanlage sollten in erster Linie die persönlichen Verhältnisse entscheidend sein. Dabei sind das Alter, die familiäre Situation, die Höhe von Einkommen und Vermögen sowie die Risikoneigung die wichtigsten Aspekte (mehr dazu in Kapitel 1). Steuerliche Auswirkungen dürfen dabei durchaus eine Rolle spielen. Allerdings: Eine Anlage zu tätigen, nur weil diese Steuersparmöglichkeiten eröffnet, ist nicht sinnvoll.

Im Folgenden geht es zuerst um die Einkommenssteuer. Auf Seite 222 sehen Sie eine Übersicht zur steuerlichen Behandlung der verschiedenen Anlageformen, und auf den Seiten 232/233 eine Tabelle zum Thema Lebensversicherungen. Ab Seite 236 geht es um die Vermögenssteuern.

FRAGE

Weniger Steuern nach Börsenverlusten?

«Ich habe an der Börse viel Geld verloren. Darf ich diese Verluste von meinem steuerbaren Einkommen abziehen?»

Nein. Privatpersonen dürfen Verluste auf ihren Kapitalanlagen steuerlich nicht geltend machen. Umgekehrt ist es ja gleich: Kapitalgewinne aus guten Börsenzeiten müssen Private auch nicht versteuern. Abzugsfähig sind nur die mit der Kapitalanlage verbundenen Verwaltungskosten. Dazu gehören zum Beispiel die Bankspesen sowie die Depot- und Safegebühren, nicht aber die Börsengebühren (Courtage) oder das Honorar des Vermögensberaters (Kasten Seite 215).

Anders sieht die Situation für professionelle Wertschriftenhändler aus: Für sie stellt der Kapitalgewinn ihr Einkommen dar, aus dem sie teilweise oder vollständig ihren Lebensunterhalt bestreiten. Darum müssen sie Kapitalgewinne als Einkommen versteuern und darauf Sozialabgaben entrichten. Im Gegenzug dürfen sie Kapitalverluste abziehen (siehe Seite 231 ff.).

Die Einkommenssteuer

Auf Vermögenserträge ist grundsätzlich die Einkommenssteuer geschuldet. Als Erträge gelten zum Beispiel Zinsen auf Bankkonten und Obligationen sowie Dividenden aus Aktienbesitz. Sie unterliegen der Einkommenssteuer wie jedes andere Einkommen auch.

Das Gleiche gilt für die Erträge von Obligationen sowie Dividenden von Aktien, die in Anlagefonds gehalten werden.

Kursgewinne auf Wertpapiere sind steuerfrei

Private Kapitalgewinne, also die Differenz zwischen Kauf- und Verkaufspreis von Wertpapieren, sind steuerfrei. Anders verhält es sich nur bei Kapitalgewinnen von Unternehmen oder von Personen, die den Wertschriftenhandel professionell betreiben. Sie unterliegen der Einkommenssteuer. Bei Kassenobligationen, Fest- und

Termingeldern gibt es keine Kursveränderungen. Somit sind hier steuerfreie Wertsteigerungen ausgeschlossen.

Ein Sonderfall sind Grundstückgewinne, wenn ein Verkäufer eine Liegenschaft teurer verkauft, als er sie gekauft hatte. Bei der direkten Bundessteuer ist ein solcher Grundstückgewinn aus Privatvermögen steuerfrei. Die Kantone hingegen besteuern Grundstückgewinne.

Aus steuerlicher Sicht muss die Devise des Anlegers lauten: möglichst tiefe Zinserträge und möglichst hohe Kursgewinne erwirtschaften. Doch aufgepasst: Je höher das Gewinnpotenzial, desto grösser ist auch das Verlustrisiko. Zudem können steuerlich interessante Geldanlagen noch andere Nachteile haben. Gerade Versicherungsgesellschaften führen gern Steuervorteile ihrer Produkte ins Feld. Diese haben aber oft hohe versteckte Kosten und sind unflexibel (siehe Seite 235 ff.).

Anlegen mit Obligationen: Das ist zu beachten

Steuerlich betrachtet sind schweizerische Obligationen sowie Kassenobligationen der Banken, Pfandbriefe und Festgelder wenig interessant: Ihre Zinserträge sind voll als Einkommen zu versteuern.

Börsengehandelte Obligationen unterliegen zwar Kursschwankungen. Doch in der Regel wird am Ende ihrer Laufzeit der Nennwert ausgezahlt. Und der entspricht in etwa dem Preis bei der Emission (siehe Kapitel 3).

IN DIESEM KAPITEL

Folgen des Börsenhandels: Es gibt zwar Anleger, die zu höheren Kursen verkaufen, als sie gekauft haben, und so steuerfreie Kapitalgewinne einheimsen. Andere Anleger erleiden an der Börse hingegen Kapitalverluste – und die können sie bei den Steuern nicht geltend machen.

Der Marchzins und seine steuerlichen Auswirkungen

Bei Obligationen ist zudem Folgendes zu beachten:

- Einmal im Jahr wird der Zins ausbezahlt. Der Zinsbetrag nimmt nach einer Ausschüttung kontinuierlich zu, bis die nächste fällig wird. Dieser Betrag ist der sogenannte Marchzins (Zins pro rata). Wer eine Obligation zwischen zwei Zinsterminen kauft, muss dem Verkäufer zusätzlich zum Kaufpreis den aufgelaufenen Marchzins zahlen.

Der Käufer muss dann aber den ganzen Zins versteuern, den er beim nächsten Zinstermin erhält – also auch den Teil, den er dem Verkäufer überwiesen hat.

Das Umgekehrte gilt für den Verkäufer der Obligation: Für ihn bleibt der aufgelaufene Marchzins, den er kassiert, steuerfrei (siehe auch Kasten auf Seite 83).

Deshalb der Tipp: Sie sollten laufende Obligationen nur dann kaufen, wenn beim betreffenden Papier möglichst wenig Marchzins aufgelaufen ist. Und wenn Sie Obligationen während der Laufzeit verkaufen möchten, können Sie Steuerfranken sparen, wenn Sie dies kurz vor der Zinsfälligkeit tun. Wichtig: Den regelmässigen Kauf und Verkauf derselben Obligationen rund um den Zinstermin taxieren die Behörden als Steuerumgehung.

- Die Kurse der börsengehandelten Obligationen schwanken während ihrer Laufzeit ständig. Sie reagieren vor allem auf Veränderungen in der Zinslandschaft (siehe Seite 82 ff.). Sinkt das allgemeine Zinsniveau, bevorzugen potenzielle Käufer bereits laufende Obligationen, weil diese einen höheren Zinscoupon haben als neu herausgegebene. Dies treibt die Kurse der «alten» Obligationen in die Höhe.

Das Umgekehrte passiert, wenn die Zinsen anziehen. Dann suchen Käufer die neuen, besser verzinsten Obligationen, was bei den «alten» zu einem Wertverlust führt.

Die Kurse steigen manchmal 5, 10 Prozent oder noch mehr über den Nennwert. Oder sie fallen deutlich darunter. Doch je näher das Laufzeitende der Obligation rückt, umso mehr gleicht sich der Kurs der Obligation ihrem Nennwert an. Denn der letzte Besitzer erhält nur diesen ausbezahlt.

Obligationen wenn möglich unter dem Nennwert kaufen

Wenn es zu Ihrer Anlagestrategie passt, sollten Sie deshalb möglichst Obligationen kaufen, die unter ihrem Nennwert notieren. So machen Sie einen steuerfreien Kapitalgewinn.

Andererseits sollten Sie Obligationen meiden, deren Kurs weit über dem Nennwert liegt. Denn hier ist der Kapitalverlust programmiert. Sie würden mehr für die Obligation bezahlen, als Sie am Ende ausbezahlt erhalten. Anders gesagt: Sie fahren einen Kapitalverlust ein, den Sie bei den Steuern nicht geltend machen können.

Spezielle Bestimmungen für Wandler und Null-Prozenter

Wandelobligationen haben einen tiefen Zinscoupon, berechtigen dafür aber zur Wandlung in eine Aktie des betreffenden Unternehmens (siehe Seite 92 ff.). Wenn der Aktienkurs steigt, explodieren die Kurse der Option, das heisst des Wandlungsrechts. Den Optionsschein kann man dann gewinnbringend und steuerfrei an der Börse verkaufen.

Nur mit Vorsicht zu geniessen sind hingegen die **Null-Coupon-Obligationen,** auch Zero-Bonds oder Null-Prozenter genannt (siehe Seite 95 f.). Ihr Ausgabepreis liegt weit unter dem Nominalwert, dafür sind sie mit sehr wenig oder

TIPP

Vermögensverwaltung: Diese Kosten können Sie abziehen

Die Verwaltung des eigenen Vermögens verursacht Kosten, die Sie wenigstens zum Teil vom steuerbaren Einkommen abziehen dürfen. Für Honorare von Beratern oder Vermögensverwaltern gilt dies aber nicht.

Abzugsfähig ist in der Regel eine Pauschale von 0,5 bis 3 Promille des Steuerwerts. Im Kanton Zürich beispielsweise sind es 3 Promille, bis maximal 6000 Franken (diese Obergrenze entspricht einem Depotwert von 2 Millionen Franken). Wer mehr abziehen will als die Pauschale, muss seinen effektiven Aufwand belegen für:

- Depot- und Safegebühren
- Depot- und Steuerverzeichnisse
- Kosten für die Einforderung der Vermögenswerte und Inkassospesen
- Spesen für die Rückforderung von Quellensteuern
- Kontoeröffnungs- und Saldierungsspesen
- Spesen für die Kontoführung und die Einlösung von Dividenden- und Zinscoupons
- Gebühren für Steuerausweise und -auszüge
- Entschädigung für die Willensvollstreckung.

Nicht abzugsberechtigt sind:

- Honorare für Finanz-, Anlage- und Steuerberater
- Honorare für selbständige Vermögensverwalter
- Börsen- und Bankgebühren für den Aktienkauf und -verkauf (Courtagen)
- Emissionsabgaben auf Aktien und Obligationen.
- Auch Gebühren für die Vermögensverwaltung durch Banken sind gemäss Bundesgericht nicht mehr abzugsfähig.

gar keinem Zins ausgestattet. Nach Ende ihrer Laufzeit erhält man die vollen 100 Prozent des Nennwerts zurückbezahlt.

Die Steuerbehörden akzeptieren dies jedoch nicht als steuerfreien Kapitalgewinn, sondern rechnen die Differenz zwischen Kaufpreis und Auszahlung als steuerpflichtigen Zinsertrag auf.

Das Gleiche passiert, wenn man Null-Prozenter vorzeitig über die Börse veräussert: Der vermeintliche Kursgewinn gilt steuerlich als

Anlagen: Steuerliche Auswirkungen und Sparmöglichkeiten

	Einkommenssteuer	Vermögenssteuer
Spargelder	Zinsertrag	Kapital
Kassenobligationen	Zinsertrag	Kapital
Obligationen	Zinsertrag	Kapital
Aktien	Dividende	Kapital
Aktien- und Obligationenfonds	Erträge (Dividende/Zinsen)	Kapital
Immobilienfonds (direkt investierend)	Steuerfrei	Steuerfrei
Immobilienfonds (indirekt investierend)	Erträge (Ausschüttung)	Kapital
Fremdwährungen	Zinsertrag	Kapital
Edelmetalle/Rohstoffe	Steuerfrei	Kapital
Derivate/Zertifikate bzw. strukturierte Finanzprodukte	Zinskomponente	Kapital
Zinskonto Säule 3a	Kapitalauszahlung getrennt vom übrigen Einkommen zum Vorzugssatz	Steuerfrei
Wertschriftenkonto Säule 3a/ Fondspolice Säule 3a	Kapitalauszahlung getrennt vom übrigen Einkommen zum Vorzugssatz	Steuerfrei
Pensionskasse	Rente zu 100 %, Kapitalbezug getrennt vom übrigen Einkommen zum Vorzugssatz	Steuerfrei
Leibrente	Bei Auszahlung 40 %	Rückgewähr (Auszahlung des Restkapitals nach Tod des Versicherten) in allen Kanto
Einmaleinlageversicherung	Rente zu 100 %	Rückkaufswert (während der Laufzeit)
Immobilien	Mieteinnahmen zu 100 % oder den ganzen Eigenmietwert	Steuerwert

Zinsertrag. Steuerlich gleich behandelt werden ausserdem auch Obligationen mit sehr tiefem Zins, wenn deren Rendite durch den Kursgewinn mehr als die Hälfte der Rendite durch den Zins ausmacht.

Aktien: Die Dividende fällt steuerlich wenig ins Gewicht

Langfristig lässt sich mit Aktien eine bessere Rendite erwirtschaften als mit Obligationen oder mit einem normalen Sparkonto. Das hat auch steuerliche Gründe. Die

Besonderes	Steuersparmöglichkeit
Verrechnungssteuerfrei bis Fr. 200.– Zinsertrag	–
–	–
Ausländische Obligationen – auch in Schweizer Franken – sind verrechnungssteuerfrei	Obligationen erst nach dem Zinstermin kaufen und vor dem Zinstermin verkaufen, Kapitalgewinne sind steuerfrei
–	Kapitalgewinne sind steuerfrei
Auch wiederangelegte (thesaurierte) Erträge sind steuerpflichtig	Kapitalgewinne sind steuerfrei
–	Kapitalgewinne sind steuerfrei
–	Kapitalgewinne sind steuerfrei
–	Währungsgewinne sind steuerfrei
–	Kapitalgewinne sind steuerfrei
–	Die Optionskomponente ist steuerfrei, falls separat ausgewiesen
Einzahlung maximal Fr. 7056.– pro Jahr[1] für Erwerbstätige mit Pensionskasse, 20 Prozent des Einkommens bzw. maximal Fr. 35 280.–[1] für Erwerbstätige ohne Pensionskasse	Zinserträge sind während der Ansparphase steuerfrei. Einlagen dürfen vom Einkommen bis zum Maximalbetrag abgezogen werden. Mehrere Konten eröffnen und gestaffelt beziehen
Einzahlung maximal Fr. 7056.– pro Jahr[1] für Erwerbstätige mit Pensionskasse, 20 Prozent des Einkommens bzw. maximal Fr. 35 280.–[1] für Erwerbstätige ohne Pensionskasse	Zinserträge und Kapitalgewinne sind während der Ansparphase steuerfrei, Einlagen dürfen bis zum Maximalbetrag vom Einkommen abgezogen werden. Mehrere Konten eröffnen und gestaffelt beziehen
Einkaufsmöglichkeit je nach Reglement beschränkt Generelle Sperrfrist für Kapitalbezüge während 3 Jahren nach Einkauf	Zinserträge und Kapitalgewinne sind während der Ansparphase steuerfrei. Einlagen dürfen vom Einkommen in Abzug gebracht werden. Gestaffelte Einkäufe brechen die Progression
Im Todesfall unterliegen 60 % der Rückgewähr der Erbschaftssteuer, 40 % der Einkommenssteuer	Leibrente ohne Rückgewähr abschliessen
Bei vorzeitigem Rückkauf: Differenz zwischen Einlage und Auszahlung ist einkommenssteuerpflichtig	Die Kapitalleistung ist steuerfrei, sofern Laufzeit mind. 5 Jahre (bei Fondspolicen 10 Jahre), Auszahlung ab 60. Altersjahr, Abschluss vor dem 66. Altersjahr
–	Hypothekarzinsen sowie Unterhalt dürfen vom Einkommen abgezogen werden, die Hypothekarschuld vom Vermögen. Der Steuerwert ist meist niedriger als der Marktwert

1 Stand 2024

Thesaurierende Fonds: Der Ertrag ist zu versteuern

Die Abbildung zeigt am Beispiel des ETF Xmtch (IE) on Dow Jones EURO STOXX 50 (Valor: 10 737 573):

Der Fonds ist zwar thesaurierend, die Erträge werden also gleich wieder in den Kauf von neuen Fondsanteilen investiert. Dennoch erfolgt eine formelle Ausschüttung. Dieser Ertrag ist in der Steuererklärung anzugeben. Eine Verrechnungssteuer wird nicht abgezogen, weil es ein ausländischer Fonds ist.

Anlagefonds (Ausland) / Fonds de placement (Etranger) / Fondi d'investimento (Estero)

Titel/Titres/Titoli	W M V	Nominell Valeur nominale Valore nominale	Valoren-Nr. No de valeur Numero di valore	Steuerwert Val. imposable Val. imponibile 31.12.2023 CHF	Ertrag / Rendement / Reddito 2023 Datum / Date Data ex. (E)	zahlb. pay. pag.	Cp.	W M V	Brutto brut lordo Fr.W.	KG/KEP CHF	zu versteuernder Ertrag/Rendement imposable/Reddito imponibile CHF
Xmtch (IE) on Dow Jones EURO STOXX 50, Dublin, Irland Exchange Traded Fund (N)	EUR	0.00	10 737 573	150.908904		31.07.		EUR	4.665		4.458

Original- währung	Nennwert Stückzahl	Valoren-Nr.	Gesellschaftsbezeichnung Titelbezeichnung	Zugangsdatum	Abgangsdatum	Steuerwert zum **31.12.2023** in CHF	Bruttoertrag mit VSt. in CHF	Bruttoertrag ohne VSt. in CHF
EUR	1	10 737 573	Xmtch (IE) on Dow Jones EURO STOXX 50, Exchange Traded Fund, IE			150.90	0.000	4.458

Rendite der Aktien ergibt sich aus zwei Komponenten: den Kursveränderungen und den Dividenden. Langfristig steigen die Kurse. Diese Kapitalgewinne machen auf die Länge nicht selten die Hälfte oder zwei Drittel der Gesamtrendite aus – und sind steuerfrei. Nur die Dividenden sind einkommenssteuerpflichtig.

Steuerfreie Ausschüttungen der Unternehmen

Die Rendite für private Aktienbesitzer verbessert sich zusätzlich, wenn das Unternehmen statt einer Dividende eine Ausschüttung aus den sogenannten Kapitaleinlagereserven vornimmt. Dies ist in der Schweiz seit 2011 möglich – als Folge der Unternehmenssteuerreform II. Privatanleger müssen eine solche Ausschüttung nicht als Einkommen versteuern.

Aber: Seit 2020 dürfen Dividenden nicht mehr vollumfänglich aus steuerbefreiten Kapitaleinlagereserven ausgeschüttet werden. So will es die Steuerreform, die das Volk im Mai 2019 annahm.

Gemilderte Doppelbesteuerung für Unternehmer

Aktiengesellschaften (AG) und Gesellschaften mit beschränkter Haftung (GmbH) werden als Unternehmen besteuert, ihre Aktionäre und Gesellschafter als Privatpersonen.

Dies ist eine klare Trennung – doch sie führt zu einer Doppelbesteuerung: Zunächst wird der Reingewinn der AG oder der GmbH versteuert. Anschliessend fallen beim Aktionär bzw. Gesellschafter noch Einkommenssteuern auf die ausgeschüttete Dividende bzw. Gewinnausschüttung an (beide werden hier als Dividende bezeichnet).

Diese Doppelbesteuerung erscheint aus Sicht der Unternehmer ungerecht. Das wissen auch der Bund und die Kantone. Auf breiter Front haben sie deshalb in den letzten Jahren die Dividendenbesteuerung gelockert. Beim Bund sind Dividenden zu 70 Prozent besteuerbar, die Kantone müssen mindestens 50 Prozent besteuern. Zurzeit liegt die Quote der Kantone zwischen 50 und 80 Prozent (Stand: 2024).

Die Einkommenssteuer bei Anlagefonds

Bei Anlagefonds gelten im Wesentlichen die gleichen Regeln wie bei anderen Wertpapieren: Zinsen und Dividenden unterliegen der Einkommenssteuer, allfällige Kursgewinne sind hingegen steuerfrei. Dabei spielt es grundsätzlich keine Rolle, ob es sich um einen ausschüttenden oder thesaurierenden Anlagefonds handelt (Definition auf Seite 135).

Das bedeutet: Auch wenn der Fonds die steuerpflichtigen Erträge wieder investiert statt auszahlt, muss sie der Besitzer der Anteile als Einkommen versteuern. Das zeigt die Abbildung auf der Seite links (in der Spalte ganz rechts ist der steuerbare Betrag pro Anteil zu sehen).

Wie hoch die zu versteuernden Erträge bei thesaurierenden Fonds sind, erfahren Sie jeweils ab Januar des Folgejahres bei Ihrer Bank, ausserdem lassen sie sich im Internet bei der Eidgenössischen Steuerverwaltung abrufen: www.ictax.admin.ch → Kursliste.

Tipp: Informationen zur Besteuerung von Anlagefonds finden Sie auch auf der Website der Asset Management Association Switzerland (www.am-switzerland.ch).

Der Stichtag für die Steuerpflicht

Noch ein Detail: Wenn Sie Steuern sparen möchten, sollten Sie Fondsanteile nach dem Stichtag für die Steuerpflicht erwerben beziehungsweise vor diesem Stichtag verkaufen. Bei diesem Stichtag gibt es allerdings zwischen ausschüttenden und thesaurierenden Anlagefonds einen wichtigen Unterschied:

- Bei Fonds, die ihre Erträge ausschütten, ist der Stichtag das Datum der Ausschüttung. Ein Bei-

FRAGE

Wurde mir die Rückerstattung zu Recht verweigert?

«Wegen einer längeren Auslandreise habe ich mich ab November des vergangenen Jahres bei der Wohngemeinde für ein halbes Jahr abgemeldet. Nach meiner Rückkehr im Mai wurde mir die Rückzahlung der Verrechnungssteuer verweigert. Ist das zulässig?»

Ja. Anspruch auf eine Rückerstattung der Verrechnungssteuer besteht nur, wenn man am Stichtag 31. Dezember einen steuerrechtlichen Wohnsitz in der Schweiz hat.

Für Auslandaufenthalte von weniger als einem Jahr lohnt es sich darum nur in den wenigsten Fällen, sich von der Wohngemeinde abzumelden.

spiel: Die Ausschüttung erfolgt am 15. November. Wer den Fonds an diesem Tag besitzt, ist steuerpflichtig. Und zwar für den gesamten Ertrag, sogar wenn er seine Fondsanteile erst kurz vorher gekauft hat.

- Bei thesaurierenden Fonds hingegen ist für die Steuerpflicht das Datum des Jahresabschlusses entscheidend. Beispiel: Der Fonds schliesst das Geschäftsjahr per Ende Mai ab. Dann müssen jene Anleger die Erträge versteuern, die die Anteile an diesem Datum besitzen. Auch hier gilt wieder: Zu versteuern ist der gesamte Ertrag, auch wenn ein Anleger seine Fondsanteile während des Geschäftsjahrs gekauft hat.

Eine steuerliche Besonderheit bei Immobilienfonds

Bei Schweizer Immobilienfonds gibt es zwei Arten:

- Einige Immofonds besitzen ihre Liegenschaften direkt. Für sie zahlt der Fonds sowohl die Einkommens- als auch die Vermögenssteuern selber.

Das heisst also: Die Anleger sind diesbezüglich von den Steuern befreit. Sie müssen Ertrags- und Vermögenssteuern nur für Anlagen zahlen, die der Fonds nebst den Immobilien noch besitzt, wenn er zum Beispiel Wertschriften als Reserve hat.

Wenn Fonds die Steuern selber zahlen, fallen die Ausschüttungen entsprechend tiefer aus. Sie lohnen sich deshalb eher für Anlegerinnen und Anleger mit einer hohen Steuerbelastung.

- Die meisten Immobilienfonds halten ihre Liegenschaften aber indirekt über Immobiliengesellschaften. Sie übernehmen selber keine Einkommens- und Vermögenssteuern. Ihre Anleger werden deshalb auf den Ausschüttungen und auf dem Vermögen normal besteuert.

Die Verrechnungssteuer ist kaum zu umgehen

Wer Schweizer Obligationen, Aktien oder Fonds in einem Wertschriftendepot hat, erhält das Einkommen daraus nur in Raten. 35 Prozent behält der Staat vorläufig zurück: Diese Summe geht direkt von der Bank, die das Wertschriftendepot des Anlegers führt, an die Eidgenössische Steuerverwaltung.

Das Ganze nennt sich Verrechnungssteuer. Der Vorabzug dient den Steuerbehörden als Sicherung ihrer Ansprüche. Versteuert man die Vermögenserträge korrekt, wird die Verrechnungssteuer zu einem späteren Zeitpunkt zurückgezahlt.

Wichtig: Mit der Rückforderung der Verrechnungssteuern sollten Sie sich nicht zu viel Zeit lassen. Bereits drei Jahre nach Ablauf des Kalenderjahrs, in dem die Steuer fällig wurde, verjähren Ansprüche gegenüber dem Steueramt. Umgekehrt gilt dies nicht.

Die Freigrenze von 200 Franken bei Lohn- und Sparkonten

Die Verrechnungssteuer wird auch bei Zinsen von Lohn- und Sparkonten abgezogen. Hier gibt es allerdings eine Freigrenze: Der Abzug erfolgt nur, wenn der Zinsbetrag für ein Kalenderjahr höher ist als 200 Franken, und zwar pro Konto. Die Freigrenze gilt also für jedes einzelne Guthaben, die Zinsen werden nicht zusammengezählt. Sie spielt aber nur bei Kundenguthaben, die einmal pro Kalenderjahr abgeschlossen werden und deren Zins als einmalige Zahlung vergütet wird.

Diese Freigrenze gilt übrigens auch bei Fest- und Callgeldern mit jährlichem Abschluss, aber nicht bei Obligationen und Kassenobligationen.

Punkto Rückerstattung gibt es Ausnahmen:

Wer am Ende des Jahres im Ausland lebt, hat keinen Anspruch auf Rückerstattung. Das betrifft vor allem Ausländer mit Geldanlagen in der Schweiz – aber auch Schweizer, die ihren Wohnsitz ins Ausland verlegt haben, zum Beispiel für eine längere Weiterbildung (siehe auch Kasten auf Seite 219).

Diese Betroffenen haben in der Regel die Möglichkeit, Verrechnungssteuern zumindest zum Teil zurückzufordern. Das ist dann der Fall, wenn ihr Land ein Doppelbesteuerungsabkommen mit der Schweiz hat.

Zum Ärger vieler Steuerpflichtiger dient die Verrechnungssteuer dem Bund auch als Gratisdarlehen, weil man die Steuer frühestens Ende Jahr zurückverlangen darf. Immerhin: Sehr hohe Erstattungsansprüche ab 4000 Franken können während des Jahres in Raten zurückgefordert werden.

Anlageformen ohne Verrechnungssteuer

Von der Schweizer Verrechnungssteuer ausgenommen sind insbesondere:

- Dividenden auf ausländischen Aktien, also auf Aktien von Firmen, die ihr Domizil nicht in der Schweiz haben.
- Ausschüttungen von ausländischen Anlagefonds. Anlagefonds mit Domizil im Ausland erkennt man an den zwei ersten Buchstaben in der zwölfstelligen ISIN (siehe «Stichwort» auf Seite 132): LU steht für Luxemburg, IE für Irland, DE für Deutschland oder GB für Grossbritannien. (Inländische Fonds fangen mit CH an.)
- Zinsen von Festgeld- oder Treuhandanlagen im Ausland und
- Zinsen von Franken- und Fremdwährungsobligationen ausländischer Schuldner.

Verrechnungssteuerfreie Anlagen sind kein Schlupfloch

Einige Anlageformen sind von der Verrechnungssteuer befreit. Das betrifft zum Beispiel ausländische Aktien, Fonds, Festgeld- und Treuhandanlagen (siehe Kasten oben). Ebenfalls ausgenommen sind Obligationen ausländischer Schuldner, selbst wenn sie auf Franken lauten. Somit spart man bei diesen Anlagen den Zinsverlust für die Zeit zwischen Abzug und Rückerstattung der Verrechnungssteuer.

Solche Kapitalanlagen werden zwar häufig als Steuerschlupfloch missbraucht. Aber sie müssen ebenfalls deklariert werden, genau wie alle anderen Anlagen. Alles andere ist Steuerhinterziehung.

Die Folgen wären Nach- und Strafsteuern sowie Verzugszinsen.

Die Quellensteuer auf ausländische Wertpapieren

Bei Zinsen und Dividenden auf ausländische Wertpapiere zieht die Schweiz also keine Verrechnungssteuer ab. Aber diese werden normalerweise durch den betreffenden Staat mit einer Quellensteuer belegt (analog zur Schweizer Verrechnungssteuer).

Wo ein Doppelbesteuerungsabkommen besteht – und das ist normalerweise der Fall –, können Betroffene zumindest einen Teil der Quellensteuer zurückfordern (siehe Kasten unten).

Die entsprechenden Formulare erhalten Sie bei den Banken und bei den kantonalen Steuerämtern. Einige Staaten behalten jedoch einen Teil des kassierten Geldes. Entsprechend muss man in der Schweiz nur den effektiv ausbezahlten Ertragsanteil als Einkommen versteuern.

Wer grosse Wertschriftenbestände hat und auch ausländische Wertschriften besitzt, lässt sich mit Vorteil von seiner Bank ein Steuerdepotverzeichnis erstellen und beauftragt sie – gegen Gebühr – auch mit der Rückforderung der Quellensteuer.

Derivate und strukturierte Produkte sind kompliziert

Derivate ist der Oberbegriff für Finanzinstrumente wie Futures und Optionen. Ihre Kursentwick-

Die Quellensteuer auf Dividenden von ausländischen Aktien

Bei den in der Schweiz kotierten Aktien erhalten Anleger vorerst nur 65 Prozent der Dividenden ausbezahlt. Die restlichen 35 Prozent gehen als Verrechnungssteuer an den Staat. Wird die Dividende dann ordentlich deklariert und versteuert, wird die Verrechnungssteuer zurückvergütet. Das ist der Normalfall, wie ab Seite 220 beschrieben.

Ähnlich funktioniert dies mit den im Ausland kotierten Aktien. Wer zum Beispiel Aktien deutscher Firmen hat, erhält in einem ersten Schritt nur 73,625 Prozent der Dividende ausbezahlt. 26,375 Prozent bleiben vorerst beim deutschen Fiskus (Stand 2024).

Für Steuerpflichtige mit Wohnsitz in der Schweiz sind aber die Schweizer Steuerbehörden zuständig. Wird die Dividende in der Schweiz ordentlich versteuert, darf man gemäss Doppelbesteuerungsabkommen 11,375 Prozent zurückfordern. Die Rückforderung der Quellensteuer übernehmen normalerweise die Banken gegen Gebühr.

Die restlichen 15 Prozent behält der deutsche Staat. Dieser Betrag ist jedoch in der Schweiz bei den Steuern anrechenbar, das heisst abziehbar.

Die Steueranrechnung geschieht aber nicht automatisch: Der Steuerpflichtige muss sie mit dem Ergänzungsblatt DA-1 zum Wertschriftenverzeichnis beantragen.

Ähnlich funktioniert dies bei fast allen Staaten, mit denen die Schweiz Doppelbesteuerungsabkommen geschlossen hat. Die Steuer- und Entlastungssätze sind allerdings unterschiedlich hoch.

lung hängt von einem Basiswert ab – zum Beispiel von einer Aktie, einer Währung oder einem Index. Call-Optionen beispielsweise geben das Recht, innerhalb einer festgelegten Frist eine Aktie zu einem bestimmten Preis zu kaufen. Put-Optionen haben ein analoges Verkaufsrecht (Details auf Seite 189 ff.).

Aufgrund ihrer extremen Hebelwirkung sind die Kursausschläge der Derivate viel höher als beim Basisprodukt. Damit winken zwar grosse Gewinne, es droht aber auch der Totalverlust.

Allfällige Gewinne auf die «klassischen» Formen von Derivaten sind steuerfrei. Wird damit aber eine Anlage oder ein garantierter Zins kombiniert wie bei einigen strukturierten Produkten, ist nur der Optionsteil steuerfrei. Der Ertrag aus der Zinskomponente dagegen unterliegt der Einkommenssteuer.

Bei allen kombinierten Produkten geht es also immer um die Abgrenzung von Vermögensertrag und Kapitalgewinn – eine Unterscheidung, die oft sehr kompliziert und für Laien nicht nachvollziehbar ist.

Bei den Barrier Reverse Convertibles zum Beispiel (siehe Seite 175 ff.) unterliegt nicht der ganze fixe Coupon der Einkommenssteuer. Ein Teil ist Ertrag einer Option und damit ein steuerfreier Kapitalgewinn.

Wie bei einem Verkauf die Besteuerung erfolgt, bleibt für die Anlegerinnen und Anleger ebenfalls oft unklar. Denn wie hoch der Kapitalgewinn war und welchen Anteil die steuerbare Obligationenkomponente am Ertrag hatte, lässt sich bei manchen strukturierten Produkten nur schwer erkennen und vereinzelt sogar erst im Nachhinein eruieren.

Selbst für das Steueramt gibt es intransparente Produkte

Komplex präsentiert sich die Situation auch bei einem Verkauf des Produkts vor dem offiziellen Verfall. Wie es nun besteuert wird, ist nicht einheitlich:

- Bei periodisch verzinsten Produkten wird der gesamte Ertrag dem letzten Käufer allein aufgebürdet. Der Verkäufer muss den vom Kauf bis zum Verkauf aufgelaufenen Kapitalertrag nicht versteuern, sondern nur die erhaltenen Coupons.
- Handelt es sich aber um ein Produkt mit überwiegender Einmalverzinsung, wird der Verkäufer auch im Börsenhandel aufgrund seiner Haltedauer besteuert.
- Noch komplizierter ist die Situation, wenn es sich um ein sogenanntes intransparentes Produkt handelt, bei dem Zins- und Optionskomponente nicht klar getrennt sind: In diesem Fall ist die gesamte Differenz zwischen Kauf- und Verkaufs- bzw. Rücknahmepreis steuerpflichtig.

Die Bezeichnung intransparent stammt übrigens nicht von Kritikern dieser Produkte, sondern wird auch von der Steuerverwaltung offiziell so gebraucht.

Unter gewissen Voraussetzungen können die Steuerbehörden

ein nicht transparentes Produkt nachträglich sogar für transparent erklären. Mit massiven Steuerfolgen: Erfolgte der Verkauf mit einem Verlust, wären eigentlich keine Steuern fällig. Aufgrund der nachträglich erstellten Transparenz könnte der Zinsanteil aber doch noch steuerpflichtig werden, es würde also ein doppelter Verlust entstehen.

Umgekehrt beim Verkauf mit Gewinn: Statt der Besteuerung auf den gesamten Gewinn wäre nachträglich nur noch die kleine Zinskomponente steuerpflichtig, der Kapitalgewinn dagegen würde steuerfrei.

Falls Sie die Steuerinfos nicht verstehen – Hände weg!

Es ist also wichtig, vor dem Kauf nicht nur die Funktionsweise eines strukturierten Produkts genau zu analysieren, sondern auch seine Besteuerung.

Tipp: Lesen Sie zur Besteuerung von strukturierten Produkten den jeweiligen «Beipackzettel»: das Faktenblatt oder Termsheet. Falls Sie das nicht verstehen oder keine Informationen finden, sollten Sie von einem Kauf absehen.

An Details Interessierte finden weitere Informationen zur Besteuerung von strukturierten Produkten im Kreisschreiben Nr. 15

STICHWORT

Stempelabgaben

Der Bund erhebt drei Arten von Stempelabgaben: die Umsatzabgabe, die Emissionsabgabe und die Abgabe auf Versicherungsprämien.

Beim Handel mit Wertschriften kassiert der Bund eine Umsatz- beziehungsweise eine Emissionsabgabe, die meist vom Anleger zu bezahlen ist.

- Die Umsatzabgabe wird im Prinzip bei allen Käufen und Verkäufen von Wertpapieren fällig. Sie beträgt 0,075 Prozent für inländische Wertpapiere und 0,15 Prozent für ausländische Wertpapiere, und zwar bezogen auf den effektiv zu bezahlenden Preis. Zwei Rechenbeispiele sehen Sie im Kasten auf Seite 84. Das gilt auch für Anlagefonds, die an der Börse gehandelt werden.

- Die Emissionsabgabe bei Kassenobligationen wurde 2012 ersatzlos gestrichen.

- Bei Neuemissionen von Pfandbriefen, Obligationen und «Eidgenossen» fällt keine Emissionsabgabe an.

- Zu den Stempelabgaben zählen auch die Abgaben auf Versicherungsprämien. Aber Lebensversicherungen sind von der Stempelabgabe befreit. Ausnahme: Policen, die durch eine Einmalprämie finanziert werden. Bei ihnen beträgt der Abgabesatz 2,5 Prozent.

der Eidgenössischen Steuerverwaltung vom 7. Februar 2007 (aktualisiert am 3. Oktober 2017) im Internet: www.estv.admin.ch → Dir. Bundessteuer → Fachinformationen → Kreisschreiben).

Klar ist: Sämtliche kombinierten Produkte unterliegen bei den Kantonen und Gemeinden der Vermögenssteuer.

Die Besteuerung von Lebensversicherungen

Das Alterssparen wird vom Staat steuerlich begünstigt. Deswegen sind nicht nur die Pensionskasse und die Säule 3a, sondern auch die privaten Lebensversicherungen steuerlich privilegiert.

Mehr Informationen zum Thema Pensionskasse und Säule 3a finden Sie im «Saldo»-Ratgeber **Gut vorsorgen: Pensionskasse, AHV und 3. Säule.** Sie können ihn über Tel. 044 253 90 90 oder unter www.ktipp.ch → Shop bestellen.

Die «normalen», gemischten Lebensversicherungen mit periodischer Prämienzahlung, Todesfallschutz und Sparanteil sind während ihrer Aufbauphase zum Rückkaufswert als Vermögen zu versteuern.

Beachten Sie zu den Lebensversicherungen die Übersicht auf den folgenden zwei Seiten.

Einmalprämie: Der Wertzuwachs ist steuerfrei

Bei Lebensversicherungen mit Einmalprämie zahlt man die ganze Versicherungssumme nicht in Jahrestranchen, sondern auf einmal ein. Investieren Sie einen Teil Ihres Vermögens in eine solche Police, ist der Wertzuwachs – also Zinserträge und allfällige Überschussanteile – bei der Auszahlung steuerfrei.

Voraussetzung ist beim Bund und bei den Kantonen allerdings, dass Sie die Versicherung auf eine Dauer von mindestens fünf Jahren abgeschlossen haben und die Rückzahlung nicht vor dem 60. Altersjahr erfolgt.

Zudem muss der Versicherungsnehmer oder sein Ehepartner auch der Begünstigte sein. Ausserdem muss die Versicherung vor dem 66. Altersjahr abgeschlossen werden.

Weniger strenge Regeln bei «alten» Versicherungen

Für Einmaleinlagenversicherungen, die vor 1999, 1998 beziehungsweise 1994 abgeschlossen worden sind, gelten beim Bund und in den meisten Kantonen noch weniger strenge Regelungen oder gar Steuerfreiheit:

- **Vor 1999 abgeschlossene Einmaleinlagepolicen:**

AR, FR, GE, LU, NW, VD, ZG und ZH steuerfrei;

BE, GL, NE, TG, UR, VS steuerfrei, falls das Vertragsverhältnis schon fünf Jahre gedauert hat und der Versicherte bei Fälligkeit mindestens 60 ist.

GR, SG und TI verlangen für die Steuerfreiheit zusätzlich, dass der Vertrag vor dem 60. Altersjahr abgeschlossen wurde.

Fortsetzung auf Seite 234

Lebensversicherungen: So hat der Fiskus die Hand im Spiel

Die Tabelle beantwortet folgende Fragen – und zwar je für Anlagen in der 3. Säule bzw. in der freien Vorsorge (Säule 3b):

- Kann man die Prämienzahlung (Einzahlung) steuerlich vom Einkommen absetzen?

	Säule 3a (gebundene Vorsorge)
Sparversicherung mit Jahresprämie	
Einzahlung der Prämien	Abzugsfähig bis zum Maximalbetrag [2]
Kapitalerträge [1]	Steuerfrei
Vermögen	Steuerfrei
Kapitalauszahlung	Steuerbar zu reduz. Einkommenssteuertarif, getrennt vom übr. Eink.
Rentenauszahlung	Zu 100 % als Einkommen steuerbar, zus. mit übrigem Einkommen
Fondsgebundene Sparvers. (Fondspolice) mit Jahresprämien	
Einzahlung der Prämien	Abzugsfähig bis zum Maximalbetrag [2]
Kapitalerträge [1]	Steuerfrei
Vermögen	Steuerfrei
Kapitalauszahlung	Steuerbar zu reduz. Einkommenssteuertarif, getrennt vom übr. Eink.
Rentenauszahlung	Zu 100 % als Einkommen steuerbar, zus. mit übrigem Einkommen
Reine Todesfallrisikoversicherung mit Jahresprämien [3]	
Einzahlung	Abzugsfähig bis zum Maximalbetrag [2]
Kapitalerträge [1], Vermögen	–
Kapitalauszahlung	Steuerbar zu reduz. Einkommenssteuertarif, getrennt vom übrigen Einkommen
Erwerbsunfähigkeitspolice (Invalidenrente) mit Jahresprämien [3]	
Einzahlung	Abzugsfähig bis zum Maximalbetrag [2]
Kapitalerträge [1], Vermögen	–
Rentenauszahlung	Zu 100 % als Einkommen steuerbar, zusammen mit übrigem Eink.
Einmaleinlage	
Einzahlung	–
Kapitalerträge [1]	–
Vermögen	–
Kapitalauszahlung	–
Rentenauszahlung	–
Fondsgebundene Einmaleinlage	
Einzahlung	–
Kapitalerträge [1]	–
Vermögen	–
Kapitalauszahlung	–
Rentenauszahlung	–
Sofort beginnende Leibrente mit einmaliger Einzahlung	
Einzahlung	–
Kapitalerträge [1]	–
Vermögen	–
Rentenauszahlung	–

- Wie sind Erträge – technische Zinsen, Überschüsse – zu versteuern?
- Wie ist das Vermögen während der Laufzeit zu versteuern?
- Wie sieht es bei der Auszahlung des Kapitals bzw. der Rente aus?

Säule 3b (freie Vorsorge)
Im Rahmen der Abzugspauschalen für Versicherungsprämien
Steuerfrei
Steuerbar zum Rückkaufswert
Steuerfrei (inkl. techn. Zinsen u. Überschüsse)
Zu 40 % als Einkommen steuerbar, zusammen mit übrigem Einkommen
Im Rahmen der Abzugspauschalen für Versicherungsprämien
Steuerfrei
Steuerbar zum Rückkaufswert
Steuerfrei (inkl. techn. Zinsen u. Überschüsse)
Zu 100 % als Einkommen steuerbar, zusammen mit übrigem Einkommen
Im Rahmen der Abzugspauschalen für Versicherungsprämien
–
Steuerbar zu reduziertem Tarif, getrennt vom übrigen Einkommen
Im Rahmen der Abzugspauschalen für Versicherungsprämien
–
Zu 100 % als Einkommen steuerbar, zusammen mit übrigem Einkommen
Im Rahmen der Abzugspauschalen für Versicherungsprämien
Steuerfrei, wenn Laufzeit mind. 5 Jahre,[4] Auszahlung ab vollendetem 60. Altersjahr, Abschluss vor Vollendung des 66. Altersjahres
Steuerbar zum Rückkaufswert
Steuerfrei, falls Laufzeit mind. 5 Jahre,[4] Auszahlung ab vollendetem 60. Altersjahr und Abschluss vor Vollendung des 66. Altersjahres
Zu 100 % als Einkommen steuerbar, zusammen mit übrigem Einkommen
Im Rahmen der Abzugspauschalen für Versicherungsprämien
Steuerfrei, sofern Laufzeit mind. 10 Jahre, Auszahlung ab vollendetem 60. Altersjahr und Abschluss vor Vollendung des 66. Altersjahres
Steuerbar zum Rückkaufswert
Steuerfrei, sofern Laufzeit mind. 10 Jahre, Auszahlung ab vollendetem 60. Altersjahr und Abschluss vor Vollendung des 66. Altersjahres
Zu 100 % als Einkommen steuerbar, zusammen mit übrigem Einkommen
Im Rahmen der Abzugspauschalen für Versicherungsprämien
Steuerfrei
Steuerfrei, falls ohne Rückgewähr abgeschlossen[5]
Zu 40 % als Einkommen steuerbar, zusammen mit übrigem Einkommen

1 Setzen sich aus technischen Zinsen und Überschüssen zusammen
2 Fr. 7056.– für Personen mit Pensionskasse, 20 % bzw. max. Fr. 35 280.– für Selbständige
3 Angaben gelten nur für Versicherungen, bei denen Überschüsse zur Prämienreduktion verwendet werden
4 Fondspolicen: Laufzeit mind. 10 Jahre
5 In allen Kantonen steuerbar, falls mit Rückgewähr abgeschlossen. Im Todesfall unterliegen 60 % der Rückgewähr der Erbschaftssteuer, 40 % der Einkommenssteuer

QUELLE: VZ VERMÖGENSZENTRUM, STAND 2024

Fortsetzung von Seite 231

- **Vor 1998**: AG steuerfrei.
- **Vor 1994**: Bund und SO steuerfrei, sofern die Vertragsdauer mindestens fünf Jahre betrug oder das 60. Altersjahr bei Auszahlung erreicht ist.

AI, falls das Vertragsverhältnis mindestens zehn Jahre gedauert hat.

OW, falls das Vertragsverhältnis mindestens zehn Jahre gedauert hat und der Versicherte bei Fälligkeit mindestens 60 Jahre alt ist.

Einige Kantone gewähren keine Steuervorteile

In den übrigen Kantonen ist die Steuerfreiheit von Einmalprämienversicherungen umstritten. Beim Umzug in einen anderen Kanton

Leibrente: Diese Steuern werden fällig

Alle Auszahlungen von Leibrenten müssen die Empfänger «nur» zu 40 Prozent versteuern, sofern sie sie vollständig selber finanziert haben. Das ist allerdings quasi eine Doppelbesteuerung, denn in der Regel handelt es sich dabei um Geld, das bereits einmal als Einkommen versteuert wurde.

Wann Leibrenten sinnvoll sind und wann nicht, steht detailliert ab Seite 39.

Besteuerung der Rückgewähr im Todesfall: Bei Leibrenten mit Rückgewähr geht das nicht «verbrauchte» Kapital im Todesfall an die Erben. Genauer: Wenn Leibrentenbezüger sterben und im Vertrag die sogenannte Rückgewähr abgemacht ist, erhalten die Erben den nicht «verbrauchten» Anteil der Leibrente ausbezahlt.

40 Prozent dieser Rückgewährsumme müssen die Erben als steuerbares Einkommen versteuern. Die Besteuerung erfolgt gesondert vom übrigen Einkommen zum Vorsorgetarif. Steuersatz für die direkte Bundessteuer: ⅕ des normalen Einkommenstarifs.

Die übrigen 60 Prozent der Rückgewährsumme unterliegen einer allfälligen Erbschaftssteuer am letzten Wohnsitz des Verstorbenen.

Steuern beim Rückkauf: Von der Rückgewähr zu unterscheiden ist der Rückkauf. In diesem Fall entscheidet die versicherte Person entgegen der ursprünglichen Absicht, auf die monatlichen Renten zu verzichten und das einbezahlte Geld vorzeitig zurückzuverlangen. Die Besteuerung der Rückkäufe ist je nach Sachverhalt unterschiedlich. Einige der entscheidenden Kriterien sind,

- ob die Rente schon fliesst oder noch aufgeschoben ist,
- die Vertragsdauer sowie
- das Alter des Versicherten bei Versicherungsabschluss und beim Rückkauf.

Wer einen Rückkauf vornehmen möchte, sollte sich vorher über die Steuerfolgen informieren. Erste Anlaufstelle ist die kantonale Steuerverwaltung.

Leibrente und Vermögenssteuer: Wer eine nicht rückkaufsfähige Rentenversicherung hat, zahlt darauf keine Vermögenssteuer. Ein Beispiel dafür sind reine Todesfallrisikoversicherungen. Unterschied zu einer Police mit Rückkaufswert: Dieser Wert muss während einer allfälligen Aufschubzeit als Vermögen versteuert werden.

ist deshalb Vorsicht am Platz. Die erwartete Steuerfreiheit könnte sich plötzlich als Illusion erweisen.

Zudem verlangt der Staat auf einmalfinanzierte Lebensversicherungen eine Stempelabgabe von 2,5 Prozent, was deren Rendite schmälert (siehe Kasten auf Seite 230).

Statt in eine Einmaleinlage kann man das Geld auch auf ein Prämiendepot einzahlen. Daraus entnimmt dann die Versicherungsgesellschaft künftig jährlich die geschuldete Prämie. In diesem Fall unterliegen die Zinserträge auf dem Depot allerdings der Einkommenssteuer.

Vorsicht bei fremdfinanzierten Lebensversicherungen

Steuerlich noch interessanter ist es, die Lebensversicherung mit Einmalprämie nicht aus dem eigenen Vermögen, sondern mit geborgtem Geld zu finanzieren. So spart man nicht nur durch steuerfreien Vermögenszuwachs, sondern kann auch noch die Schuldzinsen vom Einkommen und die Schulden vom Vermögen in Abzug bringen. Zu diesem Zweck könnte man zum Beispiel die Hypothek erhöhen oder Wertschriften verpfänden. Vereinzelt bieten die Versicherungen die Fremdfinanzierung auch direkt an.

Allerdings ist bei dieser Finanzierungsform Vorsicht geboten: Das Ganze riecht nämlich nach Steuerumgehung. Es sollten also ein paar plausible Gründe vorhanden sein, weshalb man ausgerechnet diese Variante wählt, denn die Steuerbehörden haben ihre Praxis bei fremdfinanzierten Lebensversicherungen massiv verschärft.

Und: Geldgeschäfte mit geborgtem Geld sind doppelt riskant.

Steuerbehörden stellen Bedingungen

In der Praxis haben sich folgende Kriterien herausgeschält, nach denen die Steuerbehörden entscheiden, ob sie eine fremdfinanzierte Lebensversicherung akzeptieren – oder eben nicht:

- Die Versicherung dient tatsächlich in erster Linie der Altersvorsorge und ist auch nicht wesentlich schlechter verzinst als eine Lebensversicherung mit periodischen Prämien.

- Das Vermögen steht in vernünftiger Relation zur Summe der Lebensversicherung. Konkret: Sie müssten den geborgten Anteil an der Einmalprämie jederzeit auch aus Ihrem eigenen Vermögen bezahlen können.

Eine andere Finanzierungsform ist unzumutbar. So kann die Steuerbehörde beispielsweise nicht verlangen, dass man sein Haus oder etwa eine Firmenbeteiligung verkauft, nur um dann die Lebensversicherung aus eigenem Kapital finanzieren zu können.

Der Steuertrick mit der Fremdfinanzierung hat jedoch einen nicht zu unterschätzenden Nachteil: Das Darlehen für die Lebensversicherung muss man verzinsen.

Damit sich die Fremdfinanzierung für den Versicherten unter dem Strich lohnt, muss darum der Grenzsteuersatz bei mindestens 30 Prozent liegen (siehe Kasten unten). Zudem variieren die Zinskosten bei den verschiedenen Lebensversicherungen stark. Es lohnt sich auf jeden Fall, bei mehreren Gesellschaften Offerten einzuholen.

Viele weitere Informationen zur Steuerthematik finden Sie im K-Tipp-Ratgeber **So sparen Sie Steuern.** Sie können ihn unter Tel. 044 253 90 90 oder im Internet unter www.ktipp.ch → Shop bestellen.

Vermögenssteuer: Kurslisten sind massgebend

Den Steuerwert von Geldern auf Bank- und Postkonten für die Vermögenssteuer zu ermitteln, ist einfach: Er entspricht dem Saldobetrag auf den Konten. Etwas komplizierter ist es bei den Wertschriften. Denn der Steuerwert einer Kapitalanlage ist nur selten gleichzusetzen mit dem Börsenkurs, dem Kaufpreis oder dem Nominalwert.

Die steuermässig gültigen Kurse auf Aktien, Obligationen und Anlagefonds sind aus den Kurslisten ersichtlich, die bei den Banken oder bei der Eidgenös-

STICHWORT

Grenzsteuersatz

Das Schweizer Steuersystem ist gekennzeichnet durch eine hohe Progression bei der Einkommenssteuer – sowohl beim Bund als auch in den meisten Kantonen und Gemeinden. Das heisst: Mit steigendem Einkommen nimmt die Steuerbelastung überproportional zu. Ein schematisches Beispiel zur Illustration:

- Bei einem steuerbaren Einkommen von 100 000 Franken werden Einkommenssteuern von insgesamt 10 000 Franken fällig.
- Bei einem steuerbaren Einkommen von 200 000 Franken macht die Einkommenssteuer insgesamt 30 000 Franken aus.

Diese Mehrbelastung äussert sich auch im sogenannten Grenzsteuersatz. Er zeigt an, wie hoch die Steuerbelastung auf den letzten 100 Franken ist, die noch zum steuerbaren Einkommen hinzukommen.

Beispiel: Hat jemand ein steuerbares Einkommen von 100 000 Franken und einen Grenzsteuersatz von 30 Prozent, gehen zusätzlich 30 Franken an den Fiskus, wenn sein steuerbares Einkommen um 100 Franken zunimmt.

Steigt das Einkommen zum Beispiel auf 200 000 Franken und hält der Steuerpflichtige seinem Wohnort die Treue, kann es durchaus sein, dass dann der Grenzsteuersatz 40 Prozent beträgt. Wegen der Progression nimmt er zu, allerdings nur bis zu einem im jeweiligen Gesetz fixierten Plafond.

Wer Steuern sparen will, muss also alles daransetzen, seine Grenzsteuerbelastung zu senken.

Progression und Grenzsteuersatz kommen übrigens auch bei der Vermögenssteuer zum Tragen.

sischen Steuerverwaltung erhältlich sind (www.ictax.admin.ch → Kurslisten). Aufgeführt sind dort unter anderem auch die Kurse für Devisen, Edelmetalle, Kassenobligationen und Rückkaufswerte für Lebensversicherungen.

Für die Steuerwertlisten wird der letzte gehandelte Kurs des letzten Handelstages verwendet. In der Schweiz wird am 31. Dezember in der Regel nicht gehandelt – also sind es die Schlusskurse vom 30. Dezember.

Zur steuerlichen Bewertung von Aktien, die nicht an der Börse gehandelt werden – zum Beispiel von Familienunternehmen –, gibt es unter der gleichen Internetadresse eine Wegleitung.

Bitcoin und Co: So versteuern Sie Kryptowährungen

Privatpersonen müssen Kryptovermögen im Wertschriftenverzeichnis auflisten – ähnlich wie ausländische Währungen.

Kryptowährungen gelten als «übrige Guthaben» und werden jeweils zum Wert per Ende Jahr versteuert. Für die wichtigsten Kryptowährungen ermittelt die Eidgenössische Steuerverwaltung (ESTV) einen Durchschnittswert von verschiedenen Handelsplattformen. Diese Liste kann auf der Website der ESTV (www.estv.admin.ch) aufgerufen werden.

Fehlt dort ein entsprechender Wert, so gilt der Jahresendkurs der Börse, bei der die Kryptowährung gekauft wurde. Steuerfrei sind in der Regel die Gewinne aus dem Kauf und Verkauf der Coins. Werden aber Erträge aus dem Mining, Staking oder Lending erzielt, unterliegen diese wie die Dividenden der Einkommenssteuer.

Das gilt für Münzen, Währungen und Skulpturen

Bei Gold, Silber, Münzen und Fremdwährungen genügt es, in der Steuererklärung den Kurswert gemäss Depotauszug der Bank einzutragen.

Bilder, Schmuck, Skulpturen, Weinkeller und andere Wertgegenstände sind meist steuerfrei, soweit es sich nicht um eigentliche Sammlungen handelt.

Kapitalgewinne: Wer in die Steuerfalle «Börsenprofi» tappt, zahlt viel

Für Unternehmen und professionelle Vermögensverwalter oder Wertschriftenhändler gehören der Kauf und der Verkauf von Wertschriften zum Geschäftszweck. Wertschriftenhändler bestreiten ihren Lebensunterhalt zumindest zum Teil aus den erzielten Börsengewinnen. Für sie sind Kapitalgewinne normales Einkommen und deshalb auch als solches zu versteuern. Dafür dürfen sie ihre Verluste quasi als Berufsaufwand mit den erzielten Gewinnen und anderen Einkünften aufrechnen.

Auch normale Anleger, die ihr Vermögen allzu aktiv verwalten, können von den Steuerbehörden als Wertschriftenhändler eingestuft werden – mit teuren Steuerfolgen. Es braucht unter Umständen wenig, damit das geschieht. Ein Beispiel: eine Hypothek auf dem Haus und ein Wertschriftendepot, das neben Zinsen und Dividenden dank häufigen Käufen und Verkäufen auch Kapitalgewinne abwirft.

Die Folge: Kapitalgewinne, die für Private normalerweise steuerfrei sind, gelten jetzt als Einkommen aus selbständiger Erwerbstätigkeit. Die Gewinne muss

Vermögenssteuern: Zürich und die Innerschweiz sind günstig

Die Tabelle zeigt, wie unterschiedlich das Vermögen in der Schweiz besteuert wird. Das gilt nicht nur für die Kantone, sondern auch für die Gemeinden.

Der Bund erhebt keine Vermögenssteuer. Die Zahlen gelten für kinderlose, kirchensteuerpflichtige[1] Ehepaare.

Lesebeispiel: Für ein Reinvermögen von Fr. 500 000.– zahlt ein Ehepaar in der Stadt Zug Fr. 276.– an Staats-, Gemeinde- und Kirchensteuer, in Lausanne Fr. 2585.–.

		Reinvermögen in Franken		
Kanton	**Hauptort**	**200 000**	**500 000**	**1 000 000**
AG	**Aarau**	0	787	2520
AI	**Appenzell**	231	924	2079
AR	**Herisau**	186	1332	3368
BE	**Bern**	415	1550	4013
BL	**Liestal**	36	1086	3788
BS	**Basel**	56	1182	4726
FR	**Freiburg**	410	2014	5020
GE	**Genf**	112	1472	4815
GL	**Glarus**	173	1210	2938
GR	**Chur**	111	966	2767
JU	**Delsberg**	388	1468	3817
LU	**Luzern**	267	1083	2527
NE	**Neuenburg**	592	2522	6840
NW	**Stans**	156	517	1168
OW	**Sarnen**	214	640	1351
SG	**St. Gallen**	209	1464	3554
SH	**Schaffhausen**	163	742	2747
SO	**Solothurn**	185	844	1899
SZ	**Schwyz**	0	488	1463
TG	**Frauenfeld**	0	835	2226
TI	**Bellinzona**	0	1444	4047
UR	**Altdorf**	0	575	1550
VD	**Lausanne**	624	2585	6437
VS	**Sitten**	569	2043	4945
ZG	**Zug**	0	276	1436
ZH	**Zürich**	50	502	1843

1 Massgebend sind die grössten Kirchgemeinden in diesen Städten, also beispielsweise die katholische in Zürich und die evangelische in Bern

QUELLE: EIDG. STEUERVERWALTUNG (STAND 2023)

man dann als Einkommen versteuern und darauf AHV-Beiträge entrichten. Immerhin: Verluste dürfen professionelle Wertschriftenhändler bei den Steuern als Aufwand abziehen, Private nicht.

Das Kreisschreiben nennt die verbindlichen Kriterien

Nur: Wo hört die private steuerfreie Vermögensverwaltung auf?

Das Kreisschreiben Nr. 36 der Eidgenössischen Steuerverwaltung vom 27. 7. 2012 umschreibt, was Anleger mit ihrem Geld tun und lassen dürfen, um noch als Privatpersonen durchzugehen (siehe www.estv.admin.ch → Dir. Bundessteuer → Kreisschreiben). Die Behörden gehen nun von einer privaten Vermögensverwaltung aus, sofern sämtliche folgenden Kriterien erfüllt sind:

- Die mit Gewinn verkauften Wertschriften wurden mindestens sechs Monate lang gehalten.
- Die während eines Jahres eingenommenen Zinsen und Dividenden sind höher als allfällige Schuldzinsen.
- Das Transaktionsvolumen – also die Summe aller Käufe und Verkäufe – ist höchstens fünfmal so hoch wie der Wert des Wertschriftenportfolios plus Bankguthaben zu Beginn des Jahres.
- Die Kapitalgewinne sind im Maximum halb so hoch wie das gesamte Reineinkommen des betreffenden Steuerjahrs.
- Allfällig gekaufte Derivate (Futures, Optionen, Warrants usw.) dienen nur der Absicherung eigener Wertschriftenpositionen.

Regelungen der Steuerbehörde sind vor Gericht anfechtbar

Wer Pech hat, kann somit als Börsenhändler eingestuft werden, wenn er bloss ein paar Optionen oder sonstige Derivate hat. Trotz der verkürzten Haltepflicht von Wertschriften ist das Kreisschreiben unter dem Strich also noch schärfer als das alte.

Immerhin: In der Praxis zeigen die Steuerbehörden Augenmass. Dies auch im Wissen, dass ihre Leitlinien keine Gesetzeskraft besitzen und von den betroffenen Steuerpflichtigen jederzeit vor Gericht bestritten werden können. Das Bundesgericht hat deshalb entschieden, dass ein schematisches Vorgehen nicht zulässig und jeder Fall einzeln zu beurteilen sei.

Einige Kantone haben noch ergänzende Weisungen für ihre Staatssteuern erlassen. So gilt im Kanton ZH meist nur als «Profi», wer mit Wertschriften handelt, die nicht allen Anlegern offenstehen. Dazu zählen nichtöffentlich zugelassene Fonds. Im Kanton SZ bleibt unbehelligt, wer weniger als 200 000 Franken in Wertschriften besitzt und weniger als 200 Transaktionen im Jahr tätigt. Mit Derivaten sinkt die Freigrenze in SZ auf 100 Transaktionen pro Jahr.

Der Umgang mit Geldberatern
So zieht Sie niemand über den Tisch

Berater und Vermögensverwalter können ein Segen sein – wenn sie gewissenhaft arbeiten und das Wohl der Kunden im Auge haben. Schielen sie hingegen auf die eigenen Provisionen und auf Boni, kann das zu unnötigen Verlusten führen.

In diesem Kapitel geht es um Bank- und Versicherungsberater sowie um Vermögensverwalter. Und um die Frage, wen man in Geldangelegenheiten oder Anlagefragen zu Rate ziehen soll – und welche Konsequenzen das haben kann.

- Der erste Teil dieses Kapitels befasst sich mit den Bank- und Versicherungsberatern – also mit jenen Angestellten der Finanzkonzerne, die ihren Kunden Anlagevorschläge unterbreiten, aber den Kunden selbst entscheiden lassen, was konkret gekauft oder verkauft werden soll.

  Bei diesem Beratungskonzept tätigt der Bank- und Versicherungsberater Käufe und Verkäufe nur auf Einzelweisung. Oder er überlässt den konkreten Handel sogar ausschliesslich seinem Kunden.
- Bei den Vermögensverwaltern (ab Seite 251 ff.) sieht die Sache anders aus. Hier delegiert der Anleger alle Auswahl- und Kaufentscheide an eine Person seines Vertrauens. Der Vermögensverwalter hat direkten Zugriff auf das Vermögen seines Kunden und ist in seinen Anlageentscheiden im Rahmen der gewählten Strategie frei.

  Das Mandat für einen Vermögensverwalter geht also viel weiter. Deswegen wird dafür im Normalfall ein schriftlicher Vertrag abgeschlossen. Für eine Finanzberatung ist das nicht unbedingt nötig. Die Vermögensverwaltung kann man entweder einer Bank oder einem privaten Vermögensverwalter anvertrauen.
- Schliesslich gibt es noch freie Berater, die diesen Namen oft nicht verdienen und denen man misstrauen sollte – egal ob sie Bank- oder Versicherungsprodukte verkaufen (Seite 262 f.).

Hilfe beim Berater holen: Darauf sollten Sie achten

Die grosse Bankenkrise von 2008 hat viele Schwachstellen in der Bankberatung offengelegt. Vor allem hat sie gezeigt, dass die «Berater» der Banken in erster Linie Verkäufer sind. Der Verkauf der Lehman-Papiere, der für viele Anleger in einem Fiasko endete, hat dies mit aller Deutlichkeit vor Augen geführt (siehe auch Seite 176 ff.).

Lehman ist inzwischen fast zu einem Synonym für Fehlberatung durch die Bank geworden. Speziell Berater der Credit Suisse und ihrer Tochterbanken hatten Sparern im grossen Stil und aggressiv strukturierte Produkte der US-amerikanischen Bank Lehman Brothers empfohlen oder regelrecht aufgeschwatzt. Sie argumentierten dabei mit dem Kapitalschutz (siehe Seite 189) und drängten die Papiere sogar Leuten auf, die ihr Geld auf dem Sparkonto hatten und von Börsengeschäften absolut nichts wissen wollten.

Das unrühmliche Ende: Lehman Brothers ging am 15. September 2008 Bankrott, die Papiere der Sparer wurden fast wertlos. Viele Schweizer Banken haben ihre Kundinnen und Kunden nur zum Teil entschädigt.

Das zeigt: Berater handeln nicht aus Nächstenliebe. Die Produzenten von Finanzprodukten zahlen den Verkäufern oft Entschädigungen (Provisionen) – und das «motiviert» wiederum die Verkäufer, diese Produkte vermehrt zu empfehlen.

Ähnliches passiert im Bereich der Versicherungsprodukte.

Versicherungsprodukte sind oft undurchsichtig und teuer

Versicherungsgesellschaften verkaufen ihre Produkte den Kunden direkt oder über Vertriebspartner – also über Banken, unabhängige Firmen, Makler und Berater. Bei einem Teil der Produkte handelt es sich um reine Geldanlagen. Da gelten im Prinzip die gleichen Ratschläge wie im Umgang mit Bankberatern.

Versicherungsgesellschaften verkaufen aber meist kombinierte Produkte: Diese enthalten eine Geldanlage, die mit einer Versicherung und oft noch mit einer Garantie verknüpft sind. Meist sind das Produkte im Rahmen der steuerbegünstigten 3. Säule. Die Berater streichen denn auch die Steuervorteile ganz dick heraus. Bei diesen Produkten ist aber grosse Vorsicht geboten. Denn häufig sind sie kompliziert, kaum durchschaubar, unflexibel und teuer.

IN DIESEM KAPITEL

Beispiel: gemischte Lebensversicherungen. Sie haben einen Spar- und einen Versicherungsteil. Das Geld im Sparteil wird angelegt. Und das Geld im Versicherungsteil wird gebraucht, um die Risiken Invalidität und Todesfall zu decken. Die Versicherungsgesellschaften müssen aber bei ihren gemischten Produkten weder die Rendite der Geldanlage noch die Gesamtkosten offen auf den Tisch legen.

Florian Schubiger von der Beratungsfirma Vermögenspartner in Winterthur ZH schreibt über gemischte Lebensversicherungen: «Sie sind ein Paradies für den Vertrieb und lassen sich vor allem dank Marketing und ausgeklügelten Vertriebsnetzen unter die Leute bringen. Es ist alles andere als ein Zufall, dass Versicherungskonzerne an den gemischten Lebensversicherungen viel mehr verdienen als zum Beispiel an Haftpflicht- oder Autoversicherungen oder an reinen Risikopolicen. Durch die Intransparenz können Versicherungskunden die Produkte

TIPP

Das Geld allein verwalten? Das müssen Sie wissen

Falls Sie sich in der Welt der Finanzen und Geldanlagen gut auskennen, brauchen Sie keinen Berater und erst recht keinen Vermögensverwalter.

Aber: Einer der grössten und häufigsten Fehler bei Geldanlagen ist die Selbstüberschätzung. Gerade Leute, die sich für das Finanzgeschehen interessieren, laufen Gefahr, falsche Entscheide zu treffen, weil sie ihr Können als zu hoch einstufen.

Betrachten Sie Ihre Fähigkeiten realistisch, und holen Sie im Zweifelsfall lieber die Meinung eines Fachmanns oder einer Fachfrau ein. Denn das Geld für eine Beratung ist gut angelegt, wenn Sie das vor (weiteren) Verlusten schützt.

Das gilt insbesondere für Leute, die in Gelddingen aus dem Bauch heraus entscheiden. Wenn Sie Ihre Gefühle in Geldangelegenheiten nicht im Griff haben, kann es teuer werden. Finanzanlagen sollte man mit dem Kopf auswählen, nicht mit dem Bauch – und nicht aufgrund aggressiver Inseratekampagnen der Finanzinstitute.

Auch wenn Sie nicht sicher sind, ob Ihre Anlagen genügend diversifiziert sind oder noch Ihren Anlagezielen entsprechen, können Sie sich beraten lassen.

Was Sie jedoch stets vor Augen haben sollten: Auch die sogenannten Experten können nicht zaubern. Es gibt keine Garantie dafür, dass Sie mit ihrer Hilfe mehr Rendite erzielen. Mehr noch: Oft sind Berater und Vermögensverwalter in erster Linie Verkäufer. Viele können der Versuchung nicht widerstehen, ihren Kunden aus Eigennutz teure Produkte zu verkaufen und sie zu unnötig häufigen Transaktionen zu verleiten. Es gilt also, solchen Beratern Leitplanken zu setzen und sie zu kontrollieren.

Es ist durchaus möglich, dass Anleger, die ihre Geldangelegenheiten selber in die Hand nehmen, besser fahren als mit einem Berater oder Vermögensverwalter – vorausgesetzt, sie beschäftigen sich gern mit Geldanlagen und setzen die nötige Zeit ein.

kaum vergleichen, was die Konkurrenzsituation unter den Marktteilnehmern aushebelt.»

Bei Sparversicherungen ist unklar, wohin das Geld geht

Bei der gemischten Lebensversicherung (auch Sparversicherung genannt) geht das Geld der Kundin beziehungsweise des Kunden in drei Bereiche:

- 1. Kosten der Gesellschaft für Abschluss, Provisionen und Administration sowie für den Gewinn.
- 2. Kosten zur Deckung der Risiken Tod und allenfalls Invalidität. Auch die Prämienbefreiung kostet (siehe Seite 35 f.).
- 3. Betrag, der in die Geldanlage fliesst.

Das Stossende daran ist: Die Versicherten erfahren in der Regel nicht, wie sich ihre Prämie auf die drei Bereiche aufteilt.

Unklar ist auch, mit welcher Rendite zu rechnen ist. In diesem Zusammenhang ist vom technischen Zinssatz die Rede. Doch der sagt wenig aus. Florian Schubiger: «In Beratungsgesprächen kann der technische Zinssatz als Verkaufsargument missbraucht werden – vor allem bei sinkendem allgemeinen Zinsniveau und noch relativ hohem technischem Zinssatz.»

Florian Schubiger: «Der jeweils aktuelle technische Zinssatz sagt wenig über die effektive Nettorendite einer gemischten Lebensversicherung aus. Von den einbezahlten Prämien werden nämlich alle Risikoversicherungskosten sowie Abschluss- und Administrationsgebühren abgezogen. Nur was übrig bleibt, wird mit dem technischen Zinssatz verzinst – und das reduziert die effektive Rendite erheblich. Über die tatsächliche Rendite nach allen Kosten schweigen die Versicherungsgesellschaften.»

Der Sparzwang wird zum Bumerang

Gemischte Versicherungen mit Sparteil haben meist eine lange Vertragsdauer: oft 30 Jahre oder noch länger. Der Sparer muss jedes Jahr den vereinbarten Betrag einzahlen. Versicherungsverkäufer stellen dies in den Gesprächen mit potenziellen Kunden positiv dar: Es sei eine Hilfe zum Sparen, der Sparzwang sei ein Segen.

Der Nachteil ist aber: Wenn Versicherte arbeitslos werden, aus dem Berufsleben aussteigen – etwa wegen einer Babypause – oder auswandern, wird der Sparzwang zum Bumerang. Jetzt kann der Kunde nicht mehr einzahlen, sondern muss die Police kündigen – und das führt zu hohen Rückkaufverlusten.

Denn die Auflösung der Lebensversicherung ist mit hohen Kosten verbunden: Die Versicherungsgesellschaft kassiert die entstandenen und noch nicht amortisierten Abschluss- und Administrationskosten.

Auch bei einer Sistierung der Police erlässt die Versicherungsgesellschaft dem Kunden diese Kosten nicht. Bei einer Sistierung bleibt das aktuelle Kapital bei der

Gesellschaft und wird weiterhin verzinst. Der Kunde muss jedoch keine weiteren Prämien mehr zahlen. Deshalb läuft die Sistierung auch unter dem Begriff der Prämienfreistellung.

Kein Steuervorteil ohne Einkommen

Die Steuervorteile der Vorsorge (Säulen 3a und 3b) hängen auch mit dem in der Steuererklärung deklarierten Einkommen zusammen: Sinkt dieses oder fällt es ganz weg, verringern sich auch die Steuervorteile beziehungsweise bleiben ganz aus. Das gilt nicht nur bei Policen mit regelmässigen Einzahlungen, sondern auch bei Einmaleinlagen oder anderen Policen mit einer einmaligen Investition.

TIPP

Misstrauen Sie schönen Worten, und glauben Sie nicht alles

Das Beste für Anleger sind einfache und kostengünstige Lösungen. An diesen verdienen Banken und Versicherungsgesellschaften aber am wenigsten. Bank- und Versicherungsberater drehen deshalb den Kunden am liebsten teure und komplizierte Fonds und andere Produkte an. Anleger sollten folgende Punkte beachten:

- Glauben Sie nicht alles, was der Bank- oder Versicherungsberater sagt. Oft fährt der Sparer sogar am besten, wenn er auf keinen Fall das kauft, was ihm der Berater vorschlägt.
- Misstrauen Sie insbesondere den schönen Worten, mit denen Banken und Versicherungen ihre Finanzprodukte anpreisen. Es gibt keine Patentrezepte. Wer Ihnen hohe Erträge bei tiefem Risiko verspricht, gaukelt Ihnen etwas vor.
- Wenn der Kundenberater immer wieder anruft und sagt: «Sie haben doch relativ viel Geld auf Ihrem Sparkonto, damit könnte man doch etwas Ertragreiches machen», sollten Sie besonders skeptisch sein.
- Das Gleiche gilt, wenn Sie Bargeld abheben und der Schalterangestellte feststellt, Sie hätten zu viel Bargeld, und gleich einen Anlageberater holt.
- Seien Sie auch vorsichtig, wenn Ihr Bank- oder Versicherungsberater ein neues Produkt oder eine angeblich «innovative Anlagestrategie» aus dem Hut zaubert. Kaufen Sie nur, was sich schon in guten und in schlechten Zeiten bewährt hat – und zwar in der Realität, nicht in Computersimulationen.
- Verlangen Sie allfällige Anlagevorschläge immer schriftlich, und lesen Sie alles genau durch – auch die Risikohinweise. Aus den schriftlichen Unterlagen gehen die Risiken jeweils viel deutlicher hervor als aus den mündlichen Ausführungen des Kundenberaters.
- Kaufen Sie nur Produkte, die Sie verstehen. Auch in dieser Beziehung ist das gründliche Lesen der schriftlichen Unterlagen (Faktenblätter, Termsheets, Basisinformationsblätter, Verkaufsprospekte) oft heilsam. Viele Produkte sind nämlich viel komplizierter, als es die Kundenberater im Gespräch darstellen.
- Lassen Sie sich nicht dazu überreden, auf Kredit zu spekulieren (zum Beispiel durch Erhöhung der Hypothek).
- Spekulieren Sie nicht mit Pensionskassengeld.

Der faule Trick mit den Überschüssen

Viele Policen der Versicherungsgesellschaften garantieren eine Mindestleistung bei Ablauf. Auch die Rückkaufswerte sind garantiert: Sie werden dann ausbezahlt, wenn die versicherte Person vor Ende der Laufzeit aussteigt. Doch die garantierten Leistungen sind meist so schlecht, dass mit ihnen kaum Kunden zu gewinnen wären. Versicherungen und Berater wissen, dass die garantierten Leistungen unattraktiv sind. Deshalb locken sie potenzielle Kunden mit Zückerchen. Das können Überschüsse sein, welche die Versicherungsgesellschaft erarbeitet – in den Offerten exakt ausgewiesen bis auf den letzten Franken, und dies meist auf Jahrzehnte hinaus. Doch Versicherte haben erstens keinen Rechtsanspruch auf Überschussbeteiligungen. Und zweitens ist das eine Scheingenauigkeit: Es ist völlig offen, wie hoch oder wie tief die Überschüsse dereinst sein werden und ob sie überhaupt ausbezahlt werden.

Mit 14 Prozent gelockt – doch der Geldsegen blieb aus

Es gibt Sparpolicen, bei denen der Sparteil in Fonds oder in andere Finanzprodukte fliesst. Auch hier stellen die Berater ihren Kunden gern Renditen in Aussicht, die übertrieben sind und – je nach Produkt – weit über den garantierten Leistungen liegen. Ob diese erreicht werden, steht in den Sternen.

Über einen besonders krassen Fall berichtete «K-Geld» in der Ausgabe 4/2011 unter dem Titel «Hoher Verlust statt Traumrendite»: Ein Versicherungsagent der damaligen Winterthur-Versicherung empfahl im Jahr 1998 einem Kunden eine Fondspolice und stellte ihm 14 Prozent Rendite in Aussicht – und zwar jährlich. Konkret: Der Verkäufer prognostizierte seinem Kunden eine Auszahlung von 444 863 Franken, wenn er 76 869 Franken investiere.

2011 kam es zur Auszahlung. Doch statt des erhofften Geldsegens erhielt der Kunde nur gerade 53 281 Franken zurück. Das ist ein Drittel weniger, als er selbst eingezahlt hatte. Hintergrund: Die Winterthur hatte 1998 ein neues Produkt lanciert – mit einem Index, den es bis dahin nicht gab. Also zog sie als Vergleichsbasis den SMI heran, und der hatte in den drei Jahren vor Vertragsabschluss jährlich 39 Prozent Rendite abgeworfen – sofern die Dividende reinvestiert wurde.

Sparen bei der Bank, sich versichern bei der Versicherung

Unter Experten gilt es aber als grosser Fehler, vergangene Renditewerte einfach in die Zukunft hochzurechnen. Vor allem, wenn es sich um Ausnahmejahre handelt. So gut wie in den Jahren 1995 bis 1998 lief die Schweizer Börse selten.

Tipp 1: Trennen Sie Sparen und Versichern. Sparen sollten Sie vorzugsweise bei einer Bank. Risiken wie Todesfall und Invalidität si-

Fortsetzung auf Seite 247

Tipps: Gratisberatung oder Honorarberatung nach Aufwand?

Fondsgesellschaften und andere Produzenten von Finanzprodukten zahlen oft verdeckte Vergütungen, um den Absatz zu steigern. Diese Provisionen gehen an Banken und andere Vermögensverwalter, falls diese die Produkte in den Kundendepots unterbringen.

Das schafft falsche Anreize: Vermittler kommen so in Versuchung, nicht das auszuwählen und zu empfehlen, was für die Kunden am besten ist, sondern diejenigen Produkte, die ihnen selber die höchsten Vergütungen einbringen. Für unabhängige Experten steht fest: Die meisten Vermögensverwalter und Banken nehmen solche Retrozessionen entgegen und stehen deshalb in einem Interessenkonflikt.

Es gibt auch Vermögensverwalter, die auf solche Vergütungen der Banken mehr oder weniger verzichten und dort für den Kunden tiefere Gebühren aushandeln.

Ein Trend in diese Richtung – weg vom Retrozessionsmodell – ist absehbar. In der EU wird darüber diskutiert, in Grossbritannien und in den USA sind Retrozessionen bei Vermögensverwaltungsmandaten sogar bereits seit einiger Zeit verboten.

Etliche Schweizer Banken haben unterdessen begonnen, möglichst nur noch retrozessionsfreie Produkte einzusetzen. Es kann aber sein, dass ein solcher Vermögensverwalter mehr für seine eigentliche Dienstleistung verlangt. Immerhin wird damit transparent, was die Beratung kostet, auch wenn sie als «gratis» deklariert wird.

Fordern Sie Transparenz. Bestehen Sie darauf, dass Sie umfassend aufgeklärt werden über die Entschädigungen, die der Vermögensverwalter erhält – und die im Grunde Ihnen gehören (siehe Seite 250).

- Wählen Sie nur Geldverwalter und Berater, die Vertriebsentschädigungen transparent und unaufgefordert im Vertrag oder bei einzelnen Geschäften offenlegen und Ihnen zurückvergüten.
- Lassen Sie sich vor Abschluss eines Mandats oder beim Kauf eines Finanzprodukts schriftlich aufzeigen, wie hoch allfällige Retrozessionen ausfallen. Vermögensverwaltungs- und Anlageberatungskunden haben einen gesetzlichen Anspruch auf Auskünfte über den Umfang geflossener Retrozessionen.
- Viele Banken schreiben in ihre Verträge, dass der Kunde auf solche Rückvergütungen verzichte. Streichen Sie diese Passagen und senden Sie den Vertrag unterschrieben zurück. Besteht die Bank auf dem Verzicht, sollten Sie zu einem Institut ohne Verzichtsklauseln wechseln.
- Verzichten Sie auf «kostenlose» Anlageberatungen, die eine Bank, ein Vermögensverwalter oder eine Versicherungsgesellschaft im Hintergrund mit Provisionen finanziert. Eine seriöse Beratung hat ihren Preis (vorgängig Stundenhonorar und allenfalls Kostendach vereinbaren).

Verlangen Sie auch bei Beratung auf Honorarbasis Transparenz. Nur so können Sie abschätzen, ob Interessenkonflikte bestehen.

- Anlagekunden: Lassen Sie sich Kaufempfehlungen nie nur telefonisch geben. Der Finanzberater soll alle Vorschläge schriftlich machen. Bewahren Sie diese mindestens zehn Jahre auf.
- Fordern Sie nach jeder persönlichen Anlageberatung ein Protokoll. Dort sollten Ihr Risikoprofil, die gewünschten Produkte, Anlagerisiken und Empfehlungen festgehalten sein. Lassen Sie es vom Bankberater unterschreiben.
- Verlangen Sie vom Vermögensverwalter regelmässig Abrechnungen über erhaltene Retrozessionen und laufende Kosten.

Fortsetzung von Seite 245

chern Sie bei Bedarf bei einer Versicherung ab. Gemischte Lebensversicherungen sind selten dazu geeignet, langfristig Vermögen aufzubauen.

Tipp 2: Lassen Sie sich nicht von Überschüssen, Fonds- und Produktrenditen blenden. Auf sie ist kein Verlass. Wenn Sie sich für oder gegen ein Versicherungsprodukt entscheiden: Schauen Sie nur auf die garantierten Leistungen. Und verzichten Sie auf komplizierte, für Laien nicht verständliche Produkte.

Tipps für den Umgang mit Bank- und Versicherungsberatern

Jede Beratung ist auch ein Verkaufsgespräch. Wer das weiss, kann sich entsprechend vorbereiten. Beachten Sie deshalb die folgenden Tipps im Umgang mit Bank- und Versicherungsberatern, damit Sie nicht über den Tisch gezogen werden:

Will ich überhaupt eine Beratung? Lassen Sie sich nur beraten, wenn Sie auch ein Bedürfnis haben und konkrete Vorschläge erwarten. Oft melden sich Bank- und Versicherungsberater von sich aus. Das Ergebnis sind dann regelmässig unsinnige Abschlüsse oder teure Umschichtungen von bisherigen Anlagen.

■ **Welcher Berater?** Über die Leistungen von Finanzberatern gibt es viele falsche Vorstellungen. Die am meisten verbreitete lautet: Der Finanzberater kann traumhafte Gewinne erwirtschaften. Seriöse Berater machen aber mit gutem Grund keine derartigen Versprechungen. Sie können nämlich die Entwicklung der Finanzmärkte nicht viel besser einschätzen als Laien.

Informieren Sie sich über die Erfahrungen des Beraters, und lassen Sie sich seinen Lebenslauf zeigen. Wie lange ist er schon im Geschäft?

Versuchen Sie, mehrere Berater zu treffen und zu «beschnuppern», damit Sie eine Auswahl haben und vergleichen können. Erstgespräche sind in der Regel kostenlos.

■ **Vorbereitung.** Legen Sie vor dem Beratungsgespräch den Betrag, die Dauer und das Ziel des Investments fest. Welches Ziel will ich erreichen? Wie lange kann ich mein Geld entbehren? Will ich einen bestimmten Betrag auf einmal anlegen oder in (flexiblen) monatlichen Raten sparen?

■ **Festlegen der Strategie.** Bestehen Sie darauf, dass der Berater mit Ihnen einen umfassenden Finanzplan erstellt und daraus abgeleitet eine Strategie entwickelt. Die Grundsätze dazu sind in Kapitel 1 dargestellt.

■ **Lassen Sie keinen Zeitdruck zu.** Nehmen Sie sich für die Beratung und für den Investitionsentscheid Zeit – lassen Sie sich vom Berater nicht unter Druck setzen. Wenn er zur Eile drängt, ist immer etwas faul. Auch wiederholte Anrufe sind ein Alarmzeichen.

■ **Risiko.** Wie viel Risiko wollen Sie eingehen? Schreiben Sie genau auf, ob Sie Ihr Geld ganz sicher, mit nur wenig Risiko oder mit erhöhtem Risiko anlegen wollen.

Vergessen Sie niemals den wichtigen Grundsatz, dass sich hohe Renditen nur durch erhöhte Risiken erzielen lassen. Wenn Ihnen Ihr Berater eine Anlage verkaufen will mit dem Argument, sie sei absolut risikolos, dann lassen Sie ihn diese Aussage unterschreiben! Wenn er sich darauf behaften lässt – umso besser für Sie. Wenn nicht, hat er Sie angeschwindelt.

Andererseits: Sicherheit ist nie gratis. Sicherheit und trotzdem eine hohe Rendite – das kann niemand garantieren. Sind Produkte mit Garantien oder mit einem Kapitalschutz ausgestattet, geht dies auf Kosten der Rendite.

Denken Sie daran, dass Finanzberater vielleicht etwas ganz anderes meinen, wenn Sie die Wörter «defensiv», «risikoarm» oder

TIPP

Beratung auf Honorarbasis: Klären Sie vorher diese Fragen

Unabhängigkeit

■ Wem gehört die Beratungs- oder Vermögensverwaltungsfirma? Sind andere Unternehmen mit eigenen Interessen daran beteiligt? Einige Hinweise dazu findet man kostenlos im offiziellen Handelsregister unter www.zefix.ch.

■ Ist der Berater wirklich unabhängig, oder ist er gleichzeitig als Vermittler (Makler) tätig? Das geht aus dem Beraterregister der Finanzmarktaufsicht Finma hervor. Infos dazu findet man unter www.finma.ch → Bewilligung → Bewilligte oder registrierte Institute, Personen und Produkte.

■ Bestehen Vertriebsvereinbarungen mit Produktanbietern?

■ Mit welchen Banken arbeitet der Berater zusammen? Besteht eine eigene Buchungsstelle bzw. Depotbank, mit der ebenfalls Einnahmen generiert werden?

Fachwissen

■ Welche Ausbildung kann der Berater vorweisen?

■ Hat der Berater nachprüfbare Referenzen?

■ Welche Erfahrung haben der Berater und das Unternehmen dahinter?

Transparenz

■ Wird eine klare Offerte mit Kostendach gemacht?

■ Erhält der Kunde ein Beratungsprotokoll und alle Abmachungen schriftlich?

■ Erfolgt die Beratung anhand einer schriftlichen Dokumentation?

■ Wie wird der Stundenaufwand abgerechnet?

■ Wie detailliert ist die Endabrechnung, und wie viel kostet die Beratung total?

Provisionen

■ Finanziert sich der Berater durch Provisionen oder nur durch ein Beratungshonorar?

■ Bestätigt der Berater schriftlich, dass er ausnahmslos alle Provisionen an seine Kunden zurückgibt?

«ausgewogen» verwenden (siehe Seite 25 ff.). Die Gefahr, dass Anleger und Berater in diesem Punkt aneinander vorbeireden, ist gross.

Lassen Sie sich das Risiko genau beziffern, und zwar nicht nur in Prozent, sondern in Franken.

Beispiel: Anlagehorizont 5 Jahre, Investitionssumme 100 000 Franken. Auf welchen Betrag könnte Ihr Einsatz sinken, wenn es auf den Finanzmärkten sehr schlecht läuft? Auf 80 000 Franken? Oder gar auf 50 000 Franken? Sie sollten wissen, mit welchem Verlust Sie im schlimmsten Fall mit welcher Wahrscheinlichkeit rechnen müssen.

Solche Risikoangaben beruhen immer auf Erfahrungswerten aus der Vergangenheit. Fragen Sie deshalb, welche Vergangenheitsperiode herangezogen wurde. Sie sollte unbedingt so lang sein, dass sie nicht nur sehr gute, sondern auch ausgesprochen schlechte Zeiten umfasst. Das bedeutet zudem, dass Sie Produkte mit neuen und unerprobten Konzepten eher meiden sollten.

Formulieren Sie Ihre Risikobereitschaft mit eigenen Worten, und achten Sie darauf, dass dies so ins Beratungsprotokoll aufgenommen wird.

Wichtig ist, dass keine Kosten «vergessen» werden

■ **Checkliste und Zeuge.** Eine Checkliste kann sicherstellen, dass Sie alle wichtigen Punkte mit Ihrem Finanzberater klären und nichts vergessen geht. Wenn möglich, sollten Sie eine fachkundige Begleitperson mitnehmen, die als Zweitmeinung dient sowie als Zeuge vor Gericht bei allfälligen Falschberatungen.

■ **Kosten und Provisionen.** Sprechen Sie Ihren Berater auf die Produktkosten an sowie auf allfällige Provisionen und Vertriebsentschädigungen. Lassen Sie sich seine Aussagen schriftlich geben.

Provisionen und Vertriebsvergütungen werden meist von den Beratern kassiert. Es sind aber die Anleger, die sie letztlich zahlen müssen, nämlich indirekt über die Produktkosten und andere Gebühren. Mehr zu den Vergütungen für Banken und Vermögensverwaltern (Retrozessionen) steht auf Seite 256 ff.

Wichtig ist, dass keine Kosten «vergessen» gehen: etwa Gebühren für Vertragsabschlüsse, Depotführung, Courtagen, Ausgabeaufschläge und Rücknahmekommissionen sowie Kosten, die den Fonds oder anderen Produkten direkt belastet werden (Details zu den offenen und versteckten Kosten stehen im Kapitel 7).

Falls Sie sich nur beraten lassen, entscheiden Sie selber, was Sie kaufen und wie oft Sie handeln. Schätzen Sie ab, was Sie so für Ihre Anlagen alles in allem im Verlauf eines Jahres an Kosten zahlen müssen. Dabei gilt:

- Gesamtkosten bis 0,8 Prozent der Anlagesumme sind sehr gut.
- Kosten von 0,8 bis 1,2 Prozent sind akzeptabel.
- Bei Kosten ab 1,2 bis 1,5 Prozent gibt es Sparpotenzial.

■ Sind die Gesamtkosten höher als 1,5 Prozent der Anlagesumme, so ist das fragwürdig.

Beratung auf Honorarbasis ebenfalls in Betracht ziehen!

■ **Honorarberatung.** Wer gratis berät, langt meist bei den Provisionen umso kräftiger zu. Ziehen Sie deshalb auch Berater in Betracht, die auf Honorarbasis arbeiten.

Gute Honorarberater verrechnen in der Regel einen Stundenaufwand und erstatten allfällige im Hintergrund fliessende Provisionen von Banken, Versicherungen und anderen Produktanbietern an die Kundschaft zurück. So können sie neutral beraten.

Doch auch bei Honorarberatern gibt es grosse Unterschiede: Lassen Sie sich vor der Beratung unbedingt schriftlich bestätigen, dass Ihnen alle Provisionen transparent offengelegt und zurückerstattet werden. Das verhindert die Entstehung von Interessenkonflikten.

Weitere Ratschläge zu Honorarberatern stehen im Kasten auf Seite 248.

Die Anlagestrategie soll begründet sein

■ **Beratungsprotokoll.** Verlangen Sie von Ihrem Berater ein Gesprächsprotokoll. Unterschreiben Sie es erst, nachdem Sie mindestens eine Nacht darüber geschlafen haben.

Alternative dazu: Setzen Sie selber einen Brief mit den wichtigsten Gesprächsergebnissen auf, und lassen Sie ihn von Ihrem Finanzberater unterschreiben.

■ **Anlageempfehlung.** Beharren Sie als Mindestforderung auf einer schriftlichen Begründung der empfohlenen Anlagestrategie. Denken Sie daran, dass viele Bankberater nur hauseigene Produkte verkaufen – und das sind nicht immer die besten. Anders ausgedrückt: Falls man Ihnen nur hauseigene Produkte empfiehlt, sollten Sie vielleicht den Berater wechseln (ausser der Berater kann nachweisen, dass das von ihm empfohlene Produkt im Konkurrenzvergleich sehr gut ist).

Sorgen Sie auch, dass Sie vom Berater nicht nur schönfärberische Prospekte einer Anlage erhalten, sondern auch die Faktenblätter (Termsheets) und die Basisinformationsblätter (siehe Seite 165 ff.). Dort finden sich unter anderem verständlich formulierte Risikohinweise.

Tipp: Bestehen Sie darauf, dass man Ihnen in erster Linie kostengünstige Indexfonds empfiehlt, seien es börsengehandelte oder nichtkotierte (siehe Seite 142 ff.). Indexfonds sind für Anlegerinnen und Anleger erste Wahl.

■ **Verständliche Produkte.** Lassen Sie die Finger von Finanzprodukten, die Sie selbst nach eingehender Beratung nicht verstehen. Löchern Sie Ihren Berater, bis Sie die Sache verstanden haben. Nachfragen ist nicht peinlich!

Fortsetzung auf Seite 252

Vermögende Kundinnen und Kunden: Die Goldesel der Banken

Ein Vermögensverwaltungskunde ist für Banken ein guter Kunde. Er ist reich, diskret und hat meist weder Zeit und Lust noch das nötige Fachwissen, um sich mit seinem Vermögen zu befassen. Er gibt seiner Bank deshalb eine Vollmacht – und die Bank kann innerhalb der vereinbarten Anlagerichtlinien fast nach Belieben Finanzprodukte kaufen und verkaufen. Das ermöglicht ihr, im grossen Stil Gebühren zu kassieren – bei wenig Aufwand.

Die Zeitschrift «K-Geld» wies bereits 2007 auf Schwachpunkte hin: Die UBS etwa bot Schweizern verschiedene Vermögensverwaltungsprogramme an, etwa das Mandat «UBS Absolute Return». Es war laut Werbung «für private Anleger bestimmt, die unabhängig von den Marktbedingungen stabile Erträge erzielen wollen».

Keine individuelle Betreuung. «K-Geld» lag ein Anlagevorschlag für ein Mandat «UBS Absolute Return» über einen Anlagebetrag von 700 000 Franken vor. Die Gebühren für die Vermögensverwaltung beliefen sich laut Preisliste auf jährlich 1,6 Prozent.

Viele halten 1,6 Prozent für eine scheinbar individuelle Vermögensverwaltung gerechtfertigt. Tatsache ist aber,

- dass darin längst nicht alle Gebühren enthalten sind
- und dass vor allem kleinere Vermögensverwaltungskunden keineswegs von einer individuellen Betreuung ihres Portfolios profitieren. Ihre Portfolios gleichen sich wie ein Ei dem anderen. Die Vermögensverwaltung ist also standardisiert – was dazu führt, dass ein einziger Bankberater oft mehr als 100 Kunden «betreut».

Ein Blick in den Anlagevorschlag für das Absolute-Return-Mandat zeigte: Das Depot war voll mit UBS-Produkten. Die 700 000 Franken waren in rund zwei Dutzend UBS-Fonds und strukturierte Produkte der UBS aufgeteilt. Anlageprodukte von Dritten fanden sich fast nicht.

Dreimal Gebühren zahlen. Viele Produkte in den Depots von Vermögensverwaltungskunden stehen nur ihnen zur Verfügung, sind also nicht zum öffentlichen Vertrieb zugelassen. Etwa der Dachfonds Pluris Alternative Investment Strategies, der laut «K-Geld» in vielen Depots von Credit-Suisse-Kunden lag. Ein Dachfonds ist ein Fonds, der in andere Fonds investiert.

Die CS legte ihn nur auf, um eine Anlagerichtlinie der Bankiervereinigung zu erfüllen. Die Richtlinie besagt, dass alternative Anlagen aus mehr als nur einem Produkt bestehen müssen, also etwa aus mehreren Fonds, die unter einem Dach vereint sind. Ein Faktenblatt des Dachfonds vom August 2004 zeigte, dass er aus zwei damals ebenfalls von der CS geführten Hedgefonds bestand. Ein Kunde, dem die CS diesen Dachfonds ins Depot legte, zahlte der CS also gleich dreimal Gebühren:

- Für den Dachfonds jährliche Gebühren von 1,5 Prozent plus eine Ausgabekommission von 0,65 Prozent.
- Für die beiden Hedgefonds jährliche Gebühren in ähnlicher Grössenordnung. Die CS gab die Höhe der Gebühren dieser beiden Fonds nicht bekannt.
- Für ein Vermögensverwaltungsmandat je nach Mandat und Anlagevolumen rund 1,5 Prozent pro Jahr.

Insgesamt entstehen einem Vermögensverwaltungskunden einer Bank leicht Gebühren von 3 Prozent oder mehr pro Jahr. Bei einem Vermögen von einer Million sind das 30 000 Franken – unabhängig von der erzielten Wertsteigerung des Portfolios.

Fortsetzung von Seite 250

Wahl eines Vermögensverwalters – das müssen Sie wissen

Ein Vermögensverwalter macht viel mehr als ein Berater. Wenn Sie einer Bank ein Vermögensverwaltungsmandat erteilen oder sich einem privaten Vermögensverwalter anvertrauen, delegieren Sie einen grossen Teil der Entscheidungsbefugnis. Denn der Vermögensverwalter kann ohne Rücksprache mit Ihnen entscheiden, welche Anlagen er wann kauft oder verkauft. Daher müssen Sie einen Vermögensverwalter beziehungsweise Ihre Bank auf Herz und Nieren prüfen, bevor Sie jemandem Ihr Vertrauen schenken.

Ein solches Mandat kann sich allenfalls lohnen,

- wenn Sie selber wenig Interesse am Geldanlegen haben, wenn Sie sich also möglichst wenig mit der Verwaltung Ihres Finanzvermögens beschäftigen möchten, und
- wenn Sie bereit sind, die Kosten für einen Vermögensverwalter auszugeben. Es gibt unterschiedliche Tarifmodelle. Das eigentliche Vermögensverwaltungsmandat kann jährlich 0,5 bis 1,5 Prozent der Anlagesumme betragen – je nachdem auch mehr. Dazu kommen in der Regel die Kosten, die den eingesetzten Produkten direkt belastet werden, sowie weitere Gebühren.

Insgesamt kann es so unter Umständen zu einer Gesamtbelastung von weit über 2 Prozent kommen. Das drückt markant auf die Rendite.

Die Gesamtkosten sollten nicht höher als 1,5 Prozent sein

Am besten erteilen Sie das Mandat einem Verwalter, der erstens bescheidene Gebühren verlangt und zweitens günstig investiert – vorab in Indexfonds. Die Gesamtkosten – inklusive Depot-, Handels-, Fonds- und andere Gebühren – sollten 1,5 Prozent des angelegten Geldes nicht übersteigen. Wirklich vorteilhaft sind Kosten unter 1,3 Prozent pro Jahr (siehe auch Seite 249).

Für den Umgang mit dem Vermögensverwalter gelten die gleichen «Spielregeln», wie sie zu Beginn dieses Kapitels zum Thema Bank- und Versicherungsberater festgehalten sind. Auch hier kann es sich lohnen, falls möglich Referenzen einzuholen.

Hohe Kosten, aber nur durchschnittliche Leistungen

Für Banken und andere Vermögensverwalter ist ein Geldanlagemandat ein lukratives Geschäft. Sie verlangen oft eine grosse Mindestanlagesumme für eine individuelle Verwaltung und sind auch bei den Gebühren keineswegs zimperlich (siehe Kasten auf der vorhergehenden Seite).

Auch wenn die Einstiegshürden gesunken sind, nehmen gewisse Banken und andere Vermögensverwalter nach wie vor nur Mandate von Vermögenden an. Die Mindestanlage liegt oft bei 250 000 oder 500 000 Franken. Bei einigen muss ein Kunde gar mindestens 1 Million Franken einbringen.

Allerdings gehört man selbst mit diesen Beträgen noch nicht zu den interessantesten Kunden. Denn verschiedene Untersuchungen haben gezeigt: Die Banken kassieren zwar auch bei kleineren Vermögen hohe Gebühren, sie bieten aber für Beratung und Portfolios bei Anlagesummen bis 5 Millionen Franken kaum mehr als Standardlösungen.

Wer also ein Vermögen von unter 5 Millionen Franken hat, sollte ernsthaft prüfen, ob er sich nicht selber um seine Geldanlagen kümmern und sich vielleicht spo-

TIPP

Vermögensverwaltung: Offerten einholen, Kosten vergleichen

Je mehr Sie für die Vermögensverwaltung zahlen, desto geringer wird die Rendite.

Ein Rechenbeispiel: Bei einem Vermögen von 100000 Franken, einer Anlagedauer von 10 Jahren, einer Bruttorendite von 4 Prozent und einer Pauschalgebühr von 2 statt 1,2 Prozent ergibt sich eine Renditedifferenz von 10000 Franken. Es lohnt sich also, verschiedene Offerten samt Kostenreglement einzuholen und diese zu vergleichen.

- Etliche Verwalter verlangen einen Pauschalpreis, zum Beispiel die sogenannte All-in-Gebühr (All-in-Fee). Sie umfasst meist die Kosten für Vermögensverwaltung, Depotgebühren, Kontoführung und gewisse Courtagen. Letzteres sind Börsen- und Bankgebühren für den Aktienkauf und -verkauf.

  Die Höhe der All-in-Gebühr hängt von der Bank, der Vermögensgrösse und der Anlagestrategie ab und bewegt sich für ein Vermögen von 250000 Franken häufig zwischen 0,5 und 1,5 Prozent. Je höher die Anlagesumme, desto kleiner wird in der Regel die Gebühr.

- Aber aufgepasst: Die Bezeichnung «all in» («alles dabei») ist irreführend: Denn oft sind Produktgebühren nicht enthalten – etwa bei Anlagefonds und strukturierten Produkten. Häufig fehlen auch die Kosten bei Devisengeschäften. Diese Spesen können sogar höher sein als die «offiziellen» Gebühren der Vermögensverwalter.

- Verlangen Sie deshalb, dass man Ihnen sämtliche Kosten auf den Tisch legt – auch die indirekten, die den eingesetzten Produkten belastet werden.

- Vergleichen Sie anschliessend die verschiedenen Offerten.

- Es ist meist möglich, Kosten einzusparen. Viele Kundendepots von Banken bestehen zur Hälfte oder gar ausschliesslich aus teuren Produkten, oft aus dem eigenen Haus. Verlangen Sie, dass man vorwiegend kostengünstige Indexfonds oder indexnah verwaltete Produkte einsetzt.

  Holen Sie deshalb auch Offerten von unabhängigen Vermögensverwaltern ein, die Ihr Depot eher unvoreingenommen zusammenstellen.

- **Tipp:** Verlangen Sie ein sogenanntes Muster-Reporting, damit Sie sehen, wie genau der Verwalter die Rendite sowie alle Kosten und Gebühren ausweist.

radisch beraten lassen will – allenfalls gegen Honorar.

Die Umsetzung der ausgearbeiteten Anlagestrategie lässt sich dann mit kostengünstigen Fonds bewerkstelligen (Details siehe Seite 142 ff.).

Wichtig: Ein detaillierter Vertrag nach Ihren Vorgaben

Das Wichtigste beim Abschluss eines Vermögensverwaltungsvertrags ist ein ausführliches persönliches Gespräch zur Festlegung der persönlichen Anlageziele.

Das Bundesgericht sagt dazu: «Das Erstellen eines Kundenprofils, das zu den Sorgfaltspflichten des Vermögensverwalters gehört, dient insbesondere dem Zweck, das Ausmass des Risikos zu bestimmen, das der Kunde bei der Anlage des Geldes eingehen will und nach seinen Lebensumständen auch eingehen kann.»

Dabei gilt: Die Bank oder der private Vermögensverwalter muss die persönlichen Verhältnisse, die Fachkenntnisse und die Risikofähigkeit des Kunden kennen und die Anlageziele darauf abstimmen.

Noch wichtiger: Verlangen Sie als Kunde, dass der daraus resultierende Auftrag für Ihre Vermögensverwaltung schriftlich festgehalten wird. Eine Besprechungsnotiz genügt im Streitfall nicht.

Die Bank ist verpflichtet, das Vermögen entsprechend der formulierten Vorgaben und Richtlinien zu verwalten. Insbesondere ist sie ohne ausdrückliche Zustimmung des Kunden nicht ermächtigt, Kredite aufzunehmen.

Weicht die Bank von den Vorgaben des Kunden ab, muss sie den daraus entstandenen Schaden tragen. Je abwegiger die Investments, desto weiter geht die Haftung der Bank (siehe Seite 261 ff.).

Die Risikoaufklärung gehört ebenfalls zu den Pflichten

Zu den Pflichten der Vermögensverwaltung gehört auch, dass die Bank oder der Vermögensverwalter dem Kunden die Risiken der vorgeschlagenen Anlageinstrumente erklärt.

Wichtig: Holen Sie mehrere Offerten ein und vergleichen Sie auch die Gebührensätze.

Tipp: Wählen Sie einen Vermögensverwalter, den Sie für seine Dienstleistung entschädigen müssen, der Ihnen aber dafür im Gegenzug alle Provisionen weitergibt, die er für den Einsatz von Fonds und anderen Finanzprodukten erhält. Das Gleiche gilt, wenn Sie einer Bank das Geldverwaltungsmandat erteilen (siehe Kasten auf Seite 246).

Vorsicht bei versprochenen Traumrenditen

Wer sein Geld zur Verwaltung in fremde Hände gibt, sollte diese Punkte beachten:

- Welchen Vermögensverwalter wählen? Fragen Sie im Freundes- und Bekanntenkreis. Vielleicht hat jemand gute oder schlechte Erfahrungen gemacht.

Aber Achtung: Diese individuellen Erfahrungen muss man richtig bewerten – sprich: manchmal auch relativieren. Denn in «Schönwetter»-Jahren ist es für Vermögensverwalter leicht, die Erwartungen ihrer Kunden zu erfüllen. Umgekehrt kann in Crash-Jahren auch der beste Vermögensverwalter seine Kunden nicht vor Einbussen schützen.

- Seien Sie skeptisch, wenn man Ihnen unrealistisch hohe Traumrenditen verspricht. Wenn der Vermögensverwalter keine Fragen zu Ihren Bedürfnissen stellt, dafür umso mehr von seinen «Heldentaten» berichtet, ist das kein gutes Zeichen.
- Verfügen Sie über ein grösseres Vermögen, können Sie mit dem Verwalter «markten» und die prozentualen Kosten drücken.
- Wählen Sie einen Vermögensverwalter, der seine Retrozessionen offenlegt und an Sie weitergibt.
- Einige Vermögensverwalter verlangen eine Gewinnbeteiligung, wenn es gut läuft – doch bei schlechter Leistung gibt es bei ihnen kein Entgegenkommen, zum Beispiel in Form von tieferen Gebühren. Das ist nicht akzeptabel. Wenn schon Bonus, dann auch Malus.

Details zum Vertrag mit dem Vermögensverwalter

- Schriftliche Abmachungen sind oberstes Gebot. Und: Schliessen Sie nie einen Vertrag ohne ausführliches Beratungsgespräch ab.
- Die Anlageziele müssen im Vertrag korrekt formuliert sein, zum Beispiel: Welche finanziellen Ziele hat der Kunde mit dem angelegten Vermögen (beispielsweise Einkommenssicherung nach der Pensionierung)?
- Lassen Sie sich sämtliche vorgeschlagenen Strategien und Anlageinstrumente erklären.
- Holen Sie eine Zweitmeinung ein, wenn Sie Zweifel an den Anlagevorschlägen haben.
- Unterschreiben Sie nichts, was Sie nicht verstehen.
- Referenzwährung: In welcher Währung werden Sie den Grossteil Ihrer künftigen Ausgaben tätigen? In dieser Währung sollten Sie hauptsächlich auch investiert sein.
- Risikobereitschaft: Wie hoch ist die maximale Vermögensschwankung, die Sie in Kauf nehmen möchten? Auch das muss im Vertrag festgehalten sein.
- Reporting: Wie werden Sie als Kundin oder Kunde über den aktuellen Vermögensstand informiert? In welchen Abständen werden Sie informiert?
- Spezifische Richtlinien: In welchem Verhältnis stehen verschiedene Anlageformen wie Aktien und Obligationen zueinander? Welche Länder, Währungen und Branchen sollen berücksichtigt oder ausgeschlossen werden? Sind Termin- und Derivatgeschäfte zulässig?
- Anlagen auf Kredit sollten zwingend ausgeschlossen sein.
- Kosten: Wie hoch sind die Gebühren, und zwar alle – auch jene, die den Produkten direkt belastet werden? Kann der Vermögensverwalter sein Honorar direkt dem Kundenkonto belasten?
- Allfällige Kündigungsfristen im Vertrag sind ungültig. Ein Ver-

mögensverwaltungsvertrag ist jederzeit kündbar.

- Retrozessionen: Regeln Sie deren Offenlegung und Weitergabe an Sie.
- Bei grösseren Anlagesummen kann es sich lohnen, das Geld auf zwei Verwalter aufzuteilen. So können Sie die Leistung der beiden Beauftragten über die Zeit gut vergleichen.
- Hüten Sie sich vor unseriösen Vermögensverwaltern (siehe Seite 268f.).

Empfehlungen und Standesregeln des Verbandes

Viele Vermögensverwalter, Banken und Selbständige sind dem Verband Schweizerischer Vermögensverwalter (VSV) angeschlossen. Auf der VSV-Website sind die fast 2500 Mitglieder aufgeführt (www.vsv-asg.ch). Unter «Interessenvertretung» finden Sie auch die Standesregeln.

Der VSV empfiehlt, bei der Auswahl eines Vermögensverwalters diesen Punkten Aufmerksamkeit zu schenken:

- Ist der Vermögensverwalter einer Selbstregulierungsorganisation (SRO) angeschlossen oder direkt der Eidgenössischen Finanzmarktaufsicht (Finma) unterstellt? Denn nur dann darf ein Vermögensverwalter in der Schweiz tätig sein.
- Steht der Vermögensverwalter im Telefonbuch und ist er im Handelsregister eingetragen?
- Können Sie jederzeit mit Ihrem Vermögensverwalter einen Termin vereinbaren?
- Verlangen Sie Informationsunterlagen und Verträge vom Vermögensverwalter und überprüfen Sie diese.
- Der Vermögensverwalter sollte mit Ihnen ein auf Ihre Bedürfnisse abgestimmtes Anlageprofil erstellen. Hierzu sollte er Ihre finanzielle Situation, Anlageziele, Anlagehorizont und Ihre Risikoneigung sorgfältig analysieren.

Die Retrozessionen gehören dem Kunden

In der Finanzbranche gibt es noch immer Rückvergütungen – sie werden meistens Kickbacks oder Retrozessionen genannt. Solche Vergütungen oder Provisionen fliessen im Hintergrund – in der Regel ohne dass die Kundinnen und Kunden davon erfahren.

Konkret läuft das so ab: Wenn eine Bank oder ein Vermögensverwalter den Kunden Anlagefonds oder andere Finanzprodukte ins Depot legt, wird die Bank oder der Vermögensverwalter dafür meist vom Herausgeber des Produkts mit einer Geldzahlung belohnt.

Und von Depotbanken erhalten die externen Vermögensverwalter Geld, wenn sie das Geld des Kunden dort deponieren, also der Bank Depotgebühren und Transaktionskosten zuschanzen.

Die Credit Suisse umschrieb diese Entschädigungen als «Retrozessionen, Vergütungen, Gebühren, Kommissionen inkl. Bestandespflegekommissionen, Rückerstattungen, Abschläge, Rabatte, Vertriebsentschädigungen oder andere Leistungen».

Milliarden von Kickbacks schaffen falsche Anreize

Diese Entschädigungen und deren unterschiedliche Höhe verursachen Interessenkonflikte und können an der Kundenfront falsche Anreize auslösen. Banken und andere Vermögensverwalter werden nämlich vorzugsweise jene Produkte empfehlen, die ihnen höhere Vergütungen einbringen – also beispielsweise teure Anlagefonds und strukturierte Produkte statt kostengünstige Indexfonds.

Dieser Umstand wird von den Banken auch gar nicht bestritten. Gemäss Schätzungen handelt es sich dabei insgesamt um ein Volumen von mehreren Milliarden Franken pro Jahr.

Ein Verzicht ohne Kenntnis der Höhe ist ungültig

Retrozessionen werden oft Rückvergütung genannt – und zwar deshalb, weil diese Entschädigungen im Grunde vom Kunden via allerlei Gebühren und Kommissionsgelder bezahlt werden und der Herausgeber oder die Bank einen Teil dieser Gebühren an den Vermittler zurückgibt.

Solche Rückvergütungen bzw. Vertriebsentschädigungen gehören den Kunden. Dies hat das Bundesgericht in zwei wegweisenden Entscheiden vom 22. März 2006 und vom 30. Oktober 2012 festgehalten (Urteile 132 111 460 und 138 III 755).

Die Entscheide betrafen Fälle mit einer Vermögensverwaltung. Die Beauftragten müssen ihren Kunden offenlegen, wie viel sie an Rückvergütungen und anderen Entschädigungen erhalten. Das Verschweigen von Retrozessionen stellt gemäss einem Bundesgerichtsurteil von 2018 ungetreue Geschäftsführung dar. Läuft ein Strafverfahren, können Geprellte bis 15 Jahre lang auf Rückzahlung der entgangenen Gelder klagen. Sonst beträgt die Verjährungsfrist 10 Jahre.

Das Geld gehört den Auftraggebern, wenn sie diesen Anspruch nicht ausdrücklich an den Vermögensverwalter abtreten, also darauf verzichten. Allerdings: Ein pauschaler Verzicht ohne Kennt-

FRAGE

Retrozessionen bei Fondspolicen?

«Ein Vertreter des damaligen AWD (heute Swisslife Select) empfahl mir damals den Kauf von Fondsanteilen der Bank Vontobel. Muss mir jetzt Swisslife Select die erhaltenen Vergütungen zurückgeben?»

Nein. Sie hatten mit dem AWD juristisch betrachtet weder einen Vermögensverwaltungs- noch einen Beratungsvertrag. Die AWD-Vertreter haben lediglich Fondspolicen und Versicherungen verkauft und Fonds empfohlen. Es liegt kein Auftragsverhältnis vor. Und Verkäufer müssen die Interessen der Kunden nicht wahren – im Gegensatz zu Beauftragten.

FRAGE

Ist mein Verzicht gültig?

«Meine Bank behauptet, sie habe mir per Post neue allgemeine Geschäftsbedingungen (AGB) zugestellt. Darin sei festgehalten, dass ich auf Rückvergütungen verzichten würde. Ich finde aber kein solches Dokument in meinen Akten und prüfe den Gang vor Gericht. Muss die Bank beweisen, dass ich diese neuen AGB erhalten habe?»

Ja. Die Bank muss beweisen, dass Sie die Vertragsänderung erhalten haben. Fordern Sie Ihre Bank zu diesem Nachweis auf. Möglicherweise hat die Bank irgendwo in den Jahresabrechnungen auf den Punkt hingewiesen, und darin erklärt, ohne Widerspruch gelte die Klausel als genehmigt. Dann gilt die Änderung als mitgeteilt, und Sie haben damit den Verzicht stillschweigend akzeptiert. Aber: Er ist nur dann gültig, wenn bezüglich der Höhe der Retrozessionen eine Bandbreite in Prozent oder Frankenbeträgen angegeben wurde.

Übrigens: Ein einfacher Hinweis in den Dokumenten auf eine Internetseite der Bank reicht nicht für einen rechtsgültigen Verzicht aus.

nis der Höhe der Kickbacks ist nicht gültig. Denn Kunden können nicht rechtsgültig auf etwas verzichten, worüber sie nicht informiert sind.

Das Bundesgericht hat aber auch gesagt: Wenn die Kunden rechtsgültig auf ihr Recht verzichtet haben, entfällt ihr Anspruch.

Ein solcher rechtsgültiger Verzicht auf Retrozessionen liegt laut dem Entscheid dann vor, wenn die Banken die Höhe der Retrozessionen zumindest in Form einer Bandbreite angegeben haben, also zum Beispiel mit Prozentwerten je nach Anlageklasse.

Viele Banken haben inzwischen ihre Klauseln entsprechend angepasst (siehe Seite 255 f.).

Retrozession: Keine Rückgabe bei reinen Kaufaufträgen

Die Urteile des Bundesgerichts erstrecken sich eindeutig nicht auf Retrozessionen, die nach ganz gewöhnlichen Kaufaufträgen fliessen.

Das heisst: Wenn Kunden ohne jegliche Beratung die Bank beauftragen, dieses oder jenes zu kaufen, darf die Bank allfällige Retrozessionen behalten. Weil die Bank beim Entscheid nicht mitgeredet hat, liegt kein Interessenkonflikt vor (siehe dazu auch den Kasten links).

Aber: Solche Kunden müssen wissen, dass die Bank für die Depotaufbewahrung ebenfalls Retrozessionen erhält.

Gerichtlich noch ungeklärt: Ansprüche aus Anlageberatung

Zwischen einer Vermögensverwaltung und der reinen Ausführung von Kaufaufträgen gibt es noch etwas Drittes: das Geschäft mit Kunden, die ihre Entscheide zwar selber treffen, sich aber dazu beraten lassen.

Bei solchen Anlageberatungskunden haben es die Banken bisher abgelehnt, Ansprüche auf Retrozessionen anzuerkennen – obwohl der Interessenkonflikt des Beraters gleich ist wie beim Vermögensverwaltungsvertrag: Die Bank hat in beiden Fällen einen

Konflikt zwischen ihren eigenen Interessen und denjenigen ihrer Kundinnen und Kunden. Doch auch Anlageberatung beruht auf einem Auftragsverhältnis – und der Auftragnehmer muss alle Rabatte weitergeben.

Nach Ansicht der meisten unabhängigen Rechtsexperten lassen sich deshalb die Argumente des Bundesgerichts zum Vermögensverwaltungsvertrag analog auf Anlageberatungsverträge übertragen.

Allerdings gibt es dazu noch kein Urteil des Bundesgerichts. Gute Chancen hat nur ein Kläger, der einen auf Dauer angelegten Beratungsvertrag hat und das am besten mit Dokumenten nachweisen kann. Gelegentliche punktuelle Ratschläge reichen nicht. Die Bank muss sich verpflichtet haben, regelmässige Beratung zu leisten.

In der Praxis wird ein solcher Nachweis nicht leicht zu erbringen sein. Denn viele Beratungen finden persönlich oder am Telefon statt, und es existieren keine Protokolle über die Beratung. Anlageberatungskunden sollten deshalb auf Protokollen beharren.

Auch Bestandesprovisionen gehören den Kunden

Beachten Sie zum Thema Retrozessionen auch das Folgende:

- Die Bundesgerichtsurteile gelten für Vermögensverwaltungsmandate von Banken und für bankexterne Vermögensverwalter.
- Im Sprachgebrauch der Banken werden Retrozessionen oft nicht so deutlich benannt, sondern hinter dem beschönigenden Ausdruck «Zuwendungen Dritter» oder «Vertriebsentschädigung» versteckt.
- Zu den Retrozessionen zählen auch die sogenannten **Finder's Fees**, also Belohnungen für das Vermitteln neuer Kundinnen und Kunden.
- Zu den Retrozessionen gehören nicht nur zurückgezahlte Kaufgebühren, sondern auch sogenannte Bestandesprovisionen, die dann fliessen, wenn zum Beispiel Anlagefonds lange und in grossen Mengen in den Depots liegen.

Kein Anspruch bei selbstverwalteten Depots

- Wer hingegen eine Fondspolice abschliesst, gilt rechtlich als reiner Käufer eines Finanzprodukts, also besteht kein Auftragsverhält

TIPP

So können Sie Ihren Anspruch einfordern

Falls Sie einen bankexternen Vermögensverwalter haben, können Sie ihm folgenden Brief schreiben:

«Ich beziehe mich auf die Wertschriftentransaktionen im Rahmen meines Kontos und die Bundesgerichtsurteile zu den Retrozessionen. Ich bitte Sie, mir die Höhe sämtlicher Zuwendungen bekanntzugeben, die Sie für die Abwicklung meiner Aufträge von Dritten erhalten haben, und diesen Betrag innert 30 Tagen meinem Konto gutzuschreiben.»

TIPP

Auch Versicherungsbroker müssen Entschädigungen herausgeben

Versicherungsbroker spielen beim Vertrieb von Versicherungspolicen eine wichtige Rolle. Im Auftrag von Kunden suchen sie die Police mit dem besten Preis-Leistungs-Verhältnis und beraten sie beim Abschluss von Versicherungsverträgen. Sie klären die Bedürfnisse der Kunden ab und stellen ein geeignetes Versicherungsportfolio zusammen.

Diese Beratertätigkeit von Versicherungsbrokern fällt wie jene von Banken und Vermögensverwaltern ebenfalls unter das Auftragsrecht.

Daraus folgt: Der Beauftragte muss im Gegensatz zu einem Verkäufer die Interessen seines Kunden wahren. Er hat ein Anrecht auf ein Honorar des Kunden – muss ihm aber umgekehrt alle in Zusammenhang mit dem Auftrag erhaltenen Vergütungen herausgeben.

Vorteil für den Kunden: Wenn der Versicherungsbroker alle ihm zufliessenden Entschädigungen dem Kunden abliefern muss, wird ihm der Anreiz genommen, eigene Gewinninteressen über die Interessen des Auftraggebers zu stellen.

Die Höhe der Vergütungen von Versicherungen an die Broker ist keine Bagatelle: Bei Lebensversicherungen kann sie eine Jahresprämie ausmachen, beim Abschluss eines Pensionskassenvertrags durch ein Unternehmen können das mehrere Zehntausend Franken sein.

nis zum Verkäufer wie bei einem Vermögensverwaltungsvertrag.

- Oft gilt es, zwischen Vermögensverwaltungsmandat und Depotvertrag zu unterscheiden.

Die Migros-Bank zum Beispiel gab bei ihren Vermögensverwaltungsmandaten die erhaltenen Entschädigungen an ihre Kunden zurück. Im Depotvertrag hingegen stand, dass die Kunden auf Retrozessionen und Kommissionen verzichten. Dies betraf also Kunden, die selber Kaufentscheide treffen und ihre Wertschriften bei der Migros-Bank nur lagern.

Diese Entschädigungen, die den Depotkunden der Bank auf diese Weise entgehen, können bis zu 2,5 Prozent der Anlagesumme ausmachen.

Auch bei den meisten anderen Banken haben Kunden mit einem selbstverwalteten Depot keinen Anspruch auf die Kickbacks.

Die Verjährung unterbrechen: So wird es gemacht

Die Verjährungsfrist für die Rückforderung von Retrozessionen beträgt zehn Jahre ab dem Zufluss der Retrozessionen. Das hat das Bundesgericht im Juni 2017 entschieden. Bei Retrozessionen handelt es sich nämlich nicht um periodische Zahlungen, bei denen die fünfjährige Verjährungsfrist gilt. Das Zürcher Obergericht kam in einem Urteil schon früher zum gleichen Schluss. Die beklagte Bank hatte diese Entscheid nicht weitergezogen.

Banken können also heute nicht mehr behaupten, die Verjährung trete bereits nach fünf Jahren ein.

Banken diktieren einen rückwirkenden Verzicht

Inzwischen haben viele Banken ihre Reglemente bzw. allgemeinen Geschäftsbedingungen (AGB) geändert. Darin geben sie jeweils Bandbreiten der Vergütungen an – geordnet nach Produktkategorien. Und sie halten fest, dass der Vermögensverwaltungskunde auf die erwähnten Entschädigungen verzichtet – sogar rückwirkend.

Mit anderen Worten: Die Banken anerkennen zwar, dass eine gesetzliche Ablieferungspflicht besteht. Sie behalten aber das Geld, das den Kunden gehört, für sich, indem sie dem Kunden den Verzicht auf diese Gelder vorschreiben. Aber, wie schon gesagt: Solche pauschalen Abtretungsklauseln sind nur dann rechtswirksam, wenn die Höhe der Retrozessionen ungefähr bekannt ist.

Wer nicht verzichten will, riskiert den Rauswurf

Tipp: Wer die Bankenklausel mit dem Verzicht auf ihm zustehende Gelder nicht akzeptieren will, kann dies der Bank per eingeschriebenem Brief mitteilen. Beispielsweise mit diesem Wortlaut: «Ich verzichte auf keine Ansprüche, die mir nach Gesetz zustehen. Die neue Klausel in den Vertragsbedingungen akzeptiere ich nicht.»

Ab einer gewissen Anlagesumme sind die Banken durchaus gesprächsbereit. Im schlimmsten Fall riskiert man allerdings, dass die Bank das Konto kündigt.

Gewisse Banken sind auch bereit, die Gebühr für das Vermögensverwaltungsmandat substanziell zu senken, falls im Gegenzug der Kunde auf die Herausgabe der Retrozessionen verzichtet.

Mangelnde Sorgfalt: So haften Banken und Vermögensverwalter

Auch das Folgende gilt für Banken und Vermögensverwalter. Der Einfachheit halber ist immer nur von

FRAGE

Retrozessionen bei den Pensionskassen?

«Pensionskassen legen grosse Teile ihres Kapitals in Bankprodukte an. Habe ich hier Anspruch auf die Rückgabe der Retrozessionen?»

Als Mitglied einer Pensionskasse können Sie nicht direkt Forderungen stellen. Das ist die Aufgabe der Pensionskasse, die in Ihrem Sinne agieren muss.

Tipp: Angestellte sollen von ihren Vertretern im Stiftungsrat der Pensionskassen verlangen, dass die Pensionskasse Retrozessionen von den Banken zurückfordert.

Banken die Rede. Wer sein Vermögen von einer Bank verwalten lässt, erteilt ihr einen Auftrag. Daraus ergibt sich, dass die Bank gemäss Gesetz für die «getreue und sorgfältige Ausführung» der ihr übertragenen Geschäfte haftet.

Die wichtigste Frage lautet also: Wann liegt mangelnde Sorgfalt vor, aus der sich eine Haftung der Bank ableiten liesse?

Eine mögliche Richtschnur für Kunden mit einem Vermögensverwaltungsauftrag sind beispiels-

Alternative zum Gerichtsweg: Der Gang zum Ombudsmann

Die Institution des Bankenombudsmans wurde Anfang der 1990er-Jahre von den Banken ins Leben gerufen, um den Kunden eine Anlaufstelle bei Beschwerden anzubieten.

Der Bankenombudsman ist jedoch kein Richter, und er beurteilt die Fälle in der Regel nicht nach rechtlichen Kriterien. Er kann nur versuchen, zwischen den Parteien zu vermitteln und den Dialog zu fördern, sodass eine einvernehmliche Verhandlungslösung resultiert. Er hat keine Handhabe, die Banken zu irgendetwas zu verpflichten.

Wer als Kunde ein Problem mit seiner Bank hat, sollte zunächst direkt Kontakt mit der Bank aufnehmen und eine Lösung suchen. Zur besseren Dokumentierung ist es von Vorteil, den Kontakt schriftlich herzustellen und auf eine schriftliche Antwort zu bestehen. Erst wenn die Antwort ungenügend scheint, kann man sich an den Bankenombudsman wenden – per Telefon oder schriftlich.

Der Bankenombudsman interveniert bei Problemen mit Banken und Postfinance – aber beispielsweise nicht bei Schwierigkeiten mit anderen Anbietern von Finanzprodukten.

Die Wirkungskraft des Bankenombudsmans ist beschränkt. Dies zeigt auch der Jahresbericht 2022:

- Die Bankenombudsstelle hatte 2009 Fälle bearbeitet.
- Bei den Banken interveniert hat der Bankenombudsman 257 Mal, also in rund 13 Prozent der Fälle.
- In 170 Fällen lenkten die Banken ein. Bezogen auf die 257 Interventionen ist das eine Erfolgsquote von über 66 Prozent. Gemessen an den 2009 Fällen aber sind es rund 8 Prozent – wobei unklar ist, ob die Kunden das erhielten, was ihnen von Rechts wegen zusteht.

Der Bankenombudsman wird von den Banken bezahlt. Das Einlenken der Bank ist jeweils freiwillig. Wenn es um viel Geld geht, ist der Weg über einen Anwalt oder über eine Anwältin deshalb unumgänglich.

Adresse: Schweizerischer Bankenombudsman, Bahnhofplatz 9, Postfach 1818, 8021 Zürich, Tel. 043 266 14 14.

weise die entsprechenden Richtlinien der Bankiervereinigung. Sie finden die «Richtlinien für Vermögensverwaltungsaufträge» unter www.swissbanking.org → Downloads → Selbstregulierung.

Das sind die drei entscheidenden Punkte aus den erwähnten Richtlinien:

- **Anlagepolitik.** In den Richtlinien steht, der Auftrag müsse «im Interesse der Kunden verwaltet werden, auch wenn sie den Banken nur generelle Anlageziele vorgeben.»

- **Anlageinstrumente.** Zudem verlangen die Richtlinien der Bankiervereinigung eine Beschränkung «auf leicht handelbare Anlageinstrumente» – wobei hier anzufügen ist, dass auch alternative Anlageklassen wie Hedgefonds oder Private-Equity-Investments unter «leicht handelbare Anlageinstrumente» fallen können.

- **Risikostreuung.** Weiter heisst es: «Die Bank vermeidet Klumpenrisiken infolge unüblicher Konzentration auf eine zu kleine Anzahl von Anlagen.»

Das Gesetz enthält auch die Pflicht zur Risikoaufklärung

Zur Sorgfalt gehört im Bankgeschäft die Aufklärung der Kundinnen und Kunden über die Risiken einer Vermögensanlage. Das ergibt sich auch aus dem «Bundesgesetz über die Börsen und den Effektenhandel (BEHG)», kurz Börsengesetz.

Dort heisst es in Artikel 11 unter dem Titel «Verhaltensregeln»: «Der Effektenhändler hat gegenüber seinen Kunden:

- eine Informationspflicht. Er weist sie insbesondere auf die mit einer bestimmten Geschäftsart verbundenen Risiken hin.
- eine Sorgfaltspflicht. Er stellt insbesondere sicher, dass die Aufträge seiner Kunden bestmöglich erfüllt werden und diese die Abwicklung seiner Geschäfte nachvollziehen können.
- eine Treuepflicht. Er stellt insbesondere sicher, dass allfällige Interessenkonflikte seine Kunden nicht benachteiligen.

Bei der Erfüllung dieser Pflichten sind die Geschäftserfahrenheit und die fachlichen Kenntnisse der Kunden zu berücksichtigen.»

So urteilte das Bundesgericht

Das sind zwei Entscheide des Bundesgerichts, die Fälle von Vermögensverwaltung betreffen:

- **Mangelnde Aufklärung**

Ein russischer Geschäftsmann eröffnete bei einer Schweizer Bank ein Konto. Er überwies Anfang des Jahres 2006 rund 8,4 Millionen Franken.

Im Jahr 2014 teilte ihm die Vorgesetzte seiner Vermögensverwalterin mit, dass es aufgrund von Investitionen in risikoreiche Anlagen zu massiven Verlusten gekommen sei. Vom Millionenvermögen des Geschäftsmanns waren gerade noch knapp 500 000 Franken übrig.

FRAGE

Hilft der Rechtsschutz bei Problemen mit der Bank?

«Die Credit Suisse drehte mir Lehman-Papiere mit Kapitalschutz an. Wegen des Lehman-Konkurses droht mir nun der Totalverlust. Die CS will mich nicht entschädigen, obwohl sie mir die Risiken verschwiegen hat. Kann ich mit meiner Rechtsschutzversicherung gegen die Bank vorgehen?»

Nein. Die Rechtsschutzversicherungen schliessen eine Deckung für solche Streitfälle aus. Das steht in den allgemeinen Versicherungsbedingungen.

Alle Gesellschaften formulieren dies in mehr oder weniger ähnlichem Wortlaut: Nicht versichert seien Streitfälle aus Kauf und Verkauf von Wertpapieren sowie Beteiligungen an Unternehmen, aus Bank- und Börsengeschäften, Spekulations- und Termingeschäften sowie anderen Finanz- und Anlagegeschäften. Viele Gesellschaften bieten jedoch eine Beratung an.

Die Rechtsschutzversicherung des K-Tipp versichert grundsätzlich Streitigkeiten aus Bankverträgen, aber keine Vermögensverwaltungen. Weitere Infos unter www.ktipprechtsschutz.ch.

Der Kunde klagte daraufhin beim Handelsgericht Zürich gegen die Bank und forderte 7,9 Millionen Franken Schadenersatz. Mit Erfolg. Gegen das Urteil wehrte sich die Bank beim Bundesgericht vergeblich: Laut den höchsten Richtern in Lausanne hätte die Bank den Kunden bei einem Vermögensverwaltungsvertrag auf die Risiken der von ihr getätigten Anlagen hinweisen müssen (Bundesgericht, Urteil 4A_449/2018).

■ Unsorgfältige Vermögensverwaltung

Ein Handwerker vertraute einem Vermögensverwalter 125 000 Franken an. Er unterschrieb eine Auftragsbestätigung für Optionen und bestätigte, die Risiken im betreffenden Börsengeschäft zu kennen. Nach wenigen Monaten erhielt der Kunde nur noch 16 521 Franken zurück.

Wegen unsorgfältiger Vermögensverwaltung und unklar formulierter Kommissionsbedingungen musste der Vermögensverwalter dem Handwerker den Schaden von 108 479 Franken bezahlen (Bundesgerichtsurteil 124 III 155).

Wörtlich heisst es im Urteil dazu: «Besonders ausgeprägt sind die Aufklärungs- und Beratungspflichten bei der Empfehlung und Vermittlung von erfahrungsgemäss hochspekulativen und damit risikobehafteten Terminoptionsgeschäften.»

Und weiter: «Der in solchen Geschäften unerfahrene Kunde ist klar auf das Verlustrisiko sowie die Minderung der Gewinnchancen je nach Höhe der vom Vermittler gleichzeitig mit der Vornahme des Geschäfts verrechneten Provision aufzuklären und mit der Gefahr vertraut zu machen, dass er das eingesetzte Geld in kurzer Zeit verlieren kann.»

Dabei genüge es nicht, so das Bundesgericht, «dieses Verlustrisiko bloss zu erwähnen und dazu formell die Einwilligung des Anlegers einzuholen, wenn ihm gleichzeitig unrealistische Gewinnaussichten vorgespiegelt werden.»

Banken haften auch bei falscher Beratung

Die bisherigen Ausführungen zur Haftung bezogen sich auf Kundinnen und Kunden mit einem eigentlichen Vermögensverwaltungsauftrag. Doch auch Kunden, die sich «nur» beraten lassen, können Banken für Schäden haftbar machen – selbst dann, wenn gar kein schriftlicher Vertrag vorliegt. Das verdeutlicht ein Entscheid des Bundesgerichts vom 13.6.2008 (Urteil 4C.68/2007):

■ Aufklärungspflicht verletzt

Ein gutbetuchter Kunde liess sich von der damaligen Bank Leu eine «Finanzplanung» ausarbeiten. Darin empfahl die Bank dem Chirurgen, sein Geld zu 100 Prozent in Aktien anzulegen. Die Titelauswahl besorgte der Anleger selber.

Die vorgeschlagene Anlagestrategie war besonders riskant, weil sie den Tipp enthielt, Bankkredite aufzunehmen, um mit diesem geborgten Geld ebenfalls an der Börse zu spekulieren.

Dann kam der Börsenabsturz von 2001, der Anleger verlor 80 Prozent seiner Investition. Aus diesem Grund verlangte der Kunde von der Bank Leu Schadenersatz für den entstandenen Verlust. Der Arzt bezifferte ihn auf 4,38 Millionen Franken.

Die Bank muss bei riskanten Strategien «abmahnen»

Vor Gericht argumentierte der enttäuschte Kunde, die Bank habe ihn schlecht beraten und ihm eine fehlerhafte Finanzplanung vorgelegt. Und deswegen sei sie für den Schaden verantwortlich: Sein Beratungsauftrag zur finanziellen Absicherung im Alter sei mangelhaft ausgeführt worden. Auf diese Argumentationsschiene ging das Bundesgericht nicht ein.

Dennoch haben die Richter in Lausanne dem Mann einen Schadenersatz von 720 000 Franken zugesprochen, den ihm die Bank Leu (später Credit Suisse, heute UBS) zahlen musste.

Der Grund: Die Bank hat ihre Aufklärungspflicht verletzt. Denn der Leu-Kunde stand damals kurz vor seiner Pensionierung. Da wäre es gemäss Bundesgericht angezeigt gewesen, den Kunden vor seiner spekulativen kreditfinanzierten Aktienstrategie zu warnen bzw. ihn «abzumahnen», wie sich das Gericht ausdrückte.

Denn gemeinhin gilt: Kurz vor und während der Pensionierung sollten ältere Semester von risikobehafteten Anlagestrategien Abschied nehmen und mehr auf Sicherheit und Substanzerhaltung ihres Vermögens setzen.

Die Bank hätte also ihren Kunden auf die «allfällige Unangemessenheit und die Verlustrisiken» seiner bisherigen Strategie hinweisen müssen. Eine Abmahnung sei aber nicht erfolgt.

Kunden müssen «sorgfältig und umsichtig» sein

Allerdings gab das Gericht dem Chirurgen eine Mitschuld. Er habe «nicht genügend Sorgfalt und Umsicht zu seinem eigenen Schutz aufgewendet». Er hätte sich der «allgemeinen Verlustmöglichkeiten seiner hochspekulativen Investitionstätigkeit bewusst sein müssen».

Fazit: Das Bundesgericht nimmt Banken und Vermögensverwalter streng in die Pflicht. «Einen Anlageberater oder Anlagevermittler treffen neben der Aufklärungspflicht auch Beratungs- und Warnpflichten», heisst es im Urteil zum konkreten Fall.

Und: «Der Kunde ist hinsichtlich der Risiken der beabsichtigten Investitionen aufzuklären, nach Bedarf in Bezug auf die einzelnen Anlagemöglichkeiten sachgerecht zu beraten und vor übereilten Entschlüssen zu warnen.»

Mehr noch: «Die Anforderungen an die Aufklärungspflicht sind höher, wenn der Auftraggeber nicht nur mit seinem Vermögen, sondern auch mit von der Bank gewährten Krediten spekuliert.»

Die Bank muss auch ohne Aufforderung aufklären

Diese Aufklärungspflicht kommt übrigens genauso zum Tragen, wenn eine Bank von sich aus auf den Kunden zugeht und ihm ein bestimmtes Finanzprodukt empfiehlt. Auch in solchen Fällen muss die Bank den Kunden unaufgefordert über die Risiken aufklären und prüfen, ob das Produkt zu seinem individuellen Anlage- und Risikoprofil passt.

■ Verpfändete Aktien zu schnell verkauft

Eine andere Seite der Bankhaftung zeigt der folgende Fall: Ein Anleger hatte für seine Börsengeschäfte von seiner Depotbank einen Lombardkredit, mit dem er auf Pump kaufen konnte. Dazu hatte er sein Depot der Bank verpfändet.

Als die verpfändeten Wertschriften nicht mehr reichten, um den Kredit zu decken, sprach die Bank mehrmals mit dem Anleger – bis sie an einem bestimmten Tag ohne weitere Vorwarnung einen Teil der verpfändeten Wertschriften eigenmächtig verkaufte.

Das durfte die Bank nicht, sagt das Bundesgericht. Gemäss den Verträgen hätte sie dem Kunden ein bis zwei Tage Zeit einräumen müssen, um den Minussaldo selber auszugleichen. Weil die Kurse in dieser Zeit stiegen, entstand dem Mann ein Schaden von 122 934 Franken, den die Bank übernehmen muss (Bundesgerichtsurteil 4A_521/ 2008).

Kunden müssen «energisch» und schriftlich reklamieren

Dass sich aber die Gerichte nicht immer auf die Seite der Bankkunden stellen, zeigen die folgenden Fälle. Bei keinem lag ein Vermögensverwaltungsvertrag vor.

■ Falsch reklamiert

Ein Zahnarzt wurde von seinem Kundenberater der UBS jeweils über die geplanten Börsentransaktionen informiert. In 34 Fällen unterblieb der vorherige Kontakt allerdings.

Das beanstandete der Zahnarzt beim Berater per Telefon, doch der Bankangestellte handelte weiterhin auf eigene Faust.

Als aus diesen Geschäften ein Verlust von 1,6 Millionen Franken resultierte, reklamierte der Zahnarzt schriftlich bei der Bankdirektion und verlangte von der Bank Schadenersatz.

Damit ist er vor Bundesgericht abgeblitzt. Seine telefonischen Reklamationen beim Kundenberater seien nicht genügend energisch gewesen, befanden die Richter.

Als klar war, dass der Kundenberater weiterhin eigenmächtig vorging, hätte der Kunde gemäss Bundesgericht sofort und schriftlich bei der Direktion vorstellig werden müssen (Bundesgerichtsurteil 4C.194/2005).

Die Redaktion der Juristenzeitschrift «Plädoyer» kürt jährlich das «Fehlurteil des Jahres». Dieser Richterspruch schaffte es im Jahr 2005 aufs Podest. Er sei «ein Hofknicks» vor der Bank, sagte Ex-Bundesrichter Karl Spühler, der in der Jury von «Plädoyer» sass.

Jurymitglied und Rechtsprofessorin Alexandra Jungo betonte, die Transaktionen seien ohne Auftrag erfolgt und stellten somit eine Vertragsverletzung dar. «Damit hat die Bank den Fehler gemacht und nicht der Kunde.» Sie sprach von einer «komplett verdrehten Sichtweise» des Gerichts.

Das Fazit ist klar: Wer mit dem Vorgehen des Beraters nicht einverstanden ist, sollte es zur Sicherheit nicht bei Telefonaten belassen. Vielmehr sollte der Kunde bei der Direktion vorstellig werden – schriftlich und eingeschrieben.

■ Broschüre überreicht – das könnte reichen

Ein Bankkunde beauftragte seine Bank mit der Ausführung verschiedener Börsengeschäfte. Beim Börsenabsturz von 2001 verlor er mit Aktien aus der IT-Branche viel Geld, wofür er die Bank haftbar machen wollte.

Sein Argument: Die beratende Bank hätte ihn – gestützt auf die Informationspflicht gemäss Börsengesetz – besser über die Risiken aufklären müssen.

Das Bundesgericht kam zwar zum Schluss, die Bank hätte den Kunden aufgrund der andauernden Geschäftsbeziehung unaufgefordert beraten beziehungsweise warnen müssen. Die höchsten Richter waren allerdings auch der Ansicht, die Bank habe das «in standardisierter Form» und «in ausreichendem Masse» getan – und das sei genügend.

Konkret: Die Bank habe dem Kunden die Broschüre «Besondere Risiken im Effektenhandel» (inzwischen in «Risiken im Handel mit Finanzinstrumenten» umbenannt) überreicht, und er habe den Empfang schriftlich bestätigt (Bundesgerichtsurteil BGE 133 III 97).

Sie finden die Broschüre «Risiken im Handel mit Finanzinstrumenten» unter www.swissbanking.org → Downloads → Leitfäden & Empfehlungen.

Vorsicht vor unseriösen Finanzberatern

Es passiert immer wieder: Ein Verwandter, ein Kamerad aus dem Militär oder ein ehemaliger Schulkollege, zu dem Sie längst keinen Kontakt mehr haben, ruft Sie an und möchte vorbeikommen. Er habe einen sehr interessanten Vorschlag zu machen. Alles Weitere erkläre er Ihnen dann mündlich.

Wenn Sie solche Leute zu sich nach Hause einladen, machen Sie einen Fehler. Denn es handelt sich dabei oft um Mitarbeiter von Vertriebsorganisationen, die keine Ausbildung haben und vielfach nur ein einziges Produkt verkaufen.

CHECKLISTE

So erkennen Sie seriöse und unseriöse Berater

Seriöse Berater ...

- geben Ihnen alle verfügbaren Unterlagen über die geplante Kapitalanlage ab.
- räumen Ihnen mehrere Tage Bedenkzeit ein.
- weisen Sie ausführlich auf die Risiken hin.
- geben Ihnen die wichtigsten Fakten der Anlage wie Kosten, Sicherheit, Laufzeit und Höhe der Renditeerwartung schriftlich ab. Sie haften dann nämlich für ihre Angaben.
- haben nichts dagegen, dass Sie den Anlagevorschlag einer anderen Fachperson vorlegen.
- informieren über Retrozessionen und vergüten sie Ihnen zurück.

Unseriöse Berater...

- melden sich bei Ihnen unaufgefordert per Telefon und wollen unbedingt vorbeikommen, weil sie angeblich ein tolles Angebot haben.
- versprechen hohe Renditen ohne jegliches Risiko.
- reden nicht über die Kosten.
- setzen Sie unter Druck und drängen Sie zu einer schnellen Unterschrift.
- geben Ihnen keine schriftlichen Unterlagen.
- geben Ihnen wichtige schriftliche Unterlagen wie zum Beispiel den Risikohinweis erst nach der Unterschrift.
- inserieren in Tageszeitungen oder im Internet mit den Wertzuwachsraten, die sie in der Vergangenheit angeblich erzielt haben, ohne darauf hinzuweisen, dass das für die Zukunft keine verlässliche Angabe ist.
- kritisieren Ihre bisherige Anlagepolitik und drängen auf eine schnelle Umschichtung.
- geben Ihnen gewisse Informationen nur mündlich.
- weigern sich, ein Beratungsprotokoll zu unterschreiben.
- hatten früher einen handwerklichen Beruf und sind quasi über Nacht Finanzberater geworden, ohne eine ernsthafte Ausbildung nachweisen zu können.
- haben nur mit wenigen oder nur mit einem Anbieter einen Vertrag und empfehlen dieses Produkt, ohne Alternativen zu erwähnen.
- suchen ihre Opfer auch auf Netzwerken im Internet – zum Beispiel auf Facebook oder Xing.

Solche Vertriebe haben Provisionsverträge mit den Produkteherstellern. Eine Beratung haben sie nicht im Sinn, sondern nur den Verkauf. Sie vermitteln also einzig solche Produkte, die ihnen viel Geld einbringen.

In der Regel verkaufen diese Verkäufer Fondspolicen (siehe Seite 36) und Fondssparpläne (siehe Seite 161 ff.), und zwar vorzugsweise im Freundes-, Familien- und Bekanntenkreis.

Mit anderen Worten: Wenn Sie es mit freischaffenden Finanzberatern zu tun haben, sollten Sie jeweils klären, was für eine Ausbildung sie haben, für wen sie arbeiten und wie sie bezahlt werden. Daran können Sie abschätzen, welche finanziellen Eigeninteressen sie mit ihren Empfehlungen verfolgen.

Hände weg, wenn Sie selber Produkte verkaufen sollen

Typisch für die Mitarbeiter von solchen Vetriebsorganisationen ist übrigens, dass sie nicht nur verkaufen, sondern die Käuferinnen und Käufer auch dazu animieren, das Produkt selber ebenfalls zu verkaufen.

Dieses Vorgehen ist insbesondere für sogenannte Strukturvertriebe typisch, bei denen diejenigen Verkäufer, die in der Hierarchie weiter oben stehen, an den Verkäufen der unteren Strukturvertriebler mitverdienen.

Tipp: Lassen Sie sich nicht dazu überreden, innerhalb einer unbekannten Vertriebsorganisation Finanzprodukte zu verkaufen – auch dann nicht, wenn Sie im Ausgang, zum Beispiel in einer Bar, darauf angesprochen werden. Sie verärgern nur Ihr persönliches Umfeld.

Und: Dass Sie so auf den in Aussicht gestellten hohen Verdienst kommen, ist eher unwahrscheinlich. Denn die dazu versprochene «Ausbildung» ist meist nur eine Schnellbleiche, die sich oft darauf beschränkt, die Adressen von möglichen Opfern aufzuschreiben. Beachten Sie zu diesem Thema auch den Kasten auf Seite 31.

Informationen und Tipps
Links und Fachbücher

Nützliche Internetadressen mit Rechnern/Online-Tools

1. Für verschiedene Themen: Anlegen, Vorsorge, Steuern, Hypotheken usw.

www.ktipp.ch
www.kgeld.ch
Zinsvergleiche, Warnlisten, Steuerrechner, Prämienrechner, diverse Merkblätter
www.fina.ch/finanzrechner-online
www.finanzen.ch
www.fuw.ch
www.moneyland.ch
www.postfinance.ch
→ Support → Services → Tools und Rechner
www.ubs.com/ch/de
→ Geld anlegen → Anlagerechner sowie Ratgeber und Publikationen
www.vermoegens-partner.ch
www.vermoegenszentrum.ch
www.zkb.ch
→ Konten und Karten
→ Rechner und Hilfsmittel

2. Für ETF und aktive Fonds

www.allfunds.com
www.etfinfo.com
www.extraetf.com
www.fundinfo.com
www.justetf.com
Auf kostengünstige Indexfonds spezialisiert
www.morningstar.ch
www.swissfunddata.ch
www.trackingdifferences.com
www.trackinsight.com

3. Für kotierte Obligationen, Aktien und andere Wertpapiere

www.six-group.com/exchanges
Schweizer Börse
www.swissquote.ch
www.zkb.ch → Finanzinfo
→ Börsen & Märkte
→ Währungen

4. Für Steuern

www.estv.admin.ch
→ Die ESTV → Schweizer Steuerstatistiken → Steuern berechnen

5. Für Edelmetalle und alternative Anlagen

www.goldseiten.de
www.degussa-goldhandel.ch
Bietet unter «Presse» kostenlose Publikationen
www.incrementum.li
→ Publikationen
→ In Gold We Trust-Report
www.coingecko.com
→ Kryptowährungen

6. Für Zinsen: Renditen, Spar- / Kreditrechner, Entnahmeplan und viele andere Zinsberechnungen

www.zinsen-berechnen.de

Newsletters

https://investrends.ch
www.finanzen.ch
www.hinder-asset.ch
www.morningstar.ch
www.vermoegens-partner.ch
www.vermoegenszentrum.ch
www.10x10.ch

Ratgeber und Broschüren von K-Tipp und «Saldo»

- Pensionierung richtig planen
- So sind Sie richtig versichert
- So sparen Sie Steuern
- Gut vorsorgen: Pensionskasse, AHV und 3. Säule
- Erben und Vererben
- Die eigenen vier Wände
- Die Regeln des Stockwerkeigentums

- K-Tipp-Vorsorgepaket
- K-Tipp-Pensionierungspaket

Alle K-Tipp- und «Saldo»-Ratgeber sowie die Broschüren können Sie über Tel.044 253 90 90 bestellen oder auf www.ktipp.ch → Shop.

Literatur

STEFANIE KÜHN, MARKUS KÜHN
Handbuch Geldanlage
Stiftung Warentest, 2023

MICHAEL FERBER
Was Sie über Geldanlage wissen sollten
NZZ Libro, 2015

BENJAMIN GRAHAM
Intelligent investieren
Finanzbuch Verlag, 2020

JÖRG ORGELDINGER
Behavioral Finance: Wie Emotionen Investitionsentscheidungen beeinflussen
Schäffer-Poeschel 2022

MEHDI MOSTOWFI, PETER MEIER
Alternative Investments
NZZ Libro, 2013

WILLIAM BERNSTEIN
Die intelligente Asset Allocation
Finanzbuch Verlag, 2006

MARC OLIVER RIEGER
Optionen, Derivate und strukturierte Produkte
NZZ Libro, 2016

MARTIN WEBER,
HEIKO JACOBS U. A.
Die genial einfache Vermögensstrategie
Campus Verlag, 2020

DIVERSE AUTOREN
Plötzlich Geld – so legen Sie richtig an
VZ Vermögenszentrum, 2017

DIVERSE AUTOREN
Erfolgreich Geld anlegen mit ETF
VZ Vermögenszentrum, 2022

WOLFGANG MULKE
Nachhaltig Geld anlegen
Stiftung Warentest, 2023

Erklärung von Finanzbegriffen

www.bf.uzh.ch/financewiki
https://boersenlexikon.faz.net
www.handelszeitung.ch/finanzlexikon
www.wienerborse.at/wissen/boersenlexikon

Stichwortverzeichnis

K

O

P